中国社会科学院文库
文学语言研究系列
The Selected Works of CASS
Literature and Linguistics

中国社会科学院创新工程学术出版资助项目

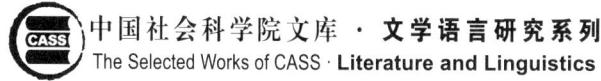 中国社会科学院文库·文学语言研究系列
The Selected Works of CASS · Literature and Linguistics

创世的"神圣叙述"
—— 南方民族创世神话阐释

SACRED NARRATIVE OF THE CREATION:
An Interpretation of the Creation Myth of the Southern Nationalities

刘亚虎 著

中国社会科学出版社

图书在版编目(CIP)数据

创世的"神圣叙述"：南方民族创世神话阐释／刘亚虎著．—北京：中国社会科学出版社，2020.9
ISBN 978-7-5203-0152-7

Ⅰ.①创… Ⅱ.①刘… Ⅲ.①神话—研究—中国 Ⅳ.①B932.2

中国版本图书馆 CIP 数据核字（2017）第 074550 号

出 版 人	赵剑英
责任编辑	顾世宝
责任校对	王佳玉
责任印制	戴 宽

出　　版	中国社会科学出版社
社　　址	北京鼓楼西大街甲 158 号
邮　　编	100720
网　　址	http：//www.csspw.cn
发 行 部	010-84083685
门 市 部	010-84029450
经　　销	新华书店及其他书店

印刷装订	北京君升印刷有限公司
版　　次	2020 年 9 月第 1 版
印　　次	2020 年 9 月第 1 次印刷

开　　本	710×1000　1/16
印　　张	24.5
插　　页	2
字　　数	402 千字
定　　价	138.00 元

凡购买中国社会科学出版社图书，如有质量问题请与本社营销中心联系调换
电话：010-84083683
版权所有　侵权必究

《中国社会科学院文库》出版说明

《中国社会科学院文库》（全称为《中国社会科学院重点研究课题成果文库》）是中国社会科学院组织出版的系列学术丛书。组织出版《中国社会科学院文库》，是我院进一步加强课题成果管理和学术成果出版的规范化、制度化建设的重要举措。

建院以来，我院广大科研人员坚持以马克思主义为指导，在中国特色社会主义理论和实践的双重探索中作出了重要贡献，在推进马克思主义理论创新、为建设中国特色社会主义提供智力支持和各学科基础建设方面，推出了大量的研究成果，其中每年完成的专著类成果就有三四百种之多。从现在起，我们经过一定的鉴定、结项、评审程序，逐年从中选出一批通过各类别课题研究工作而完成的具有较高学术水平和一定代表性的著作，编入《中国社会科学院文库》集中出版。我们希望这能够从一个侧面展示我院整体科研状况和学术成就，同时为优秀学术成果的面世创造更好的条件。

《中国社会科学院文库》分设马克思主义研究、文学语言研究、历史考古研究、哲学宗教研究、经济研究、法学社会学研究、国际问题研究七个系列，选收范围包括专著、研究报告集、学术资料、古籍整理、译著、工具书等。

中国社会科学院科研局
2006 年 11 月

目 录

绪论 族类神圣性的树立与神话的创生 ……………………………（1）

第一章 族群系统与创世神话 ………………………………………（6）
  第一节 中华大地族群的演化与周边族群系统 ……………………（6）
    一 从华夏·四夷到汉·周边族群 ………………………………（7）
    二 周边族群九大系统与南方族群的分合 ………………………（11）
    三 中华传统文化与宇宙生成叙事结构 …………………………（18）
  第二节 南方楚地诸族与楚地文化 …………………………………（20）
    一 芈姓族系与蛮、濮、越 ………………………………………（20）
    二 楚地巫风 ………………………………………………………（22）
  第三节 楚地籍载与口传"神圣叙事" ………………………………（26）
    一 《老子》《庄子》与气本气化、水本水生 ………………………（27）
    二 子弹库楚帛书、《淮南子》与"二神混生,经天营地" ………（32）
    三 《三五历纪》《五运历年纪》与"首生盘古,垂死化身" ………（36）
    四 楚地典籍叙事与南方民族口传神话 …………………………（37）
  第四节 创世神话的功能与架构 ……………………………………（40）
    一 子弹库墓葬与回归太初 ………………………………………（40）
    二 弗雷泽的"神秘交感"与列维-布留尔的"神秘互渗" ………（43）
    三 中国传统的"天人合一""天人感应"与"不失其序"
      "敬天常" …………………………………………………………（45）
    四 南方民族感应天运的仪式、古歌与巫术 ……………………（49）
    五 创世神话的创造与表演:维系宇宙神圣秩序,促进族类
      全面发展 …………………………………………………………（52）
    六 楚地籍载与口传创世神话的隐形架构 ………………………（52）

第二章　天地形成神话 (55)

第一节　氐羌、百濮系统天地形成神话（一） (55)
- 一　气本、气化：清浊分而为天地，变而为万物 (56)
- 二　《老子》的"道""精"与彝、纳西的"影""魂" (58)
- 三　二元"相配"与创世主体的孕生 (63)
- 四　创世主体与巫术、巫师 (66)

第二节　氐羌、百濮系统天地形成神话（二） (80)
- 一　与狩猎、兽祭相关的天地形成神话 (80)
- 二　农耕形式的神圣化 (85)
- 三　天地开辟之始——气与水的运行 (87)
- 四　开天辟地完整程序：初创、再创、空间、时间 (89)

第三节　氐羌、百濮系统天地形成神话（三） (96)
- 一　宇宙特色模式——神柱、神山、五方、五行 (96)
- 二　创世主体艺术典型——厄莎、遮帕麻和遮米麻 (101)
- 三　景颇族《勒包斋娃》：生育型天地形成神话 (106)
- 四　水生命源泉说与水态本原天地形成神话 (110)

第四节　苗蛮系统天地形成神话 (117)
- 一　传统文化的追寻：少昊与蚩尤　"鸟"与"兵" (117)
- 二　苗族古歌：冶炼技术的神圣化 (119)
- 三　瑶族《密洛陀》：神秘的"师傅"躯体与艰辛的治山治水 (125)

第五节　百越系统天地形成神话 (131)
- 一　历史上的百越：分布很广，认同很强 (131)
- 二　傣族《巴塔麻嘎捧尚罗》：完整的水态本原天地形成神话 (133)
- 三　百越鸟崇拜与壮族蛋状混沌 (137)
- 四　布洛陀造万物：劳作与法术的结合 (141)

第六节　盘古神话 (144)
- 一　盘古神话的记录年代与文本 (144)
- 二　盘古神话的文化渊源与困惑 (146)
- 三　桂林"盘古庙"与百越盘古文化 (147)
- 四　南海"盘古国"与苗蛮盘古文化 (152)
- 五　盘古"血为淮渎"与华夏/汉族盘古文化 (154)

  六 盘古神话与道教 …………………………………………………（158）

第三章 人类起源神话 …………………………………………………（159）
第一节 氐羌、百濮系统人类起源神话 ……………………………（160）
  一 彝、纳西生命演化的本原与环节：气、雪、火、水 ……………（160）
  二 德昂族的茶崇拜与茶始祖 ………………………………………（165）
  三 佤、布朗、拉祜、阿昌的葫芦生人 ………………………………（167）
  四 哈尼族神圣的鱼鳞 ………………………………………………（172）
  五 羌、独龙、彝的以木、泥造人 ……………………………………（173）
  六 人类诞生与天、天神作为 ………………………………………（176）
第二节 苗蛮系统人类起源神话 …………………………………………（179）
  一 苗族古歌：植物、动物到人类的演化链 …………………………（179）
  二 瑶族《密洛陀》：神秘的蜂蜡、蜂蛹与造人 ………………………（184）
第三节 百越系统人类起源神话 …………………………………………（186）
  一 侗、傣的卵生 ……………………………………………………（186）
  二 壮族的花生、洞出与生殖崇拜 …………………………………（187）

第四章 考验与洪水神话 ………………………………………………（192）
第一节 氐羌、百濮系统考验与洪水神话 ……………………………（192）
  一 天或神从自然形态到社会伦理的考验、淘汰 …………………（193）
  二 洪水神话：善恶选择、洪水毁灭与族类再生 …………………（200）
  三 延续后代：兄妹婚、天婚 ………………………………………（202）
  四 洪水神话的圣物：葫芦、马缨花树、木鼓 ………………………（207）
第二节 苗蛮、百越系统考验与洪水神话 …………………………（212）
  一 雷公神格及相关的信仰风俗 ……………………………………（212）
  二 洪水缘起：雷公的失误、报复 …………………………………（216）
  三 躲避洪水与延续后代：雷公的恩惠、善意 ……………………（218）
  四 洪水神话的两重性 ………………………………………………（220）
第三节 洪水神话与伏羲兄妹 ………………………………………（222）
  一 伏羲女娲：天地、阳阴、婚配、繁衍的关联与象征 ……………（222）
  二 伏羲及其配偶神话在南方的流传及与洪水神话的结合 ……（229）
  三 伏羲及其配偶神话融入洪水神话的意义 ………………………（234）

第五章 文化创制神话 (236)

第一节 物质文化创制神话 (237)
一 汉文典籍里"名实相符"的三氏：有巢氏、燧人氏、神农氏 (237)
二 用火：主人公智慧与品质的结晶 (238)
三 建房：自然的示范与天神的启发 (241)
四 农耕：动物与祖先的贡献 (242)

第二节 精神文化创制神话 (250)
一 马林诺夫斯基：神话是产生道德规律、社会组合、仪式或风俗的真正原因 (251)
二 社会结构：西汉的"法天"与哈尼的"神定" (252)
三 经济形态：以神圣的名义肯定传统的大家庭公社公有制 (255)
四 祭祀、巫术与禁忌：信仰的证明与仪式的规范 (257)
五 婚姻：汉族的高禖与拉祜的莎雅 (264)
六 葬礼：灵魂的归宿 (267)
七 语言、文字与历法：神的指引与人的实践 (269)
八 艺术：天籁、人取、仙传 (270)

第三节 巫术的隐喻——射日神话 (274)
一 太阳的创生与运行 (275)
二 东夷的羿射日神话及其影响 (277)
三 南方民族射日神话深层的巫术意蕴 (279)
四 射日英雄的典型——彝族支格阿龙 (283)

第四节 咒语的扩版——斗雷神话 (286)
一 职能神的出现与控制雨情的雷公 (287)
二 祈雨仪式的咒语及斗雷神话的形成 (288)
三 仪式与神话的结合　巫术与祭祀的交替 (289)
四 除害神话：巫术与咒语的汇集 (291)

第六章 族源神话 (296)

第一节 族源神话的形成 (296)
一 "神明感生"与精、魂　"姓""种"与"图腾" (296)

二　南方民族的葫芦、竹、龙、神犬…………………………………（299）
　　三　动植物祖先的由来:食用、庇荫、感恩、敬畏、实体、
　　　　灵魂、梦……………………………………………………………（302）
第二节　竹王神话与竹崇拜………………………………………………（308）
　　一　竹王:大竹破之,得一男儿……………………………………（308）
　　二　彝、布依、壮的竹:胎之源、魂之所…………………………（310）
　　三　竹王神话的流传与竹王"原型"的延续………………………（314）
第三节　九隆、黎母神话与龙、蛇崇拜…………………………………（318）
　　一　九隆:妇人触龙化之木而生之子………………………………（318）
　　二　中华各族系的龙崇拜……………………………………………（322）
　　三　黎母神话与蛇崇拜………………………………………………（330）
第四节　盘瓠神话与龙犬、葫芦崇拜……………………………………（331）
　　一　盘瓠:顶虫"置以瓠蓠、覆之以盘"乃化之龙犬………………（331）
　　二　盘瓠族:从武陵蛮到畲、瑶、苗…………………………………（335）
　　三　盘瓠内涵:龙、瓠、犬……………………………………………（337）
　　四　盘瓠婚姻:契约—考验型圣婚…………………………………（340）
第五节　廪君神话与虎崇拜………………………………………………（343）
　　一　廪君:死,魂魄世为白虎………………………………………（344）
　　二　土家族虎父与喝虎奶长大的女祖………………………………（346）
　　三　廪君酋长兼巫师的形象及相关信仰风俗………………………（349）
　　四　氐羌族群的虎崇拜………………………………………………（351）

结语　目的与形式　功能与超越…………………………………………（353）
　　一　神圣叙事:目的的追求……………………………………………（353）
　　二　艺术形态:形式的升华……………………………………………（360）

参考文献……………………………………………………………………（365）

后记…………………………………………………………………………（376）

Contents

Preface Establishment of Ethnic Sacredness and Creation of Myths .... (1)

Chapter 1 Ethnic Groups and Creation Myths .... (6)
  1.1 Development of Chinese Ethnic Groups and System of the
       surrounding Ethnics .... (6)
  1.2 Ethnic Groups and Cultures in Chu Area, Southern China ...... (20)
  1.3 Literature Records and Oral "Sacred Narrative" of Chu .... (26)
  1.4 Functions and Structure of Creation Myths .... (40)

Chapter 2 Formation Myths of Sky and earth .... (55)
  2.1 Formation Myths on Sky and Earth of Di Qiang, Bai Pu
       Groups(1) .... (55)
  2.2 Formation Myths on Sky and Earth of Di Qiang, Bai Pu
       Groups(2) .... (80)
  2.3 Formation Myths on Sky and Earth of Di Qiang, Bai Pu
       Groups(3) .... (96)
  2.4 Formation Myths on Sky and Earth of Miao Man Groups .... (117)
  2.5 Formation Myths on Sky and Earth of Bai Yue Groups .... (131)
  2.6 Myths of Pan Gu .... (144)

Chapter 3 Origin Myths of Human Beings .... (159)
  3.1 Origin Myths on Human Beings of Di Qiang, Bai Pu
       Groups .... (160)

3.2　Origin Myths on Human Beings of Miao Man Groups ………… (179)
3.3　Origin Myths on Human Beings of Bai Yue Groups ………… (186)

Chapter 4　Tests and Flood Myths ……………………………… (192)
4.1　Tests and Flood Myths of Di Qiang, Bai Pu Groups ………… (192)
4.2　Tests and Flood Mythsof Bai Yue Groups …………………… (212)
4.3　Flood Myths, Fu Xi and His Sister …………………………… (222)

Chapter 5　Invention Myths of Cultures ………………………… (236)
5.1　Invention Myths of Material Cultures ………………………… (237)
5.2　Invention Myths of Spiritual Cultures ………………………… (250)
5.3　Metaphors of Sorceries—Myths of Shooting the Sun ………… (274)
5.4　Expanded Editions of Incantations—Myths of Fighting the Thunder …………………………………………………………… (286)

Chapter 6　Origin Myths of Ethnic Groups ……………………… (296)
6.1　Formation of Ethnic Origin myths ……………………………… (296)
6.2　Myths of Bamboo King and Worship of Bamboo …………… (308)
6.3　Myths of Jiu Long, Li Mu and Worship of Dragon and Snake ……………………………………………………………… (318)
6.4　Myths of Pan Hu and Worship of Dragon‑Dog, Gourd ……… (331)
6.5　Myths of Lin Jun and Worship of Tiger ……………………… (343)

Conclusion　Aim and Form Function and Beyond ……………… (353)

References ……………………………………………………………… (365)

Postscript ……………………………………………………………… (376)

绪　　论
族类神圣性的树立与神话的创生

东晋穆帝永和三年（347），在中国西南发生了一次重大的政权变更，东晋将领桓温率领的军队进入"十六国"之一成汉的都城成都，已经割据四十年的成汉归顺中央朝廷。随后，亡国之君李势偕同一帮旧臣远赴东晋都城建康（今南京），其中，包括成汉著名的史官常璩。

常璩，字道将，蜀郡江源（今四川崇州）人，生于西晋惠帝元康元年（291）。江源常氏为当地大族，家中收藏大量历史文化典籍。常璩少年时遍读先辈遗书，以才学广博闻名蜀中。成年后，成汉政权慕其之名，拜为史官；到李势即位，官至散骑常侍，有机会接触大量文献资料和了解成汉国情，撰书多种。赴建康后，李势被贬为归义侯，常璩则入秘阁，掌著作。

成汉旧臣在骄矜的东晋士大夫那里当然是得不到重视的，其后又因一些降晋官员谋反败露而雪上加霜。常璩虽未参与谋反之事，也受轻待。常璩难耐寂寞，难忍歧视，更难捺对故地文化的一腔热忱，便怀愤整理巴蜀地区的史学旧作，改撰成《华阳国志》。殊不料，这样一"怀愤"，无意中写出了被后人称为"中国最早的带民族志性质的地方志"的奇书，留下了珍贵的西南各民族色彩斑斓的历史画卷。

"华阳"一词，出自《禹贡》"华阳黑水惟梁州"，指华山之南传说中九州之一古梁州或晋时益、梁、宁三州，包括巴、蜀、滇、黔以及陕南一带，亦即如今中国西南地区。上古至晋时，其地族群繁多，先后有氐羌、濮、巴、蜀、嶲、昆明等称呼，"俗好鬼巫，多禁忌"，充溢着浓厚的巫文化氛围。《华阳国志》全书十二卷，记叙了大量的各民族史料，包括不少神话传说。其中《南中志》里关于南中昆明始祖"元隆"、夷濮"竹王"等由来的叙述，当为汉文史籍所载较早的完整的南方民族族源神话。关于元隆的故事说：

> 永昌郡，古哀牢国。哀牢，山名也。其先有一妇人，名曰沙【壶】[壸]，依哀牢山下居，以捕鱼自给。忽于水中触【有】一沈木，遂感而有娠。度十月，产子男十人。后沈木化为龙，出谓沙【壶】[壸]曰："若为我生子，今在乎？"而九子惊走。惟一小子不能去，[倍]龙坐，龙就而舐之。沙【壶】[壸]与言语，以与龙倍坐，因名曰元隆。沙【壶】[壸]将元隆居龙山下，元【龙】[隆]长大，才武。后九兄曰："元隆能与龙言，而黠，有智，天【之】[所]贵也。"共推以为长。时哀牢山下，复有一夫一妇产十女，元隆兄弟妻之。由是始有人民。皆像之：衣后着十尾，臂、胫刻文。元隆死，世世相继；分置小王；往往邑居，散在溪谷；绝域荒外，山川阻深，生民以来，未尝通中国也。南中昆明祖之，故诸葛亮为其国谱也。①

晋时永昌郡，治所在今云南保山东北。这个与南中昆明始祖相关的故事展现了一个神奇的境界：哀牢山下，一位捕鱼的妇女在水中触到一根沉木，受了感应而怀孕，十个月后生下十个男孩。后来，沉木化为龙，与母子见面并舐了最小的男孩。于是，大家共推最小的男孩为王，同娶另一家十个女儿为妻繁衍族群。

故事里最富有神秘色彩的，无疑是那条以沉木的形式出现的神圣的龙，族类群体虔诚地"祖之"，并"皆像之：衣后着十尾，臂、胫刻纹"，即为了与神龙相像，大家都在衣服后面装饰龙鳍一样的"十尾"，在手臂、脖子上刻龙鳞一样的花纹。何以如此？也许，在当时那种"绝域荒外，山川阻深"的环境和浓郁的巫文化氛围中，只有这样树立起一个神圣的始祖形象，进而创造出关于始祖的神圣叙事，并以始祖形象来规范族类成员的外形，才能凝聚起族群意志，保证族群的繁衍发展。同时，也只有树立起这样一个始祖形象，才能使自己族类具有"神圣性"，可以傲然地屹立于各族群之林。

神圣继续进行。过了几百年，乌蛮南诏在太和城建国，元隆（《后汉

---

① （晋）常璩著，汪启明、赵静译注，吴迪等校订：《华阳国志译注》，四川大学出版社2007年版，第186—187页。本书里《华阳国志》的引述均录自此版本，其中校订字词均为此版本原有。

书》作"九隆")的神圣形象及其叙事经过改装,又成为南诏统治者蒙氏祖坛上的神圣叙事。元代张道宗《记古滇说集》记载了改装后的故事:

> 哀牢国,永昌郡也。其先有郡人蒙迦独,妻摩梨羌,名沙一,居于牢山。蒙迦独尝捕鱼为生,后死牢山水中,不获其尸。妻沙一往哭于此,忽见一木浮触而来,旁边漂沉,离水面少许。妇坐其上,平稳不动。明日视之,见水(木)沉触如旧。遂常浣絮其上,若有感。因怀妊十月,孕生九子。复产一子,共男十人同母。一日行往池边,询问其父,母指曰:"死此池中矣!"语未毕,见沉木化为龙出水上,沙一与子忽闻龙语曰:"若为我生子,今俱何在?"九子见龙惊走,独一小子不能去,母固留之。此子背龙而坐,龙因舐之,就唤其名曰习农乐。母因见子背龙而坐,乃鸟语谓背为九,谓坐为隆,因其名池曰九隆。习农乐后长成,有神异,每有天乐奏于其家,凤凰栖于树。有五色花开,四时常有神人卫护相随。诸兄见有此异,又能为父所舐而与名,遂共推以为王,主哀牢山下。①

在这里,以沉木形式出现的神圣的龙变为蒙迦独,成为蒙氏的祖先;而且"小子"习农乐也"有神异",即"每有天乐奏于其家,凤凰栖于树。有五色花开,四时常有神人卫护相随"。

再往下,神圣性通过一种独特的方式成为一代又一代后人的"种族记忆"。这种独特的方式,就是蒙氏所属的氏羌系统的父子连名制。

关于氏羌系统父子连名制的最早记载,见于南朝宋时期范晔撰的《后汉书》。该书《西羌传》记载,古代羌人"其俗氏族无定,或以父名母姓为种号"。以父名为种号,按照书里所列,当也包括以子名递接父名,依次而下。其形式又有两种,一种是纯粹的"父子连名制",子名递接父名的末一字,如书里记载的"先零"羌的"渠帅"滇零,其子名零昌。

滇零—零昌……

---

① (元)张道宗:《纪古滇说集》,载方国瑜主编《云南史料丛刊》第二卷,云南大学出版社1998年版,第1—108页。

另一种是"父子重名制",子名递接父名一字,但不一定是末一字,如"烧当"羌,"渠帅"滇良的世系为:

滇良—滇吾—东吾—东号……

南诏蒙氏世系属于纯粹的"父子连名制",即借助九隆神话、将先祖蒙迦独列为以沉木形式出现的龙、蒙细奴逻(习农乐)列为沉木感生的小子以后,自蒙细奴逻(习农乐)开始子名皆递接父名后一字:

(龙的化身)蒙迦独—蒙细奴逻(习农乐)—逻晟—晟罗皮—皮罗阁—阁罗凤—凤伽异—异牟寻……

于是,"神圣性"荫盖了整个家族,荫盖了一代又一代的族人。

先零世系是见于史籍最早的父子连名制,南诏世系是见于史籍最早的系统的父子连名制,其后,南方民族氐羌系统的彝、纳西、哈尼、怒等民族,百濮系统的佤等民族,父子连名制族谱不断展现在各种文字的记载里。南诏世系带出了族源神话,更多的族谱带出了更远古的"种族记忆"。在这些族谱里,父子连名制可以一直上溯到人类的第一个祖先,由此可以上溯到人类的源起,进而上溯到宇宙的创生,从而展现了更多的天地形成神话、人类起源神话……收录入清初成书的黔西彝文史籍《西南彝志》里,作为彝族德施家族谱牒的《德施氏源流》开头,作了这样的描述:

天地未产时,混混沌沌的,空空旷旷的;阴与阳二者,二者相结合,产生了清气,产生了浊气。

阴与阳二者,二者相结合,哎(影)样样产生,哺(形)门门出现……哎翻而为天,哺翻而为地……

天上降雨雪,地上有江河。魑与魅出现,人兴于丛林。会动有生命,有血又有气,人始希慕遮。

希慕遮乃一,遮道古乃二,古珠诗乃三,诗雅立乃四……[①]

[①] 贵州省民族研究所、毕节地区彝文翻译组翻译:《西南彝志选》,贵州人民出版社1982年版,第165—166页。

史籍展现了一个更为壮观的天、地、人共生共长的境界：混混沌沌的宇宙，阴阳运行，产生了清气，产生了浊气，出现了影，出现了形，孕育了天，孕育了地，还孕育了"人始希慕遮"……由此，德施氏的始祖或人类第一个祖先希慕遮，为宇宙之子，由宇宙创生之气的精华凝聚而成，具天地之性灵，似乎上了一个更高的层次；也由此，南方各民族先民为树立族类的神圣性，尤其为树立族类始祖的神圣地位而创造的神圣叙事，追溯到了更渺远的天地形成，人类起源。这或许是各民族先民创造创世神话最深层的心理动机之一。

于是，在追求神圣、树立神圣的强大的内驱力驱动下，一个个族源神话，以至天地形成神话、人类起源神话、考验再生神话、文化创制神话……创造出来了，它们以奇特的境界、绚烂的色彩，构成了包括氐羌、百濮系统在内的南方民族文学文化一道亮丽的风景线。

第 一 章
族群系统与创世神话

《后汉书》里的"羌",《华阳国志》里的"昆明",《记古滇说集》里的"乌蛮",《西南彝志》里的"彝"……是西南大地先后出现的族称。这些族称之间有诸多联系,而在这些族称名下的不少籍载与口传神话,也往往一脉相承。了解它们之间以至与更大范围族称的联系,是了解相关神话的发生发展的前提;同样,要了解南方民族创世神话的深层积淀以及内涵外延,也必须从了解南方民族历史开始。

根据当代民族学的研究,新中国主体在南方的少数民族大致可分为氐羌、百濮、苗蛮、百越等系统三十多个民族,这些民族一代一代在这片美丽的土地上生息、繁衍;然而,他们祖先的足迹远远不限于这块地域,而跨越了更广阔的空间和更遥远的时间……

第一节 中华大地族群的演化与周边族群系统

南方各系统族类群体的形成和演化,是在中华大地各系统族类群体形成和演化的大背景下进行的。中华大地各系统族类群体的起始,可以从古籍记载、文物标示两条线索去追寻。两千多年以前司马迁撰写《史记》,有《五帝本纪》《夏本纪》《殷本纪》《周本纪》等中原族群的专卷,还有《匈奴列传》《南越列传》《东越列传》《朝鲜列传》《西南夷列传》《大宛列传》等周边族群的专卷,包含这些族群的分布地区、历史渊源及前后承继关系,开创了汉文史籍叙述族群以及以一定的篇幅专述周边族群的先河。此后,班固《汉书》以及许多王朝史都效仿《史记》写出一些重要族群的专史,一些地方志如《华阳国志》等更搜集了大量当地族群的各种资料,使人们能够大致了解各个朝代各族群的基本情况。同时,考古发掘以及许多少数民族口头流传和文字记载的资料如《西南彝志》等,提供了另一方面的依据。在此基础上,也许可以大致描述一下数千年来中国各族群发展演变的脉络。

一 从华夏·四夷到汉·周边族群

根据相关资料,远古时代,中华大地上生活着许许多多的族类群体,传说中的伏羲、女娲、有巢、燧人、神农等,可能就是早期比较有名的氏族、部落或部落集团。进入父权制时代,西起陇山、东至太行山东麓、南至伏牛山以南、北达燕山的广大地域(新石器时代前仰韶—仰韶—中原龙山文化起源、形成和发展之区),传说中有黄帝与炎帝两大部落集团;黄河下游以泰山为中心的海岱地域(北辛—大汶口文化—山东龙山文化起源和发展之区),传说中有太昊与少昊两大部落集团;以江汉平原为中心的长江中游地区(皂市下层文化—大溪文化、屈家岭文化—青龙泉三期文化或湖北龙山文化起源和发展之区),传说中有三苗部落集团。部落集团之间,相传黄帝经历五十五战,而天下大服;其中,与炎帝战于阪泉之野,与两昊蚩尤战于冀州、涿鹿,都获得胜利,从而取得炎黄两昊各部落集团共主地位。其后,黄帝一系的尧、舜、禹经历长期战争,又战胜三苗,在黄河中下游及江汉平原间结成更大的联盟。以黄帝为共同天神与共祖的部落大联盟,促进了原有各部落集团的融合,在此基础上形成夏、商、周三族;同时,各部落集团又都有一部分按照原有传统发展,形成分别与炎黄、两昊、三苗等有某种同源关系的氐羌、东夷、南蛮等族群。

大约从公元前21世纪到公元前8世纪中叶,黄河中下游的夏人、商人、周人相继兴起,先后建立王朝。经过长期的融合与认同,到西周时,夏、商、周三族已经有了共同的族称(夏、中国)、共同的地域观念(禹绩、夏区)、共同的祖先观念(黄帝)、共同的经济特征和文化特征,已经具备属于同一民族共同体的基本条件,至此,中华民族最早的凝聚中心——华夏族初步形成。同时,在夏、商、周族的周围四方,仍有众多族群,先后出现东方的东夷、肃慎、濊貊,南方的蛮、濮、巴、蜀、越,西方的戎、氐羌,北方的狄等称呼。春秋战国时,《管子·小匡》出现了"东夷、西戎、南蛮、北狄、中国"的表述,谓齐桓公时,"东夷、西戎、南蛮、北狄、中国诸侯,莫不宾服",标志其时已经逐渐形成华夏居中、以方位统称的"夷蛮戎狄"配以东南西北的格局。①

战国中晚叶，七雄兼并，诸夏大认同。秦、楚、齐、魏、赵、韩、燕各自统一了一个大地区，在政治逐渐统一的过程中，民族也逐渐交会融合。众多秦人、楚人分别由戎狄、蛮夷而认同于华夏，另外一些地区的夷蛮戎狄与华夏的差别也逐渐消失；同时，也有一些地区的夷蛮戎狄按照原有的传统，在新的历史环境中继续发展。

先秦的东夷，即分布在古河济之间、泰山以东以南的东夷各部落与方国，在春秋争霸与战国大兼并的历史进程中，先后被齐、楚、吴、鲁、越所兼并。当秦统一六国时，都已经华化，成为华夏的一部分。

先秦的东北夷即肃慎、濊貊，则在中国的东北继续发展，其中肃慎发展成在古代有挹娄、勿吉、靺鞨、女真等族称，当今有满族、赫哲、鄂温克、鄂伦春、达斡尔、锡伯等民族的大族系；濊貊先后演变为夫余、高句丽等族称的部落集团，高句丽先在中国东北发展，至公元5世纪中叶中心移至朝鲜半岛，建立了高丽王朝。

南蛮族系复杂，长江上中游有蜀、巴、濮，长江中游有群蛮，长江下游及珠江流域有百越，此外，云贵高原还有南迁的氐羌。战国中叶，秦、楚强大。秦惠文王后元九年（前316），秦并灭蜀与巴，蜀人与巴人随秦成为西南、中南华夏民族的重要来源，同时境内各族也有相当一部分继续发展，其中巴人廪君种就与当今鄂西、湘西、川东土家族有较深的渊源关系。

濮，又称百濮，部落众多，分布广泛，他们靠西一部分或随蜀、巴华

---

① 根据史籍记载，华夏民族意识的逐渐形成和逐步强化，大约在西周至春秋时期。周朝建立以前，周文王称其兴起的"西土"为"区夏"，《尚书·康诰》载，文王"肇造我区夏，越我一二邦，以修我西土"。这里区夏为古今语法词序的倒置，即夏区。周朝建立以后，分封同姓与异姓诸侯，同称为"夏"，号为"诸夏"，并以原商朝统治中心地区为"东夏"（《尚书·微子之命》）；诸夏又号为中国，以与周边夷狄相对称，由此构成了民族的雏形。春秋初叶至中叶，族群矛盾激化，诸夏民族意识进一步增强，族称由诸夏演化为诸华，或者合称华夏。《左传·襄公二十六年》出现"华夏"的称呼；《定公十年》孔颖达疏云："中国有礼仪之大，故称夏；有服章之美，故谓之华。"依此，本为地名族又引申为"大"之"夏"而称"华"，意在自居衣冠礼乐文明，而视夷狄为"野蛮"。战国时期，华夷统一的学说形成，即《礼记·王制》等所谓华夏与东夷南蛮西戎北狄"五方之民"共为"天下"、同居"四海"，而对四夷"修其教不移其俗，齐其政不移其宜"。这些为中华民族整体联系与各自发展的格局奠定了坚实的历史基础。

本节参考了王钟翰主编《中国民族史》，中国社会科学出版社1994年版，第54—84页。中国传说时期民族史有多种说法，本书基本上参照此书取一种比较流行、大致合理的说法，至于论证这种说法的准确性，则不是本书的任务。

化，或逐渐融于氐羌、百越等族群，或继续发展；靠东一部分偕长江中游群蛮在跟楚的长期抗衡中大多逐渐役属于楚，以后或随楚华化，或仍在长沙、武陵一带继续发展，形成秦汉时的武陵蛮。

百越应是起源于中国的东南与南部的土著，越人中发展最快、春秋中晚叶在长江下游兴起的，是句吴和于越。由于地理位置以及文化交流、民族迁徙等原因，句吴、于越较早地向中原和楚学习。战国时期及以后，句吴已基本上随楚华化；于越以及百越其他各支，东部诸越逐渐华化，西部诸越则按照原有传统继续发展，逐渐形成如今壮侗语族各民族。

西戎，在西周到战国，主要指氐羌族系各部落。氐羌与炎、黄有密切的渊源关系。《国语·晋语》记载，黄帝、炎帝为兄弟，黄帝得姓姬，炎帝得姓姜。在甲骨文字中，羌从羊从人，姜从羊从女，两字相通，表示族类与地望用羌，表示女性与姓用姜。炎、黄所属的部落集团，往东发展的为华夏主要来源之一，向西发展的即氐羌族系。诸戎或氐羌族系流动很大，往西往南分布很广，一直到秦汉，原诸戎广大地区还是华戎共处，合而未化。

狄是诸夏对北方一些部落与国家的称呼，以后，又出现赤狄、白狄、长狄等许多称号。战国晚叶，胡人兴起，匈奴最为强大。胡人以东有东胡，胡人以北有丁零。此时北狄主要部分已经华化，也有一部分融入胡人之中。

公元前221年，秦王嬴政完成统一，称始皇帝。继而一个更强大的王朝——汉王朝建立。先秦的华夏，经过秦汉四五百年的蕃息、成长、壮大，逐渐形成一个统一的民族——汉族。汉族基本形成以后，从秦汉经魏晋南北朝至隋唐，无论是作为统治民族或是被统治民族，始终发挥着一个主体民族的作用，在跟北方的匈奴与羌族，东北方的夫余与乌桓（乌丸）、鲜卑，西北方的西域诸族与柔然，南方的西南夷诸族与百越的长期相处中，通过兵戎相见，和平往来，经济、文化交流，迁徙错居，互通婚媾等方式，把散布四方的众多民族糅合统一于一个国家——中国。

匈奴与殷周以来的鬼方、荤粥、猃狁、胡等有着密切的渊源关系，是由戎、狄、胡多种民族成分组成的民族共同体，其诞生的历史摇篮在今内蒙古大青山一带。战国晚叶，头曼首称单于，创立中国北方草原第一个奴隶制国家，匈奴逐渐走向强盛，与汉形成"南有大汉，北有强胡"的局势。东汉初，匈奴分裂为南、北两部。西晋时，还曾建立"汉—前赵"

"北凉""大夏"等政权。这些政权灭亡以后,"匈奴"这一民族共同体便从政治舞台上消失。余众与汉、鲜卑、氐、羌、高车(敕勒)等民族共同生活,并逐渐融合成为各民族的一部分。

乌桓、鲜卑同为东胡系统的古代民族之一。乌桓兴起于前,魏晋以后,与其他诸族错居杂处,一部分逐渐同化于汉族,另一部分与鲜卑等融合。鲜卑兴起稍晚,内涵复杂,大致可分为东部鲜卑、北部鲜卑(拓跋鲜卑)和西部鲜卑。十六国南北朝时期,鲜卑分别在中原和河陇地区建立起一些国家,其中拓跋氏建立代国,后又建立北魏,并统一北方,兼并鲜卑其他诸部。孝文帝元宏太和年间(471—490),孝文帝及其祖母冯太后推行了封建集权化和汉化改革。无论是东部鲜卑,还是拓跋鲜卑及西部鲜卑,经过魏晋南北朝与汉族等错居杂处和通婚,大多同化于汉族。还有一部分融入了室韦、契丹等民族综合体。其中蒙兀室韦到金末发展成为拥有十六个部落的蒙古族。

西域诸族,先后有月氏、塞种、乌孙等。月氏分为大月氏和小月氏两支,公元前2世纪中叶,大月氏主体西迁中亚,留在伊犁河一带的小部分并入乌孙;小月氏以后逐渐融合于羌族、汉族和邻近其他民族中。塞种原来活动于横跨欧、亚的北部草原,南下后建立捐毒、休循两个小国,再后来逐渐并入乌孙。西域诸族中,乌孙最强大,15世纪中叶哈萨克族形成时成为其主要族源之一。

公元4世纪末至6世纪中叶,继匈奴、鲜卑之后,活动于北方地区的主要是柔然。柔然最盛时,势力遍及大漠南北,统辖姓氏六十余种。6世纪中叶,柔然汗国被日益强大的突厥所灭,留在漠北的余众逐渐融合于突厥、契丹部落中,迁居内地的大多融合于鲜卑,最终同化于汉族。

突厥则继续发展,经回纥、回鹘、畏兀等各族称阶段形成今天我国维吾尔等突厥语族各民族。

氐族羌族相邻,又杂居共处,互有吸收,故往往氐羌连用。西晋至南北朝时,氐族曾建立仇池、前秦、后凉等政权。至隋唐时,大多逐渐融合于汉族之中,但也有部分居住于四川北部及甘肃东南的氐人未被同化,有人认为今白马藏人即其后裔。

羌人历史更为悠久,经两汉魏晋南北朝至隋唐,大部分逐渐与汉族融合,但河湟和陇南的羌人由于吐蕃统治而逐渐藏化,另有四川西北部汶(川)、理、茂各县的羌民至今仍保持古羌语言、文化与习俗。

南迁到云贵高原的氐羌族人与当地土著融合而形成的族系，汉代与部分百越族系、百濮族系被统称为"西南夷"，他们分别是我国藏缅语族、壮侗语族、孟高棉语族各民族的先民。

二 周边族群九大系统与南方族群的分合

上下数千年，悠悠岁月稠。中国古代各民族在发展的过程中，一方面，以炎黄、两昊及部分三苗等的融合为基础而形成的华夏，由于处于中华大地中心地带，以及其他种种自然、社会的条件，构成巨大的凝聚核心，逐渐融入不少曾经叱咤历史舞台的周边族群。他们原来主要活动于黄河流域，后来随着蜀、巴等先后统一于秦，吴、越等先后统一于楚并大部分认同于华夏，他们的主要活动区域发展到长江流域，汉以后进而延伸到全国各地。以经营农业为主是华夏/汉族经济的主要特征。

另一方面，也有不少周边族群按照原有传统继续发展，并经过复杂的分化组合过程以与时更新的形式跨越秦汉魏晋南北朝，延续至今。他们不少在历史上与形成华夏/汉族的诸部落集团有或多或少的渊源关系，由于种种自然、社会的原因而走上另外的民族发展道路；他们大多居住在边疆地区，居住在内地的又大多居住在山区、丘陵，他们以经营畜牧业（北方）和山地、丘陵农业（南方）为主。这样一些族群系统，主体在北方的大致有：

肃慎系统；

濊貊系统；

东胡系统；

匈奴系统；

突厥系统。

主体在南方的大致有：

氐羌系统；

苗蛮系统；

百越系统；

百濮系统。

这些系统内部，先后出现诸多族称，但先后出现的族称彼此间不一定有直接承继关系；同时，不断融入其他系统的成分，所以只是一个大致的划分。各系统的古代与现代的大致情况如下。

一、肃慎系统：肃慎、挹娄、勿吉、靺鞨，隋唐以后的女真，如今满—通古斯语族的满、赫哲、鄂温克、鄂伦春、锡伯等族。

肃慎，起源于东北地区的古代民族。《山海经·大荒北经》载："东北海之外，大荒之中，有山名不咸山（即长白山），有肃慎氏之国。"肃慎很早就与中原王朝发生政治交往，关系密切。《史记·五帝本纪》记述，舜时"方五千里，至于荒服"，来贡的诸族中就有息慎（肃慎）。《国语·鲁语下》记述，孔子在陈，有隼死于陈侯之庭而身上留着射来的"楛矢石砮"，陈惠公使人问孔子，孔子答："隼之来远矣，此肃慎氏矢也。"并讲述其由来：当年周武王克商，命四方各族进贡方物。肃慎氏进贡楛矢石砮，其长度有一尺多。周王便在箭杆上刻了"肃慎氏之贡矢"，分给舜的后裔并封之于陈，以"使无忘服也"。

周朝已将肃慎之地列入中国的版图，《左传》卷二十二载："肃慎、燕、亳，吾北土也。"汉代，肃慎称为"挹娄"，《后汉书·东夷列传》载："挹娄，古肃慎之国也。在夫余东北千余里，东滨大海，南与北沃沮接，不知其北所极。"三国时称为"勿吉"，北魏时改称"靺鞨"。

二、濊貊系统：濊貊、沃沮、夫余、高句丽，如今朝鲜族。

濊貊称号，最初似为貊（貉）族居住在濊地（近海傍水之地）部落的名称，后来成为北方貊族的统称。濊貊殷周时居山东半岛一带，在周灭商之际，为周人东进所迫，大部分向东北和北方迁徙，留在故地的，后来成为周人的一部分。战国末至汉魏时期，濊貊成了分布今东北和朝鲜地区一个庞大的族系。濊貊各支迁入东北后，与当地一些土著部落融合为新的共同体，新的称号逐渐出现。初期有发、高夷、橐离；战国以后，有夫余、高句丽、沃沮、东濊等。夫余和高句丽先后建立过国家政权。

三、东胡系统：乌桓、鲜卑、柔然、室韦、契丹、奚，如今蒙古语族的蒙古等族。

燕山以北，春秋时有山戎，战国时有东胡。东胡盛时，乌桓、鲜卑同为其重要成员。乌桓等族"俗善骑射，弋猎禽兽为事。随水草放牧，居无常处。以穹庐为舍，东开向日。食肉饮酪，以毛毳为衣"（《后汉书·乌桓鲜卑列传》）。秦汉之际，东胡为匈奴所破，乌桓、鲜卑又各以族类相聚，分别恢复原来族称。东汉三国以降，鲜卑不断南迁西进，据有匈奴故地，遍布东起辽东、西至陇西一带，建立代、前燕、后燕、南燕、南凉、西秦、西燕等政权以及北魏等北方王朝。与此同时，主体由拓跋鲜卑分离出来的柔然，也称雄于大漠南北和西北地区。另一支主体部分出自鲜卑的室韦（蒙语"森林"之意），分布在今嫩江以西的大兴安岭地区，它是金末兴起的蒙古族的主要来源之一。

四、匈奴系统：匈奴、月氏、乌孙和西域诸族，隋唐前后陆续融入汉以及东胡、突厥、氐羌等系统。

匈奴、西域诸族曾经长期活跃在北方、西北地区，在历史舞台上扮演过突出的角色。隋唐前后随着社会的变迁，陆续融入汉以及东胡、突厥、氐羌等系统，融入这些系统的发展过程。

五、突厥系统：丁零、敕勒、铁勒、高车、突厥，隋唐以后的回鹘、畏兀儿，如今突厥语族的维吾尔、哈萨克、柯尔克孜等族。

据《周书·突厥传》记载，突厥一词作为部落的名称，大概始于公元5世纪中叶。当时，后来成为突厥王族的阿史那氏，居住在金山（今新疆北部阿尔泰山）南面。金山的形状好像"兜鍪"（武士的头盔），这个部落称兜鍪为"突厥"，于是就把突厥一词作为自己部落的名称。①

突厥的先世可以追溯到公元前的丁零。《魏书·高车传》载："高车，盖古赤狄之余种也，初号为狄历，北方以为敕勒，诸夏以为高车、丁零。"丁零、狄历、敕勒和铁勒等，可能都是同一突厥语名称在不同历史时期的不同汉文译名。西魏废帝元年（552），突厥首领阿史那土门发兵破柔然，进据蒙古高原，建立突厥汗国。②

以上主体在北方的族群系统，隋唐前后已经基本成型，隋唐以后的历程因为与本书关系不是很大，不再展开叙述。下面着重展示主体在南方的族群系统。

六、氐羌系统：氐、羌、滇、僰、嶲（叟）、昆明、邛都、筰都、摩沙，隋唐以后的乌蛮、白蛮、和蛮、磨些蛮，如今藏缅语族的羌、彝、白、哈尼、傈僳、拉祜、纳西、景颇等族。

前文已经提及，氐羌与炎、黄有密切的渊源关系。炎、黄二帝起源于陇山东西、渭水上游，所属的部落集团向东发展的为华夏主要来源之一，向西发展的即氐羌族系。向西发展的氐羌系统，早期可能生活于西北黄

---

① 11世纪70年代成书的《突厥语大词典》则认为，"突厥"意为"最旺盛时期"。
② 本节北方民族历史部分，除参考王钟翰主编《中国民族史》（中国社会科学出版社1994年版）以外，还参考了张碧波、董国尧主编《中国古代北方民族文化史·民族文化卷》（黑龙江人民出版社1993年版）。

河、湟水一带，从事畜牧，随畜迁徙，逐水草而居。他们长途跋涉进入西南当是很早的事情。考古发掘发现，新石器文化遗址云南宾川白羊村出土的古村落，元谋大墩子出土的尖底瓶器物、瓮棺葬及房屋建筑，皆具有西北仰韶文化特征；滇池石寨山出土的带耳、带流陶器及陶器上的锥刺文，也具有羌文化色彩，说明至少在距今三四千年的新石器时代，氐羌就因畜牧、狩猎、采集及发展农业的需要向西南迁徙，进入这些地方。① 《后汉书·西羌传》也记载，战国初年即公元前 4 世纪，由于秦国发动大规模的兼并战争，羌人一支的首领"卬"畏秦之威，

> 将其种人附落而南，出赐支河曲数千里，与众羌绝远，不复交通。其后子孙分别，各自为种，任随所之。或为牦牛种，越巂（今四川西昌一带）羌是也；或为白马种，广汉（今四川中西部一带）羌是也；或为参狼种，武都（今四川西北部至甘肃南部一带）羌是也。

类似的迁徙持续绵延，地点至金沙江岸，南达洱海滇池地区。南迁的羌人与当地的土著例如濮人等融合，秦至西汉时，形成了滇、靡莫、劳浸、僰、巂（叟）、昆明、邛都、徙、筰都、冉駹、白马、摩沙等族群，与百越系统、百濮系统的一些族群统一被称为"西南夷"。根据司马迁《史记·西南夷列传》描述，其中，滇、邛都等是"耕田有邑聚"的定居农耕族群，巂、昆明等是"随畜迁徙"的游牧族群，筰都等则是半农半牧族群，他们"皆氐类也"。

西汉武帝刘彻时，中央王朝大规模向西南开拓，氐羌系统所居的西南地区逐渐被纳入中央王朝的版图。元光五年（前130），汉王朝派司马相如出使西南夷邛、筰地区，设一都尉、十多个县；又命唐蒙和司马相如分别修筑了"南夷道"和"西夷道"。元鼎六年（前111），出兵打败反汉的邛君、筰侯，并使冉駹、白马受震撼而请置吏，于是，在四地分别设越巂（治所在邛都，今四川西昌东南）、沈黎（治所在筰都，今四川汉源东北）、汶山（治所在汶江，今四川茂县北）、武都（治所在今甘肃武都）四郡。元封二年（前109），发兵临滇，降滇王，于其地设益州郡（治所在滇池，今云南晋宁东）。汉王朝在南方族群地区建立郡县，实行"初郡

---

① 何耀华：《融合统一：云南历史发展的主轴》（上），《云南文史》2010 年第 3 期。

政策","以其故俗治",不改变各族群土著君长的地位和原有的生产方式,选派官吏与土著君长建立联合统治,即羁縻统治。这类"土"官"流"官联合统治的形式,一直延续到明清时期的"改土归流"。

秦汉以降,汉族官吏、士兵、商人以及一些移民不断进入西南,通过"军屯""民屯"等方式在西南夷地区安家落户。他们与当地各民族不断融合,逐渐"夷化"。东汉末至两晋时,夷化了的汉族移民与当地各民族中的统治势力趁机而起,逐渐形成一些雄踞一方的豪族大姓。大姓、夷帅之间兼并激烈,最后只剩下一个爨氏大姓集团。隋末唐初,爨氏形成两股强大的地方势力:东爨、西爨;唐时,分别融入"乌蛮"与"白蛮"之中。另外在滇东黔西,三国时夷人部落首领济济火"时闻诸葛武侯南征,通道积粮,以迎武侯……封为罗甸国王"(明嘉靖《贵州通志》卷十一)。与之关联的水西(今贵州大方)、乌撒(今贵州威宁)地方政权一直延续到清初,相对稳定的社会为《西南彝志》等一大批彝文古籍的诞生创造了条件。

大约在唐初,从叟(僰)、昆明等部落群体分衍出"乌蛮"。乌蛮又分东、北、西三部分,其地东至滇东黔西,南达滇越边境,西至洱海周围,北达大渡河以南金沙江以北。其中西部蒙舍诏(南诏)于8世纪初建立起强大的南诏国政权。元以后,乌蛮主体部分又被称为"罗罗",他们构成了现代彝族先民集团的主要成分。

乌蛮种类繁多,其中之一就是"麽些蛮",即汉、晋时期的"摩沙夷"。"麽些"在古纳西语中为"牧牛人"之意,表明其先世可能与"牦牛羌"有关。他们居今云南丽江、四川盐源等地。元明时期,麽些木氏土司势力强大,象形文字"东巴文"有了相当的发展。麽些蛮是现代纳西族的先民。

唐初,还从叟、昆明分化出"和蛮","和"为山腰之意,大概指其为住在山坡上的族群。他们主要分布在今滇南红河州、文山州一带,又称"和泥""窝泥"等,是现代哈尼族的先民。

大致与乌蛮同时,由汉、晋时期的僰人演变而来"白蛮"。唐时,白蛮中心位于滇西洱海地区,在南诏统治政权上层居多数。天宝年间,中央王朝三次对南诏用兵而败,俘虏在洱海地区落户成为白蛮组成部分。南诏也几次进攻西川,掳掠汉族"工技""子女",这些被掳掠者也融入白蛮之中。五代时,白蛮段氏在南诏疆域的基础上建立大理国。白蛮曾在借用汉字的基础上结合自己民族的语言创造出"白文",他们是现代白族的先民。

元明清时期,汉文典籍先后出现"峨昌""栗粟""怒""喇乌"等族称,相关族群分别居住在滇西、滇南,是现代阿昌、傈僳、怒、拉祜等民族的先民。①

七、苗蛮系统:三苗、南蛮、武陵蛮、莫徭,如今苗瑶语族的苗、瑶、畲等族。

蛮是三苗的后延,按照《国语·楚语下》及高诱的注,三苗是九黎的后延。九黎的分布记载不明,一些学者从《国语·楚语下》高诱注"九黎,蚩尤之徒"以及《逸周书·尝麦篇》"命蚩尤宇于少昊"等分析,九黎曾活动于黄河下游平原并与太昊、少昊或东夷有某种关系。与此相印证,汉文典籍与民间也有苗蛮先祖盘瓠为商人高祖高辛氏立功、娶高辛氏女儿的传说。三苗的分布则有《战国策·魏策》所载战国初吴起所言:

  昔者三苗所居,左有彭蠡之波,右有洞庭之水,文山在其南,而衡山在其北。

这里,彭蠡即今鄱阳湖,文山不详所在,衡山不是指今南岳衡山,一些学者认为当为豫、荆两大州的界山,与今伏牛—桐柏—大别山脉相当。②三苗被尧、舜、禹战败以后,除了一部分融入部落大联盟以外,商、周时,另一部分主要活动在荆湘地区,被称为"荆蛮""南蛮"。战国至秦汉,荆蛮、南蛮后延主要居住在今湘西、黔东地区,其地因有酉水等五条溪流而称"五溪",先属黔中郡,西汉时改为武陵郡,其蛮故称"五溪蛮""黔中蛮"或"武陵蛮"。

南朝梁时,湘州零陵、衡阳等郡山区住有"莫徭蛮",他们"自云其先祖有功,常免徭役,故以为名"(《隋书·地理志下》),所指即上述盘瓠为高辛氏立功之事,此莫徭当为现代瑶族等的先民。到了宋代,苗、瑶、畲的名称相继出现,标志苗瑶语族苗、瑶、畲各民族逐渐形成。三个

---

  ① 近年来,有一些学者认为,关于彝等民族的族源表述应该换一个说法,即西南土著居民濮人融合了外来群体,从而形成了彝等民族。此问题可以进一步探讨。
  ② 王钟翰主编:《中国民族史》,中国社会科学出版社1994年版,第64页。

民族的分布格局也基本确立，大致是畲族偏东，居于浙江、福建和广东东部等地；瑶族位中，居于湖南、广西东部和广东北部等地；苗族偏西，居于湘西与贵州等地。元明清时期，部分苗族、瑶族民众逐渐向西南迁徙，有的跨出国界，到了越南、老挝、泰国的山区。

八、百越系统：南越、西瓯、骆越、滇越、乌浒、俚、僚，如今壮侗语族的壮、布依、侗、黎、傣等族。

越广泛分布于今浙江、福建沿海至云南西南部广大地区。据《汉书·地理志》颜师古注：

> 自交趾至会稽七八千里，百粤（越）杂处，各有种姓。

他们可能有共同的族源，以"文身断发"为共同特征，主要部落有于越（在今浙江杭嘉湖平原一带）、东瓯（在今浙江南部瓯江流域）、闽越（在今福建）、南越（在今广州一带）、西瓯（在今广西）、骆越（在今广西、贵州一带）、滇越（在今云南西南部）。其中，一部分越人与濮人逐渐交融，史称"濮僚"。另外，根据汉文典籍记载，秦至西汉时，在今贵州、云南、广西相接地带还有夜郎、且兰、句町、漏卧等部落（俗称"国"），可能也与越人、濮人等相关。古越先民较早从事稻作。《史记·货殖列传》载："楚越之地，地广人稀，饭稻羹鱼，或火耕而水耨。"

秦始皇二十五年（前222），派王翦定荆江南地，降越君，置会稽郡，于越、东瓯、闽越等逐渐融合于华夏。秦始皇二十九年（前218），发兵五十万分五路向岭南进攻，遇西瓯等越人的顽强抵抗。历经数年，才征服西瓯等越人，在岭南设置了南海郡（治所在今广州）、桂林郡（治所在今广西桂平）和象郡（治所在今广西崇左境）。西汉武帝建元六年（前135），派中郎将唐蒙率军携带大量物资、货币招降了夜郎侯多同，将其地划入犍为郡（治所在僰道，今四川宜宾西南）。元鼎六年（前111），出兵打败反汉的且兰，设置牂柯郡（治所在且兰，今贵州凯里西北）。由此，这些地区先后纳入了秦、汉中央王朝的羁縻统治范围。

东汉至隋唐，在西瓯、骆越等西部诸越分布地区陆续出现乌浒、俚、僚等族称，相关族群当均为诸越的后裔。宋时，出现僮、仲家（现代布依族先民）、仡伶（现代侗族先民）、黎等族称，表明这些民族共同体开始形成。僮族先民按照汉族方块字的构成方式创制的土俗字，宋时日趋完备。

秦汉时的滇越，唐宋以后被称为金齿、百夷等，是现代傣族的先民。12世纪，西双版纳金齿百夷首领帕雅真统一各部，以景洪为中心建立勐泐政权"景龙金殿国"；德宏地区以瑞丽江为中心，建立了勐卯政权。13世纪初，西双版纳百夷已使用"百夷字"傣泐文，德宏地区14世纪时也使用被称为"缅书"的傣那文，此外还有傣绷文、傣端文等。

九、百濮系统：濮，隋唐以后的望蛮、朴子蛮、蒲蛮，如今孟高棉语族的佤、布朗、德昂等族。

濮人支系繁多，故称百濮。夏、商、周时，分布在江汉流域，并向南延至濮水（今云南元江）及澜沧江流域。《史记·楚世家》卷四十正义引刘伯庄《史记地名》云："濮在楚西南。"战国以后，百濮一部分随秦、楚逐渐融合于华夏/汉族，一部分分别融合于氐羌系统、百越系统、苗蛮系统之中，成为西南夷、濮僚、武陵蛮等组成部分。在滇西南，还有属于南亚语系孟高棉语族的濮人（也称"蒲蛮"）继续发展。东汉时，中央王朝向这一地区发展，通博南山，渡澜沧水，置永昌郡（治所在不韦，今云南保山东北），将这一地区纳入羁縻统治范围。

唐时，出现"朴子蛮""望蛮"等族称群体，前者是现代布朗族和德昂族的先民，后者是现代佤族的先民。

三 中华传统文化与宇宙生成叙事结构

由上述的追溯可以看出，中华大地族类群体，从最古老的伏羲、女娲等氏族、部落或部落集团，到所谓"东夷、西戎、南蛮、北狄、中国（华夏）"，再到汉、彝、苗、壮等现代民族，有大致清晰的脉络可寻。其中，充满了"分、合、再分、再合……"的过程。古代的华夏，分别与"四夷"都有共同的渊源；以方位并归于"南蛮"的南下氐羌、苗蛮、百越、百濮四大系统，也分别与华夏/汉、西戎、东夷以至北狄各系统都有或多或少的分化、融合，四大系统之间更有千丝万缕的联系。由此中华大地尤其是南方各族类群体之间，存在太多的"你中有我，我中有你"；再由此各族类群体内部，当含有不少共同的中华（或中华大地很大范围内多族群）传统文化基因；其中处于最深层的，应该包括从传说中伏羲时代就开始孕育的一种宇宙生成模式。

在前引作为彝族德施家族谱牒的《西南彝志·德施氏源流》里，展开了一幅彝族心目中的宇宙形成图：混混沌沌中，产生了阴与阳，产生了清气浊气，阴与阳相结合，哎（影）出现了，哺（形）出现了，哎翻而为天，哺翻而为地，出现了"人始希慕遮"……

这些叙述，通过家族谱牒和父子连名制深藏于德施家族世世代代成员的心灵中，是家族的根，具有至高的神圣性，因而应该是原生的，或者说起码基本形态是原生的。它的基本形态的叙事结构，可以大致概括为：

> 混混沌沌中，某种物质形态的对立两极相互作用，演化出某种"影""形"，演化出天地，演化出各种形式的生命……

如果把这个叙事结构放在大中华文化的背景下，从时间和空间两个角度去追溯，去解析，会发现它具有非常古老的渊源，并作为基体在历史进程中不断地生发，不断地演绎出新的具体的形态。

现存汉文典籍里最早出现这个叙事结构的，是《易》，或称《周易》。《易》的最早"版本"，据说是由伏羲创立的八卦及解说。现存《周易》"系辞上"有这样一句话：

> 河出图，洛出书，圣人则之。

唐代孔颖达《周易注疏》曰：

> 《系辞》云："河出图，洛出书，圣人则之。"《礼纬·含文嘉》曰："伏牺德合上下，天应以鸟兽文章，地应以河图洛书。伏牺则而像之，乃作八卦。"故孔安国、马融、王肃、姚信等并云伏牺得河图而作《易》，是则伏牺虽得河图，复须仰观俯察以相参正，然后画卦。伏牺初画八卦，万物之象皆在其中，故《系辞》曰"八卦成，列象在其中矣"，是也。

依此，这里的"河出图……圣人则之"，叙述了一个美丽的传说：黄河通天，一匹龙马驮出"河图"，伏羲（伏牺）据之并"仰观俯察"而作《易》。此《易》，据说夏、商两代，均有版本；到了周初，周文王在原有基础上加以推演变化，后世孔子或其他人又作了阐释，分别形成周代版本的"经"和"传"两部分，称《周易》。汉代以后，《周易》成为儒家经典，又称《易经》。包含上述叙事结构的，是《周易》"传"里《系辞上》的一段话：

《易》有太极，是生两仪，两仪生四象，四象生八卦。

这里的"太极"，指混沌时期，即孔颖达所言："太极谓天地未分之前，元气混而为一。"整段话的大意是：生生之易的太极，运转中生成阴阳两种属性的物质，阴阳两种属性的物质不断分化、组合，又产生了"四象"，即太阴、太阳、少阴、少阳；四象又产生了"八卦"，即构成宇宙的八种最主要的物质：天（乾）、地（坤）、雷（震）、风（巽）、水（坎）、火（离）、山（艮）、泽（兑）。由此，物质世界成型。

《周易》"传"虽为后学所作，但因其为"经"之"传"，故基本思想当源于"经"而可上溯至传说中的伏羲时代。传说中的伏羲，应该属于华夏及"四夷"格局形成以前的氏族、部落或部落集团，属于很悠久的源起；以伏羲为某种形式祖先的神话传说遍及中原与东南西北四方，还遍及包括南方氐羌、苗蛮、百越在内的多个族群。包含上述宇宙生成叙事结构的《易》追溯到伏羲时代，起码说明这个叙事结构的古老。

周以后，这个基本思想可能萌生于传说中的伏羲时代的叙事结构，在多族群聚居、巫风昌炽的楚地，得到更充分的丰富和展示。

第二节 南方楚地诸族与楚地文化

在南方，最早建立起强大的政权、把各族群置于一个国家里的，是春秋战国时期的楚。

一 芈姓族系与蛮、濮、越

楚地族群分布与文化形态呈现繁复的状况。诸族中，占据统治地位的芈姓族系根据《国语·郑语》《史记·楚世家》等的记载，得姓始祖季连出于祝融集团。祝融集团出于帝高阳颛顼，由此而有同属芈姓族系的屈原《离骚》里"帝高阳之苗裔兮"的名句。颛顼，按《五帝德》《帝系》及《山海经·海内经》的记载，是黄帝与嫘祖的曾孙、昌意的孙子。《五帝本纪》《帝王世纪》等则说是昌意之子、黄帝之孙。而《山海经·大荒东经》又记："东海之外大壑，少昊之国，少昊孺帝颛顼于此。"清人郝懿行引《说文》"孺，乳子也"解释为："此言曰：孺养颛顼于此。"由此看来，颛顼是一位出身于黄帝集团而成长于少昊集团的古帝，是东西两大集团交融的象征。祝融集团为颛顼的后裔，是一个炎、黄在其中占优势的，黄河流域与长江流域各部落融合而成的新的部落集团。[1]

芈姓族系的直系祖先，是周文王时的鬻熊。周成王时，鬻熊的曾孙熊绎受封"于楚蛮，封以子男之田，姓芈氏，居丹阳"（《史记·楚世家》）。按礼制，子男之田方五十里，则当时楚还是一个很小的国家。丹阳，一般认为是在丹江下游"丹淅之会"处。

熊绎至蚡冒十五君约三百年，"辟在荆山，筚路蓝缕，以启山林"（《左传·宣公十二年》）。其间熊绎五传至熊渠，"甚得江汉间民和，乃兴兵伐庸、扬粤（越），至于鄂（今湖北鄂城）……立其子康为句亶王，中子红为鄂王，步子执疵为越章王，皆在江上楚蛮之地"（《史记·楚世家》）。在兼并了大片"江上楚蛮之地"以后，楚王族着手"开拓"濮地。"平王之末而秦、晋、齐、楚代兴……楚蚡冒于是乎始启濮。"（《国语·郑语》）至蚡冒的弟弟熊通即杀侄自立的楚武王时，"开濮地而有之"（《史记·楚世家》）。

随后，楚又向南扩张。"成王恽元年（前671），初即位，布德施惠，结旧好于诸侯，使人献天子，天子赐胙曰：'镇尔南方夷越之乱，无侵中国。'于是楚地千里"（《史记·楚世家》），把武陵、五溪以至湘中、湘南大片"夷越"之地划入自己版图。楚悼王时期（前401—前381年），启用吴起，"南并蛮越，遂有洞庭、苍梧"（《后汉书·南蛮西南夷列传》），使楚国的版图扩展到南岭一带。

再后，楚又向西进兵。"顷襄王时，遣将庄豪（或作庄蹻）从沅水伐夜郎，军至且兰，椓船于岸而步战，既灭夜郎……以且兰有椓船牂柯处，乃改其名为牂柯。"（《后汉书·南蛮西南夷列传》）至此，楚国的势力范围已经扩展到沅江上游黔东、黔中一带。此外，在伐蛮、启濮、并越之余，还北上扩地至于泰山地区，中原已达今河南南部，逐渐成为"南卷沅、湘，北绕颍、泗，西包巴、蜀，东裹郯、邳"（《淮南子·兵略训》）的大国。

从以上简单的叙述可以看出，楚地诸族中，占据统治地位的芈姓族系

---

[1] 王钟翰主编：《中国民族史》，中国社会科学出版社1994年版，第66、92页。

起源于祝融集团，与华夏有较深的渊源；由于其先颛顼"孺"于少昊等缘故，其文化可能更与太昊少昊东夷文化接近。① 而他们所开拓的楚地则多为蛮夷之地，所统辖的楚人多为蛮夷之人，所接触的楚地土著文化亦当为蛮夷文化的汪洋大海，包括苗蛮文化、百濮文化、百越文化、氐羌文化等。可以说，随着楚在南方的势力范围不断扩展，在数百年的时间里，华夏文化与南方各族群文化在一国的范围内也不断地交融共处，逐渐形成博大包容的楚地文化。

二 楚地巫风

楚地文化有很多特点，人们首先想到的是巫风昌炽。

巫风始于远古，曾经盛行于殷商。《礼记·表记》载："殷人尊神，率民以事神，先鬼而后礼。"由此可见一斑。到了周代，统治者以殷商为鉴，鬼神意识逐渐淡漠。黄河流域的人们也迫于生活，忙于农耕，又受孔子"不语怪力乱神"和"未能事人，焉能事鬼"思想的影响，巫风渐颓，巫事渐少。而以芈姓族系为首的楚地诸族由于与两昊、东夷的历史渊源，文化上更多地继承殷商；加之南方风云变幻，气象万千，高山大泽，神秘莫测，较好的自然环境，较低的生产水平，这一切使南方民族对于神灵的迷恋、依赖也就远为中原民族所不及。

楚地土地肥沃，气候温湿，物产富饶，谋生相对较易。《汉书·地理志》说：

> 楚有江、汉川泽山林之饶；江南地广，或火耕水耨。民食鱼稻，以渔猎山伐为业，果蓏蠃蛤，食物常足。故呰窳偷生（应劭注："呰，弱也，言风俗朝夕取给偷生而已，无长久之虑也。"），而亡积聚，饮食还给，不忧冻饿，亦亡千金之家。信巫鬼，重淫祀。

同时，山重水复，云雾变幻，易造成神秘感，易启发人想象。清代王夫之《楚辞通释》说：

---

① 20世纪50年代中期在信阳长台发现的大批楚文竹简上，楚文与殷商甲骨文、殷商至周金文以及其他六国文字同属一个系统，可作考古学的佐证。

> 楚，泽国也。其南沅、湘之交，抑山国，迭波旷宇，以荡遥情，而迫之以崟嵚戌削之幽菀，故推宕无涯，而天采蠹发，江山光怪之气莫能掩抑。

这样的自然环境，孕育了楚地诸族信神惧鬼和飘逸轻放的"生性"。表现在社会生活中，就是"信巫鬼，重淫祀"的巫风和异于北土礼法束缚的"轻易淫泆"的古俗。

楚地诸族巫风均有悠久的传统。占据统治地位的芈姓族系，文化上更接近两昊、东夷，也就更接近与两昊、东夷有渊源的殷商。殷商"尊神""事神"，事事问卜于神。根据记录殷商王室问卜之事的甲骨文，其对象是上帝和祖先。殷商王室向上帝卜问，范围包括风雨、渔猎、农事、征伐、祭祀等，如"帝令雨"（帝命令下雨吗?）、"伐邛方，帝受我又"（讨伐邛方，帝接受并保佑我吗?），表明其不仅主宰自然，支配气象，而且担负起许多社会的功能，具有至上神的种种特征；而祖先即前辈商王受命于天，死后又回到上帝左右（"宾于帝"），同样具有极大的权威。尔后，殷人高祖夋等也获得"帝"的称号，跻身于上帝之列。一般认为，夋即帝喾，亦即《山海经》里的帝俊。

甲骨文卜辞里没有关于上帝神迹的描述，《山海经》里却有两条关于帝俊"妻羲和生十日""妻常羲生月十有二"的记载。从殷商向上帝问卜的种种事项以及此两条记载来看，他们对于上帝或帝俊的神迹的想象应该还会更多更远。

芈姓族系文化上与两昊、东夷及殷商接近，崇拜与信仰的对象与风俗都有一定的继承关系。其先祝融，按《史记·楚世家》所述，是殷人高祖帝喾以颛顼后裔重黎"居火正，甚有工（功），能光融天下"而赐之名。所谓"火正"，据《汉书·五行志》载，是"掌祭火星，行火正"的具有神职性质的官。重黎之后，帝喾以其弟吴回"复居火正，为祝融"。由此可见殷商对芈姓族系的影响。同时，由于神化了的帝喾的封赐，祝融又登上火神的位置，芈姓族系的祖先在殷商帝喾的神系中占据了一席之地。尊祝融意味着崇火，芈姓族系当有崇火拜火的信仰风俗。

芈姓族系还尊凤、敬龙。《白虎通·五行篇》载："祝融者，其精为鸟，离为鸾。"张衡《思玄赋》说："前祝融使举麾兮，纚朱鸟以承旗。"李贤等注："朱鸟，凤也。"可见他们又视凤为祝融的化身，也就将凤当作族团的象征。另,《山海经·海内南经》载:"南方祝融,兽身人面,乘两龙。"可见他们的信仰又包括敬龙的成分。由此,芈姓族系的始祖也许还可以追溯到更远。

他们或许还具有尚鬼崇巫的传统。西周初年,始封的楚君熊绎对周王的职分之一,是"桃弧棘矢以共王事"(《史记·楚世家》),即以桃木弓和棘枝箭敬献给周朝以除崇禳灾……这些传统文化和风俗,广泛地体现在芈姓族系社会生活的方方面面。

楚地其他族群的巫风同样有着久远的历史渊源,上溯可至三苗之先九黎。《国语·楚语》下载楚昭王时代的观射父说:

> 及少暤之衰也,九黎乱德,民神杂糅,不可方物。(韦昭注:方,犹别也。物,名也。)夫人作享,家为巫史。(韦昭注:夫人,人人也,享,祀也。巫,主接神,史,次位序;言人人自为之。)无有要质,民匮于祀,而不知其福。(韦昭注:言民匮于祭祀,而不获其福。)烝享无度,民神同位,民渎齐盟,无有严威(韦昭注:齐,同也。严,敬也,威,畏也。),神狎民则,不蠲其为(韦昭注:蠲,絜也。),嘉生不降,无物以享,祸灾荐臻,莫尽其气。

此说虽多含贬义,但大体反映了当年九黎祀神的情况。九黎之后三苗也信巫,清代顾炎武所编《天下郡国利病书·湖广》说:

> 按湘楚之俗尚鬼,自古为然。《书·吕刑》:昔三苗昏乱相当听于神。

九黎、三苗巫风延续到春秋战国以后的群蛮。楚地群蛮中,"盘瓠蛮"因崇拜神犬盘瓠、以其为始祖而得名。在他们当年活动的武陵地区沅水中游,近年发掘出一座四千多年前的"双头连体带器座"神犬塑像,伴随出土的还有一件玉斧、一件玉环等,可能都是祭祀仪式的神器;"廪君蛮"以其五个氏族的共主之号"廪君"为族名。相传廪君死后,魂魄化为白虎,族人遂有崇拜白虎和以人祭虎的习俗;西部沅江上游的黔地,有以"夷濮""夷僚"为称呼的族群,他们相传始祖出于竹,举族崇拜竹。

东南、中南百越民族的鬼神意识也特别浓厚。《吕氏春秋·异宝》说:

"荆人畏鬼而越人信禨。"《列子·说符》说:"楚人鬼,越人禨。"可见越人在这方面毫不逊色。他们因为多居于海滨水乡,似乎很多文化特征都与水相关联,例如蛇崇拜、鸟崇拜,等等,后者遗存更为丰富。前5000—前3300年的河姆渡文化遗址中,鸟形象的雕塑、图案多次被发现。蛇崇拜、鸟崇拜与卵崇拜相关联,进而与"宇宙卵"以及"生卵""卵生"的神话叙事相关联。

尤其是,当周以后,中原人已经不很重视头顶上的神灵时,南方各族由于独特的自然环境和社会状况,巫风仍盛,没有丝毫减退。

祝融、九黎、三苗等尚鬼崇巫的传统融入楚地诸族的神巫文化之中,推动形成了从楚王宫廷到楚地民间一体的浓烈昌盛的巫风。楚王宫廷巫风盛行,历代楚王都信巫祀神。《太平御览》卷五二六引桓谭《新论》说:

> (楚灵王)简贤务鬼,信巫觋,祀群神,躬执羽绂舞坛下。吴师来攻,国人告急,王鼓舞自若。曰:"寡人方乐神明,当蒙神佑,不敢救。"

《汉书·郊祀志》载:

> 楚怀王隆祭祀,事鬼神,欲以获福助,却秦师……

楚地民间则巫风成俗。东汉王逸在《楚辞章句·九歌序》中写道:

> 昔楚国南郢之邑,沅湘之间,其俗信鬼而好祠,其祠必作歌乐鼓舞以乐诸神。

地处偏僻的蛮部,更重祭仪、巫术。晋人干宝《搜神记》等古籍记载,武陵、长沙等地的"盘瓠子孙""好山恶都",他们

> 用糁杂鱼肉,叩槽而号,以祭盘瓠。

于是,荆楚大地处处弥漫着"万物有灵"的气息,巫音缭绕,神影飘忽,境界奇异,色彩缤纷。

原始巫风带有强烈的功利性。人们为了凝聚族群的意志，争取族群的福祉，创造了种种神灵形象及其神迹，从而形成神祇神话；为了博取神祇的认同，愉悦神祇的心志，创造了祝祷歌舞，从而形成祭歌巫舞……因而，楚地诸族浓厚的巫风诱发、延续了大量的原始叙事艺术和形体艺术，它们弥漫着虚幻、神秘的气氛，充满了热烈、奔放的激情，飘逸而奇诡，给楚文化增添了无比瑰丽的色彩。

其中，包括从天地形成起始的关于创世的叙述及其种种仪式。

第三节　楚地籍载与口传"神圣叙事"

楚地关于创世的叙述，记载于古籍里，也留存在出土的帛书、竹简中，相互映衬，相互补充，不断发展，不断丰富。它们组合起来，形成了楚地创世叙事的长长的链条。如果做一下盘点的话，可以举出这样一些例子。

春秋晚期，出生于楚国苦县（今河南鹿邑，一说安徽涡阳）的老子留下不朽的著作《老子》，与《周易·系辞》里的"太极""两仪"说相通，作者以道、气、阴阳以及神秘数字一、二、三解释宇宙万物的演变，留下意蕴无穷的名句："道生一，一生二，二生三，三生万物。万物负阴而抱阳，冲气以为和。"

1993年10月，考古工作者在湖北荆门市郭店村一座约为战国中期的楚墓（一号楚墓）发掘出一批竹简，其中被列为传本《老子》佚文的《太一生水》，又提出天地万物"水本水化说"："太一生水。水反辅太一，是以成天。天反辅太一，是以成地。"

战国中晚期，出生于楚地东北蒙（今河南商丘北，一说安徽蒙城）的庄子进一步发挥了"气本""气化"说，并把它具体扩展到人："人之生，气之聚也……通天下一气耳。"在此基础上，作者提出"万物皆化"，"以不同形相禅"。在谈到自己要"独与天地精神往来"时，提出要"上与造物者游，而下与死生无终始者为友"。（《庄子》）这里的"造物者"，是在现存汉文典籍中最早出现的创世主体的形象。但造物者如何"造物"，书中没有更多涉及。

战国晚期，诗人屈原留下奇文《天问》，一口气提出一百多个问题，追溯天地、日月、山川、灵异……其中大概依据《周易》《老子》等以及民间流传，直问混沌的"极"、阴阳的"本"："冥昭瞢暗，谁能极之？……阴阳三合，何本何化？"并进而寻觅造物者的形象，直问天地"孰营度""孰初作"："圜则九重，孰营度之？惟兹何功，孰初作之？……"

似乎与屈原《天问》发问衔接很紧，1942年9月，湖南长沙东南郊子弹库一座约为战国中晚期的楚墓遭到盗掘，出土一卷帛书，其中一段直接与"孰营度""孰初作"相关联：雷霆闪电之中，雹戏（伏羲）诞生了。他与"女皇"结为夫妻，生下四子治理天地，厘定空间时间秩序……于是，传统的阴阳进一步演化为中华远祖伏羲夫妻，天地自然生成加入了远祖的创造。

公元前223年，秦军破楚，楚国灭亡。两年以后，秦王嬴政完成统一，建立历史上第一个集权制的中央大帝国。但秦室帝祚短促，不久又为更强大的汉王朝所代替。汉起于楚地，汉高祖刘邦极为重视楚地文化，如《汉书·礼乐志》所载："高祖乐楚声。"此"乐"延及汉初几个皇帝，楚地文化包括创世叙事也延续下来。至汉武帝时的《淮南子》，关于气化、关于神创都有了进一步的表述。《天文训》曰："宇宙生气，气有涯垠，清阳者薄靡而为天，重浊者凝滞而为地。"《精神训》曰："有二神混生，经天营地……别为阴阳，离为八极，刚柔相成，万物乃形。"

三国时，出现了吴国人徐整《三五历纪》、《五运历年纪》（此书作者尚存疑）所载盘古神话。似乎建构于传统文化关于人"气本""气化""万物皆化"的基础上，《三五历纪》首把宇宙的混沌状态描述成"鸡子"，以之孕育出最早的神或人："天地混沌如鸡子，盘古生其中……天地开辟，阳清为天，阴浊为地。"《五运历年纪》首现"肢体化解"创世："首生盘古，垂死化身，气成风云，声为雷霆……"

至此，南方各种形式的关于创世的叙述，比较完整地展示出来。这些叙述，从各自本身来看，都具有比较深刻的内涵；从彼此联系来看，似乎时时有一个隐形结构隐现其中，需要细细体味。

一 《老子》《庄子》与气本气化、水本水生

楚地现存的汉文典籍，如果按照署名作者的年代来排列的话，最早当为《老子》。相传为《老子》作者的老子，一般认为即春秋末期的思想家老聃，姓李名耳，楚国苦县（今河南鹿邑，一说安徽涡阳）人。老子创始了以"道"为核心范畴的道家学派。在关于宇宙形成的叙述上，《老子》最大的特色是凸显了"道"。

"道"的本意，当指道路，《老子》的"道"当然并非此意，然而要穷

尽其内涵似乎很难,大而言之可先理解为某种"本源"、某种"终极",随后再在对创世神话的阅读中慢慢领悟吧!书中描绘了道创生万物的过程:

> 有物混成,先天地生。寂兮寥兮,独立而不改,周行而不殆,可以为天下母。吾不知其名,字之曰道……(二十五章)
> (有个浑然而成的东西,在有天地之前就存在着。既无声又无形,独立存在又永恒不变,循环反复地运行,永不停息,可以说它是天地的根源。我不知道它的名字,只好叫它道……)
> 道之为物,惟恍惟惚。惚兮恍兮,其中有象。恍兮惚兮,其中有物。窈兮冥兮,其中有精,其精甚真,其中有信。自今及古,其名不去,以阅众甫。(二十一章)
> (道这个东西,是似有若无的,是恍恍惚惚的。恍恍惚惚啊,其中却有形象;恍恍惚惚啊,其中却有实物。深远幽昧啊,其中却有产生生命物质的精气,这精气是真实可信的。从当今推及远古,它的名字不能消去,用它可以观察到万物的起始。)
> 道生一,一生二,二生三,三生万物。万物负阴而抱阳,冲气以为和。(四十二章)
> (道孕育混沌未分之气,混沌未分之气内含阴阳二气,阴阳二气运动形成天地,阴阳二气相合生出第三者和气,和气产生万物。万物都背阴向阳,阴阳二气冲撞交融就成为新生的和气。)[①]

三段论述组合起来,老子为我们描绘了一幅神秘的道生万物的图景:道先于天地而存在,无声,无形,独立,永恒,不停息地运行;它虽然恍惚无形、深远幽昧,但其中有象、有物、有精;道孕育混沌未分之气,混沌之气内含阴阳二气,阴阳二气运动形成天地,阴阳二气相合生出的和气产生万物。

此处,由神秘的道出发,经过一系列演化,产生了万物。那么,道究竟为何物,含何质,为何具有如此巨大的能量?

还是回到《老子》。《老子》第二十一章所言之"道","寂兮寥兮"

[①] 《老子》引文及译文均录自乐后圣总编,张清华主编《道经精华——老子·鬼谷子·鹖冠子》,时代文艺出版社2003年版。其中译文部略有改动。

"惟恍惟惚",似乎若有若无;然而,它虽然恍惚无形、深远幽昧,但"其中有象""其中有物""其中有精",却给人无穷的想象空间。尤其是其中有被反复强调为"甚真"、可"信"、作为核心的"精",更令人遐思无限。或许可以说,"道"的"其中有精",可能正是衍生万物的中心点。

道"惟恍惟惚",而"窈兮冥兮"于其中的精,当也"恍兮惚兮",故此处"精"或亦可称"精气"。关于"精"或"精气"的作用,《周易》"系辞上"有更明确的表达,其曰:

> 精气为物。

这就肯定了"精"或"精气"为万物萌生的起因。孔颖达《疏》把"精"与"灵"结合起来,称为"精灵之气",并把"精灵之气"与阴阳运动连在一起描述万物萌生的具体过程:

> 阴阳精灵之气,氤氲积聚而为万物也。

东汉王充《论衡·纪妖》,则直接把"魂"与"精气"等同,谓:

> 魂者,精气也。

如此,可否这样理解:"精"或"精气"是"道"的核心部分,它有物质的层面,似乎更有精神或灵魂的层面;它的内涵同样难以穷尽,但有一点可以肯定,它潜质无限,容量无限,为万物生命之源。

这里所述的"道"是如此奥妙,又如此具体;道化生万物的过程是如此曲折,又如此清晰,不能不使人想到是不是另有所本。现代学者闻一多在《道教的精神》一文中曾提出:

> 我常疑心这哲学或玄学的道家思想必有一个前身,而这个前身很可能是某种富有神秘思想的原始宗教,或更具体点讲,一种巫教。[1]

---

[1] 《闻一多全集》第一卷,生活·读书·新知三联书店1982年版,第43页。

由此发挥，这个"前身"的"前身"更可能为某些族群的创世神话。可惜，在流传下来的汉文典籍中未见相关记载。

《老子》这几段论述里所言之"道"，"寂兮寥兮"，"惟恍惟惚"；所生之"一"结合后面"阴""阳""气"理解，明显是指混沌未分之气。但似乎不止于此。1993 年，在湖北郭店出土了大量战国中期的竹简，其中一篇《太一生水》被认定为传本《老子》的佚文，里面有这样一段叙述：

> 太一生水。水反辅太一，是以成天。天反辅太一，是以成地。

这里的"太一"，从《庄子·天下》谓老子"主之以太一"，即以"太一"为核心等分析，似乎与"道"等同。"太一"或"道"首先生出水，水生成后反过来辅助太一，从而产生天；天生成后反过来辅助太一，从而产生地。由此并结合《管子·水地》所谓水为"万物之本原"等论述可见，中华传统文化中，于占主体地位的"气本说"之外，还有一个"水本说"。或者，有一个"气、水同本说"，两种本原同时存在，只不过有时候更多地表现"气化"，有时候更多地表现"水生"而已。

这些叙述，大致展示了天地万物从气化或水生的轮廓，然而，也许作者只是借以论"道"或"太一"，所述并不很具体很详尽；而且，也许作者把"道"定位于"无为而无不为"（《老子》三十七章）的一切范畴之上，混沌中天地万物的生成只见"道"的作用，而没有出现创世主体的行踪。但是，《老子》二十一章在阐释"道之为物"时，先言"其中有象"，次言"其中有物"，尤其是再言"其中有精，其精甚真，其中有信"，给人以无穷的想象空间。

若干年后，另一位道家代表人物庄子进一步发挥了"气本""气化"的思想。在《庄子》所表达的观念中，"气"是弥漫宇宙的客观存在。它虚无，却显现于万物的具体形态中，故"气也者，虚而待物者也"（《庄子·人间世》）。气的运动形成万物。如人，"杂乎芒芴（恍惚）之间，变而有气，气变而有形，形变而有生"（《庄子·至乐》）。由此，他得出"通天下一气耳"的结论：

> 人之生，气之聚也；聚则为生，散则为死……故曰：通天下一气

耳。(《庄子·知北游》)

在"气本""气化"的基础上,庄子又提出"万物皆化"(《庄子·至乐》)的观点。他认为,"化"具有普遍性,"天地虽大,其化均也"(《庄子·天地》)。"化"是物物之间、物人之间的自由转化,是"万物皆种,以不同形相禅"(《庄子·寓言》)。他举了一个"物化"的例子,即著名的"庄子化蝶"的故事,并进一步阐述了"化"的普遍现象:

> 种有几,得水则为㡭,得水土之际则为蛙蠙之衣,生于陵屯则为陵舄,陵舄得郁栖则为乌足,乌足之根为蛴螬,其叶为蝴蝶。蝴蝶胥也化而为虫……(《庄子·至乐》)
> (物种中有一种非常微小的生物名叫几,它得到水以后就变成了断续如丝的水绵草,在水与土并得时就变成青苔,生在高地上就变成车前草,车前草得到粪土以后就变成乌足草,乌足草的根变为金龟子的幼虫,乌足草的叶子变为蝴蝶,蝴蝶不久就变化为虫……)

这些关于人的"气本""气化"以及"万物皆化"的观念,似乎为以后盘古神话的两种类型即"混沌……盘古生"及"垂死化身"提供了文化土壤。

基于"天""人"同为"气本""气化",庄子提出"天"即"人","人"即"天":"庸讵知吾所谓天之非人乎,所谓人之非天乎。"(《庄子·大宗师》)"天地与我并生,而万物与我为一。"(《庄子·齐物论》)由此,中国传统文化"天人合一"的观念开始逐步显现。

《老子》论"道"时,提出"其中有精",即有产生生命物质的精气,似乎为道创世提供了更多的形式;而到了庄子,似乎更领悟到天地精神会萌生创世造物的非凡之人,在《庄子·天下》篇里,他表示要与"天地精神"往来时,提到"造物者"一词:

> 上与造物者游,而下与死生无终始者为友。

此处"造物者",当具有一定的内涵;同时,既然"通天下一气",此处"造物者"由何而来,给人另一个想象空间。但作者似乎只是为了表述自己游于"无穷",没有对"造物者"进一步深究。①

大约稍后,一位楚人更发出《天问》,直追天地万物"孰营度""孰初作"。他,就是楚地具有人本主义思想的大诗人——屈原。

二 子弹库楚帛书、《淮南子》与"二神混生,经天营地"

根据王逸《楚辞章句》描述,屈原是在面对先王之庙"图画天地山川神灵""呵而问之"时,写出气势磅礴的《天问》的。诗篇开头就是:"遂古之初,谁传道之?上下未形,何由考之?"(远古的最初形态,是谁把它传述下来?天地还未形成,是根据什么来考定?)接着,诗人就天地如何形成等悬念,一口气提出了一连串问题:

> 冥昭瞢暗,谁能极之?冯翼惟象,何以识之?明明暗暗,惟时何为?阴阳三合,何本何化?
>
> (混混沌沌,昼夜不分,谁能够找到根源呢?宇宙之气,只有现象,凭什么来认识它呢?天明天黑,暮去朝来,这样更换,是为什么呢?阴阳二气,渗透参合,源于什么?又怎样变化呢?)
>
> 圜则九重,孰营度之?惟兹何功,孰初作之?斡维焉系?天极焉加?八柱何当?东南何亏?
>
> (圆圆的天,分为九层,是谁规划设计的呢?这是何等宏伟的工程啊,是谁开启创造的呢?天的枢纽,如何地系住?天的轴心,如何地装设?八根天柱,是怎样支撑?东南之柱,又为何短缺?)
>
> ……

诗篇以发问的形式展开,却也包含一些具体的神话材料,例如"遂古之初"的"冥昭瞢暗",阴阳二气的渗透参合,圜则九重与天之八柱等,依稀闪现一点创世神话的影子。跟《老子》等的叙述相仿,根据《天问》提供的材料,在当时楚地流传的神话里,远古之初是"冥昭瞢暗"即混混沌沌的,后来阴阳参合,形成天地……与《老子》等的叙述不同的是,《天问》还对天地的情景作了一些具体的描述:圆天九层,上有枢纽轴心,

---

① 《庄子》引文及译文均录自乐后圣总编,张清华主编《道经精华——庄子》,时代文艺出版社2003年版。其中译文部分略有改动。

下有八根天柱牢牢地撑住……尤其是，作者发问"圜则九重，孰营度之？惟兹何功，孰初作之？"引出人们猜想的广阔天地。

然而同样，比较具体的叙述在流传下来的汉文典籍里未见记载。

20世纪40年代，盗墓者让湖南长沙东南郊子弹库一座约为战国中晚期的楚墓里一卷帛书重见天日，给关注神话的人们带来震撼。帛书现存美国华盛顿弗利尔美术馆，全文共分3篇，沿周围1篇分12小段，每段记一个月的名称与宜忌，有战国文字和彩绘图像，与古代卦气说有关，学者们称为"月忌篇"；中间是书写方向互相颠倒的两段战国文字，左边一段13行，与古代天文学有关，称"天象篇"；右边1段8行，称"神话篇"，包含创世神话的内容。于此，楚地神话中创世者浮出水面，即与殷商、芈姓族系等楚地诸族有密切关系的中华远祖伏羲，以及帝俊、祝融、共工等。

帛书所书为战国文字，当代学者认读、转写又多有差异，这里综合参照吕威、高莉芬等人的文章（他们的文章又参照了饶宗颐、李零等人的研究成果），将其中"神话篇"抄录如下：

　　曰故（古）□熊雹戏（伏羲），出自□霆（震），居于睢□。厥田俕俕，□□□女，梦梦墨墨（茫茫昧昧），亡章弼弼，□□水□，风雨是於（淤）。乃取（娶）虞遏□子之子曰女皇（娲）。是生子四，□是襄，天践是各（格），参化法兆。

　　为禹为萬（契），以司堵襄，晷而步□。乃上下朕传，山陵不疏，乃命山川四海，熏气百气，以为其疏。以涉山陵，泷汨渊满。未有日月，四神相戈（代），乃步以为岁，是惟四时。长曰青榦，二曰朱四单，三曰白大枏，四曰□墨榦。

　　千有百岁，日月夋生，九州不平，山陵备崩。四神乃作，□至于覆，天旁动，扞蔽之青木、赤木、黄木、白木、墨木之精。炎帝乃命祝融，以四神降，奠三天，□思敷。奠四极，曰：非九天则大嵌，则毋敢蔑天灵。帝俊乃为日月之行。

　　共工夸步，十日四时，□□神则闰，四□毋思，百神风雨，辰祎乱作，乃□日月，以转相□思（息），又宵又朝，又昼又夕。

帛书问世以后，多位学者作了解读，同样多有差异。这里兼采众家，将其大意的一种表述抄录如下：

天地尚未形成之时，世界处于混沌状态（或混沌大水、或混沌大气的状态）。在雷霆闪电之中，雹戏（伏羲）诞生了。他与虘遅□子的女儿女皇（或即女娲）结为夫妇，生下四子（四神）。他们遵循阴阳参化法则，开辟大地，混沌宇宙从此两分。

协助禹和契平水土，步推天周度数，规划九州，并治理"山陵不疏"的大地无序的乱象；使山陵与江海之间阴阳通气，疏导四散漫衍的洪水。当时未有日月与时间运转，四神开始运动，交替轮代，循环反复，形成四季。从混沌到天地二分，空间、时间秩序厘定，秩序宇宙初步建立。

一千数百年以后，帝俊生出日月。原创秩序宇宙空间顷刻毁坏，四神造了天盖，但向旁倾斜，用五色木的精华作了加固或撑牢，失衡宇宙得到重整。（另有一种解读为：帝俊生出日月，从此九州太平，山陵安靖。四神还造了天盖，使它旋转，并用五色木的精华加固。）炎帝派祝融以四神奠定三天四极，帝俊安排日月的运行，与地相对应的完整的天建立起来。

共工氏制定了记日的十干，计年的四时，考虑至闰月，完成了更为准确的历法，一日夜分为霄、朝、昼、夕。从天时到人时，秩序宇宙经重整与再造终至完成。①

这里，出现了创世主体，隐去了混沌状态阴阳两极的运动，代之以创世者伏羲夫妇的操持；出现了初创、再创的艰难过程，出现了对空间、时间秩序的厘定，初步展示出完整的创世神话的形貌。

西汉时，相似的叙事在《淮南子》里得到了进一步的表述：

> 虚霩生宇宙，宇宙生气，气有涯垠，清阳者薄靡而为天，重浊者凝滞而为地。清妙之合专易，重浊之凝竭难，故天先成而地后定。（《天文训》）
>
> （空虚寂静中出现了宇宙，宇宙生出气，气有边际。清阳之气轻薄分散，成为天；重浊之气凝结呆滞，成为地。清阳之气容易聚合，重浊之气难以凝固，所以天先成而地后定。）
>
> 古未有天地之时，惟像无形，窈窈冥冥，芒芠漠闵，澒濛鸿洞，莫

---

① 参见李零《长沙子弹库战国楚帛书研究》，中华书局 1985 年版；饶宗颐、曾宪通《楚地出土文献三种研究》，中华书局 1993 年版；吕威《楚地帛书敦煌残卷与佛教伪经中的伏羲女娲故事》，《文学遗产》1996 年第 4 期；高莉芬《神圣的秩序——〈楚帛书·甲篇〉中的创世神话及其宇宙观》，台北《"中央研究院"中国文哲研究集刊》第三十集，2007 年。

知其门。有二神混生，经天营地，孔乎莫知其所终极，滔乎莫知其所止息。于是乃别为阴阳，离为八极，刚柔相成，万物乃形。(《精神训》)

(远古没有天地的时候，无形状面貌，奥秘幽暗，混茫不清，混沌渺远，没有谁能知道其门径。有两个神自然形成，创造天地，天地广大得没有谁知道其终点，辽阔得没有谁知道其止处。于是，他们区别阴阳，分开八极，刚柔相成，万物就产生了。)

《老子》的"道生一，一生二"，在《淮南子·天文训》里具体化成"虚霩生宇宙，宇宙生气"，清阳为天，重浊为地；子弹库楚帛书是伏羲娶女皇（女娲）创世，《淮南子·精神训》也出现了"二神混生，经天营地"。按照现代学者徐旭生《中国古史的传说时代》等所表述的观点，此中的"二神""只可能为伏羲与女娲"[1]，故此两段叙述当与《老子》、子弹库楚帛书"神话篇"的叙述一脉相承。

另外，在该书《览冥篇》里还有这样一段话：

往古之时，四极废，九州裂，天不兼覆，地不周载；火爁焱而不灭，水浩洋而不息……于是女娲炼五色石以补苍天，断鳌足以立四极，杀黑龙以济冀州，积芦灰以止淫水。

(远古的时候，有一年撑天的四根柱子折断了，大地裂开了，天不能覆盖大地，地也不能普载万物；熊熊的大火燃烧不已，浩浩的洪水奔流不息……于是，女娲熔炼五色的石头去补苍天，斩下神龟的四脚作擎天柱奠立四极，杀死黑龙以济天下，堆积芦苇烧成的灰以填塞洪水。)[2]

这里，同样是原创秩序宇宙空间毁灭后的二次创世，其中女娲"炼五色石以补苍天"与帛书"天旁动"后四神"扞蔽之青木、赤木、黄木、白木、墨木"五色木之精相映衬，体现了中华民族古代审美观念。其来源，当为战国时代五行思想或"五"数思维模式的流行，故以五色的木或五色的石组成一套象征"天"的秩序的神圣质素。另外，积芦灰以止淫水，断

---

[1] 徐旭生：《中国古史的传说时代》，科学出版社1960年版，第237页。
[2] 《淮南子》引文及译文均录自刘城淮《中国上古神话》，上海文艺出版社1988年版。其中译文部分略有改动。

鳌足以立四极，有水态本源创世神话"取土在水上造地、立极"等核心情节的影子，或许还有更深层的蕴涵。

三 《三五历纪》《五运历年纪》与"首生盘古，垂死化身"

三国时，出现了吴国人徐整《三五历纪》、《五运历年纪》（此书作者尚存疑）所载盘古神话。两书已佚，相关叙述分别存于后世一些典籍中。这些叙述，似乎上承《庄子》"气本""气化""物化"等思维。与《庄子》所谓"人之生，气之聚""天地与我并生"等相应，《三五历纪》把宇宙的混沌状态描述成"鸡子"，描述其在阴阳运动生出天地的同时生出宇宙第一位神或人。唐代欧阳询等编的《艺文类聚》卷一引该书云：

> 天地混沌如鸡子，盘古生其中，万八千岁。天地开辟，阳清为天，阴浊为地。盘古在其中，一日九变，神于天，圣于地。天日高一丈，地日厚一丈，盘古日长一丈。如此万八千岁，天数极高，地数极深，盘古极长。后乃有三皇。

与《庄子》所云"万物皆化""以不同形相禅"相应，《五运历年纪》首现盘古"肢体化解"创世。清代马骕《绎史》卷一引该书云：

> 元气濛鸿，萌芽始兹，遂分天地，肇立乾坤……首生盘古，垂死化身，气成风云，声为雷霆，左眼为日，右眼为月，四肢五体为四极五岳，血液为江河，筋脉为地理，肌肉为田土，发髭为星辰，皮毛为草木，齿骨为金石，精髓为珠玉，汗流为雨泽，身之诸虫，因风所感，化为黎甿。

以后，相传为南朝梁任昉所撰的《述异记》[①] 采录了自秦汉以来有关盘古的各种神话，几则与《五运历年纪》所载略同，一则首次提到盘古氏夫妻：

[①] 关于《述异记》，《四库全书总目提要》云："旧本题梁任昉撰，其中有北齐武成河清年事。盖亦如张华《博物志》裒合而成，半真半伪之书也。"

吴楚间说：盘古氏夫妻，阴阳之始也。

其意可以有多种解读，其中之一似乎可以解读为盘古氏夫妻以生育天地的形式创世，如是，则又形成阴阳创世的另一种类型。

上述各种形式汉文典籍所记载的关于创世的叙述，如果叠加起来，大致有这样一个隐形结构：混沌世界，阴阳两极运动形成天地，孕育神或人整治天地、创造或变身万物；或象征阴阳的夫妇生育神或人创造世界。一般经历厘定空间时间秩序、初创二创等过程。

四　楚地典籍叙事与南方民族口传神话

追溯了楚地典籍中关于创世的叙述以后，又回过头来看《西南彝志·德施氏源流》里始祖"与天地并生"等诗句，会发现它们有不少相似相通之处。《德施氏源流》是作为族谱、通过父子连名制一代一代传递下来的，说明它极有可能是原创的。它们相似相通最深层的根源在于中华各民族形成过程中的分合，以及共同的文化基因的隐显。

如前所述，中华大地族类群体，从最古老的伏羲、女娲等氏族、部落或部落集团，到所谓"东夷、西戎、南蛮、北狄、中国（华夏）"，充满了"分、合、再分、再合……"的过程。古代的华夏，分别与"四夷"都有共同的渊源；以方位并归于"南蛮"的氐羌、苗蛮、百越、百濮四大系统，也分别与华夏、西戎、东夷以至北狄各系统都有或多或少的分化、融合的过程，四大系统之间更有千丝万缕的联系。由此中华大地尤其是南方各族类群体之间，存在太多的"你中有我，我中有你"，华夏、东夷、苗蛮、百越……不少族群都传说伏羲是自己族类祖先，可见一斑。

延伸到楚，这个过程继续进行，占据统治地位的芈姓族系及不断扩展的"楚人"在伐蛮、启濮、并越等的基础上，融入大量的蛮、濮、越群体，也融入大量的蛮、濮、越文化，由此楚地文化当是楚地诸族文化的融会，从《老子》而下关于创世的叙述也当上承华夏、四夷的"你中有我，我中有你"，下接楚地诸族的"剪不断，理还乱"。

另外，另一部分蛮、濮、越等按照原有传统继续发展。其中楚西南的一部分濮与不断南下东进的氐羌融合同处，逐渐形成所谓的"夷濮"，被纳入氐羌系统。他们是现代彝等民族的先民，包括前述《西南彝志》的作者群体。

原有的传统文化继续传承。从先秦至秦汉，按照原有传统发展的氐羌、濮、蛮、越等各族群大都分布或逐渐迁往边远的高原、山地、丘陵，大都相对封闭，不少处于深幽之境。如《后汉书·南蛮西南夷列传》写道，"武陵蛮"祖先盘瓠得女"负而走入"的武陵山脉"南山"，"所处险绝，人迹不至"。在那巫风弥漫的时代，这些族群的先民要凝聚族群意志，更需要树立族类的神圣性，尤其是塑造族类始祖的神圣性，以在族群中形成一个凝聚中心，由此而产生各种神圣的象征与神话叙事。这些象征和叙事，上溯到始祖的神奇出世，以至人类起源，宇宙创生，等等。这些象征和叙事，在氐羌、濮、蛮、越等地区由于独特的自然、社会环境，比较完整地一代一代传承下来。

在这些地区，祭祀事类的管理者以及祭司、巫师大都始终居于重要地位。例如，前述彝文古籍《西南彝志》记载，氐羌系统的彝族先民"六祖分支"后（根据彝族学者罗希吾戈推算，大约相当于东周初年）[1]，各支逐渐形成了君（彝语"兹"，意为权力）、臣（彝语"莫"，意为长老）、师（彝语"毕"，意为祭祀）三位一体的部落政权组织形式，"君臣师来管，各掌其权位。"[2] 哈尼族古歌《窝果策尼果·直琵爵》[3] 也叙述，哈尼先民早期社会是头人、贝玛（祭司或巫师）、工匠"三位一体"的体制，其中，头人管政治事务，贝玛管宗教文化，工匠管生产技术。这样一些体制，在相关神话里被表述为随天地形成而产生，为天的意志。

有悠久深厚的渊源，并有社会组织制度的保障，南方民族地区始终巫风长盛。可以说，不少民族的精神氛围都体现出一种神巫文化的特质，这种精神氛围维系着族群神圣象征和神话叙事的巨大凝聚力。

南方民族的群体文化特质、神巫文化特质，引领着他们的风俗民情。此外，由于种种历史原因，南方民族大都没有自己民族通行的传统文字（彝文、东巴文仅限祭司等阶层小范围使用），他们传达什么信息、接受什么经验，以至交流感情、继承文化等，大都依靠声音、形体特别是歌谣来

---

[1] 罗希吾戈：《彝族"六祖分支"刍议》，《思想战线》1983 年第 1 期。
[2] 贵州省民族研究所、毕节地区彝文翻译组翻译：《西南彝志选》，贵州人民出版社 1982 年版，第 442 页。
[3] 朱小和演唱，史军超、杨叔孔采录，卢朝贵翻译，史军超整理、注释：《窝果策尼果·直琵爵》，载西双版纳傣族自治州民族事务委员会编《哈尼族古歌》，云南民族出版社 1992 年版，第 253—291 页。

进行，从而形成了南方民族口传文化的特质。南北民族群体文化特质、神巫文化特质、口传文化特质结合起来，产生一些很有特色的传统制度和传统群体性活动，如一些民族的"父子连名制"，更多民族的集体祭天、祭祖、对歌、叙古……这样一些制度与活动，维系着南方民族很多古来产生的神话活形态的传承。

前述氏羌系统、百濮系统一些民族"父子连名制"的每一个系谱，都深藏着一个作为民族之根的人类起源、宇宙创生神话。例如：

彝族的四川雷波杨姓土司系谱，上溯到天降下的白雪生出的"娃支"[①]，深藏着彝族"人类天降雪生"神话。

纳西族的云南丽江木氏土司的家谱《宦谱》，上溯到气体变成露珠、露珠落入大海而出现的"恨时恨忍"[②]，深藏着纳西族"人类根源于气、演生于水"神话。

哈尼族的云南元阳歌手朱小和的家谱，上溯到巨鱼鱼鳞抖出的天神"俄玛"，而俄玛又是生出万神创造天地的最高之神[③]……至于各民族在祭天、祭祖、对歌、叙古等各种活动中演述的活形态创世神话，更是千姿百态，丰富多彩！

这些神话的风貌，在前述《西南彝志·德施氏源流》里已展现一斑。把它们与《老子》《庄子》《天问》、子弹库楚帛书关于创世的叙述加以比较，会发现两者之间遂古之初的混沌、混沌状态的离分、创世之神的出现、天地万物的形成、空间时间秩序的确定、初创再创的进程等，在架构上惊人地相似，内涵也惊人地相通。这或许说明，《老子》《庄子》《天问》、子弹库楚帛书等相关叙述，南方各民族口头流传的创世神话，一方面是本族群的首创，另一方面也是中华各族群文化融合的产物。中华各族群在长期的交往、长期的分合中，形成某种创造创世神话相似的深层心理动机、心理模式；他们所创造的创世神话里，深藏着某种共同的隐形架构。

由此，我们不难理解，为什么一些神话人物，同时出现在汉文典籍和南方民族口传神话中；为什么在《老子》等著作中以论"道"的形式叙述的宇宙生成观，被南方民族以具体的神话叙事展示出来……在某种意义上

[①] 徐嘉瑞：《大理古代文化史》，云南人民出版社 2005 年版，第 136 页。

[②] 肖万源、伍雄武等主编：《中国少数民族哲学史》，安徽人民出版社 1992 年版，第 261 页。

[③] 史军超主编：《哈尼族文化大观》，云南民族出版社 1999 年版，第 49 页。

可以说，它们更多的只是中华各族群创世神话某种共同的隐形架构不同形式的展开而已！

当然，也不排除进入文明时期以后各民族发展起来的文化的相互影响，特别是汉族文化对少数民族文化的影响。然而，中华大地各族群分分合合而形成的某些共同的"种族记忆"同样是无法抹杀的，它们来自中华各民族共同的根。

如是，就将南方民族创世神话放在大中华文化的背景下，结合与神话流传相关的仪式、信仰、风俗等，从时间和空间两个角度作一点阐释。

第四节 创世神话的功能与架构

如前所述，南方民族先民创造神圣叙事，深层的心理动机之一是树立族类的神圣性，尤其是树立族类始祖的神圣地位。首要的目的，是凝聚族群的意志；除此，是否还有其他神圣的功能？

一 子弹库墓葬与回归太初

子弹库楚帛书的墓葬给人们以启发。根据考古调查报告，子弹库楚墓帛书出土时，是作八折放置于竹笥之中的，有学者指出，此举措当与墓葬制度及墓葬仪式有一定的关联，"应具有着引领墓主亡魂回归宇宙创世太初的神圣时空，回归原初生命范型的原型意义"[①]。

此言当与中华传统文化"天地人同生共长"的观念相关。最典型的说法，当为前述《庄子》与《西南彝志·德施氏源流》。《庄子》从"通天下一气"出发，肯定天、地、人以及万物的同一，即"天地与我并生，而万物与我为一"。《德施氏源流》也把"哎翻而为天，哺翻而为地"和"人兴于丛林"归为一道。天地生则人生，让墓主亡魂回归"宇宙创世太初的神圣时空"，亦即回归天地之始、人之始。

在南方民族中还流传相关的仪式。该学者也引用了两个南方民族的例子，其一是百越系统的壮族：

---

① 高莉芬：《神圣的秩序——〈楚帛书·甲篇〉中的创世神话及其宇宙观》，台北《"中央研究院"中国文哲研究集刊》第三十集，2007年。

在现今壮族布侬支系的丧葬仪式中，仍有吟诵丧葬经文《摩荷泰》的仪式，丧葬经《摩荷泰》共三十六篇，开篇即讲述部族之创世神话：

（1）引经：死者已经死了，我无法救活他，我很羞愧，但还是要把远古的故事说给大家听。

（2）分天地：原来天地不分，人兽共居，过了不知多少年代，布洛陀用铁柱撑天，铜钉钉地，才分开了天地，人兽才分居。

（3）分阴阳：世间万物因阴阳未分，经常争上下，布洛陀就用秤来称，轻的是阳，重的是阴，天轻地重，故天在上，地在下，男轻女重，故男为阳，女为阴。

在三十六篇的《摩荷泰》丧葬经文中，共分为两个主要内容。第一至十篇为创世神话，第十一到三十六篇为送魂。在这两部分的经文中分别以宇宙及亡灵为主体的叙述中，都蕴涵了秩序重构的过程。

其二是氏羌系统的彝族：

中国西南彝族支系泼人的丧葬仪式中的葬歌——《俚泼古歌》，也是一部完整的创世神话，内容追溯天地、人类、万物的起源以及祭仪的来源。

在丧葬仪式上吟诵创世神话，在南方民族生活中是很普遍的现象，而且进入20世纪80年代以后，成为仍吟诵创世神话的带巫术意味的最常见的活动。1985年，居住在广西巴马县姜圩乡健康村的壮族学者覃承勤之母（时年81岁）去世，请麽公吟诵了三个晚上《布洛陀》。吟诵的内容也大致包括两大部分，即吟诵创世神话与送魂词。至此，楚人将帛书放置于墓葬的意图，在这里得到佐证。南方民族在丧葬仪式上吟诵创世神话与送魂词，亦为彰显始祖创世的功绩，标示始祖的神圣性，并引导死者的灵魂沿着祖先迁徙过来的路线，一步一步回到始祖神灵居住的族群发源、发祥的圣地，回到始祖的身边。从某种意义上来说，亦即"回归宇宙创世太初的神圣时空，回归原初生命范型"。

然而，在表层叙述的后面，似乎还隐藏一个更深的意味，这个意味，联系创世神话的内容，联系先秦以来神秘的"同类相感"的思维。

在子弹库楚墓帛书里，叙述了伏羲"出自□䨲"；在南方民族一些丧葬仪式上吟诵的祭词中，更以大量的篇幅描绘了与天地形成相伴的始祖出生的情景。例如：

氐羌系统的云南梁河阿昌族在丧葬时，要举行给死者送魂的仪式。仪式上，巫师"活袍"要念诵一天一夜祭词《遮帕麻和遮米麻》。祭词叙述，远古的时候没有天，也没有地，只有"混沌"。记不得是哪年哪月，混沌中忽然闪出一道白光。有了白光，也就有了黑暗，也就有了阴阳。阴阳相生诞生了天公遮帕麻和地母遮米麻。[①]

苗蛮系统的黔东南苗族在老人死后，也要请巫师边焚烧死者生前用过的头巾，边吟唱叙述天地祖先来源的《焚巾曲》。《焚巾曲》叙述，雾罩生最早，雾罩再生出白泥变成天，生出黑泥变成地，然后"才生白枫木"，白枫木生出蝴蝶妈妈妹榜妹留，蝴蝶妈妈生出人类第一代祖先姜央。[②]

……

用这么多的篇幅叙述与天地形成相伴的始祖出生的情景，除了标示始祖的神圣性以外，当另有神秘的巫术作用。这种神秘作用让其与"引领墓主亡魂回归宇宙创世太初的神圣时空，回归原初生命范型"衔接起来，成为新的引领范式。这种衔接出自先秦以来神秘的"同类相感"的思维，即同类的事物，同类的行为，彼此间可以互相感应。《周易》的《乾卦·文言》阐述这种思维曰：

> 同声相应，同气相求，水流湿，火就燥，云从龙，风从虎。

《吕氏春秋》作了进一步的解释：

> 类固相召，气同则合，声比则应。鼓宫而宫动，鼓角而角动。平地注水，水流湿；均薪施火，火就燥。山云草莽，水云鱼鳞，旱云烟火，雨云水波，无不皆类其所生以示人。故以龙致雨，以形逐影。

[①] 载《阿昌族民间文学资料》第一辑，梁河县文化馆编印，1982年。
[②] 王嘎秋、王你秋等演唱，王秀盈搜集：《焚巾曲》，载《民间文学资料》第四十八集，中国民族文化研究会贵州分会、贵州民族学院编印，1982年。

由此，子弹库楚帛书叙述伏羲"出自□霆"，阿昌、苗等民族在丧葬仪式上吟诵始祖出生，当以此相感亡魂生命的更新，让亡魂凭借始祖的神威以及从茫茫混沌中强力诞生之势，重启新的形式的生命行程。（不论这种生命形式的具体形态如何）

这种神秘的思维，在更多形式的吟诵创世神话的仪式上，更加充分地表现了出来。

二 弗雷泽的"神秘交感"与列维-布留尔的"神秘互渗"

人们发现，在更多形式的仪式上吟诵创世等神话或进行相关的表演，不仅仅是感应个人生命某种形式的更新，还追求、向往更广泛更深刻的感应。19世纪末20世纪初，英国人类学家詹姆斯·乔治·弗雷泽（James George Frazer，1854—1941）曾受狄安娜神庙崇拜仪式的启发，在他的名著《金枝》里对这类现象进行了探讨。

弗雷泽首先注意到，在意大利罗马附近内米湖畔森林里，有一座森林女神狄安娜的神庙，神庙里有一位男祭司，他同时作为狄安娜的男性伴侣，有一个"森林之王"的头衔。围绕狄安娜与祭司产生了一些传说和独特的信仰风俗。弗雷泽描述，内米圣林中对狄安娜的崇拜，起源于久远的古代，人们尊崇她为主管森林、野兽以及家畜和大地产物的女神，相信她能保佑人们多子多孙和帮助母亲们顺利分娩。林中的狄安娜有一位男性伴侣，他以祭司的面貌出现，被称为森林之王。人们认为：

> 他们结合目的大概是为了促进大地、动物以及人类的繁衍。因此，人们会很自然地想到，如果每年举行一次这样神圣的婚礼，用神的塑像或由人来扮演婚礼中的新娘和新郎，那么这一目的就会更有把握达到。①

按照弗雷泽的观点，这就属于一种所谓"同类相生"的模拟巫术，即利用模拟某种相似现象所产生的交相感应的巫术效果，来保证春天里植物

---

① ［英］詹姆斯·乔治·弗雷泽：《金枝》（上），徐育新、汪培基、张泽石译，中国民间文艺出版社1987年版，第215页。原著写作时间为1890—1922年。

的新生和动物的繁殖。

弗雷泽还发现，人们心目中死而复生的植物神的生命、死亡和随后的复活，都完全遵循四季变化的模式。不仅欧洲，"古代西亚文明国家和埃及一些地方都把一年中季节的更迭、特别是植物的生长与衰谢，描绘成神的生命中的事件，并且以哀悼与欢庆的戏剧性的仪式交替地纪念神的悲痛的死亡和欢乐的复活"①。于是，

> 虽然人现在把每年的循环变化基本上归诸他们的神祇的相应的变化，他们还是认为通过进行一定的巫术仪式可以帮助生命本原的神反对死亡本原的斗争。他们想象可以补充神的衰退的力量，甚至使他死而复生。他们为此目的而遵行的仪式，实质上是对自然进程的戏剧性表演，他们只不过是想要予以促进罢了。②

这样，

> 物体通过某种神秘的交感可以远距离地相互作用，通过一种我们看不见的"以太"把一物体的推动力传输给另一物体。③

这里的"以太"（ether），是西方近代物理学的一个名词，是一种假设的传播光的媒质。光能够传播，电磁能够无形地作用于磁体，吸引力能够远距离地吸引某种被吸引体，人们因此假设有一种媒质传递这类相互作用，名之为"以太"。④ 弗雷泽大概是受上述现象的启发，从而借用"以太"这个名词说明，在先民的心目中，各种现象、各种物体可以通过某种方式神秘交感，因为它们之间可以像光、磁的传播一样，通过神秘的看不见的"以太"传输感应的力量。

同时期的法国人类学家列维-布留尔（Lévy-Brühl, 1857—1937）则用

---

① ［英］詹姆斯·乔治·弗雷泽：《金枝》（上），徐育新、汪培基、张泽石译，中国民间文艺出版社1987年版，第560页。
② 同上书，第472—473页。
③ 同上书，第21页。
④ 后来随着科学的发展，确定光的传播和相互作用的传递都是通过各种"场"，而不是通过机械媒质，"以太"作为一种陈旧的概念已经被弃用。

"神秘互渗"来描述先民这种心理现象。他认为,在原始思维中,"社会集体把它周围的实在感觉成神秘的实在;在这种实在中的一切不是受规律的支配,而是受神秘的联系和互渗来支配"①。原始人通常更为关注事物之间的神秘关系,而不是事物之间的客观关系。人们感知的对象与存在物是神秘的,事物之间的联系也是神秘的,所有事物通过人们各种神秘的联想,都包含在一个神秘互渗的网络之中。从而,

> 在原始人的思维的集体表象中,客体、存在物、现象能够以我们不可思议的方式同时是它们自身,又是其他什么东西。它们也以差不多同样不可思议的方式发出和接受那些在它们之外被感觉的、继续留在它们里面的神秘的力量、能力、性质、作用。②

他进而论述,原始人以多种多样的形式来想象"互渗",

> 如接触、转移、感应、远距离作用,等等。在大量不发达民族中间,野物、鱼类或水果的丰收,正常的季节序代,降雨周期,这一切都与专人举行的一定仪式有联系,或者与某位拥有专门的神秘力量的神圣人物的生存和安宁有联系。③

弗雷泽、列维-布留尔等人的研究揭示出,在先民的思维中,各种现象、各种物体之间可以神秘交感,神秘互渗;人的表演、人的叙事能够影响某种自然的发展,使某种自然的发展能够按照人们的愿望而更加完美。由此反映在原始神话、原始艺术和原始宗教中,通过某种表演、某种叙事以感应天运、人事的特征十分浓厚。

三 中国传统的"天人合一""天人感应"与"不失其序""敬天常"

相似的现象和阐释,在中国传统文化中形成完整的"天人合一""天人感应"的学说。中国传统文化"气本说"认为,天地人本源于一气,合

---

① [法]列维-布留尔:《原始思维》,丁由译,商务印书馆1981年版,第238页。原著写作时间为1910—1922年。
② [法]列维-布留尔:《原始思维》,丁由译,商务印书馆1981年版,第69—70页。
③ 同上书,第71页。

于一气，三者同质，是一气分布到不同领域的结果，在此基础上故曰"天人合一"。前述《庄子》已有"通天下一气"的言论，一般认为编撰成书于春秋战国至西汉这段时期的《黄帝内经》中的《素问·六微旨大论》作了进一步阐发：

> 天枢之上，天气主之；天枢之下，地气主之；气交之分，人气从之，万物由之。

人与万物，生于天地气交之中。天地气交，人气从之，万物由之，故天、地、人以及万物运动的基本形式，是相同、相通的。

天人同质，还同构。天依照自己的模型塑造了人，天地结构形制了人的身体结构。《黄帝内经》中的《灵枢·邪客》载：

> 天圆地方，人头圆足方以应之。天有日月，人有两目。地有九州，人有九窍。天有风雨，人有喜怒。天有雷电，人有音声。天有四时，人有四肢。天有五音，人有五藏。天有六律，人有六府。天有冬夏，人有寒热。天有十日，人有手十指。辰有十二，人有足十指、茎、垂以应之；女子不足二节，以抱人形。天有阴阳，人有夫妻。岁有三百六十五日，人有三百六十节。地有高山，人有肩膝。地有深谷，人有腋腘。地有十二经水，人有十二经脉。地有泉脉，人有卫气。地有草蓂，人有毫毛。天有昼夜，人有卧起。天有列星，人有牙齿。地有小山，人有小节。地有山石，人有高骨。地有林木，人有募筋。地有聚邑，人有䐃肉。岁有十二月，人有十二节。地有四时不生草，人有无子。此人与天地相应者也。

由此人体形态结构与天地万物一一对应，人体仿佛是天地的缩影，人的存在与自然存在统一。

建筑在"通天下一气"基础上的天人合一，同质同构，彼此间相通互感就很自然了。天地宇宙之气与人之气相互流通，相互渗入，彼此间相互感应，相互影响。西汉董仲舒《春秋繁露》中的《同类相动》描述这种情形云：

> 天有阴阳，人亦有阴阳。天地之阴气起，而人之阴气应之而起；人之阴气起，而天之阴气亦宜应之而起。其道一也。

而正是这种认识开启了一系列天人之间带巫术意味的仪式。接下去作者续云：

> 明于此者，欲致雨则动阴以起阴；欲止雨则动阳以起阳……无非己先起之，而物以类应之而动者也。

《春秋繁露》中的《求雨》《止雨》更具体地阐述了求雨、止雨的仪式。如求雨，在春、夏、季夏、秋、冬各个季节分别制苍、赤、黄、白、黑各种颜色的龙，各参与者分别着青、赤、黄、白、黑各种颜色的衣"而舞之"；止雨，则"塞水渎，绝道，盖井"……

至此，"天人合一""天人感应"说披上了神秘的色彩，进入了神秘的仪式。

在上述弗雷泽、列维-布留尔所观察到的现象中，欧洲、西亚和埃及一些地方的人们把一年中季节的更迭描绘成神的生命中的事件，他们为补充神的力量而遵行的仪式，"实质上是对自然进程的戏剧性表演，他们只不过是想要予以促进罢了"；而在大量不发达民族中间，专人举行的一定仪式与"野物、鱼类或水果的丰收，正常的季节序代，降雨周期"有联系，"或者与某位拥有专门的神秘力量的神圣人物的生存和安宁有联系"。这一切很容易使人联想到一个概念：宇宙天地运行的正常"秩序"，而这种秩序与神相关。人们举行的一系列与自然相关的仪式，实质上都是为借助、补充神的力量，保护、促进宇宙天地的正常运行。

在中国古代，人们同样重视宇宙天地运行的正常秩序。《国语·周语上》载，周幽王二年（前780）发生地震，引来众说纷纭。伯阳父认为，那预示着"周将亡矣"。他解释道：

> 夫天地之气，不失其序。若过其序，民乱之也。

这里，明确地提出天地之气运行有"序"，此序不能失，失序则地震、民乱，突出了序的重要性。

而地，也有序，此序的形象表述，见《礼记·郊特牲》所载《蜡辞》：

> 土反（返）其宅，水归其壑，昆虫无作，草木归其泽。

《蜡辞》为古代蜡祭之辞。《礼记·郊特牲》曰：

> 伊耆氏始为蜡。蜡也者，索也。岁十二月，合聚万物而索飨之。

伊耆氏即传说中的三皇之一神农氏（一说帝尧）。古人设蜡祭，诵蜡辞，即代享受祭礼的神灵发言，命令土、水、昆虫以及草木都各归其所，不肆意胡为，不危害庄稼。如此各就各位，是谓"秩序"。

蜡祭蜡辞涉及中国古代的祭礼咒语。实际上，古人为了维系天地运行秩序，不乏相似的祭仪巫术。《书·尧典》记载：

> 分命羲仲……寅宾出日，
> 分命和仲……寅饯纳日。

这里的宾出日、饯纳日，分别在太阳一天运行的始末祭祀，当有维系其正常运行的意味。而对于雨水的适时降或止，中国古代可能有更多更丰富的仪式。殷墟甲骨卜辞载：

> 兹舞，屮从雨。
> 贞，我舞，雨。
> 乎舞，屮雨。
> 今夕奏舞，屮从雨。

其舞已不可求，联系《春秋繁露》所载求雨、止雨时擎龙以舞，以及《淮南子·精神训》所谓"天地运而相通，万物总而为一"，此处所舞，应当都以舞姿模仿气象动态以相通、感应"天地运"吧！

舞为姿，歌更有声发言。在古人心目中沟通"天地运"，以舞以歌当更有感应力。《吕氏春秋·古乐》里有这样一段记载：

> 昔葛天氏之乐，三人操牛尾，投足以歌《八阕》：一曰"载民"，二曰"玄鸟"，三曰"遂草木"，四曰"奋五谷"，五曰"敬天常"，六曰"建帝功"，七曰"依地德"，八曰"总禽兽之极"。

高诱注："葛天氏，古帝名。"张揖曰："葛天氏，三皇时君号。"依此，《八阕》当是非常古老的歌曲。《八阕》的词随着时光的流逝已经湮灭，从以上篇目可以大致了解当与祭祀天地祖先万物相联。其中关于天地的两阕分别是"敬天常""依地德"，当涉宇宙天地运行的秩序。

"天常"一词，在后世的引述中多已加入社会因素，但其原意应为"天之常规"，亦即天运之秩序，与"地德"相对。葛天氏时对天常、地德相敬、相依，仍为维系天地运行秩序之意。于是，在古老的葛天氏《八阕》中，人们看到了中国古代以舞以歌感通宇宙天地运行秩序的例子。

而宇宙天地运行秩序从何而来，《八阕》中有"建帝功"。其帝所建之功是否包括创建秩序宇宙，不得而知；但"建帝功"被列于"敬天常""依地德"之间，再联系子弹库楚帛书里创世者均为伏羲、炎帝帝俊、祝融、共工一类，故起码不能完全排除这种可能。如是，《八阕》中的一种可能为赞颂其帝创建秩序宇宙并以之维系"天常""地德"的舞与歌。

四　南方民族感应天运的仪式、古歌与巫术

如果说，葛天氏"投足以歌"的《八阕》可能有创世内容只是一种假设的话，那么，南方民族在一些重大仪式上演唱创世神话并以此维系天地运行秩序的特征是很鲜明的。这些重大仪式往往选择在民族最盛大的节日中举行，而这种节日往往是在"季节更迭"的冬春之间。人们在仪式上演唱创世神话，并伴以设置、表演、巫术，以感应天运，感应人事。例如：

前述氐羌系统的云南梁河阿昌族除了丧葬仪式，在每年农历正月的传统节日窝罗节里，也要祭祀民族创世始祖——天公遮帕麻和地母遮米麻，并请"活袍"（祭司）唱诵民族神话古歌《遮帕麻和遮米麻》。他们在窝罗场的中心——窝罗台坊中央矗立两块牌坊，左牌坊顶部描绘太阳，右牌坊顶部描绘月亮，两牌坊之下分别是男子、女子彩图，分别代表天公遮帕

麻和地母遮米麻,表示两人造出太阳月亮,以及太阳月亮正常运转("升起还要降");两牌坊顶端中间高高耸立一把巨大的弓箭,称为神箭,表示遮帕麻用箭射落魔王腊訇所造的不正常运转的假太阳("牢牢钉在天幕上"),让自己所造的太阳重新照耀大地。仪式上唱诵的古歌《遮帕麻和遮米麻》叙述,天公遮帕麻和地母遮米麻诞生以后,织天造地,捏金沙为日,捏银沙为月,从而创建了秩序空间;他俩又让日月正常升降,从而创建了秩序时间。遮帕麻还与造不正常运转的假太阳的魔王腊訇几次相斗:先以花桃树为目标念咒语斗法(看谁能使花桃树花开叶绿),再斗梦(看谁能做上好梦),结果都赢了。最后,遮帕麻用毒菌治死魔王,射下魔王所造的"牢牢钉在天幕上"的假太阳,让自己正常运转的太阳重新居于天上。

阿昌族窝罗节唱诵这些神话,当为凭仗窝罗台坊这个神圣的祭坛,强势声扬民族创世始祖创造秩序宇宙的神圣过程,从而凸显宇宙秩序的神圣性、规定性;并借助创世天公地母的神威,借助神圣叙事,感应天运,维系宇宙正常的空间秩序和时间秩序,维系日月正常运转,让新的一年天运吉祥,阳光充沛均匀,不涝不旱。①

同属氐羌系统的云南澜沧拉祜族过农历正月的"拉祜年"时,寨子里要举行盛大的祭祀、唱诵天神和始祖厄莎的"跳歌活动"。活动之前,场中央放一张竹篾编成的桌子,桌上用箩筐装满稻谷、玉米、荞麦等种子(用以承受天恩),四周插上樱花、桃花、李花(用以感应繁茂),然后,祭司唱诵神话古歌《牡帕密帕》(造天造地),叙述厄莎用手汗脚汗造天地、用左眼右眼做日月并给大地带来万物的种子等功绩。接着,全寨男女老少围着桌子跳舞唱歌。"跳歌"结束以后,每家再从场中央的桌子上抓一把种子,拿回去拌在自家的种子里一起播种。

拉祜族新春伊始这样祭祀和唱诵,当也是欲借创造秩序宇宙从而也主宰自然的厄莎的神威,借助创世神话的神圣叙事,感应新的一年天地正常运行,风调雨顺,万象更新;同时,促进与民生相关的"自然进程",让祭过厄莎的庄稼种子如当年厄莎带来的神奇种子,播下以后生机勃发;让

---

① 2007年11月22—29日在云南德宏州梁河、陇川等地进行田野作业时记录。又见攸延春《阿昌族文学简史》,云南民族出版社1995年版,第53—54页;赵安贤唱,杨叶生译,兰克、杨智辉整理《遮帕麻和遮米麻》,云南人民出版社1983年版。

祭过厄莎的樱花桃花李花,生长繁茂,丰产。①

促进与民生相关的"自然进程"的带巫术性质的活动,在百濮系统的云南阿佤山佤族相关仪式上展示得特别充分。他们每年春播以前,要举行砍人头、砍牛尾巴并念诵《司岗里》的仪式,以祭祀最大的神慕依吉、谷神司欧布等神灵。整个仪式持续十多天,在高潮即砍牛尾巴的那一天晚上,由最大的祭司"庇"念诵《司岗里》。《司岗里》叙述,利吉神和路安神造了地和天,创建了秩序宇宙;造了人类,把人类放在岩洞里。最大的神慕依吉叫小米雀啄开"司岗",让人类出来,

> 人向慕依吉神要谷种,他把谷种放在水里,人就想拿慕依吉神放的谷种……慕依吉神叫蛇、黄牛、黑猴来,蛇将尾巴插入水中卷起谷种,因此人在地面上才有了谷种……此后就会种地了。

为了促进与民生相关的"自然进程"即春播后谷物的生长,在这项仪式中,人们除了念诵《司岗里》,还利用木鼓、人头、牛尾巴展开一系列带巫术性质的活动。木鼓始终居于仪式的中心。佤族认为,木鼓神圣,象征慕依吉,又象征谷神司欧布,或同时是慕依吉、司欧布的寄居体;木鼓音腔口里外构造均模拟女性生殖器形状,又体现了女性的生殖能力,可以感应人类繁衍壮大,谷物的生生不息。

佤族还认为,列为祭品的头亦具有神圣意义。树长靠尖,苗长靠芽,没有了头部,万物就会停止生长,因而祭谷选用人头,以感应庄稼生长。他们将猎来的人头供奉时,下面放一些沙土,让人血逐渐滴渗其中。祭祀后,村寨各家分一份再拌以泥土撒在自家旱地里。他们觉得,血是维系活力的命脉,有了血脉的畅通,人和动物才会有生气,将渗入人血的泥土撒进地里,就等于把已经具有神圣意义的人的生气导入庄稼,粮食就能丰产。他们猎头时特别喜欢将长有络腮胡子的男性作为对象,以胡子的茂密感应庄稼的繁盛,认为这样庄稼才长得好。

佤族还认为,列为祭品的牛同样具有神秘的意蕴。他们举行祭祀仪式

---

① 1986年8月12—17日在云南澜沧拉祜族自治县进行田野作业并采访李扎约、扎克、李维新等拉祜族人士时记录。又见雷波、刘劲荣主编《拉祜族文化大观》,云南民族出版社1999年版,第53页;扎莫等唱,李娜儿、李玉琼等译,刘辉豪整理《牡帕密帕》,云南人民出版社1979年版。

时一刀砍下牛尾巴,再把它扔过主祭者家的屋顶。他们觉得,牛尾巴的形状象征饱实低垂的谷穗,把它扔过屋顶就可以感应谷物如同牛尾般丰满。人们相信,经过这些活动,利吉神和路安神创建的秩序宇宙就会正常运行,慕依吉、司欧布就会保佑春播,庄稼也会受感应而蓬勃生长。①

五 创世神话的创造与表演:维系宇宙神圣秩序,促进族类全面发展

以上彰显了南方各民族在一些盛大仪式上布置宏阔的场景,吟诵创世神话,并进行带模拟巫术性质的表演,除了树立族类的神圣性,尤其是树立族类始祖的神圣地位的动机之外,似乎还意欲凭借创世始祖这样一个创建秩序宇宙的、"拥有专门的神秘力量的神圣人物"的神圣权威,通过关于其创建秩序宇宙的神圣叙事的表述,以声以言以巫术动作感应天地运行,维系宇宙神圣的空间秩序和时间秩序,保证乃至促进族类及万物的全面发展。有了这样神圣的人物、神圣的空间秩序和时间秩序,才能让列维-布留尔所说的"野物、鱼类或水果"丰收,季节正常代序,降雨周期发生;才能让"天地之气,不失其序";才能让"土返其宅,水归其壑,昆虫无作,草木归其泽";才能让天高地厚,日升月落,风生水起,万物欣欣向荣。

从此目的出发,可以说先民创造始祖创世的神话,除了树立始祖因为创世而拥有掌控世界的神圣地位之外,还为了展现一个创世主体创造秩序宇宙的神圣过程,树立宇宙空间秩序和时间秩序的神圣性,并以一种神圣的形式确定下来、延续下去;而要完成这一壮举,在南方山地、丘陵农耕民族先民的眼里,不仅需要鬼斧神工的运作,而且需要艰辛细致的劳动。由此不难理解,各民族创世神话是那样的宏伟、壮观,又是那样的朴素、平实,以一种感天地、动鬼神的气势,直指宇宙苍穹。

六 楚地籍载与口传创世神话的隐形架构

《老子》《庄子》《天问》、子弹库楚墓帛书以至《淮南子》《五运历年

---

① 1986年8月19—24日在云南西盟佤族自治县进行田野作业并采访隋嘎等佤族人士时记录。又见李子贤《论佤族神话——兼论活形态神话的特征》,《思想战线》1987年第6期;李莲《不朽的神木,凝固的传说——佤族木鼓的象征与功能》、赵泽洪《对佤族猎头习俗的历史认识与释读》、罗承松《木鼓·人头·牛尾巴——佤族的旱作巫术》,均载《首届中国佤族文化学术研讨会论文提要》,思茅·西盟,2006年;艾扫讲述,邱锷锋、聂锡珍等记录、翻译、整理《司岗里》,载《佤族社会历史调查》(二),云南人民出版社1983年版,第158—209页。

纪》关于创世的叙述，当本于南方楚地、吴地流传的神话。如前所述，楚地族群分布与文化形态呈现繁复的状况，其神话亦当融会多种因子。占据统治地位的芈姓族系出于祝融集团，祝融集团出于帝高阳颛顼。根据汉文古籍记载，颛顼是一位出身于黄帝集团而成长于少昊集团的古帝，是东西两大集团交融的象征。因此，子弹库楚墓帛书"神话篇"等包含中原神话、东夷神话的因子，例如禹治山川平水土、帝俊生日月等。

同样如前所述，如果说芈姓氏族起源于祝融集团、与华夏有较深的渊源关系的话，他们所开拓的楚地则多为蛮夷之地，所统辖的楚人多为蛮夷之人，所接触的楚地土著文化亦当为蛮夷文化的汪洋大海；《老子》《庄子》《天问》、子弹库楚帛书以至《淮南子》《五运历年纪》等相关叙述，当是以南方楚地、吴地诸族文化为基础，融会了中原、东夷等诸多文化，逐渐积聚起来的南方（或许更大范围）民族创世神话叙事隐形架构的不同层次的显现。我们可以根据《老子》、子弹库楚墓帛书、《五运历年纪》等的相关记载，对这个叙事的隐形架构及其深层内涵作一番描述。

从《老子》到《五运历年纪》，遂古之初都是"混沌"，本源或表现为气态，或表现为水态，或表现为气态水态并存。前者可称"气本说"，次者可称"水本说"，后者可称为"气、水同本说"。

中华民族关于世界的"气本说"，大概起源很早。前述《国语·周语》记载西周幽王时阳伯父解释地震，就说出"天地之气，不失其序"的话，说明其时"气本说"可能已经流传。"气本说"进一步发展，导致"气化说"，导致最具独特意义的阴阳二气运行形成天地万物的叙述。

阴阳之分，最初应为先民基于农耕生产观察天象而形成的观念，大概还是以生活中相对日的背阴为阴，向阳为阳。如《诗经·公刘》记载周人祖先公刘率部迁徙到新的地方以后，"既景乃冈，相其阴阳"。意为在山冈上观测日影，确定向阳和背阴的方位。阴、阳之分大概形成最早或较早的"二分"。以后，阴、阳逐渐抽象化。如天地运行以气说，出现阳气、阴气。前述《国语·周语》所载阳伯父解释地震说出"天地之气，不失其序"，其后就是"阳伏而不能出，阴迫而不能烝，于是有地震"；再后，在气为万物本原观念的基础上，阴气阳气运动成为天地万物化育的环节。如前述《老子》所载"道生一，一生二，二生三，三生万物"，无形通过层层变化，到有形、有质，最后形成万物。

气化、水化滋生万物，首先孕育创世之神。从子弹库楚帛书到《五运历年纪》，最早创世之神大都不是原来就有的，而是孕育于物质本原的运动变化中。子弹库楚墓帛书里创世者为伏羲，《说文解字》释"伏"为："伏，司也，从人从犬。"释"羲"为："羲，气也。从兮，义声。"合起来就是"司气"，其乃宇宙本原意象的原型不言而喻。由阴阳而两性，伏羲与女皇（女娲）结为夫妇，生了四子，共同造地造天，整个组合形式是个家庭。参与创世的还有禹、契、帝俊、炎帝、祝融、共工，他们全是人间祖先神。配对创世，家庭创世，祖先神创世，流露出浓浓的中国文化气息。

天地初成，首先整地。中华民族多以农为业，以地为根，故帛书首先表现众神平治水土，导疏山陵，散漫洪水。天为圆，地为方，帛书以四神四色（青朱白墨）对应四方（东南西北），标示方位；地之高为山，山之高为天地间之柱，众神因而对山陵多次疏通、维稳，以保证天地的畅达、安靖。

然后日月诞生、天盖制作。相对于天，日月与人们关系更为密切。史前先民造字，先造土、山、川、日、月等字，然后才造天字。殷墟卜辞里，有祭土、祭日、祭云、祭雨，而没有祭天。《山海经》里有祭地、祭山，也没有祭天。故帛书把日月诞生、日月运行放在更显著的位置。再后，奠三天，立四极，经过一步一步的操作，空间秩序厘定。

接下来是厘定时间秩序。根据饶宗颐、李零等人的研究，子弹库楚帛书乃战国中晚期楚地巫史占卜时日禁忌的用书（"日书"），其中神话篇原是"日者"为证明自己"敬天授时"工作的神圣性和权威性而选，故细述重述众神进行时间创造的部分。先是四神开始运动，循环反复，形成四时；然后日月运行形成日夜；再后共工制订历法，考虑到闰月，厘定了更完善的天时、人时。

初创的秩序宇宙会有缺陷，还会被损毁，还需修补、重整，于是出现二次创世。伏羲女皇（女娲）生四神在混沌中开天辟地属首创，以后则属再创。经初创、再创，秩序宇宙终至完成。

有天有地，还需万物，才能形成完整的宇宙。于是就有《五运历年纪》盘古"垂死化身"，气成风云，声为雷霆，血液为江河，筋脉为地理，皮毛为草木，齿骨为金石……大地一片生机。

……

上述《老子》、子弹库楚墓帛书、《五运历年纪》等相关记载所显现的南方民族创世神话叙事的隐形架构，涵盖广阔，跨越久远，我们完全可以以这个架构为序，展示一下南方民族创世神话斑斓的色彩。

第 二 章
天地形成神话

各民族先民起初主要为树立族类神圣性而创造的神话，往往上溯到人类的起源，乃至宇宙的创生。因此，在一个民族比较成熟的神话体系里，天地形成神话往往被放在最前面，成为整个神话序列的开篇。这一章里，将按从西到东、从北到南的顺序，分别展示氐羌系统、百濮系统、苗蛮系统、百越系统的天地形成神话。

第一节 氐羌、百濮系统天地形成神话（一）

在中国西部，北起川北岷山支系九顶山，西至怒江大峡谷，东达黔西，西南至滇南阿佤山，东南达元江两岸，分布着氐羌、百濮系统十几个民族。

根据前述民族学的研究，氐羌与炎、黄有密切的渊源关系。炎、黄所属的部落集团，往东发展的为华夏主要来源之一，向西发展的即氐羌族系。向西发展的氐羌系统，早期可能生活于西北黄河、湟水一带，从事畜牧业，随畜迁徙，逐水草而居。大约从新石器时代开始，氐羌系统的一部分就因畜牧、狩猎、采集及发展农业的需要向南迁徙，进入西南地区，地点至金沙江两岸而达洱海滇池之滨。南迁的羌人与当地的土著例如濮人等融合，秦至西汉时，形成了僰、嶲（叟）、昆明、摩沙等族群，与百越系统、百濮系统的一些族群统一被称为"西南夷"。

大约在唐初，从叟（嶲）、昆明等部落群体分衍出"乌蛮"（包括"麽些蛮"）、"和蛮"；由僰等部落演变而来"白蛮"，他们分别形成现代彝、纳西、哈尼、白等民族的先民。元明清时期，汉文典籍先后出现"峨昌""栗粟""怒""喇乌"等族称，他们分别是现代阿昌、傈僳、怒、拉祐等民族的先民。

延续至今的百濮系统，则主要是孟高棉语族的布朗、德昂、佤等民族。

现代氐羌、百濮系统各民族，主要居住在山区，多天地形成神话，尤其多"气本""气化"神话。

一　气本、气化：清浊分而为天地，变而为万物

在现存汉文典籍中，最早的关于"气本""气化"宇宙万物创生的描述，当数前述《老子》第四十二章那一段话："道生一，一生二，二生三，三生万物。万物负阴而抱阳，冲气以为和。"这段话中，根据后两句"阴""阳""气"等字眼，这里的"一"当指混沌未分之气，"二"当指分化了的阴阳二气，整段话则表现天地万物由"气本""气化"而形成的模式。这一模式，在氐羌、百濮系关于创世的叙事中得到具体形象的展现。

南方少数民族栖息于淮河秦岭以南、青藏高原东缘以东的山地丘陵，所居环境多云，多雾。氐羌、百濮系统各民族先民或从西北南迁，或为当地土著，所过所居多高寒山区、边远山区，更常处于云雾之中。例如：

彝族、纳西族、普米族等民族居住的乌蒙山、大凉山、云岭，海拔大多在2500米甚至3000米以上，气候寒冷，有的还常年积雪。高山之上，常有草地片片；高山之下，又常是云海无边。

哈尼族、基诺族、佤族等民族居住的哀牢山、无量山、阿佤山，海拔大都在1000米到2500米之间，村寨在深山密林、云遮雾障中时隐时现，人与人面对面，往往一阵云雾飘来，就会你看不清我，我看不清你，充满了神秘的气氛……

在这样的环境里，云雾变幻无穷无尽：有时候在阳光的照射下受热上升，形成气流；有时候遇冷下降，又凝为露珠。云雾弥漫，笼罩一切；云雾散去，又现出天地万物……氐羌、百濮系统各民族先民在这样的环境中生活，萌生"气本""气化"的宇宙观当是自然的。

基于此，氐羌、百濮系统各民族创世神话里原初形态确实多气态，或水的汽化形态，例如雾露、雾罩等。

同时，或许是更多地接触大自然，更多地体验大自然中各种"一分为二"的现象，各民族先民偶对意识似乎特别强烈，普遍认为世界万物区分为两两相对的"雄"和"雌"。彝族神话史诗《阿细的先基》叙述：

尖山是雄山，团山是雌山；山腰上的麻栗树是雄树，山脚下的兰树是雌树；路上的尖石头是雄石，路下的扁石头是雌石；山顶上的红草是雄草，山腰上的黄草是雌草。①

由此，他们认为原初混沌也存在两种相反相成的元素，其变化常常基于自身二元对立的运动。例如：

流传于云南双柏等县的彝族神话史诗《查姆》叙述，远古的时候，

下面没有地，上面没有天……只有雾露一团团，只有雾露滚滚翻……时昏时暗多变幻，时清时浊年复年。②

这里，混沌雾露"时昏时暗"，"时清时浊"，隐喻着内部存在两种相对的元素。后来，星王"打开风水门"，在风的作用下，雾露相对的元素逐渐分而为天地，变而为万物。

如果说，混沌内部相对的元素在《查姆》里显露还比较隐晦的话，在彝族另两部神话史诗《天地祖先歌》《阿细的先基》里表现就明晰得多了。前者流传于贵州毕节等地，诗中叙述，"最古的时候，没有天和地"，宇宙处于"混混沌沌中"。后来，

大风轻轻吹，清浊渐渐分。清气往上升，浊气往下沉。清气变为天，浊气形成地。③

后者流传于云南弥勒等地，诗中叙述，最古的时候，

云彩有两层，云彩有两张，轻云飞上去，就变成了天……重云落

---

① 云南省民族民间文学红河调查队搜集、翻译、整理：《阿细的先基》，云南人民出版社1978年版，第32—33页。
② 云南民族民间文学楚雄、红河调查队，施学生翻译，郭思九、陶学良整理：《查姆》，云南人民出版社1981年版，第6页。
③ 王子尧口译，张坦、刘援朝、韩川江记录，张坦、刘援朝整理：《天地祖先歌》，载阮居平编《贵州民间长诗》，贵州人民出版社1997年版，第1—2页。

下来，就变成了地。①

混沌运转，清气上升，浊气下沉；或轻云飞上，重云落下，如此形成天地。这些叙事，当是对《老子》"一生二"模式的一种具象性的表述。值得注意的是，几部史诗都跟《老子》一样，表现了宇宙本原（"一"，史诗里是"雾露""混沌"或"云彩"）存在二元对立（"二"，史诗里是"清""浊"或"轻""重"）的动力源，它们运动、演化，生成了天地。

然而，也许这只是一种表层的叙述；接下来的问题是，在深层，《老子》里还有更基础、内涵更深远的"道"，彝等民族的创世神话里是否也有相应的东西？这就引起我们进一步追踪《老子》和南方民族创世神话关于宇宙本原及其演变更多表述的兴趣。

二 《老子》的"道""精"与彝、纳西的"影""魂"

可以肯定的是，《老子》里有"道"，彝等民族创世神话也有相应的东西，它们之间有某种"灵犀"。在《老子》和南方彝等民族先民思维模式里，作为宇宙本原更基础的"道"或其他玄虚的东西，都有着更深刻的内涵，更神秘的性质，对天地万物的形成起着决定性的作用。它们或显现在混沌变化以前，或显现于混沌变化以后万物形成以前；它们衍生天地万物的过程，也往往有许多环节，一连串的"原因链条"。

例如，《老子》中的"一"所由生的"道"，就有无穷的奥妙：

视之不见名曰夷，听之不闻名曰希，搏之不得名曰微。此三者不可致诘，故混而为一。其上不皦，其下不昧，绳绳不可名，复归于无物。是谓无状之状，无物之象，是谓惚恍。迎之不见其首，随之不见其后。执古之道，以御今之有。能知古始，是谓道纪。（十四章）

（看它看不见的叫作夷，听它听不到的叫作希，摸它摸不着的叫作微。这三种情况是说不清的，也无从推究追问，因为它们本来就是混为一体的。它的上面不光亮，它的下面不阴暗，绵延不绝，表述不清，最后还是要归结到无物的境况中去。这就叫作没有形状的形状，看不

---

① 云南省民族民间文学红河调查队搜集、翻译、整理：《阿细的先基》，云南人民出版社1978年版，第6页。

见物体的形象,这就是似有若无。迎着它的前面看不见它的前头,跟随它的后面看不见它的后尾。掌握着早已存在的道,来驾驭现今的具体事物。能够知道宇宙万物的元始,这就是掌握了道的规律。)①

这里,"一"所由生的"道",看不见,听不到,摸不着,无头无尾,无始无终,似有若无,人类的感官无从认识,人类的语言不可描述,然而它却具有巨大的内能,执之可以"御今",即驾驭现今的事物,掌握"道纪"能知"古始",即宇宙万物的原始。此"道"实在是太神秘了,从某种意义上似乎可以理解为对万物本原及其发展潜质的一种提炼。而《老子》的"道生一,一生二,二生三,三生万物",也是对天地万物衍生过程"原因链条"的抽象概括。

尤其是,前述《老子》第二十一章的一段话:"道之为物……窈兮冥兮,其中有精,其精甚真,其中有信",更揭示了老子的"道"的深层内涵。道这个东西,尽管深远幽昧,其中却有产生生命物质的精气;道"视之不见","听之不闻",这精气却真实、可信!而由前述王充《论衡·纪妖》关于"魂者,精气也"等说可知,在古人心目中,"精"或"精气"有物质的层面,更有精神或灵魂的层面。

"其中有精"的"道",彝族、纳西族对之以"哎"(影)、"哺"(形)和"哦""瓦"(影或魂)。它们不但与老子的"道"外观近似,而且同样具有巨大的内能,能够孕生万物。与道有精相似,其巨大的内能出于与"魂"有联系。彝语中,"哎""哺"原意为影和形,而在他们的传统观念里,影又和魂本出为一。如彝文典籍《裴妥梅妮—苏颇》叙述:"世间有影子,灵魂也出现","你影跟着走,灵魂附在身"。② 纳西族同样视"魂"为"影",两者同一。

由此,在彝族、纳西族的传统观念里,神秘的"影"具有了"魂"的意味,它们与"道"一样,不成具体的形状,但却蕴含无穷的生命力,是天地万物连续衍生的一个起点。这些突出了彝、纳西等南方民族先民宇宙

---

① 《老子》引文及译文均录自乐后圣总编,张清华主编《道经精华——老子·鬼谷子·鹖冠子》,时代文艺出版社2003年版。其中译文部分略有改动。

② 杨家福毕摩释读,罗希吾戈、帅有福、阿者倮濮译注:《裴妥梅妮—苏颇》,载云南省少数民族古籍整理出版规划办公室编《云南少数民族古籍译丛》第23辑,云南民族出版社1988年版,第4、23页。

观表述的特点。

这里，把与创世神话相联的"道"浓缩为"精"，"影"附着上"魂"，似乎觉得对它们内涵以及彼此相似相通关系的理解更加深了一步；至于更细致的理解，可能还得再往后。

天地万物由"哎""哺"或"哦""瓦"连续衍生的历程，在不少彝文典籍和纳西族东巴文典籍中都有描写。彝文典籍《西南彝志·创世志》叙述：

> 哎哺未现时，只有哈（清气）和呃（浊气），哈清与呃浊，出现哎（影）与哺（形）。
> 清气青幽幽，浊气红殷殷，清翻黑压压，浊变晴朗朗，青者着云裳，红者戴霞勒（头巾装束）。
> 局啊现日影，日影亮晶晶；宏啊显月形，月形金晃晃。
> 闹啊变青烟，青烟像彩衣；努啊成红雾，红雾像罗裙。
> 六形未现时，谁也不先显；六形出现了，哎哺影形成。①

彝语里，"局"指日，"宏"指月，"闹"指雾，"努"指罩，它们的影形即日影、月形、青烟、红雾，与哈（清气）、呃（浊气）一道构成"六形"。六形出现了，哎哺影形成。接着，哎哺"又相配"，"日月形象成"，星、风、云、虹、电等天象也一并产生。

由此，《西南彝志·创世志》里万物衍生的原因链条为：

> 混沌——哈（清气）呃（浊气）——哈呃相配出现日影、月形、青烟、红雾，也即哎哺（影形）——哎哺又相配产生日、月、星、风、云、虹、电等天象……

在纳西族象形文字——东巴文典籍《崇搬图》（意为"人类迁徙记"）中，"哦""瓦"的意蕴得到更加充分的展现，由"哦""瓦"衍生天地万物的原因链条也更加延伸。由于纳西族东巴象形文字以形表意，《崇搬图》不

---

① 贵州省民族研究所、毕节地区彝文翻译组翻译：《西南彝志选》，贵州人民出版社1982年版，第1—2页。

同的翻译本对"哦""瓦"等的图形概念及其演变过程的解读有差异,这倒可以使读者从更多的角度理解"哦""瓦"等的内涵。这些翻译本大致有:

云南省民族民间文学丽江调查队搜集翻译整理的《创世纪》;

和芳讲述、周汝诚翻译的《崇搬图》;

和芳讲述、傅懋勣翻译的《古事记》;

李霖灿翻译的《麽些族的洪水故事》;

和芳讲述、和志武翻译的《崇邦统》(人类迁徙记);

和开祥讲述、李例芬翻译的《人类的起源》。

下面结合不同的翻译本作点分析。

在这些翻译本中,云南省民族民间文学丽江调查队搜集翻译整理、以"创世纪"为名的版本比较简洁,比较直观,尽管有些句子乃至段落的译意有争议,但天地形成的大致脉络还是比较准确地表现出来了。它叙述:

> 很古很古的时候,天地混沌未分,东神(即阳神)、色神(即阴神)在布置万物(一些翻译本作"阴阳相混杂")……天地还未分开,先有了天和地的影子;日月星辰还未出现,先有了日月星辰的影子;山谷水渠还未形成,先有了山谷水渠的影子。(一些翻译本三处"影子"前均加"三样"二字)
>
> 三生九,九生万物,万物有"真"有"假",万物有"实"有"虚"。(一些翻译本作"三样出九个,九个出母体,出现真和假,出现实和虚")
>
> 真和实相配合,产生了光亮亮的太阳;假和虚相配合,出现了冷清清的月亮。
>
> 太阳光变化,产生绿松石;绿松石又变化,产生一团团的白气;白气又变化,产生美妙的声音;美妙的声音又变化,产生依格窝格善神。
>
> 月亮光变化,产生黑宝石;黑宝石又变化,产生一股股的黑气;黑气又变化,产生噪耳的声音;噪耳的声音又变化,产生依古丁那恶神。[1]

---

[1] 云南省民族民间文学丽江调查队搜集、翻译、整理:《创世纪》,云南人民出版社1978年版,第1—3页。

随后，善神依格窝格作法变出一个白蛋，白蛋孵出白鸡恩余恩曼，恩余恩曼生下九对白蛋，九对白蛋孵出九对大神及其他；恶神依古丁那作法变出一个黑蛋，黑蛋孵出黑鸡负金安南，负金安南生下九对黑蛋，九对黑蛋孵出九对鬼怪……

这里，"影子"即为纳西语"哦""瓦"的意译。此翻译本将"哦""瓦"译为"影子"，将其衍生天地万物的情境及历程，生动、形象地展示在人们面前。而在《崇搬图》的另一翻译本即由和芳讲述、周汝诚翻译的《崇搬图》中，"哦""瓦"或"影子"译为"似……非……的象征"：

> 天还没有开地还没有辟的时候，先有隐隐约约的似天非天、似地非地的象征。太阳和月亮还未出现的时候，先有隐隐约约的似日非日、似月非月的影子出现。星和宿还没有出现的时候，先有隐隐约约的似星非星、似宿非宿的象征。山岳和川流还没有出现的时候，先有隐隐约约的似山非山、似川非川的象征。树木和岩石还没有出现的时候，先有隐隐约约的似树非树、似石非石的象征。泉水和沟渠还没有出现的时候，先有隐隐约约的似水非水、似渠非渠的象征。①

再往下，"三生九"的"三"，诸翻译本解读不同，或如前述一些翻译本解读为天地、日月星辰、山谷水渠各有三样"影子"，或如《崇搬图》另一翻译本即由和芳讲述、傅懋勣翻译的《古事记》解读为：

> 天和地还没有创造出来的时候，天的影，地的影，天地之影的影，这三样先行出现。②

这些或许都能解读"三"；而"九"，当为一个表示"多"的具有神秘意义的特殊数字。

---

① 和芳讲述，周汝诚翻译：《崇搬图》，云南省丽江县文化馆印，1963年，第1—2页。
② 转引自傅懋勣《丽江麽些象形文〈古事记〉研究》，武昌华中大学民国37年印本，第11页。

三 二元"相配"与创世主体的孕生

"影子"或"隐隐约约的象征"之后,出现了更为抽象的"真"与"实"、"假"与"虚";"真"与"实"、"假"与"虚"分别配合之后,才产生具体形象的太阳、月亮、绿松石、黑宝石……使人们想见,这个"影子"或"隐隐约约的象征"也构成二元关系。由此,纳西族的"哦""瓦"具有了更深刻的内涵。

也由此,《崇搬图》里从"混沌之气"阶段到"影子"或"象征"阶段以后,天地万物沿着两条路线分化演进:

> 真+实—太阳—绿松石—白气—美妙的声音—善神依格窝格—白蛋—白鸡恩余恩曼—九对白蛋—九对大神及其他;
>
> 假+虚—月亮—黑宝石—黑气—噪耳的声音—恶神依古丁那—黑蛋—黑鸡负金安南—九对黑蛋—九对鬼怪。

而这些连续衍生,从开始到逐步完成,都源于内部二元的相互运动。《崇搬图》的开头,前述翻译本《创世纪》作"很古很古的时候,天地混沌未分,东神、色神在布置万物……"有学者指出,原文并无"布置"之意。《崇搬图》另一翻译本即由和芳讲述、和志武翻译的《崇邦统》翻译为:

> 太古那时候,天体在摇晃,阴阳相混杂……①

以后才有"影子"或"象征"以及天地万物的分化、演进。《古事记》则翻译为:

> 太古天地混沌之时,阳(神)阴(神)混杂未分……②

这里阳或阳神,阴或阴神,在东巴经原文中均分别为相同的一个象形

---

① 吕大吉、何耀华总主编:《中国各民族原始宗教资料集成·纳西族等卷》,中国社会科学出版社1999年版,第320页。

② 转引自傅懋勣《丽江麽些象形文〈古事记〉研究》,武昌华中大学民国37年印本,第11页。

字，前者象形于古代纳西族男人头饰，后者象形于古代纳西族妇女"高髻"，故翻译成阳或阳神、阴或阴神也许都有依据。"阴阳相混杂"当意味混沌中的阴、阳两种元素相互作用，开始了孕育、化生天地万物的过程，如此可能更符合经籍原意。

更具体一点，在纳西族另外一些东巴文典籍里，作为宇宙本原的"气"分为上面的"声"和下面的"气"，它们相互结合启动了天地的创立。《懂述战争》叙述：

> 很古很古的时候，天和地还没有奠定的时候……上方出了佳音，下方出了佳气。佳音佳气结合变化，出现了一滴白露。①

白露再作变化，经过几个环节，出现了天地万物。这些似乎更形象地展示了混沌中两种相反相成元素相互作用化生天地万物的情景。

纳西族先民关于原初混沌中存在两种相反相成元素的观念，当萌生于对自然界的生命起于两性现象的直观观察。无论人类、动物或其他生物，两性交合产生"内在力量"，产生新的生命，这种现象可能引起纳西族先民联想，他们推及万物，概括出"阳""阴"等范畴以及天地万物交合衍生的论断。

其实，不仅纳西族，南方尤其氐羌、百濮系统其他不少民族也有相似的观念。(只是，纳西族的二元观念已经迈向了更为抽象的"真""假"，"实""虚"……)如前所述，大概是以生活中人类男女成对、动物公母成对等现象作类比，南方民族先民普遍认为世界万物也区分为两两相对的"雄"和"雌"。彝族神话史诗《阿细的先基》里"尖山是雄山，团山是雌山"就是这种观念的形象表达。他们还认为，相分的事物要"相配"才能生存和繁衍。流传于云南大姚、姚安等县的彝族神话史诗《梅葛》叙述：

> 样样东西都相配，地上的东西才不绝。②

---

① 和正才讲述，李即善译：《懂述战争》(上卷)，丽江文化馆印，1963年，第2—3页。
② 云南省民族民间文学楚雄调查队搜集、翻译、整理：《梅葛》，云南人民出版社1959年版，第118页。

由此延续到创世神话,南方民族先民更多地以具有两性性质的气态等的交合来演绎天地万物的生成。例如:

哈尼族古歌《天地人鬼》①叙述,远古的时候没有天没有地,只有上气下气,"上气下气交配,产生又红又稠的血";血"淤积起来","凝固起来","成了厚厚的地";"地层的热气,上升为雾","雾层层增厚,这就有了天"。

远古时候的上气和下气,在景颇族神话史诗《勒包斋娃》里人格化成云团神宁旺和雾露神宁斑。宁旺和宁斑分别意为"漂浮在上者"和"沉凝在下者",他们结合以生育的方式创世:

宁旺配宁斑,雾露配云团,开始生育,不断繁衍。
生出宽阔的平原,出现空洼的草地;山峦起伏,高峰林立。②

宁旺和宁斑也可称为"生育创世型"的创世主体。

与此同时,由于原初混沌内部二元对立相生具有如此巨大的能量,在汉文典籍与南方民族口传文本中,都普遍地由混沌内部的运动孕育出"创造型"的创世主体。《庄子》最早从"通天下一气"的角度提出"天地与我并生",进而提出"上与造物者游",使人们联想起"造物者"亦当由气与天地"并生"出来;子弹库楚帛书叙述雷霆闪电孕育伏羲;《淮南子》叙述"芒芠漠闵"混生二神……南方民族创世神话里气态等的交合也孕育出一批这样的创世主体。前述阿昌族神话《遮帕麻和遮米麻》③叙述:

在远古的时候既没有天,也没有地,只有"混沌",混沌中无明无暗,无上无下,无依无托,无边无际,虚无缥缈。记不得是哪年哪月,混沌中忽然闪出一道白光。有了白光,也就有了黑暗;有了黑暗,也就有了阴阳。阴阳相生诞生了天公遮帕麻和地母遮米麻。

创世主体诞生了,接下来将是他们大显身手,大展宏图,千钧霹雳,

---

① 阿蒂演唱,阿嘎翻译,阿流记录、整理:《天地人鬼》,载西双版纳州勐海县民族事务委员会编《西双版纳哈尼族歌谣》,云南少年儿童出版社1989年版。
② 沙万福唱,肖家成译:《勒包斋娃》,民族出版社1992年版,第3页。
③ 《阿昌族民间文学资料》第一辑,梁河县文化馆编印,1982年。

万里雄风,从混沌或天地初分的状态中开辟、建造出一个崭新的、有序的宇宙!

四 创世主体与巫术、巫师

汉文典籍和南方民族创世神话里以如此神秘的方式诞生出来的创世主体,远古生活中的原型究竟来自何方?似乎还要作一番追溯。首先追溯到已发现的中国最早的系统文字——殷墟甲骨文。

1. 维柯的"天空想象"与甲骨文中的"帝"

殷墟甲骨文是殷商王室记录向"帝"或"上帝"问卜之事而刻在或写在龟甲及兽骨上的文字,问卜的范围包括风雨、渔猎、农事、征伐、祭祀等,如"帝令雨"(帝命令下雨吗?)、"帝不令风"(帝命令不刮风吗?)、"伐邛方,帝受我又"(讨伐邛方,帝接受并保佑我吗?)等。从神话学的角度来讲,甲骨文卜辞最引人注目的是出现了至上神"帝"或"上帝",从卜问范围来看他不仅主宰自然,支配气象,而且担负起许多社会的功能,具有至上神的种种特征。然而,在面世的甲骨文卜辞里,并没有发现关于"帝"创世的叙述。就是说,单从甲骨文卜辞来看,还不能证明"帝"是以创世者的身份获得主宰世界的最高权力的。

那么,"帝"从何而来?或者说,"帝"的原型是什么?我们还是回到卜辞里。有两点引起了人们的注意:其一,卜辞有殷人死去的祖先"宾于帝"即客居于帝处的记载,起码说明,帝与殷人的祖先有直接的联系,而查南方一些少数民族流传至今的丧葬风俗及送魂经文,送死者灵魂前往安息的地方正是始祖居住的地方。顺着这条路,其二,卜辞所问者除了称帝,有时也称高祖夒,如"贞于高祖夒""求禾于夒"等,更显示两者的联系;或者起码可以说明,夒跟帝具有同样的主宰世界的权威。

根据学者的研究,殷商时期的帝或上帝是以自然崇拜为基础、吸收鬼魂归宿观念和等级君主观念而形成的至上神。早期,帝或上帝来源于自然崇拜,这点应该是没有疑义的。18 世纪欧洲启蒙运动时期最早提出"人创造神"的意大利学者扬巴蒂斯塔·维柯(Giambattista Vico,1668—1744),曾经在他的名著《新科学》中论述了最早的天神信仰的产生。

维柯谈到,据说在英雄(实际上就是原始野蛮人中的贵族酋长)时代的开始,全世界都发生过大洪水,如希伯来人在《圣经·创世记》中提到的。等到这场世界性的大洪水消退了,地球上积蓄的水蒸气造成雷轰电闪，在深山野林里游荡的巨人们（即英雄们或原始贵族酋长们）初次听到了就惊惧起来。他们"没有推理的能力，却浑身是强旺的感觉力和生动的想象力"，于是原始人类凭以己度物的习性（诗性智慧）幻想到，天上有一种像他们自己一样的酋长，在盛怒之下大声咆哮，向奴隶耀武扬威、发号施令，雷电就是天神向人类发出的警告和教令。维柯描述道：

> 当时天空终于令人惊惧地翻滚着巨雷，闪耀着疾电……于是就有少数巨人（一定是最强健的、散居在高山森林里凶猛野兽筑巢穴的地方）对这种他们还不知原因的巨大事变感到恐惧和惊惶……因为在这种情况下，巨人们按本性是些体力粗壮的人，通常用咆啸或呻吟来表达自己的暴烈情欲，于是他们就把天空想象为一种像自己一样有生气的巨大躯体。把爆发雷电的天空叫做约夫（Jove，天帝），即所谓头等部落的第一个天神。这位天帝有意要用雷轰电闪来向他们说些什么话。①

于是就兴起了信仰天神（最初的天神就是雷神）的宗教以及凭天象去探测天神意旨（Providence）的占卜术和掌占卜大权的司祭或巫师。殷商早期的帝或上帝，应该是这种自然崇拜的产物。

然而，人类对自然的求同和尊崇始于对自身存在的觉醒，当人类能够把自然力抽象为某种形式的"神"的时候，也开始从积淀的氏族、部落或部落联盟群体的集体意识中感受到祖先和前辈首领的威望，开始把祖先和前辈首领的能力神化，并将其抬到越来越高的位置。尤其在具有"国之大事，在祀与戎"（《左传·成公十三年》）传统的中华大地，远古时期首领兼巫师的始祖更容易得到尊崇。在中华文明发展史上，这一现象很早就显露出来，例如，良渚文化许多玉器刻纹，都是祖宗神居中，而且刻得很大；太阳神则在边角或下方，而且刻得很小。

殷人高祖夒的形象或许经历了这样一个不断高升的过程。在甲骨文中，"夒"字写成鸟头兽身的形状，可能反映了夒的早期形象，与殷商民族的鸟祖信仰有关，含动物的意味。以后，逐渐强大，并与鬼魂归宿的观念相联，取得了"宾于帝"的资格。再后，根据学者的研究，大约在极盛

---

① ［意］维柯：《新科学》，朱光潜译，人民文学出版社1986年版，第161—163页。

的武丁王朝（约公元前13世纪）以后，殷人祖先夋等获得"帝"的称号，跻身于上帝之列。①

在甲骨文卜辞里找不到关于"帝"或夋创世的叙述，再把目光投向其他的古籍。夋即《山海经》里的帝俊，在那本书中，发现了两条关于帝俊的似乎与创世有关的记载：

> 妻羲和，生十日。（《大荒南经》）
> 妻常羲，生月十有二。（《大荒西经》）

这两条记载，似乎与生育创世型神话有关，如成立，当为中华民族创世神话型式之一；同时也隐约透露出，殷人可能有"祖先神生育创世"型神话。殷人获得中土的最高权力后，祖先神被尊为帝或取得与帝同等的地位，亦即世界的主宰者。

然而，"羲和生日"等神话是否有原型，是人们感兴趣的另一个问题。在《山海经·大荒南经》里，还发现了这样一条记载：

> 有女子名曰羲和，方浴日于甘渊。羲和者，帝俊之妻，生十日。

郭璞注：羲和"作日月之象而掌之，沐浴运转于甘水中，以效其出入旸谷虞渊也，所谓世不失职耳"。就是说，羲和作为生日的母亲，其职必须掌控日之运行，掌控的方法就是按照日之形状作象，以象模仿"其出入旸谷虞渊"。这里，似乎透露出一点所谓"模拟巫术"的意味。

2. 弗雷泽的"相似律""接触律"与列维-斯特劳斯的二元对立、三项组合

对模拟巫术及其他巫术进行观察并作理论概括的最著名的学者，是前述英国人类学家弗雷泽。他从罗马附近狄安娜神庙祭司同时还有"森林之王"徽号出发，发现许多国家各个时代都曾存在过集祭司与自然帝王于一身的人物，他们具有半人半神的性质，仿佛能够控制自然力诸如降雨、赐

---

① 王小盾：《原始信仰和中国古神》，上海古籍出版社1989年版，第149—151页。或者，换一个说法，其"上帝"的原来身份获得认定，其成为殷商民族高祖只不过因为繁衍下界族群需要，而以某种形式下凡而已。

子、使庄稼丰收等。他认为，这些人之所以被认为具有这样的神功，最初的根源在于交感巫术在人们的信仰和行动中占据着主导地位。

弗雷泽揭示了巫术的思想原则，他说：

> 如果我们分析巫术赖以建立的思想原则，便会发现它们可归结为两个方面：第一是"同类相生"或是果必同因；第二是"物体一经互相接触，在中断实体接触后还会继续远距离的互相作用"。前者可称之为"相似律"，后者可称作"接触律"或"触染律"。巫师根据第一个原则即相似律引申出，他能够仅仅通过模仿就实现任何他想做的事；从第二个原则出发，他断定，他能通过一个物体来对一个人施加影响，只要该物体曾被那个人接触过，不论该物体是否为该人身体之一部分。基于相似律的法术叫做"顺势巫术"或"模拟巫术"。基于接触律或触染律的法术叫做"接触巫术"。①

弗雷泽进而谈到，巫术曾经盛行。他指出："在人类历史发展的一定阶段，人似乎曾经想象防止威胁人类的灾害的手段是掌握在自己手中的，他们可以运用巫术加速或阻拦季节的飞逝。于是他们进行各种仪式，念诵咒语，要老天降雨，太阳放晴，牲畜繁殖，果实成长。"他并认为，"巫术时代"领先于"宗教时代"，他说：

> 就已经掌握的资料来看，可以粗略地说，在澳大利亚所有人都是巫师却没有一个人是神父；每一个人都自以为能够用"交感巫术"来影响他的同伴或自然的进程，却没有一个人梦想用祈祷和祭品来讨好神灵。②

而这样的巫师特别是集巫师与酋长等于一身的人物，当神灵观念兴起以后，往往被认为是天地、神人之间的中介而具有神秘的力量，他们的行为也往往被认为具有神奇的效果，从而往往形成神话的角色和叙事。如果

---

① ［英］詹姆斯·乔治·弗雷泽：《金枝》，徐育新、汪培基、张泽石译，中国民间文艺出版社1987年版，第19页。
② 同上书，第84页。

再结合 20 世纪的法国结构人类学派创始人克劳德·列维－斯特劳斯（Claud Levi-Strauss，1908—2009）关于人类思维中存在的无意识的一些论述，可以从更深的层次认识这种现象。

人类思维中存在无意识的观点，起源于奥地利精神病学家西格蒙德·弗洛伊德（Sigmund Freud，1856—1939）。他在临床实践中，从许多精神病患者不能自制地执行某些活动却不知道执行这种活动的动机何在，即没有很明显的意识指挥自己的行动这一事实判定：个人有一种潜意识存在，就像海岛下面还有被海水淹没的岛根一样。弗洛伊德还把潜意识领域一分为二：前意识和无意识，后者包括人的许多本能，很难进入意识领域。这些本能中，弗洛伊德最重视人的性欲本能，称之为"利比多"。由于"利比多"总是被压抑在无意识领域，它便郁积而成所谓"情结"，其中之一就是以古希腊神话人物命名的"俄狄浦斯情结"，表示男孩成长过程中的恋母妒父心理；而受压抑的欲望总是以曲折的方式进入意识领域，梦和艺术就是满足这些欲望的曲折方式。由此，精神病学家弗洛伊德开启了精神分析学理论与文艺的结合。

列维－斯特劳斯接受弗洛伊德关于人类思维中存在无意识的观点，但是又不同意弗洛伊德的以性欲为中心的无意识概念。他认为，人类的无意识层次不仅存在许多需要满足的情感欲望，而且存在许多同样需要满足的理智欲望。或者说，人类先天地、无意识地具有对于理性的追求与向往。当人类在思想活动中遭遇矛盾与冲突的时候，就会有意识或无意识地寻求克服它们的方法。弗洛伊德所说的无意识的性冲动不断地寻求性对象或其替代物，以求占有它，使自己得到满足。而列维－斯特劳斯所说的无意识的理智冲突则寻求对于矛盾的克服，实现秩序，从而使大脑得到平静。人类对于神话的创造正是在这一心理力量的推动下进行的。"神话的目的是为了提供一个能够克服某种矛盾的逻辑模型。"[1]

神话如何克服人类思想活动中遇到的矛盾和冲突？列维－斯特劳斯从研究神话结构进入研究人类创造神话的原始思维的结构。他认为，人类的大脑具有一种自然的本性，就是把一切事物首先区分为一系列相互对立的两元，并最终用它们组成一个完整的、井井有条的系统。它决定我们人类

---

[1] ［法］列维－斯特劳斯：《结构人类学》，谢维扬、俞孟宣译，上海译文出版社 1995 年版，第 247 页。

的思维在任何时候都不会陷入混乱。这是人类思维活动的本质特征。在此基础上，列维-斯特劳斯提出，人类克服思想活动中遇到的矛盾和冲突，一个重要的方法是在两个对立项之间设立一个作为中介的第三项，也就是把原来的二元对立关系发展为三项组合关系。"神话的目的就是为了解释中介项的起源。"[①] 他分析了来自美洲的两个神话《水、装饰和葬礼的起源》《疾病的起源》后写道，这两个神话的"中介有：水（天和地之间）；身体服饰（自然和文化之间）；葬礼（活人和死人之间）；以及疾病（生和死之间）"，美洲人创造这些神话就是为了解释这些中介项的起源。

3. 天与地的中介，人与神的通融

列维-斯特劳斯更以浓厚的兴趣寻找"充当上界力量与人间之间中介者角色"。在《神话与意义》一文中，他提到，16世纪末，一位西班牙传教士阿里卡写了一本名为《消除秘鲁的偶像崇拜》的书。书中记述，秘鲁某地，当严寒季节来时，神父就把出生时脚先落地的、长着兔唇嘴的和双胞胎的人都叫到一起，他们被指控为天气变冷的罪魁祸首。列维-斯特劳斯进而指出：

> 把孪生子同大气层的反常联系在一起，是在世界上（包括加拿大在内）很常见的说法。众所周知的是，在加拿大的不列颠哥伦比亚海岸的印第安人中间，孪生子被认为是赋有不寻常的力量，能够带来好的气候，而将暴风雨驱走。

接着，列维-斯特劳斯列举了一系列南美、北美神话，说明孪生子来历的"神圣性"。在巴西沿海一带杜比南巴斯和秘鲁的印第安人的一个神话说，一位妇女怀了作为丈夫的神以及冒充神的骗子的孩子，生下一对孪生子，一个勇敢，一个懦弱；一个成为印第安人的保护者，一个成为白人的保护者；一个为印第安人谋福利，一个造成很多不幸。在加拿大洛基山一带的库德奈印第安人神话里，女人受孕一次，生下一对孪生子，后来一个变成了太阳，一个变成了月亮。由此，孪生子或被当作孪生子的孩子"长大以后都有不同的奇遇"。

---

① ［法］列维-斯特劳斯：《神话学：生食和熟食》，周昌忠译，台北时报文化出版企业有限公司1992年版，第87页。

另外，列维－斯特劳斯还注意到，奥吉布瓦印第安人和其他属于阿公全因语族的印第安人，选择兔子作为他们"信仰的最高的神"。为什么？作者认为，令人信服的说法是：在啮齿类动物中，野兔比较大，可以被当作啮齿类动物的代表；而啮齿类动物显示出一种解剖学上的特征（即所谓兔唇），使人感到它们好像是孪生子的前身。

由于这与神的关系等种种因素，在美洲一些印第安人的心目中，孪生子成为"天上的孪生子"，"能够带来好的气候，而将暴风雨驱走"；而兔子作为"孪生子的前身"，也成为"信仰的最高神"。他们都具有了内在的双重性，成为天（神）人之际的中介者。在此基础上，列维－斯特劳斯进一步总结：

> 在全世界的神话中，我们可以看到充当上界力量与人间之间中介者角色的神和超自然物，他们可以以不同的方式出现，比如救世主一类的角色，天上的孪生子等等。①

这里，孪生子"赋有不寻常的力量，能够带来好的气候，而将暴风雨驱走"，正是古代巫师的特征。他们之所以赋有不寻常的力量，如前所述，是因为与神有某种形式的联系。这一点古今中外相当一致。中国南方民族传统的主持仪式、实施巫术的祭司、巫师，经历上也常常带神秘色彩。

例如，云南梁河阿昌族唱诵神话史诗《遮帕麻和遮米麻》的"活袍"赵安贤说，他21岁时曾经得过一场大病，每天下午昏迷不醒，朦胧之中仿佛飞到天上，见到了创世天神、人类始祖遮帕麻和遮米麻，并与各种妖魔搏斗。在天上经过天神传授神话、巫术，从此以后就能唱诵《遮帕麻和遮米麻》，还能施行巫术、驱鬼治病。② 此处，赵安贤昏迷不醒、朦胧之中仿佛飞到天上，意味着作为凡人的他已经消失；在天上经过天神传授神话、巫术，又意味着作为天人之际中介者的他已经出现，这个"他"具有了内在的双重性。

在另外一些民族中，成为巫师的人不只要经历生病，还要经历一系列

---

① ［法］列维－斯特劳斯：《神话与意义》，载叶舒宪编选《结构主义神话学》（增订版），陕西师范大学出版总社有限公司2011年版，第51—79页。

② 阿南：《关于阿昌族神话史诗的报告》，打印稿。

奇特的际遇和相关的程序。云南西双版纳基诺族男子要成为巫师，必须得到想象中的"巫师神女"的神奇求爱，继而与"巫师神女"举行婚礼，才能获得相关资格。

首先是得到"巫师神女"的神奇求爱，表现方式是际遇神女通过一系列奇异现象发来的求爱信息，而这些信息大都与"成双成对"有关。比如，一对正在撕打着的黑头公鸟落在男子面前，一个狩猎的扣子一次套着了一对团鸡，一道压木一次压着了一双竹鼠，最后是神女变成一个海贝进入恋人的烟盒和饭包等。男子际遇这些求爱的表示，心领神会，得到贝壳以后更"天天把她背在身边"。这实际上是巫师产生的第一个过程：男子得巫师神女求爱后两人相爱。

男子对神女的爱恋日益加深，直至得了相思病，经过传统的叫魂仪式、拴线仪式均不见好。但此为单相思还是真正得到神女的爱情，还必须经过巫师占卜确定。巫师如果"米卜"三次抓米都成双数、"贝卜"三次竖贝都竖起来，就证明巫师神女求爱属实，即开始为与神女举行婚礼作准备。这是巫师产生的第二个过程：男子得相思病后经巫师占卜确定其与神女有缘。

最后，男子在寨老的主持下与神女举行了订婚仪式和隆重的结婚仪式，病不治而愈，从此成为一名巫师。同时，在竹楼梁上设立一座精巧的神女房，标志与神女的姻缘。这是巫师产生的第三个过程：在巫师和寨老主持下男子与神女举行盛大婚礼。由此，作为普通人的男子由于与巫师神女结缘，而产生了作为神人之间中介者的巫师。

当事人如此的"艳遇"，在基诺族实际生活里究竟有没有？根据云南学者杜玉亭20世纪70年代末80年代初的实地调查，50年代以前基诺族的巫师大都有这类经历：有三次见到贝壳、贝壳又不胫而走的；有一次夹住一对老鼠并一次抓住一对斑鸠、一次抓住一对白鹇的……他们经巫师米卜确定为巫师神女求爱后，都举行了婚礼仪式而舍弃旧"我"，成为新"我"——巫师。[①] 资料亦真亦幻，人们自己去思考了。

按照前述列维-斯特劳斯的理论，人类先天地、无意识地具有对于理性的追求与向往。当人类在思想活动中遭遇矛盾与冲突的时候，就会有意

---

① 1986年8月26—28日在云南景洪基诺山进行田野作业并采访莎车等基诺族人士时记录。又见杜玉亭《基诺族文学简史》，云南民族出版社1996年版，第252—263页。

识或无意识地寻求克服它们的方法,实现秩序,从而使大脑得到平静,进而推动了人类对于神话的创造。其中,一个重要的方法是在两个对立项之间设立一个作为中介的第三项,把原来的二元对立关系发展为三项组合关系,并创造神话"解释中介项的起源"[①]。依此,上述情况可以这样分析,当美洲一些印第安人遭遇到"大气层的反常"即"天地之气""失序"时,认为这是主宰自然的"上界力量"与人间发生矛盾,于是需要寻找两者之间"中介者角色","能够带来好的气候,而将暴风雨驱走",这样,同样具有反常形态、可以掌控气象的"天上的孪生子"形象及其神话就应运而生。

而"天上的孪生子"之所以"被认为是赋有不寻常的力量",一些神话里是因为他们是神或被认为是神者与人间妇女结合的产物,由此充当了"上界力量与人间之间中介者角色"。而上述中国南方阿昌族、基诺族"候选巫师"也通过种种形式,实现了人与神的通融,实现了自己新的角色的诞生。

到了这里,人们似乎很自然地联想起中国《老子》中的名言:"道生一,一生二,二生三,三生万物。"在某种意义上,法国人类学家列维-斯特劳斯关于"二元对立、三项组合"的论述,是从人类思维的角度拓展了人们对"二""三"等数字的概念。此处的二,《老子》启发人们可以解读为阴和阳、阴气和阳气,列维-斯特劳斯则启发人们可以解读为天和地、神和人……此处的三,《老子》启发人们可以解读为阴气阳气结合生成的和气,列维-斯特劳斯则启发人们可以解读为神和人结合生成的中介者角色,乃至创世者形象……人们会真的感觉到在中外大师的启发下,"二"和"三"其意无穷,其味不尽;宇宙万物的生成、人类的思维更充满奥妙,充满神秘!

现在重返上述关于羲和的神话,并结合美洲印第安人"孪生子"神话作点分析。美洲一些印第安人是为了抵御"大气层的反常",为了"带来好的气候","将暴风雨驱走",而创造了关于"天上的孪生子"的神话。沿着这条思路,可以说中国上古时期的人也是为了掌控日月运转而创造了关于帝俊、羲和的神话。当人类社会发展到一定阶段,人们发现"天地之气""若过其序"时,为了让其"不失其序"而发明了"作日月之象而掌之"

---

① [法]列维-斯特劳斯:《神话学:生食和熟食》,周昌忠译,台北时报文化出版企业有限公司1992年版,第87页。

一类的巫术,由此产生了在人们心目中具有某种魔力的巫师。当神灵观念兴起以后,由"二生三",原来只是作为人的巫师在神与人之间通过种种形式的通融,升华而成天地、神人之间的中介者,他们的角色往往被认为具有神秘的力量,他们的行为也往往被认为具有神奇的效果,此当为羲和"作日月之象而掌之"的形象。后来,随着时光的流逝,这样的巫师特别是集巫师与酋长于一身的人物,在人们心目中的地位越来越高,其某些巫术动作可能也流传为某种创世的行为;同时人们可能意识到,要掌控宇宙的空间时间秩序,只是能以某种形式进行调节者还不够,还必须是宇宙空间时间秩序的创建者,亦即《庄子》所谓的"造物者",于是"三生万物",以往只是"充当上界力量与人间之间中介者"的角色进一步升华为创世的主体,从而出现帝俊"妻羲和,生十日"一类的叙事。

于是,顺着《老子》、弗雷泽和列维-斯特劳斯的思路来审视上述关于羲和的神话,也许可以得出这样一种阐释:羲和可能原先是一位通过作像施行巫术、企图控制太阳运行的女巫或女巫兼首领,后来逐渐发展成为生日的创世者。以此推而广之,可能有这样一种比较普遍的现象:在人类历史发展的一定阶段,人们曾经想象可以运用巫术掌控某种自然现象,于是一些人通过模拟、接触等形式进行各种仪式,念诵咒语,以延续某种功利、遏制某种灾害。这些人还往往是氏族、部落或部落联盟的首领。当神灵观念兴起以后,这些人由于神秘的行为、权威的地位而被认为具有神灵的基质,或所谓半人半神。许多年过去,他们之中的最早者或最有声望者逐渐取代自然崇拜的对象,被奉上至上神或创世神的位置(或者被想象成天神在凡间的形体),他们的一些神秘行为(例如"作日月之象")被描述成创世的一种方式(例如"造日");久而久之,他们一些生产生活实践也被蒙上神秘的色彩,加入创世的叙事。

4. 南方民族创世主体的巫师原型

这样一道轨迹,在南方民族尤其是氐羌系统、百濮系统先民中展示得更为清晰。

前面所述阿昌族在窝罗节所歌颂的创世神遮帕麻和遮米麻及其叙事,就多次显现出形象的巫师原型及其作为的巫术形迹。在阿昌族较早时期的神话里,遮帕麻和遮米麻是最早的人类两兄妹。神话叙述:

在开天辟地的时候,人间只有兄妹两人,哥哥叫做遮帕麻,妹妹叫做遮米麻。兄妹俩在一起愉快地生活着。

长大了，遮帕麻提出两人结婚，遮米麻轻轻地摇头跑了。

> 过了几天，遮帕麻又对遮米麻说："妹妹，天地使我俩生活在一起，我们还是结婚吧。"遮米麻低着头想了很久，才羞涩地指着一盘天生的石磨笑着说："好吧！你扛一盖磨到东山顶，我抱一盖磨到西山头，把磨一齐滚下去，两盖磨如果在山脚合拢在一起，才能说明我俩结婚是天意呀！"遮帕麻没有别的办法，只好照办。可是，这两盖石磨竟在山脚下完全合拢在一起了。遮帕麻和遮米麻结婚了。结婚九年，遮米麻才怀了孕，孕怀了九年才生，生下来的却是一粒金光闪闪的葫芦籽。遮帕麻和遮米麻把它种到地里，到了第九个年头才结了一个小葫芦。又过了九年，葫芦成熟了，遮帕麻和遮米麻摘下葫芦。葫芦刚刚被剖开，就从里面跑出了许许多多的小孩子。[1]

后来，随着时代的发展，两人的身份发生了变化。1988年，学者攸延春到云南梁河、陇川两县阿昌族地区调查，搜集到这样一则神话：

> 遮帕麻和遮米麻……把仙尸留在太阳山和太阴山，灵魂脱壳来到世间。后来，遮帕麻与遮米麻在"们堂们闵"（状如四个手指的地方）相遇，都觉得像是在哪里见过。那时，世上只有他们两人，他俩就商议结成了夫妻，去传人种。

这里，遮帕麻和遮米麻的身份，由人间的两兄妹，变成"仙尸留在太阳山和太阴山，灵魂脱壳来到世间"的天上人间两重世界的行者，而灵魂能上下漫游，正是古代巫师从事法术时行巫的本事和形式。这表明，遮帕麻和遮米麻已经具有了巫师的实质，两人身份的演化进入第二阶段，成了阿昌族原始宗教的祖师。

然而，当他们能让自己的灵魂上下漫游，从而获得天上人间两重世界行者的资格以后，其身份的认定就具有了某种不确定性。他们的灵魂既可

---

[1] 《阿昌族民间文学资料》第一辑，梁河县文化馆编印，1982年。

以在下界为能"上下求索"的巫师之魂，也可以在上界为神灵。他们自身进而能创造万物。果然，在那则神话里，还叙述了他们这方面的事迹：

> 遮帕麻和遮米麻……先造出了"贝怎"（太阳山）和"巴怎"（太阴山），以后又造了天地日月和世界万物。①

这些叙述当为更后产生。就这样，随着时代的进程，遮帕麻和遮米麻又从阿昌族原始宗教的祖师，逐渐发展为创世神话和史诗里的天公地母，具有了创世的功绩。然而，神话、史诗里关于他俩创世的叙事，仍处处闪现着巫术的影子。

例如，史诗《遮帕麻和遮米麻》②叙述，"天公"遮帕麻"拿灿灿的金沙造太阳"，太阳"散发着温暖"，而且"升起还要降"，象征运转正常的天体气象。而魔王腊旬造了一个假太阳钉在天上，"不会升也不会降"，"水塘烤干了，树林晒枯了，土地开裂了"，一派旱灾的景象。这样，围绕着维系还是破坏宇宙的秩序，产生了矛盾冲突。

遮帕麻与魔王比智斗法，首先以一棵花桃树念咒语，"腊旬上前去，念了一串咒语，又掐动手指头，桃枝顿时叶蔫花枯"。遮帕麻则要比"让枯枝再发芽"，腊旬连连摇头，轮到遮帕麻，

> 遮帕麻念动咒语，又端来一碗泉水；含一口清水喷花桃，一眨眼工夫雨霏霏。
>
> 花桃重吐新芽，枝头再开白花，腊旬脸色像黄蜡，目瞪口呆变成了哑巴。

遮帕麻取得第一次胜利。

接着，两人以谁做好梦、谁做噩梦来"斗梦"比高低。遮帕麻"梦见太阳红彤彤，山中泉水照人影，树叶树枝青葱葱"；腊旬梦见"山顶黑乎乎，箐沟流出黄泥水，枯树枯枝光秃秃"。遮帕麻又赢了。最后，遮帕麻

---

① 攸延春：《阿昌族文学简史》，云南民族出版社1995年版，第26页。
② 赵安贤唱，杨叶生译，兰克、杨智辉整理：《遮帕麻和遮米麻》，云南人民出版社1983年版。

撒下毒蘑菇"鬼见愁",让小妖精捡回去煮给魔王吃,魔王吃过就"死硬"了,遮帕麻终于取得完全胜利。他射下假太阳,让自己创造的太阳重新在天空运行,也就意味着获得了日晒的控制权。

这里,遮帕麻与魔王比智斗法,采用的念咒语、做好梦等方式,完全是巫术的形式,其以巫师为原型不言而喻。由此,遮帕麻"拿灿灿的金沙造太阳"、射下魔王假太阳等叙事的原型亦当是一种模拟巫术。顺此发展,当遮帕麻及其伴侣遮米麻逐渐由巫师或巫师兼首领的身份上升为天公地母时,关于他们创世的神话就自然逐渐产生了。

在实际生活中,至今阿昌族巫师"活袍"仍在祖师坛上供奉他们的牌位,并借助他们的神威施行各种巫术。在阿昌族巫师"活袍"的心目中,遮帕麻和遮米麻既是创世的天公地母,又是"活袍"的祖师,甚至传说一些"活袍"做法事的经典即神话史诗《遮帕麻和遮米麻》,也是他们通过"梦授"等方式授予的。典型的例子即为前述梁河阿昌族"活袍"赵安贤大病朦胧中得他们传授经典的故事。

同样,前面所述拉祜族在"拉祜年"唱诵的天神和始祖厄莎,生活中也是巫师巫术活动最终的主角,巫术力量的来源。一首巫师为病人求福招魂的唱词《波哆细哆》①叙述,扎莫家娜玻病了,魂失了,巫师帮娜玻找魂招魂;他东找西寻,最后来到"北氏坝子",见了厄莎,才从厄莎那里找回经厄莎收拢的病人的失魂。厄莎对他说:

不要再往前面走,
前面乌云滚滚天气冷,
我给你阿马帕(盐酸果树叶),
我给你喝里厄(米酒),
带着灵魂快回去。

于是,巫师带回失魂,娜玻病体康复,露出笑脸,"心情愉快得手舞足蹈"。这里,最终把娜玻灵魂招回的是厄莎,由此这位天神和始祖显示出无比巨大的巫术力量,而其原型中巫师的成分也充分展现出来。

---

① 张扎克、李扎丕演唱,李文汉搜集,刘辉豪文字记录、校正:《波哆细哆》,载澜沧县文化局编《拉祜民间诗歌集成》,云南民族出版社1989年版,第275—286页。

从历史上看，南方氐羌系统先民社会曾经长期存在一种"鬼主"制度，所谓鬼主，乃一身二任，既是氏族或部落的首领，又是巫师。东晋常璩《华阳国志·南中志》载：

> 夷中有桀黠能言议屈服种人者，谓之"耆老"，便为主。议论好譬喻物，谓之"夷经"。今南人言论，虽学者，亦半引"夷经"……其【速】[俗]征巫鬼，好诅盟。①

"耆老"是否"鬼主"，没明说，但其书随后提到其俗"征巫鬼，好诅盟"，要"屈服种人"，不可不熟、不可不管"巫鬼"。唐代樊绰《云南志·云南界内途程》载，滇东一带东爨乌蛮，

> 大部落则有大鬼主……一切信使鬼巫，用相制服。

《新唐书·南蛮传·两爨传》载：

> 乌蛮种类……俗尚巫鬼……大部落有大鬼主，百家则置小鬼主。

至宋，亦有同样的称呼。《宋书·黎州诸蛮传》载，黎州（今四川汉源北）

> 夷俗尚鬼，谓主祭者为鬼主，故其酋长号都鬼主。

这么悠久的"鬼主"制度，为南方民族创世神话的产生提供了丰富的文化土壤。在古代氏族、部落首领兼巫师及其神秘活动"原型"的基础上，在先民树立族类"神圣性"、建构和维系宇宙秩序等种种需要的驱使下，一个个创世神话被创造出来了。

---

① （晋）常璩著，汪启明、赵静译注，吴迪等校订：《华阳国志译注》，四川大学出版社2007年版，第163页。

第二节　氐羌、百濮系统天地形成神话（二）

以氏族、部落或部落联盟首领兼巫师为原型的创世主体，较早时期可能更多来自狩猎群体，创世叙事来自他们的狩猎实践。从狩猎实践到创世的神圣叙事，中间可能经历过将狩猎对象灵性化、将逝去的狩猎首领神灵化、将猎物祭品神圣化等环节。

一　与狩猎、兽祭相关的天地形成神话

根据古籍记载和相关传说，南方氐羌、百濮、苗蛮、百越各系统各民族先民古代都有以采集、狩猎谋生的阶段，一些栖息于深山老林里的群体近现代还延续采集、狩猎经济。滇西北怒江大峡谷地带，谷底和山巅相差三千多米，从谷地到山巅形成了从亚热带到温带、寒温带的多层气候。这种自然环境为各种气候的植物生长、动物繁衍提供了良好的条件，也为这里的怒族、傈僳族群众从事采集、狩猎活动提供了广袤的天地。一些神秘的观念就萌生于人们采集、狩猎的实践。

1. 兽灵与猎神

例如，怒族开门就是山，出门就是林，季节性的采集、狩猎曾经是他们重要的生产方式。他们捕猎羚牛等野兽，形成一套很有效的传统方法。在月亮很亮的晚上，羚牛都会成群结队到有卤水的地方去喝卤水，它们喝足了就会跌跌撞撞地沿原路返回，这时候便是猎羚牛的大好时机。猎人们预先埋伏在路旁，等它们经过，老猎人一个暗示，第一号射手就向牛群的最后一头牛放箭。接着，第二号、第三号射手依次有间隔地向同一头牛放箭，达到预定数便停止。由于猎人使用的是涂了麻药的箭，羚牛只要被射中，便会倒地；而前面的牛群未受到惊扰，会按照原来的队形继续前行。到了下个月，还会在领头的羚牛的带领下来喝卤水，还可以源源不断地打下去。①

按照我们今天的思维，猎人箭射最后一头牛而不惊扰领头的牛，是为了麻痹领头的牛以让它下次再带牛群自投罗网。然而，在先民的观念中，

---

① 1986年11月11日采访傈僳族学者、《怒族猎神歌》记录者、整理者木玉璋时记录。又见陶天麟《怒族文化史》，云南民族出版社1997年版，第62—63页。

不惊扰领头的牛是因为它有"灵气",是体现"兽灵"的意旨让人们猎获羚牛的物的形式,伤害了会遭受大难;而猎人持续的猎获则是"兽灵"源源不断的恩赐。这反映了原始狩猎时期先民将狩猎对象灵性化的现象。

根据古人类学家对远古人类脑化石的分析,以及语言学、文字学等方面的研究,神话思维时期的人类大脑,还不可能摆脱对具体事物的直观感悟,去进行抽象思维活动。思维主体对事物的感知和认识更多地被具体形象所支配;更多地采用具象的形式,通过类比、联想、象征等形象的思维逻辑展开思维。这有点像儿童的思维,儿童直觉感知的任何事物,都很容易在他们的头脑里引起对相似的具象事物的简单联想。例如看见太阳,就称太阳公公;看见月亮,就称月亮婆婆。这种直觉具象、简单联想的思维方式,还可以在南方一些民族那里看见痕迹。例如:直到20世纪四五十年代,云南西盟佤族在村寨交往的时候,还保留许多传递信息的原始方式:表示与这个寨子友好,就用送甘蔗、芭蕉、盐巴、穿孔的黄蜡、牛肋骨和草烟来传达(穿孔的黄蜡表示两个寨子互相通气,一条牛肋骨表示两个寨子一条心,草烟表示两个寨子的人可以友好地在一起抽烟);表示气愤,送辣椒;表示事情紧急,送鸡毛;表示要烧对方寨子,送火炭……

原始先民这些初级的心理功能,与他们的劳动实践结合起来,形成了许多富有特征的观念意识。例如,早期人类所从事的采集和狩猎,收获的偶然性比较大,有时可能一天打得几只野兽;有时可能几天打不到一只野兽,都是凭运气。人们不能洞察果实、禽兽由来的全过程,例如,果树是怎样生长的,禽兽是怎样发育的,他们找到一种果实,或者打得一只野兽,往往认为是某种偶然的机遇,或者是某种超自然力量的恩赐。这种主要凭偶然机会的实践活动"内化"进他们的心理机制,使他们的思维带有较多的神秘性、臆测性。当灵魂观念产生以后,先民从自己的行动受自己的意志支配,而推想万物也有灵魂和意志主宰,由此,山林群兽有"兽灵"或"猎神"主宰的想法应运而生。

在先民的心目中,早期的兽灵具有野兽的外形,又具有人的某种特征,更具有驾驭山林群兽的灵性。怒江大峡谷怒族想象的兽灵"呷叭",根据他们的《怒族猎神歌》描述,就是一个以羚牛的形象出现的女性神。她长着"粗壮而黑亮的长辫子"(羚牛的犄角)、"又白又宽而亮晶的牙齿""粗壮而敦实的脚""肥大而结实的胸脯"。她爱喝一种带咸味的矿泉水,爱舔高山咸土,爱吃草。她"巡走在高山顶上","行走在所有山谷",常年生活在"高山细竹林里"。她还害怕猎狗,害怕竹签,从形象到生活习性都与前述的羚牛无异。但她又威力无穷,"主管着大山","巡视着每个角落",支配着"所有的野兽",展示出一种"兽之灵"的风姿与神韵。①

原始先民在把自然对象抽象为某种形式的"灵"或"神"的同时,也开始从积淀的氏族群体意识中感受到自己前辈首领的威望,开始把前辈首领的灵魂神化。当先民出于某种欲望需要这一类神的时候,这一类神便呼之欲出。

在原始采集、狩猎时代,先民渴望驾驭野兽行踪以打得更多猎物,这种欲望导致了以前辈狩猎首领为原型的猎神的产生。傣族傣文古籍《沙都加罗》记载了这样一个传说:远古时代,祖先还住在阴冷的森林山洞。有一年冬天,刮着冷风,下着冷雨,野果已摘完,野菜也吃光,人们只好等着冻死、饿死。这时候,一个叫沙罗的青年忍受不了冻、饿,出洞找点东西吃,突然,他看见一群野狗追扑麂子,抢吃麂子肉,他立刻从中得到启发,马上回来组织大家集体打猎,捕野兽充饥。人们开始打猎,他也被选为"狩猎首领"。据说,他老了,就召集人群说:

> 我死后还有我的灵魂在……我会给你们拴住马鹿,我会给你们撵来麂子,我会给你们驱散灾难……要祭我的魂。

沙罗死后,人们奉他为"猎神",打猎之前,先念词祭祀他。最后,古籍总结说:"从此,祖先就有了鬼,有了神,他是死了的沙罗的化身。"②

于是,一个狩猎首领,演变成了猎神。或者说,沙罗的灵魂入籍了神,完成了从人到神的角色的转变。

傣文古籍《沙都加罗》所描述的沙罗从"狩猎首领"到猎神的演变过程,也许简单了一点,按照一般的规律,一个死后给人们造成神秘感的狩猎首领,生前也应该曾经从事与狩猎相关的具有神秘性的活动。实际上,这类活动应该在先民狩猎生活中真实存在过。这些可以在一些考古资料中

---

① 木玉璋记录、整理:《怒族猎神歌》,载陶天麟《怒族文化史》,云南民族出版社1997年版,第240—248页。

② 转引自佚名《谈寨神勐神的由来》,载祜巴勐著,岩温扁译《论傣族诗歌》,中国民间文艺出版社(云南)1981年版,第100—102页。

得到印证。

1965年，云南沧源崖画首次被发现，据后来中国科学院古脊椎动物与古人类研究所利用覆盖画面的钟乳石进行碳14测定，距今2500—3500年。其中，曼帕寨、曼坎大寨附近崖壁上，就有表现与狩猎相关的神秘活动的画面。

曼帕寨的画面上，五兽向西方奔跑，兽的上方两人，下方一人，均作持弩射兽状；曼坎大寨的画面上，下方有一头戴羽状法帽的巫师，双手持火把，呈正在作法的模样，还有助祭者及供祭祀使用的牲畜。巫师后面有一人，手持猎具，正对准迎面奔来的一只野兽。学者认为，这弥漫着巫风的画面为巫师从事狩猎巫术的情景和巫术效果图。绘画者相信，在崖壁上画上巫师作法的神秘场面，画上人们围猎、刺中或射中某类动物，未来将会真正猎取到此类动物，会以虚幻的形式获得实际的利益。

其实，在《沙都加罗》里，或许也隐约透露出沙罗生前大概也主持过巫事；他声称灵魂会"拴住马鹿""撵来麂子""驱散灾难"，完全是巫师的思维和巫师的语言。于是，狩猎首领兼巫师由于权威性、神秘性而被神化，乃至在一些创世神话里被塑造为以兽躯化生万物的创世主体。

2. 牺牲与化生

随着历史的发展，因兽灵观念而获得某种灵性的动物，又由于作为牺牲被摆上祭祀天神的祭坛更获得某种神圣的性质。随着天体崇拜的产生，先民祭坛上的主角逐渐由兽灵转向天神，大型动物常常是主要祭品。哈尼族三大节日之一"苦扎扎"（六月年），要祭祀天神阿匹梅烟等神祇，以牛为牺牲。在先民的观念中，祭了神的牺牲就是圣物，牛因而获得某种神秘的功能。

神性的狩猎首领乃至天神，灵性乃至具有神秘功能的动物，两者连接为一对神圣的组合，当先民因为某种欲求的驱使而创造创世神话的时候，这样的组合形成主体和客体的关系，演绎出以狩猎生活为基础的创世的神圣叙事。哈尼族《天、地、人的传说》[①]印证了这一历程。这个故事说，从鱼的脊背里出来的人塔婆用一头牛慰劳改天换地的神们，

---

① 朱小和讲述，芦朝贵、杨笛、直心整理：《天、地、人的传说》，载谷德明编《中国少数民族神话选》，西北民族学院研究所印，1983年，第380—382页。

神们得到牛后，十分高兴，但是他们并没有杀吃，而是用它的眼光变成闪电，用它的皮变成响雷，用它的眼泪变成露珠，用它的鼻涕变成雨水，用它的气变成云，用它的血变成彩霞，用它的左眼变成太阳，用它的右眼变成月亮，用它的两颗尖牙变成启明星和北斗星，用其它的牙齿变成满天星斗，用它的四腿变成东南西北的顶天柱。

这里，牛因为被用以慰劳神（实际上被用作祭神的牺牲）而获得神圣的性质，然后在神的操弄下化生万物。另外，某些作为崇拜对象的动物也在神的操弄下成为万物的基质，例如彝族的虎，则具有另一种意蕴，后面再作分析。

然而，更多的这类神话是以猎人原型作为创世主体，保持了它的更原始面貌。普米族古歌《吉赛叽》（杀鹿歌）[①]叙述，开天辟地以前，没有大地没有蓝天，没有星辰日月，有个年轻的吉赛米（猎人）在菩萨的帮助下要放狗撵鹿创地创天。

年轻的吉赛米领着群狗前行，突然有头马鹿出现在前面，他放狗紧追马鹿，并拉弓搭箭把鹿射死。

他抽刀砍下鹿头时，鹿头变成了蓝天，鹿牙变成了星辰，鹿眼变成了日月。

他砍开鹿体，鹿体变成了大地，鹿心、鹿肝、鹿肺变成了丛谷群山，鹿肠变成了江河道路，鹿骨架变成了地脉，鹿胆变成了彩虹，鹿胃变成了皮囊，鹿血变成了龙潭湖海，鹿毛变成了万木千草，鹿皮变成了草坝大川，皮上的斑点变成了畜群……

普米族为从西北河湟南迁的族类群体，迁徙前后可能受到西来的佛教的影响，"菩萨"一角当为此时加入，但未改变神话基本人物结构与故事情节结构。

然而，作为狩猎的对象，作为祭品，在南方民族中，各种形式的牛或许是最典型的。前述怒族主要的狩猎对象之一是羚牛；哈尼族"苦扎扎"、独龙族"卡雀哇"等节日中祭天神的"最高祭献品"也是牛。在原始采

[①] 转引自杨照辉《普米族文学简史》，云南民族出版社1996年版，第24—26页。

集、狩猎时代，以狩猎首领为原型的创世主体用牛创生天地万物成为创世神话比较常见的叙事。布朗族神话《顾米亚》① 就是其中的一则。这则神话叙述，很多年以前，没有天，也没有地，到处是一团团飘来飘去的云雾。神巨人顾米亚和他的十二个孩子要开天辟地，创造万物。他们发现一只巨大的犀牛，于是剥下犀牛的皮做成天，把犀牛的肉变成地，犀牛骨变成石头，犀牛血变成水，犀牛毛变成各种花草树木，犀牛的四条腿变成四根顶天柱……

以原始狩猎生活为基础的创世神话，毕竟只是创世神话的初期形态，质朴，简约；随着历史的发展，原始农业、原始畜牧业逐渐产生，南方民族创世神话也朝更复杂的人物关系、更丰富的内蕴迈进。

二 农耕形式的神圣化

创世，即在原初混沌状态的基础上创造出一个有空间秩序、时间秩序的世界；创世神话的创造与表演，在某种意义上即为奠定与强调宇宙的秩序，从而让天稳地固，日落月升，风调雨顺，人生物长，天地万物正常运行。

在中国传统文化中，从混沌中创立秩序的手段，首要的是神圣化了的农耕技能。

农耕技能形式化神圣化，化为祭仪的祭词、舞蹈的动作，在汉文古籍的记载中有迹可循。前述《吕氏春秋·古乐》里古帝葛天氏之乐所歌的《八阕》，之三、之四、之五、之七就分别是"遂草木""奋五谷""敬天常""依地德"，这些大概都与农耕等生产有关。其表演形式从前言"三人操牛尾，投足以歌"推测，当脱不了带巫术意味的祭仪。因为牛在中国古代一般作为祭祀的牺牲，"牛尾"当出现于祭仪，否则，光光的"牛尾"何美之有？舞者当以边唱边舞的形式，表现他们与天常地德相联的神圣化了的农耕，以及对天地万物的崇拜、祭祀。

氐羌系统各民族经历了从畜牧到农耕的发展，在他们心目中，农耕的起源更具有神圣的意味。《后汉书·西羌传》记载，羌人相传，农耕是他们春秋时神性先祖无弋爰剑传授的。无弋爰剑曾为秦所拘，后得亡归，

---

① 朱嘉禄整理：《顾米亚》，载谷德明编《中国少数民族神话选》，西北民族学院研究所印，1983年，第551—555页。

>……而秦人追之急，藏于洞穴中得免……秦人焚之，有景象如虎，为其蔽火，得以不死。既出……诸羌见爰剑被焚不死，怪其神，共畏事之，推以为豪。河湟间少五谷，多禽兽，以射猎为事，爰剑教之田畜，遂见敬信，庐落种人，依之者日益众。

近现代羌族每年秋收后祭天祭山祭祖主要唱经之一《木吉卓》（又译为《木姐珠与燃比娃》），则把山地原始农业主要手段——刀耕火种的全部程序归结为天神所教，五谷种子归结为天神所授。这个故事叙述，天爷木比塔的三女儿木姐珠到凡间河边洗麻线，与燃比娃邂逅，产生了爱情。燃比娃随木姐珠到天庭向木比塔请婚，木比塔出了许多难题叫燃比娃去完成。

首先，要他一天把"九匹坡九条沟的火地砍完"。燃比娃在木姐珠的帮助下砍完。木比塔又要他把"九匹坡九条沟的火地烧完"。燃比娃以为烧火很"拍脱"，"没有问计木姐珠"，结果"一身的毛被烧光了，幸好头发没有被烧掉"。木比塔又要他"一天把三斗菜籽撒完，把九匹坡撒遍"。燃比娃按照木姐珠的主意一天把三斗菜籽在九匹坡九条沟的火地上撒完。木比塔又要他"把菜子一颗不少地捡回来"。燃比娃按照木姐珠的主意把九匹坡九条沟的菜籽捡回来后，还差九颗，最后还是在木姐珠的帮助下从斑鸠嗉子里找回。于是，燃比娃在木姐珠言传身教以及神功的帮助下，在天上首次经历了刀耕火种全过程，"考验一次又一次，燃比娃一次比一次更聪明"。

最后，木比塔欣然把木姐珠嫁给了燃比娃。在木姐珠下嫁凡间那一天，"前头陪奁你千千子，后头陪奁你百百子……青稞、麦种陪奁你……"让燃比娃把五谷种子带下人间。[①]

就这样，刀耕火种的全部程序，由于天女木姐珠的言传身教，更由于她每一步所加的神功，显示出无比的神圣性。农耕技能在南方民族心目中如此神圣，无怪乎在他们的创世神话里，被赋予如此巨大的神威神力，可以开辟天地，奠定乾坤，治理山水，创造出一个秩序宇宙。

---

① 《木姐珠与燃比娃》，载《中国歌谣集成·四川卷》下册，中国 ISBN 中心，2004 年，第 1013—1027 页。

三 天地开辟之始——气与水的运行

如前所述,氐羌系统、百濮系统各民族大都居住在南方山区,那里具有较好的气候条件;但地势大都山峦起伏,岭壑深幽,又有许多不利的因素。各民族先民世世代代在这片土地上辛勤耕耘,顽强抗争,熔铸了朴实、坚韧的民族性格。与此相联系,各民族创世神话创世主体的神格更贴近这片土地,贴近这片土地的人们;关于他们的叙事也更贴近人们的耕耘生活,贴近人们在耕耘生活中练就的韧性。

中华民族传统观念,宇宙之初混沌状态多为"气本","通天下一气耳",天地人皆为"气之聚"。因而创世神话天地形成之前之后,运气以疏混沌状态或初始天地常为重要一环。长沙子弹库楚帛书神话篇表现后者:天地形成以后,创世主体整治过程中以气疏通山陵,疏通川海:"山陵不疏,乃命山川四海,熏气百气,以为其疏。"高山是天地之柱,是宇宙的栋梁,疏通山陵,疏通川海,实际上是疏通天地之气,使上下畅达,乾坤安稳,万物相融,不失其序。

氐羌系统的彝族一些神话史诗表现前者,天地的开辟始于创世主体运作气的流转。同时,由于混沌状态不少是"气水同本""气水同化"的形式,有的运作对象还增加了水。流传于四川大凉山、云南小凉山等地的《勒俄特依》(又作《勒俄特衣》)[①]叙述,天地还未分开前,天神恩体谷自请来众仙子筹划了开天辟地的大事。司兹低尼仙打碎九个铜铁块,交给阿尔老师傅,阿尔老师傅呵,

> 膝盖做砧礅,口腔做风箱,手指做火钳,拳头当铁锤,制成四把铜铁叉,交给四仙子。

这四位仙子手握铜铁叉,在东西南北四个方向各开辟了一个口子,让风从东方的裂缝吹进来,从西方的裂缝吹出去;水从北方的口子流进来,从南方的口子流出去。然后,

---

[①] 《凉山彝族奴隶社会》编写组编:《勒俄特衣》,载《凉山彝文资料选译》第一集,西南民族学院印,1978年。

把天撬上去，把地掀下来，四方开了四裂缝。

《查姆》[①]叙述，远古的时候，只有雾露一团团，只有雾露滚滚翻，

星王曾色锡，笑在太空中。打开风水门，雾露飘渺太空间。雾露里有地，雾露里有天；雾露变气育万物，万物生长天地间。

这里，气和水不仅给宇宙带来活力，还带来生命，把中国传统文化中气和水的内涵发挥到极致。

天地形成后，《勒俄特依》里阿尔老师傅继续用铜铁制造新的工具。他将那四个铜铁球，制成九把铜铁帚，交给九个仙姑娘，拿去扫天扫地；接着，奠定四方，构建了宇宙的空间秩序：

把天扫上去，天成蓝茵茵，把地扫下来，地成红艳艳。四根撑天柱，撑在地四方……四根拉天梁，扣在天地的四方：东西两面相交叉，南北两面相交叉。四个压地石，压在地四方。

有了四方，就有了宇宙的轮廓；撑天柱撑开天地，拉天梁托天，压地石稳地，整个宇宙的框架建立起来了。

阿尔老师傅又制造九把铜铁斧，交给九个仙青年，让他们治地。他们

遇高山就劈，遇深谷就打。一处打成山，作为牧羊的地方；一处打成坝，作为放牛的地方；一处打成平原，作为栽秧的地方；一处打成坡，作为种荞的地方；一处打成垭口，作为打仗的地方；一处打成沟谷，作为流水的地方；一处打成山凹，作为住家的地方。

于是，高山深谷通过九个"仙青年"农耕技能形式的整治，变成了宜牧、宜植、宜战、宜居的地方，变成了"人的空间"。

而在《查姆》里，首先构建时间秩序。神仙之王涅侬倮佐颇

---

① 云南民族民间文学楚雄、红河调查队，施学生翻译，郭思九、陶学良整理：《查姆》，云南人民出版社1981年版。

派龙王罗阿玛,去到太空中,种活一棵梭罗树……白天不开花,夜晚白花鲜。派(长子)撒赛萨若埃,到一千重天上,种棵梭罗树……花开红嫣嫣,万颗金针刺双眼。树花白天开,日日花开照人间。

白天、黑夜两朵花,轮流开在太空间。白天开花是太阳,夜晚开花是月亮……两花轮流开,两花难相见。

有了月亮太阳,"从此天地不混沌,昼夜辨得清,四季分得明","天时"就此形成。

接着,再造山河,龙王罗阿玛

撒下倾盆大雨,冲出沟河山川;冲成峻岭深箐,冲出丘陵河滩;大地冒清泉,遍地流水潺潺。

于是秩序宇宙空间也初步形成。

《勒俄特依》《查姆》表现了开天辟地的一些情景,然而,这些情景在氐羌、百濮天地形成神话系统中只是几个程序;氐羌、百濮天地形成神话系统更典型、更完整的程序还得通过更多神话的描述才能展示出来。

四 开天辟地完整程序:初创、再创、空间、时间……

长沙子弹库楚墓帛书神话篇关于开天辟地的叙述里,包含了初次创世、进一步创世、建立空间秩序、建立时间秩序等板块,是一部完整的天地形成神话。但由于帛书性质、功能的缘故,相关叙述没有展开。在南方民族中,氐羌、百濮系统各民族所居高山深谷,支离破碎,农耕殊为不易。故他们的开天辟地神话,过程表现最"细腻";与楚帛书的叙事比较起来,层次更丰富,内容更完整,成为南方民族此类神话的典型。

氐羌、百濮系统各民族的此类神话,尽管具体叙事有所不同,但一般都有分开天地创建雏形、拉天缩地、补天补地、撑天托地、创生万物、厘定时间、重整秩序等全部过程或部分过程。具体来说,就是:

分开天地,创建雏形—把天弄大,地弄小,使天能盖住地—修补天地的缝隙和窟窿—用动物肢体或其他材料撑天托地,把摇晃的天地稳住,同时确立宇宙空间方位—创生万物,完成创世的任务—厘定时间秩序,区分黑夜、四季—抵御祸患,重整遭受破坏、失序的宇宙。

这些过程,氐羌系统彝族的神话史诗《梅葛》[①] 最全面,另外,彝族另一部神话史诗《阿细的先基》[②]、纳西族神话史诗《崇搬图》、拉祜族神话史诗《牡帕密帕》[③]、阿昌族神话史诗《遮帕麻和遮米麻》[④]、百濮系统佤族的神话《西岗里》(《司岗里》)[⑤] 等也都有丰富的叙事。试以这些作品为例子,依着上述的程序,大略展示一下氐羌、百濮系统此类神话的风貌,至于一些关于形象、叙事的具体分析,放在后面进行。

1. 分开天地,创建雏形

在氐羌系统各民族天地形成神话里,天地分开不少源于气态本原自身二元对立的运动,前述彝族《天地祖先歌》"清气往上升,浊气往下沉。清气变为天,浊气形成地";《阿细的先基》"轻云飞上去,就变成了天……重云落下来,就变成了地",都展现出一幅幅清晰可见的天升地落图。

百濮系统佤族神话里天地分开是神的作用。《西岗里》叙述,宇宙之初,天和地是用铁链拴在一起的,天神"里"(又称"利吉神")和"伦"(又称"路安神")派动物神"达能"用巨斧砍断了拴着天地的铁链。天高高地升上去,地低低地降下来。从此,天地分开了。

天地分开后是创建雏形。《西岗里》叙述,里用手掌磨天,伦用泥巴堆地,终于把天磨得滑溜溜亮涮涮,把地堆得有高有低,有沟有坎。

彝族《梅葛》叙述,远古的时候没有天,远古时候没有地。格滋天神

[①] 云南省民族民间文学楚雄调查队搜集、翻译、整理:《梅葛》,云南人民出版社1959年版。

[②] 云南省民族民间文学红河调查队搜集、翻译、整理:《阿细的先基》,云南人民出版社1978年版。

[③] 扎莫等唱,李娜儿、李玉琼等译,刘辉豪整理:《牡帕密帕》,云南人民出版社1979年版。

[④] 赵安贤唱,杨叶生译,兰克、杨智辉整理:《遮帕麻和遮米麻》,云南人民出版社1983年版。

[⑤] 隋嘎、岩扫、岩瑞口述,艾狄、张开达搜集、整理:《西岗里》,载尚仲豪、郭思九、刘永褆编《佤族民间故事选》,上海文艺出版社1989年版,第1—2页。

要造天，他放下九个金果，变成九个儿子，其中五个来造天；格滋天神要造地，他放下七个银果，变成七个姑娘，其中四个来造地。弟兄五个天天吃喝玩乐，一天一天混过去。姊妹四个勤勤恳恳造地，一点一滴造成。

长沙子弹库楚帛书神话篇里，造天地的是伏羲女皇结合所生的四神，这里是格滋天神放下金果银果变成的五个儿子四个姑娘，纳西族《崇搬图》也有相似的叙述。这种两性形式、家庭形式的创世组合，带有浓厚的东方文化色彩，与东方农耕社会的生产多以家庭为单位有关。

2. 拉天缩地

在子弹库楚帛书神话篇里，初创天地以后是平治水土，疏通山陵；氐羌、百濮系统各民族居处大都山高坡陡，易受雨水侵蚀、地震撼动，造地难，受损后再造亦难。故他们的开天辟地神话，有初创、多次再创的过程。第一次再创就是拉天缩地。

拉天缩地故事在传世的汉文典籍中未见记载，在南方民族神话中多有出现。例如，《梅葛》叙述，请飞蛾来量天，请蜻蜓来量地，天造小了，地造大了，天盖不合地。于是格滋天神

  请阿夫的三个儿子，抓住天边往下拉，把天拉得大又凹。
  放三对麻蛇来缩地，麻蛇围着地边箍拢来，地面分出了高低；放三对蚂蚁咬地边，把地边咬得整整齐齐。

还放三对野猪、大象来拱地，拱出山、箐、平坝、河。这样，天拉大了，地缩小了，天地相合了。

拉祜族《牡帕密帕》、百越系统壮族的神话也有类似的叙述。

3. 补天补地

第二次再创是补天补地。子弹库楚帛书神话篇里，"天旁动，扜蔽之青木、赤木、黄木、白木、墨木之精"一段，一种解读是四神因"天旁动"而用五色木的精华扜补之；而最著名的当为《淮南子·览冥篇》所载女娲补天的故事，其文曰：

  往古之时，四极废，九州裂……于是女娲炼五色石以补苍天，断鳌足以立四极，杀黑龙以济冀州，积芦灰以止淫水。

这里，五色木与五色石相映成趣，体现了中华民族古代审美观念。其来源，当为战国时代五行思想或"五"数思维模式的流行，故以五种颜色的五木或五色的石组合成一套象征"天"秩序的神圣质素。

而在少数民族神话里补天补地的材料则比较朴实。《梅葛》叙述，打雷来试天，地震来试地，试天天开裂，试地地通洞。于是格滋天神叫五个儿子补天，四个姑娘补地，他们

　　用松毛做针，蜘蛛网做线，云彩做补丁，把天补起来。
　　用老虎草做针，酸绞藤做线，地公叶子做补丁，把地补起来。

阿昌族《遮帕麻和遮米麻》、百越系统壮族的神话也有类似的叙述。

4. 撑天托地

第三次再创是撑天托地。汉文典籍中相关故事为前述《淮南子·览冥篇》所载女娲"断鳌足以立四极"，其意义是不仅稳住天地，而且重新确立四极，亦即确立宇宙的空间方位。其撑天材料来自动物肢体。

南方民族此类故事也有相同的性质。《梅葛》叙述，补好的天还在摆，补好的地还在摇，公鱼捉来撑地角，母鱼捉来撑地边。用虎的脊梁骨撑天心，用虎的脚杆骨撑四边。其中的"天心""四边"，就有宇宙空间方位的功能。其撑天材料同样来自动物肢体。

此类故事在彝族另一部神话史诗《阿细的先基》里叙述得更为详细。史诗说，天生出来后，"生得还不稳"，天上的阿底神"东边竖铜柱，南边竖金柱，西边竖铁柱，北边竖银柱"，用柱子把天抵住。天生稳了，地还会动，"那团团的地，铺在三个大鱼背上。鱼还未喂饱，它会跳起来"，于是，

　　天上的银龙神，把银链子放下来，叫阿托去拴鱼……大鱼拴好了，鱼跳不起来，地也就稳了。

《淮南子·览冥篇》谈到以鳌足立四极，彝族两部史诗谈到以鱼撑地托地，隐约地透露出地之下可能还有一层水，由此也隐约地证实了中国传统文化的"气、水同本说"。以鱼或其他水中动物撑地托地的模式中国北方民族神话中更为常见，它们往往跟水态本原联系起来，我们将在后面列举。

拉祜族神话史诗《牡帕密帕》则是天神厄莎搓下脚手汗，做了四棵柱子和四条大鱼，"柱子支在鱼背上"，再架天梁地梁、放天椽地椽，"从此天地分开"。支撑天地间的柱子和柱基（鱼）来自创世主体身上的脚手汗，构成了氐羌系统此类故事撑天材料的又一种来源。

撑天托地模式在纳西族《崇搬图》里有另一种表现，将在后面分析。

5. 创生万物

在子弹库楚帛书神话篇里，孚生日月，是创生万物之始。氐羌、百濮系各民族开天辟地神话，也多以创生日月为始。创生的方式或为化生，或为创造。其中的化生，与南方民族乃至整个中华民族传统文化关于"天地万物一体"的观念相联。

在中华传统文化中，"天人合一"是宇宙观的基本精神，其蕴含深厚广远，不易简约叙述，其中的一种意味，是讲天地与人、与万物生理状态合一，其基础是认为天地与人、与万物本源于气，故也合于气，所谓"天枢之上，天气主之；天枢之下，地气主之；气交之分，人气从之，万物由之"（《黄帝内经·素问·六微旨大论》）。汉文典籍多言天与人身体结构合一，而南方一些民族扩大到了他们崇拜的动物。

如虎，在氐羌系统各族群民间信仰中，虎常为保护神，这一点，汉文典籍多有记载。前述《后汉书·西羌传》谓，羌人先祖无弋爰剑曾为秦所拘，后得亡归，"而秦人追之急，藏于洞穴中得免……秦人焚之，有景象如虎，为其蔽火，得以不死"。保护神形象跃然而出。《南齐书·氐羌》亦载：

宕昌，羌种也，俗重虎皮，以之送死。

保护神神威延续到另一个世界。如此护人生护人死之虎，自然在人们心目中有着崇高的地位。与人如影随形，与天则合二为一。当人们眼界进一步开阔，更多地转向天体崇拜时，自然又把作为自然崇拜的虎与天地万物联系起来。纳西族东巴经《虎的来历》[①]叙述：

大地上很好的老虎，虎头是天给的，虎皮是地给的，虎骨是石头

[①] 转引自肖万源、伍雄武等主编《中国少数民族哲学史》，安徽人民出版社1992年版，第256页。

给的,虎肉是土给的,虎眼是星宿给的,虎肝是月亮给的,虎肺是太阳给的,虎心是铁给的,虎血是水给的,虎气是风给的,虎的声音是青龙给的,虎爪是大鹏给的,虎胆是胜利神和白牦牛给的,虎耳是豺狗给的。

这样,老虎躯体包含天地万物之精华。人们心目中的如此比拟,顺之则为虎体宇宙,逆之则为虎体化身型创世神话,两者一脉相通。

虎体化身型创世神话最典型的,是彝族《梅葛》里的相关叙述。这部史诗讲到,天撑起来了,地也稳实了,但天上什么也没有,地上什么也没有,格滋天神说"世间的东西要算虎最猛",让造天五弟兄勾住老虎,用虎头作天头,虎尾作地尾,虎鼻作天鼻,虎耳作天耳。左眼作太阳,右眼作月亮,虎须作阳光,虎牙作星星,虎油作云彩,虎气成雾气,虎心作天心地胆,虎肚作大海,虎血作海水,大肠变大江,小肠变成河,排骨作道路,虎皮作地皮,硬毛变树林,软毛变成草。

《梅葛》所表现的以虎化生,与哈尼族、布朗族以牛化生等相似,如前叙述,早期大都当为先民狩猎生活神圣化的结晶。但作为化生万物的母体的动物,牛如哈尼族《天、地、人的传说》[1]所述,可能是因为以后常被用作祭神的牺牲而逐渐获得神圣性;虎则如《梅葛》里格滋天神所说,可能是因为"世间最猛"而逐渐成为氐羌系统的保护神而获得神圣性,故同时作为化生万物的母体,虎似乎具有更高的层次,更深的意蕴。[2]

同时,在氐羌系统一些族群人们的心目中,人体形态结构自然也与天地万物一一对应。前述《西南彝志·德施氏源流》里,"人始希慕遮"与天地同于"混沌"阴阳相结合中出现,正应了《庄子》"通天下一气"基础上的"天地与我并生"。故二者并无二致。大约成书于宋明之间的彝文典籍《宇宙人文论》记载:

当清浊二气充溢,由"五行"而形成天地以后,随着"五行"的变化,形成人体的根本。"五行"中的水,就是人的血,金就是人的

---

[1] 阿蒂演唱,阿嘎翻译,阿流记录、整理:《天地人鬼》,载西双版纳州勐海县民族事务委员会编《西双版纳哈尼族歌谣》,云南少年儿童出版社1989年版。
[2] 当然,也不排除一些民族例如纳西族神话里的牦牛等还有更多的内涵。

骨，火是人的心，木是人的筋，土是人的肉。在五行成为人体雏形之后，就开始有生命会动，仿着天体去发展变化，成为完整的人。天上有日月，人就有一对眼睛；天上有风，人就有气；天会雷鸣，人会说话；天有晴明，人有喜乐；天有阴霾，人有心怒；天有云彩，人有衣裳；天有星辰八万四千颗，人有头发八万四千根；天的周围三百六十度，人的骨头三百六十节。这样看来，人本是天生的，是仿天体形成的，人知道的天也知道，天知道的人也知道。①

相对于汉文典籍相关论述，这里的"天"，似乎更显现自然性，阐发也似乎更具有原始意味。从此思维出发，氐羌系统亦多以人的躯体或人的部分器官化生的故事。与汉文典籍《五运历年纪》所载盘古"垂死化身"相似，拉祜族《牡帕密帕》、阿昌族《遮帕麻和遮米麻》都有创世主体用身上器官化生日月等自然物的叙述，如《牡帕密帕》里的厄莎用左眼做太阳，用右眼做月亮；《遮帕麻和遮米麻》里的遮帕麻扯下左乳房，变成太阴山；扯下右乳房，变成太阳山等。他们的器官由于化为天上之物而更具神圣的意味。

但拉祜族、阿昌族这两部神话史诗更多地表现创世主体对万物的创造。《牡帕密帕》叙述，厄莎在大地种树，果子的粉末变成大地树林草丛，叶子变成飞禽，树干树杈变成走兽；《遮帕麻和遮米麻》叙述：

> 遮帕麻在手心里捏泥团，用闪闪的银沙造月亮，拿灿灿的金沙造太阳。

这种创造贯串了两部史诗的始终，将在后面继续分析。

6. 厘定时间

在子弹库楚帛书神话篇里，厘定时间秩序的叙述占了很大的篇幅。先是日月没有出现之前，四神开始运动，循环反复，形成四时；然后日月诞生，共工制定历法，厘定了完善的天时、人时。在氐羌、百濮系统各民族开天辟地神话中，如前述彝族《查姆》，多以日月创生及运行表现昼夜时光、冷热季节的厘定；拉祜族《牡帕密帕》是以手脚骨头十二节定一年十

---

① 罗国义、陈英翻译：《宇宙人文论》，民族出版社1984年版，第96页。

二个月。有的还表现在昼夜时光被遮蔽以后人们的重新找回。

例如，《梅葛》叙述，饿老鹰因为没有分着虎肉，伸开翅膀遮住了太阳，再也分不出白天，再也分不出夜晚。于是，

> 绿头苍蝇飞上天，落在老鹰翅膀上，密密麻麻下了子……老鹰翅膀生了蛆，翅膀生蛆跌下来。太阳发亮啦，有了白天啦！
>
> 老鹰掉地上，把地遮了一半，还是只有黑夜，还是没有白天……蚂蚁抬老鹰，老鹰抬开了，昼夜分出来。

拉祜族苦聪人《创世歌》也叙述，一根巴木长成的参天大树，遮住了整个天，大地一片黑暗，也分不清日月年。人们砍倒了遮天大树，才重现了时间。①

这样，经过一系列的努力，宇宙空间秩序、时间秩序最终建立起来。

7. 重整秩序

宇宙空间、时间秩序建立起来以后，还会遭受破坏，造成失序；还需抵御祸患，加以重整。

例如，《遮帕麻和遮米麻》叙述，魔王腊訇造了一个"不会落的太阳"，"让世界只有白天没有夜晚"，于是阴阳颠倒，世界混乱。遮帕麻与魔王几次相斗，最后用毒菌治死魔王，射下魔王所造的太阳，让"会出也会落"的太阳、"会升也会降"的月亮重新居于天上。

第三节　氐羌、百濮系统天地形成神话（三）

在氐羌系统各民族创世神话中，纳西族神话史诗、东巴经《崇搬图》对开天辟地过程作了比较细致的描述，着重表现了确立宇宙空间方位、时间秩序的情景。

一　宇宙特色模式——神柱、神山、五方、五行

《崇搬图》的开头，与《梅葛》有点相似，都是神儿兄弟去开天，神

---

① 杨老三等唱，樊晋波等搜集，韩延等整理：《创世歌》，载红河州文联、民委合编《红河》总第9期，1984年。

女姐妹去辟地。李例芬译、以"人类的起源"为名的《崇搬图》①叙述:

> 神儿九兄弟去做开天的师傅;神女七姐妹去做辟地的慧眼智者。
> 神儿九兄弟,去开天却不会开,把天开成疙哩疙瘩的天。神女七姐妹,辟地不会辟,把地辟得摇摇晃晃。
> 于是,神儿九兄弟,在东方用白海螺竖起了擎天柱;在南方用绿松石竖起了擎天柱;在西方用黑墨玉竖起了擎天柱;在北方用黄金竖起了擎天柱;在天和地中央,用白铁竖起了擎天柱。
> 天开不足用松石来镶嵌,五根大柱来擎天,把天擎得扎实又稳当。辟地不够用金来糊,大地波动用黄金来压,大地从此牢固稳定了。

这里,神儿九兄弟在东南西北中分别竖起了擎天柱,擎住了天,也标示了东南西北中五个方位;五个方位的柱子分别采用白、绿、黑、黄、白的颜色,表现了纳西族先民心目中各个方位的颜色象征。

接下来,就是《崇搬图》开天辟地部分很有特色的地方:把天柱模式和神山模式结合起来,建设一个天柱与神山共撑天地的架构。史诗继续叙述,新创的天地,又经受了一次考验:

> 董的恩余恩麻它,生下的最末一个蛋,冬三月让雪来抱,蛋儿孵不出;春三月让风来抱,蛋儿孵不出;夏三月让雨来抱,蛋儿孵不出;秋三月让土来抱,蛋儿孵不出。
> 把白蛋抛到大海里,左边刮起了白风,右边刮起了黑风。风吹海起波,海波荡蛋儿,蛋飞砸崖上,发出了巨大的声音和光亮。它的响声在岩间回荡,光亮在天空闪烁。

巨声响过,光亮闪过,蛋里出来一个牛状怪物。怪物长着长角、长毛和脚掌,脚掌拍打大地,使大地震荡。能者和知者不知其故。卢神和沈神(阳神和阴神)用利斧和快刀杀死了怪物,用怪物的牛头、牛皮、牛肺、

---

① 和开祥释读,李例芬译:《人类的起源》,载《纳西东巴古籍经典译注全集》第53卷,云南人民出版社2001年版。

牛肝、牛骨、牛肉、牛血、牛肋、牛尾、牛肠熏除天空、大地、太阳、月亮、土地、河水、山崖、树木的污秽；又用上半截的肉和下半截的肉熏除北方和南方的污秽，用左边和右边的肋骨熏除牡川和初川地方的污秽。

或许是怪物出世的巨声和光亮震撼了天地及五柱，于是，

> 能者和智者商量，测量者和丈量者商量，头目和长老商量，东巴和卜师商量，神儿五兄弟说："要建造一座名为居那若罗的神山，有没有这座大山大不一样。"
>
> 于是，所有的男人抬来了一块块大石头，运来一堆堆土。每人还带来了几点金和银，带来了几升松石和墨玉，背来了一背背的白海螺。把所有的这些东西，分别砌成了居那若罗神山的四方……
>
> 若罗山的一边用银和金来砌，一边用松石和墨玉砌。居那若罗神山的山顶顶住了天，天大不摇晃；居那若罗山的脚压住了地，地大不动摇。

这样，经过创世者的辛勤劳动，天地之间形成一座神山带五根擎天柱的格局。按照史诗的叙述，中央是居那若罗神山，神山的中央有一根中央白铁擎天柱，东方有白海螺擎天柱，南方有绿松石擎天柱，西方有黑墨玉擎天柱，北方有黄金擎天柱。一山五柱，把天稳稳地支撑起来。

神山，是神话中经常出现的实体。古希腊神话有奥林匹斯山，古印度神话有须弥山，中国神话有昆仑山。神话中的神山，具有独特的功能，如昆仑山，不仅"乃地之柱"（《吴越春秋》），"百神之所在"（《山海经》），而且是天地交通必经之道：

> 昆仑之邱，或上倍之，是谓凉风之山，登之而不死；或上倍之，是谓悬圃，登之乃灵，能使风雨；或上倍之，乃维上天，登之乃神，是谓太帝之居。（《淮南子·坠形训》）

如此情景令人神往。

与这些神山相似，居那若罗山也是天神以及人类始祖上下的途径。东巴经《人类起源和迁徙的来历》叙述，滔天洪水以后，人类灭绝，只剩下崇忍利恩一人被天女衬恒褒白带到天上，在天女之父面前向衬恒褒白求婚

成功。之后，

> 崇忍利恩和衬恒褒白从天上迁徙下来时，是从居那若罗神山顶、居那若罗神山腰、居那若罗神山麓迁徙下来的。

两人成亲繁衍出纳西族、藏族、白族的祖先。

纳西族祭天的祭坛上，要竖起一座犁铧代表居那若罗山（以雪白的铧尖模拟雪山之顶），让有通灵之能的祭司东巴迎请天神兼祖先从这儿下来享祭。祭坛借助犁铧代表的神山成了神人交通之处。

神山模式在氐羌系统创世神话中并不常见，这里的居那若罗山有人认为是受了印度神话里须弥山的影响；但也有人认为来自纳西族自身文化。

纳西族具有崇山的传统，永宁一带纳西族崇仰狮子山（干母山），丽江一带纳西族崇仰玉龙山，等等，他们还以这些山为象征举行祭山神仪式。但根据观察，这些山都不与神话所描述的神山的地理环境相吻合。纳西族是从北往南迁徙的民族，于是学者把目光更多地投向《祭祖经》《开丧经》记述的迁徙路线，发现迁徙路线上川西的贡嘎山更符合居那若罗山原型的条件。东巴文居那若罗神山字样形状为中峰高、两边略低，而贡嘎山三峰并列，主峰突出，极像东巴文这一神山字样；历史上纳西族先民在从西北河湟地区南迁的过程中，曾在贡嘎山附近居住过一段时间。贡嘎山终年积雪，巍然耸立，风云变幻，神秘莫测，具有崇山传统的纳西族先民，不可能不对其留下深刻的印象。这种心理积淀融入纳西族创世神话神山模式的创造，当也顺理成章。[①] 此说法似乎更有历史根据。

神山作为坐标也引导了太阳月亮的运动。纳西族另一部神话史诗、东巴经《东埃术埃》[②] 叙述：

> 居那什罗大山上，太阳从左转，月亮从右绕，除夕夜晚在山上相见，初一早晨一个又从一边分开了，一月三十日就从这里来。

[①] 和力民：《纳西族创世神话的地理原型考》，载《云南社会科学院东巴文化研究所论文选集》，云南民族出版社2003年版，第150页。前述东巴经《人类起源和迁徙的来历》的引文亦转引自此文。

[②] 和牛恒读经，和志武翻译、整理：《东埃术埃》，载吕大吉、何耀华总主编《中国各民族原始宗教资料集成·纳西族等卷》，中国社会科学出版社1999年版，第349—358页。

由此建立了时间的秩序。

在纳西族天地形成神话中，另一个很有特色的说法是神蛙化生五行及万物。这一说法起于对占卜经书的求取。东巴经《碧庖卦松》叙述，早期人类曾派蝙蝠使者到天上向掌管占卜的"盘孜沙美"求取占卜经书，盘孜沙美把360种占卜经书装进箱子里交予蝙蝠，并嘱咐它回归的路上不能打开箱子看。蝙蝠不相信箱子里有经书，路上打开箱子看，结果所有的经书都被大风吹散，其中最好的一部被"金黄大蛙"吞食。蝙蝠请来"诗所多知"三兄弟，用箭射死金黄大蛙，

> 金黄大蛙临死时，头朝着依赤蒙（南方），尾巴朝着火古洛（北方），身体朝着尼咩突（东方），肚子朝着尼咩古（西方），金蛙八卦的来历就出在这里……金黄大蛙不死将死时，叫了五声，就产生了金威五行……金黄大蛙死时，蛙毛来变化，变出了东方的木。蛙血来变化，变出了北方的水。蛙肉来变化，变出了中央的土。①

流传在四川木里县一带的经书则说，青蛙死时，

> 青蛙肝子的变化，出现了木。青蛙心的变化，出现了火。青蛙肺的变化，出现了铁。青蛙腰子的变化，出现了水。青蛙肚子的变化，出现了土。青蛙的头出现在南方，青蛙的尾巴出现在北方，青蛙的右脚出现在东方，青蛙的左脚出现在西方。②

这是一个别出心裁的金蛙化生五行并编排五行方位的神话，在这个神话里，纳西族先民把世界的元素归纳成木、火、土、铁、水五行，并认为来源于神蛙躯体的各部分，神蛙头尾方位还奠定了神蛙八卦。这里，神蛙所化不是具体的山水草木，而是比较抽象的五种物质，从而形成了自己的特点。

此说内涵非常丰富，阐明了纳西族先民心目中五行来源、宇宙空间结

---

① 和正才讲述，李即善、周汝诚翻译：《碧庖卦松》，丽江县文化馆印，1964年。
② 转引自朱宝田《木里纳西族自然崇拜观念》，载《云南少数民族哲学思想史论文选集》（一），中国哲学史学会云南省分会编印，1983年，第202页。

构以及五行、蛙体空间布局，还有纳西族八卦的出现。以此说为摹本，或许还基于"蛙声能卜水旱"的传统观念，东巴经师创造了一幅以蛙体布局阴阳五行、十天干、十二地支、八方八门的青蛙八卦图——巴格图，用它来解释自然界，预测自然和人类生活，表述了一个以青蛙形体为间架，布局阴阳、五行、时间、空间乃至自然万物的原始宇宙观。①

二 创世主体艺术典型——厄莎、遮帕麻和遮米麻

前述彝族神话史诗中创世的地位最高者，无论是《梅葛》里的格滋天神，还是《查姆》里的涅侬倮佐颇，都仅仅是创世的指挥，在具体创世的过程中并没有做多少工作。而拉祜族神话史诗《牡帕密帕》②里的天神厄莎，以及阿昌族神话史诗《遮帕麻和遮米麻》里的天公地母遮帕麻和遮米麻，不仅亲自谋划开天辟地，而且直接参与整个过程，是氐羌系统创世神话创世主体的艺术典型。

拉祜族主要居住在云南澜沧、双江、孟连等县。在拉祜族民间信仰中，厄莎是最大的天神，是拉祜族的缔造者。拉祜族许多村寨的中心广场上都盖有相当于"厄莎庙"的茅草房，周围神桩上再供上包谷、谷子等作物，用以祈求厄莎保佑风调雨顺，五谷丰收；许多家庭也都设家神"页尼"牌位供奉厄莎以及其他祖先。人们祭祀厄莎主要在两个节日：一是农历正月拉祜年，重点感谢厄莎带来种子并教会人们种庄稼；二是七月十五"祭祖节"，重点感谢厄莎为人们带来火种，教会人们做衣服、酿酒和寻找水源。

由此来看，生活中拉祜族更多地把厄莎作为缔造民族的始祖、家神来崇拜，来祭祀，敬远远大于畏。其原型，也当含更多的古代氏族首领兼巫师的成分；因而在神话史诗《牡帕密帕》里，人们更多地把他塑造成一个有血有肉有感情的人的形象，赋予他高度的智慧、勤劳勇敢的品格和自我牺牲的精神，尤其突出他劳动群体象征的质性，用美好的语言加以赞扬。

史诗叙述，厄莎善于思考。天地未开之时，"宇宙在沉睡，独有厄莎天神未合眼"，

---

① 此部分内容参照了肖万源、伍雄武等主编《中国少数民族哲学史》纳西族部分（作者李国文），安徽人民出版社1992年版。
② 扎莫等唱，李娜儿、李玉琼等译，刘辉豪整理：《牡帕密帕》，云南人民出版社1979年版。

厄莎苦思苦想，天天坐卧不安。厄莎睡着想，睡破了九床垫子。

厄莎站着想，踩坏了九双鞋子，厄莎急出三身大汗，进进出出打转转。

于是，柱子、鱼背、天梁、地梁、天网、地网、太阳、月亮等关于开天辟地的设想就出来了。

但是，有了设想，还得实现，靠的还是自己。于是，史诗展示了厄莎的第二个方面：勤于劳作。史诗叙述，"厄莎搓下脚手汗，做了四棵柱子"，"又做了四条大鱼"，"柱子支在鱼背上"，再架四根天梁地梁，放上天椽地椽，"从此天地分开"。厄莎还搓下脚手汗揉成泥巴团做了天网地网，"从此天像个罩子，地像一块木板"。

这里，柱、梁、椽……天地基本架构是房屋建筑的模式；搓脚手汗揉泥巴团，做天做地依赖实际的劳作，显示了神话劳动生活的基础，以及主角劳动群体象征的原型。

天做成了，地做成了，又碰到困难，"天没骨头是软的，地没骨头要下陷"，于是，史诗展示了厄莎的第三个方面：勇于献身。史诗叙述：

他忍痛抽出自己身上的骨头，手骨架在天上成天骨，脚骨架在地上成地骨，天有天骨硬铮铮，地有地骨不下陷。

他用左眼做太阳，用右眼做月亮，"手茧变成了白云"，"汗珠变成了星星"，以自己的割舍和牺牲给天地带来硬朗，给世界带来光明，给万物带来生机。在他的身上，体现着原始时代族群内部那种集体主义精神，那种理想道德的光辉。

厄莎的劳动还在继续。他撑大天，收缩地，给月亮太阳插上银针金针；他还种下一棵树，"枝叶繁茂，花儿鲜艳"，

花儿有开有谢，果子落了又结……厄莎晒干了果子，厄莎磨细了果子。厄莎吹口气，果沫飘空中，花儿遍地开，果子遍地结，树木杂草遍地生，百兽满山野，百鸟齐飞跃。

就这样生出了万物。他和他的助手扎罗、娜罗还在种树的过程中厘定

了时间。史诗叙述：

> 花儿开了，果子结了，没有炎热，没有寒冷，果子不会熟，味道不会甜。
> 扎罗看手骨，娜罗看脚骨，手脚骨头十二节。冷季三个月，热季九个月，一年定为十二个月。

时间的厘定发生在劳动过程中，缘于解决果熟果甜的症结，鲜明地体现了农耕社会时间秩序的重要意义。

厄莎的形象还包含多方面的性格特点，例如慈爱。史诗叙述，太阳月亮生成以后，不会发热发光，它们害怕动物损伤自己，不敢在天空运行。厄莎去问，

> 太阳偎着厄莎，月亮蹲在地上，聆听厄莎吩咐，等候厄莎的主张。

这里如同撒娇的孩子依偎在父母怀里一样，厄莎的爱心也凸显出来。厄莎分别给它们配上金针银针，让它们壮起胆量在天空运转飞翔。

与拉祜族的天神厄莎一样，阿昌族的天公遮帕麻和地母遮米麻也更多地被尊为始祖和家神，神话史诗《遮帕麻和遮米麻》[1]也更多的是由衷的赞美、歌颂。

与厄莎一样，遮帕麻和遮米麻也具有勤劳勇敢的品格和自我牺牲的精神，史诗叙述，遮帕麻造天，先造日月，他"在手心里捏泥团，用闪闪的银沙造月亮，拿灿灿的金沙造太阳"，然后，

> 遮帕麻用右手扯下左乳房，左乳房变成太阴山；遮帕麻用左手扯下右乳房，右乳房变成太阳山。

这样，月亮太阳有了自己的家。遮帕麻还找来一棵梭罗树，种在太阴山和太阳山中间，让太阴太阳绕着梭罗树旋转，

---

[1] 赵安贤唱，杨叶生译，兰克、杨智辉整理：《遮帕麻和遮米麻》，云南人民出版社1983年版。

> 太阴出来是夜晚,太阳出来是白天。月亏月圆分月份,轮转一圈是一年。

于是,确立了天的中央,也厘定了时间;后来,又先后造好东南西北四边的天,确立了天的四极。"遮帕麻的功绩,留在阿昌人的心坎"。

遮帕麻造天的时候,遮米麻就开始织地。史诗叙述,她摘下喉头当梭子,拔下脸毛织大地,

> 遮米麻拔下右腮的毛,织出了东边的大地……遮米麻的右腮流下了鲜血,淹没了东边的大地。东边现出一片汪洋,化成东海无边无际。

她又先后拔下左腮、下颏、额头的毛,织出了西、南、北边的大地,流下的鲜血化成西、南、北边的海。"遮米麻织的大地,用的是血肉的躯体。"

拉祜族与阿昌族两部神话史诗里表现创世有一个共同的地方,就是主人公都用自己身躯的一部分化生自然物,这个情节当为以自身躯体化生天地万物类型的演变。

以自身躯体化生天地万物类型的形成,与以动物躯体化生天地万物相似,可能也与在祭仪上以人作为牺牲的启发有关,但更多的启发可能来自对有贡献的前辈首领有意识的丧葬,与神秘的灵魂观念有密切的联系。有意识的丧葬起于对"逝去的祖先还有灵魂,还有躯体,这灵魂需要安抚,这躯体需要妥善安置"的认识,由于有意识的丧葬,先民会注意到祖先灵魂与躯体何去何从。或者认为人死魂体分离,灵魂回归祖地,躯体何往?固然"入土为安"。无论火葬土葬,先民看见的都是祖先的躯体与大地连在一起,由此可能认为其躯体已化成某些自然物。或者认为人死魂体相依,死者躯体已经化成所入之土长出的植物或飞出的动物,灵魂仍附其上。这样的思维积淀起来,久而久之,逐渐形成祖先躯体化生万物的故事。因此,这类故事主人公常为垂死化身或死后化身。汉文古籍记载的盘古是"垂死化身",布依族神话里的力戛也是死后化身。

这样一个思维发展过程,前者(魂体分离)在云南楚雄彝文典籍《送魂》里得到印证。古代彝族人去世以后,要火化尸体并送死者灵魂到仙界阴间重新生活,毕摩诵经,亲友送葬,《送魂》就描述了当时的情景和人

们的想象：

> 依洒平地处，焚尸送亡魂，烧柴黑森林，架来堆码起。
> 舅舅走过来，伸手抱姐夫，抱到柴上坐，轻声告姐夫：
> "柴堆黑森林，恰是豹子皮，如今坐上边，切勿生惧怕。
> 九十九代祖，曾在它上坐，今天轮到你，烧了魂飞去……"
> 头发已燃烧，头发变青草，骨头已烧化，骨头变石头。
> 肉已被焚化，血已变成气，肉化变成地，血融变成雨……①

后者（魂体相依）在更多的作品中得到体现。如云南德宏傣族叙事诗《娥并与桑洛》②叙述，一对恋人娥并与桑洛殉情以后，埋葬在一个长满青草的山坡。恶毒的桑洛母亲为了让两个情人永难相见，放了三筒竹子把坟墓隔断，可是，

> 两个坟头上，长起密密的芦苇。芦苇的根连在一起，芦苇的花絮在一起飞。
> 桑洛的母亲见了，放一把火烧了芦苇，火光中升起两颗星星，这就是桑洛与娥并。

这里无疑渗入了后世人们的理想，但死后躯体灵魂化生芦苇的情节，当蕴含原始思维的内核，具有"历史遗留物"的性质。这些当都为人"死后躯体化生万物"神话类型的生活蓝本。

拉祜族与阿昌族两部史诗里主人公用自己身躯的一部分化生自然物，当为这一类型的发展。进入农耕社会以后，创造型的创世神话逐渐占据主体的位置，以人自身躯体化生天地万物的故事也逐渐融入其中，成为这些神话里创世主体创世活动的组成部分，一如上述两部神话史诗主人公所为，成为主人公自我牺牲精神的形象体现。

然而，《遮帕麻和遮米麻》最引人关注的，是创世主人公一些巫术手

---

① 云南楚雄彝族学者杨甫旺提供。
② 云南省民间文学德宏调查队搜集、整理：《娥并与桑洛》，载《中国民间长诗选》第二集，上海文艺出版社1980年版。

段的运用。如果说,《牡帕密帕》凸显创世主人公劳动群体象征一面的话,《遮帕麻和遮米麻》则凸显了创世主人公氏族首领兼巫师原型的一面。

这一面主要表现在主人公灭魔救灾、重整乾坤的活动中。《遮帕麻和遮米麻》是云南梁河阿昌族在每年正月初窝罗节上,纪念民族始祖遮帕麻和遮米麻时唱的。在窝罗场的中心,矗立着两块牌坊,两牌坊的顶端中间,高高耸立着一把巨大的木刻满弦弓箭,称为神箭,这一场景标示了一段故事。

史诗叙述,正当稻谷熟得最黄、牛羊长得最壮的时候,出了个乱世魔王腊訇。腊訇造了一个假太阳钉在天上,"不会升也不会降","水塘烤干了,树林晒枯了,土地开裂了",大地一派惨象。而且,

> 腊訇颠倒了阴阳,整个世界一片混乱;山族动物被赶下水,水族动物被赶上山。
>
> 树木倒着生,竹根朝天长,游鱼在山头打滚,走兽在水里漂荡。

把宇宙正常秩序完全颠覆。遮帕麻与魔王比智斗法,首先以一棵花桃树念咒语,看谁能使花开叶绿。腊訇"念了一串咒语,又掐动手指头",桃枝不但不花开叶绿,还"顿时叶蔫花枯"。遮帕麻念咒语,又端来一碗泉水喷,结果"花桃重吐新芽,枝头再开白花",遮帕麻取得第一次胜利。

接着,两人以谁做好梦、谁做噩梦来"斗梦"比高低。遮帕麻"梦见太阳红彤彤,山中泉水照人影,树叶树枝青葱葱";腊訇梦见"山顶黑乎乎,箐沟流出黄泥水,枯树枯枝光秃秃"。遮帕麻又赢了。

这里两人的较量,完全是巫术手段的比拼,结果是遮帕麻巫术技艺更高一筹,取得胜利。最后,遮帕麻撒下毒蘑菇"鬼见愁",让小妖精捡回去煮给魔王吃,魔王吃过就"死硬"了。遮帕麻射下假太阳,让自己创造的太阳重新在天空运行,也就意味着"失序"之乱过去,宇宙正常秩序重新回归。

三 景颇族《勒包斋娃》:生育型天地形成神话

相传为南朝梁任昉所撰《述异记》采录的有关盘古的神话中,有一则提到盘古氏夫妻为"阴阳之始",其解读之一似乎可以为盘古氏夫妻以生育天地的形式创世,如是,则盘古氏夫妻本身又从何而来?根据《五运历年纪》所云首生盘古之前为"元气濛鸿,萌芽始兹",有一种可能是他们

为阳气阴气的人格化。

围绕这句话的种种想象,似乎在景颇族神话史诗《勒包斋娃》[1] 中得到清晰地展现。在滇西南毗邻缅甸地区生活的景颇族(缅甸称克钦族)的神话史诗《勒包斋娃》里,出现了生育创世的类型。

史诗叙述,遥远的年代,混混沌沌,只有精灵在四处游荡。精灵"皮宁帕"(朦胧)配"迷宁玛"(昏暗),先后生出四对精灵;最后生下"漂浮在上者"云团神"宁旺"和"沉凝在下者"雾露神"宁斑",宁旺和宁斑结合以生育的方式创世:

> 宁旺配宁斑,雾露配云团,开始生育,不断繁衍。
> 生出宽阔的平原,出现空洼的草地;山峦起伏,高峰林立。

他俩将宽阔的平原命名为"木兰地",将山峰林立的地方命名为"丁荣地",木兰地和丁荣地逐渐发展扩大,走不到尽头,望不到边际。

接着,他俩孕育了创造神潘宁桑·智慧神捷宁章。这位神是智慧的化身,负责给万物命名、解释、说明,并在创世中发挥巨大作用。云团神宁旺和雾露神宁斑结合还生下野太阳与野月亮、野天与野地、银河与大江,最后生下白昼神"瓦囊宁推"和黑夜神"宁星依锐"。

以后,白昼神瓦囊宁推和黑夜神宁星依锐结合,生下野鬼、家神、飞禽、走兽,最后生下创世造物的男神"彭干吉嫩"和女神"木占威纯"。

创世造物的男神彭干吉嫩和女神木占威纯相配,继续孕育出了天地神鬼和人间万物,他俩四次返老还童,孕育了人类八兄弟,其中老幺"宁贯杜"后来成为族群领袖;他俩死后尸体化生,变成世上各种财富……

这里,空间自然物、时间乃至人的特质都人格化,形成对偶形式的神,他们相配生育天地万物。这种创世形式国外神话中也有不少,人们首先想到希腊神话。

在早期希腊神话[2]中,自然物、自然现象人格神相配生育万物是创世的基本手段。神话叙述:

---

[1] 沙万福唱,肖家成译:《勒包斋娃》,民族出版社1992年版。
[2] 冯文华、陈洪文编译:《古希腊神话》,湖南少年儿童出版社1989年版。

宇宙之初，只有混沌一团（卡俄斯），混沌中首先出现大地，大地女神（地母）叫盖亚。大地的下面生出黑暗（埃瑞玻斯），上面生出黑夜（女神尼克斯），黑暗和黑夜结合产生了光明（埃特尔）和白昼（赫墨拉），于是光明普照宇宙，黑夜和白昼开始了互相交替。
　　地母又生出了天空（天神乌拉诺斯），乌拉诺斯统治宇宙，娶盖亚为妻。他们结合生了六儿六女——强大无比的"提坦"。提坦互相结合，生了太阳、月亮、星辰等等。

这些，两者都很相似。然而，后续大不同。
景颇族神话史诗《勒包斋娃》里，创世继续进行。史诗叙述，创造神潘宁桑·智慧神捷宁章指挥支天英雄"丁滚腊"、柱地勇士"丁滚木占"用力、使劲，

　　把野天放在天柱上，天一下子被支起来了；把野地放在地桩上，地一下子被柱起来了。

接下来，蚯蚓和巨蟒"拱开了地缝"，"裂开了天缝"，创造神潘宁桑·智慧神捷宁章亲自动手，

　　用九拃长针把天缝补，用九排大棍把蚯蚓和巨蟒捕；用九围蒸笼把野天蒸，用十围大锅把野地煮。
　　野天才安静，野地才宁息；野天变坚实，野地变牢固。

他还"给野天盖上绿色的大被，野天变成了苍天"；"给野地撒上金色的粉末，野地变成了黄土地"。
英雄宁贯杜更"带治天大锤，拿理地巨砧；带治天的铁夹，拿理地的巨钎；带测天的长竿，携量地的绳线"，率领治天英雄、理地勇士治理野天野地。

　　把日望山和孙康坝，上面拴在恩梅开江彼岸，下面系在迈立开江此岸。

让那里更加滋润肥沃；他们还让阿弄山的野天"更加晴朗"，文壤坝的野地"更加宽广"……

希腊神话里天地形成以后，似乎没有在治天理地上花费太多的笔墨，而是转向众神较量、英雄冒险，如宙斯与父亲克洛诺斯智斗、伊阿宋寻取金羊毛、赫拉克勒斯建立十二件大功等。这些，当都源于自然环境、生产生活方式等对人们性情的陶冶、民族精神的培养、艺术形态的孕育。

德国哲学家黑格尔（Hegel，1770—1831）曾把艺术分为象征型艺术、古典型艺术和浪漫艺术等。他认为，神话属于象征型艺术。由象征型艺术过渡到古典型艺术，自然因素削弱，精神性因素增强，自然神发展为精神性神。埃及艺术象征从动物主宰到人主宰的过渡阶段；希腊艺术表现出人的意识的光辉力量。[1]

参照黑格尔对埃及艺术与希腊艺术的评价，这里也对比一下希腊神话与中国南方氏羌系统神话各自的走向。19世纪，法国学者丹纳（Hippolyte Adolphy Taine，1828—1893）在他的《艺术哲学》里，曾对希腊艺术作过分析。他认为，希腊地处丘陵，土地贫瘠；但濒临大海，港湾极多。土地养不活人民，但地势却给予他们航海泛舟、经商征战的天然条件。在这种环境的启发下，古希腊民族好比一群蜜蜂，"生在温和的气候之下"，"利用一切可以通行的出路去采集，搜寻，造新的蜂房，靠着灵巧和身上的刺自卫，建筑轻盈的屋子，制成甘美的蜜，老是忙忙碌碌的探求，嗡嗡之声不绝"。他进一步指出：

> 就因为此，他们是世界上最大的艺术家。他们的精神活泼可爱，充沛的兴致能想出新鲜的玩意，耽于幻想的态度妩媚动人。

由此，希腊神话更多地走向冒险，走向较量。[2]

中国南方氏羌系统各民族大都栖息于山峦起伏、山岭深幽的山区，各民族先民世世代代在这片土地上辛勤耕耘，顽强抗争，熔铸了朴实、坚韧的民族性格，并不断地进行新的开拓。因此，他们的开天辟地神话也不断精细，不断发展。如在前述景颇族神话史诗《勒包斋娃》里，云团神宁旺

---

[1] ［德］黑格尔：《美学》第二卷，朱光潜译，商务印书馆1981年版，第23页。
[2] ［法］丹纳：《艺术哲学》，傅雷译，人民文学出版社1963年版，第249、270页。

和雾露神宁斑结合生下野太阳与野月亮、野天与野地以后，创世还在继续进行：支天英雄支野天，柱地勇士柱野地；蚯蚓和巨蟒"拱开了地缝"，"裂开了天缝"，创造神潘宁桑·智慧神捷宁章补天，捕虫，用蒸笼把野天蒸，用大锅把野地煮，野天才变坚实，野地才变牢固。英雄宁贯杜更"带治天大锤，拿理地巨砧"率领治天英雄、理地勇士治理野天野地，让野天"更加晴朗"，让野地"更加宽广"……

四　水生命源泉说与水态本原天地形成神话

在中国古代，"气"因为跟传统文化的阴阳（清浊）、天人合一等结合在一起，因而各民族创世神话里气本、气化说占据优势位置；但同时，水本说或气、水同本说也有一席之地，前述《管子》所谓水为"万物之本原"、《老子》所谓"太一生水"等即为反映。彝族《勒俄特依》也有"混沌演出水是一"的叙述。由此，子弹库楚帛书里原初"梦梦墨墨"的混沌状态，有人认为是气态；但根据随后"□□水□"等字样，也有人认为是水态，孰是孰非，须细细体味。

在国外，倒是水态本原创世神话似乎更常见。比较著名的古代希伯来神话、埃及神话、巴比伦神话、印度神话，创世部分都为水态本原，它们各自展示出斑斓的色彩。

1. 希伯来神话

古希伯来人属于古老闪族的一支，四千多年前游牧于幼发拉底河流域草原。公元前15世纪，侵入巴勒斯坦地区的迦南，逐渐走向定居，并创造出自己的希伯来文字。公元前11世纪左右，希伯来人先后在北方和南方建立两个强大的部落联盟——"以色列"和"犹太"。公元前722年，亚述王国灭以色列王国；公元前586年，新巴比伦王国灭犹太王国，将王公贵族、手工业者和歌手等五万多人掳掠到巴比伦，这就是著名的"巴比伦之囚"。从此开始，历时500年之久，希伯来人在民族存亡的危机中挣扎。希伯来祭司出于强化犹太教规范和保存民族传统文化的目的，编纂出用希伯来文撰写的宗教经典《旧约全书》。其中《创世记》收集了关于天地起源、人类诞生、伊甸乐园、洪水方舟等神话，但将创世祖神改造成上帝，从多神崇拜变为一神崇拜。

《旧约·创世记》关于上帝创造世界的神话情节叙述：

> 太初，上帝创造宇宙的时候，大地混沌，没有秩序，怒涛澎湃的海洋被黑暗所笼罩。上帝说："要有光。"于是就有了光。上帝看着光很好，就把光和暗隔开，称光为"昼"，称暗为"夜"。晚间过去，清晨来临，这是第一天。
>
> 上帝又说："汪洋大水之中要有苍穹，把水上下分开。"事情就这样办成，他称苍穹为"天空"。这是第二天。
>
> 上帝又说："天空下面的水要汇集到一处，好让大地出现。"事情就按他的命令办成。上帝称大地为"陆"，称汇集在一起的水为"海"。上帝又发令说："陆地上要生长各类植物，有的产五谷，有的结果子。"一切都按照他的命令完成。这是第三天。
>
> ……①

2. 埃及神话

大约10000年前，古埃及人就在尼罗河两岸劳动生活。大约公元前3300年，古埃及人发明了文字。在保存下来的古埃及的纸草文献中，有大量的神话被记载其中。古埃及人信奉多神，鹰、牡牛、狮子和蛇等都是其崇拜对象。随着农业生产的发展，特别重视对太阳、月亮、天、地和尼罗河等神灵的祭拜，太阳神拉被奉为最高神灵。

埃及的创世神话叙述：

> 世界之初，是一片茫茫大海，叫做"努恩"。努恩生下了太阳神拉。太阳神起始是一个发光的蛋，浮在水面上。
>
> 太阳神拉生出来以后，成为宇宙万物的主宰，他创造了天地，创造了人类，创造了一切生灵，创造了众神祇。②

3. 巴比伦神话

巴比伦位于今伊拉克首都巴格达的南面、著名的"两河"即底格里斯河与幼发拉底河的交汇点上，是人类文明最古老的发源地之一。古巴比伦神话包括苏美尔和巴比伦两个历史时期的神话，是世界上最早用文字记载

---

① 梁功编：《希伯来民间故事》，辽宁大学出版社1993年版，第1—3页。
② 王海川编著：《古埃及神话故事》，吉林人民出版社2001年版，第1页。

下来的远古神话。

大约公元前5000年，苏美尔人在两河流域定居下来，修建水利工程从事农耕。公元前3500年左右，苏美尔人发明了最早的表意性象形文字，因为它们大多刻在砖、石或泥板上，笔画成楔形，所以被称为楔形文字。公元前2369年，两河流域北部的游牧民族阿卡德人打败苏美尔人，建立阿卡德王国。公元前1894年，来自叙利亚草原的闪族部落阿摩利人征服阿卡德人，建立巴比伦王国。此后，赫梯人、亚述人、迦勒底人先后在这块土地上建立国家，直至公元前538年波斯帝国推翻迦勒底人建立新巴比伦帝国。

古代两河流域人们信仰多神。古巴比伦人认为世界的生命始于水，将水尊奉为神圣的最初创造物。当两河流域从原始渔猎过渡到原始农业之后，水神安启或埃阿就成为人们崇拜的对象。在统一的国家和君主专制出现之后，又出现主神和王权保护神，如巴比伦王国时期的玛尔杜克神。

现存的苏美尔神话，主要是现代学者从一些残存史诗和泥板中整理出来的，其中的创世神话《天地分开，宇宙形成》叙述：

> 水是最早生出来的东西，在她渺无边际的胸膛之上渐渐长出山来，山体里萌生出天和地（男性"安"和女性"启"），安和启结合成为天地之神安启，他们生下大气神恩里尔。恩里尔将父亲托起来远远地送了出去，从此天地分开；恩里尔与妻子宁里尔生出月神纳那和众星辰。纳那与妻子南卡尔生出太阳神奥吐。恩里尔和大地母亲创造了大地上的万物和人类。

巴比伦神话是在苏美尔和阿卡德神话的基础上发展起来的，多为韵文体的诗歌形式。最著名的是创世神话《埃努玛·埃立什》，记载于七块泥板上，叙述：

> 很古很古以前，没有天也没有地，只有黑乎乎的汪洋大海。汪洋中有一股甜水名叫阿普苏，还有一股咸水叫提亚玛特，它们在汪洋中翻滚交汇，生出男女二神等。男女二神住在天上，又生出男神安沙尔和女神基沙尔；安沙尔和基沙尔又生出水和大地之神埃阿等；埃阿又喜得一子取名玛尔杜克。天上诸神在埃阿的带领下杀死阿普苏，提亚

玛特率儿女报仇，埃阿大败。安沙尔封玛尔杜克为主帅，抵御强敌。玛尔杜克射死提亚玛特，将她的尸体劈为两半，一半抛向空中作为天，一半踩在脚下当作地，又安排日月星辰，在天的正中建造天穹。①

4. 印度神话

印度神话主要记载于史诗（摩诃婆罗多、罗摩衍那）、梵书、吠陀本集（婆罗门［意为祭司］教经典，"吠陀"意为知识）、奥义书、往世书（印度教［又称新婆罗门教］经典）以及佛经中。在历史的长河中，古印度神话随着时代的更迭以及地区和文献的不同，神殿的主角一直变化着。远古时，梵天高于一切；到了婆罗门教毗湿奴教派和湿婆教派兴起以后，以梵天、毗湿奴、湿婆为三大主神，分别代表宇宙的"创造""保护"和"毁灭"；最后，演变为三神合一——毗湿奴集创造、保护和毁灭三神于一身。其中，表现梵天开天辟地的神话叙述：

> 宇宙刚开始的时候，一无所有。首先生产出来的是浩浩荡荡、一望无际的水。水之后，火生成了。在熊熊大火的热力作用下，水中冒出了一个金黄色的蛋。这个蛋，在水中漂流了几万年，终于在一天，蛋壳破裂，从中诞生了宇宙万物的始祖——梵天。梵天将蛋壳一分为二，上半部分成了苍天，下半部分成了大地。然后，创世之神又在水中开辟了陆地，确定了东南西北的方向，奠定了年月日时的概念。这样，宇宙正式形成了。②

以上所述，除了个别，大都当属于世界最古老的创世神话，它们均为水态本原，大概与创造这些神话的民族多居于大河大海之滨有关，例如，古希伯来人与巴比伦人的底格里斯河与幼发拉底河"两河"流域，古埃及人的尼罗河两岸，古印度人的印度河流域，等等。在此水态本原的基础上如何开辟天地，则各有特色。例如：

有的是人格化的大海生出一个发光的蛋，蛋再生出太阳神，太阳神创造天地（埃及神话）；有的是人格化的水渐渐长出山来，山体萌生人格化

---

① 李琛编译：《古巴比伦神话》，湖南少年儿童出版社1989年版，第11—12、95—107页。
② 曹明编著：《印度神话故事》，宗教文化出版社1998年版，第1—2页。

的天和地，天地结合生下大气神，大气神托起天使天地分开（苏美尔神话）；有的是汪洋中人格化的甜水咸水交汇生出男女二神，神又生神，最后年轻的神射死咸水神将她的尸体劈开化为天地（巴比伦神话）；有的是由于水火作用水中冒出金黄色的蛋，蛋破裂诞生始祖神，始祖神将蛋壳一分为二变成天地（印度神话）……它们展示了世界最古老的创世神话的多种风貌。

中国南方氐羌、百濮系统各民族也有一些水态本原的创世神话，这些神话也富于自己的独特风格。实际上，在氐羌、百濮系统很多民族中，水也确实被放在很重要的位置，被视为有灵魂、有活力的；为生命的源泉，万物的源泉。

例如，云南西盟等地佤族一年中第一个传统的节日就是"新水节"（也称"做水鬼"或"迎水魂"），时间是佤历一月初一至初三（相当于公历12月）。那几天，全寨男子都要出动用竹子搭建或修理水槽，把新水引入寨里。祭司"魔巴"要带上老鼠干、米和鸡蛋，率领寨民到水源地举行仪式，迎接"水魂"（水鬼）回寨。他们认为举行如此虔诚的仪式，并带上鼠魂、米魂迎接，水魂会乐意回来。新水进寨后，魔巴站在水槽旁，口念颂词，手拿撕成梳子的芭蕉叶，不停地在流水上划来划去，以示给水鬼梳头；然后用小竹筒接上最神圣的新年第一筒水，用来做全寨人的"神水饭"。仪式完毕，人们争先恐后地冲向水槽接新水。晚上，人们通宵达旦不停地歌舞，向水魂表达敬意和谢意。①

又如，彝族也崇拜水，云南武定、禄劝一带的彝族还将"作斋"的"斋场"附近的长流水作为宗族的标志，以与其他宗族相区别；同时用竹筒将水贮回，供全宗族祭祀。②

人们心目中如此神圣有灵的水，往前追溯，当具有更神秘的内涵、更巨大的能量；同时，能够在如此神秘的水里飞舞腾跃的某些动物，也带上神异的色彩。在氐羌、百濮系统一些创世神话里，水就或单独或与气共同构成原初的混沌状态，这样的状态通过各种水生动物各种方式的运作而形

---

① 1986年8月19—24日在云南西盟佤族自治县进行田野作业并采访隋嘎等佤族人士时记录。
② 马学良：《从倮罗氏族名称中所见的图腾制度》，《边政公论》第6卷第4期；转引自吕大吉、何耀华总主编《中国各民族原始宗教资料集成·彝族等卷》，中国社会科学出版社1999年版，第28页。

成天地。哈尼族古歌《窝果策尼果》① 叙述，在那最老的老人也难记清的时候，上面没有天，下面没有地，

  上上下下，是一片黑黑的雾气，前前后后，是一片大海汪洋，雾气像口大锅，盖在平平的海上。

大海汪洋中有一条叫"密乌艾西艾玛"的巨型鱼娘，"她把天地来生养"，

  鱼娘的右鳍一扇，黑黑的雾气被扇光，蓝汪汪的天露出来了，鱼娘把它留给天神去住。她的左鳍一扇，茫茫大水扇落千丈，黄生生的地露出来了，鱼娘把它留给地神当家乡。

鱼娘生了天和地，"又把大神生养"，

  巨大的鱼鳞张开了，一片鳞壳闪出万道金光；巨大的金鳞抖起来，一片鳞壳抖出万声雷响。

在金光雷声中，鱼娘脖子的鱼鳞抖出太阳神约罗、月亮神约奔，背上的鱼鳞抖出天神俄玛、地神密玛，尾身跳出男人神烟蝶、女人神蝶玛，尾巴还有一位大神密嵯嵯玛。俄玛生下人神玛窝，开启了哈尼族世系连名谱系；生下神王阿匹梅烟，开启了神王的谱系。阿匹梅烟召集众神造天造地，安天架，下地脚，造地柱，把地柱支在鱼娘密乌艾西艾玛身上，用"三团黄泥巴"粘牢天地，最后以牛化生万物。

  值得注意的是，这里鱼娘密乌艾西艾玛不仅是地柱的支撑点，而且只要鱼尾让大神密嵯嵯玛"搬动一下"，"世上就遭受祸殃，蓝天罩上黑雾，大地摇摇晃晃"。这样一种模式，与前述女娲"断鳌足以立四极"、彝族《梅葛》公鱼母鱼撑地角地边、《阿细的先基》三个大鱼背铺地等一脉相

---

① 朱小和演唱，史军超、杨叔孔采录，卢朝贵翻译，史军超整理、注释：《窝果策尼果》，载西双版纳傣族自治州民族事务委员会编《哈尼族古歌》，云南民族出版社1992年版，第13—16页。

承，显示了它在中国传统文化中的深厚根基。

与气一样，在南方民族先民的心目中，水有魂，当然也能产生生命，一些神话里的创世主体就这样从水里诞生。基诺族神话《阿嫫小贝》（"造地的母亲"）[①] 说，远古时候只有茫茫的水。茫茫的水中出现巨人阿嫫，她是基诺族造天造地的母亲。

阿嫫造天造地的方式是以水中动物躯体化生万物。神话叙述，茫茫的水中，还有一个庞然大物"胞布"（蛤蟆）。阿嫫跳进胞布的口里，用力一撑，胞布躯体爆裂，一只眼珠变成太阳，一只眼珠变成月亮。阿嫫把水中的散裂物拢成地，把空中的散裂物拼成天，搓下身上的污垢变成草木、动物和人，吹气成风，挥汗成雨。

水中活体化生万物的神话，最著名的是前述巴比伦创世神话《埃努玛·埃立什》。这部神话所载玛尔杜克射死提亚玛特、将她的尸体劈为两半分别作天作地当为这种类型的最早版本。基诺族这种类型的神话，应该是基诺族水崇拜、始祖崇拜、水中动物崇拜的综合生成物。基诺族有水崇拜的传统，他们很多村寨都有一个水塘，作为祭祀的神圣场所。祭祀时，在水塘周围摆上槟榔、盐巴、芭蕉叶、酒、肉等祭品，头人卓巴和各家家长共同祈祷。祈祷后，大家跳进水塘捞泥巴，进行象征性的水塘修筑。[②]

水崇拜衍生了水中动物或水陆两栖动物崇拜，在水中动物或水陆两栖动物里，青蛙或蛤蟆一向给人们怪异的感觉，它形体不大，却具有四足类动物的体格结构；它形象丑陋，却能跃能游；它的黏液能随天气变化而变化，鸣则雨将至……如此诸多特点的怪物，引起基诺族先民的神秘感是很自然的。当是这样的心理萌生了基诺族水中蛤蟆化生万物的神话。

在上述基诺族崇水祭祀活动中，水底捞泥被列入神圣仪式的一部分而带上了神秘的色彩。或许受到这类仪式的启发，氐羌、百濮系以水态为本原的天地形成神话出现了水底捞泥创世的型式。彝族这种类型的神话植根于龙崇拜的文化土壤中，形成珍贵的龙创世的叙事。

在中华各民族传统文化中，龙应该是最受敬仰的神物。氐羌、百濮系统各民族普遍崇拜龙，殷墟甲骨文中，就有"龙来氐羌"等话语；《华阳

[①] 巴卡老四等讲述，杜玉亭整理：《阿嫫小贝》，载吕大吉、何耀华总主编《中国各民族原始宗教资料集成·基诺族等卷》，中国社会科学出版社1999年版，第879页。

[②] 1986年8月26—28日在云南景洪基诺山进行田野作业并采访莎车等基诺族人士时记录。

国志·南中志》也记载，三国时诸葛亮平定南中以后，曾为夷作图谱，"画神龙、龙生夷……以赐夷，夷甚重之"。前述元隆（九隆）神话，也叙述龙感生哀牢夷或南中昆明祖先。

但关于龙崇拜的资料不少，与龙相关的创世神话却鲜见，故叙述龙创世的彝族神话史诗《尼苏夺节》①弥足珍贵。这部史诗唱到，很古时，整个宇宙间都是海水，俄谷老龙爷，

> 九千九双手，捡捞海底石。石头垒成堆，垒出大海面。又用海底泥，造化成大地。

这里创世主体是"俄谷老龙爷"，创世情节是水底捞石头捞泥来造地，体现了彝族先民对水的崇拜，对龙的崇拜。

第四节　苗蛮系统天地形成神话

现代苗蛮系统，包括苗瑶语族的苗、瑶、畲三个民族。其中，苗族主要居住在贵州、湖南、广西、云南、重庆等地，所处自然环境为黔东南、黔南和桂北，位于云贵高原的边缘，地势由西北向东南倾斜，海拔由一千多米降到四百米左右，苗岭山脉横亘其间，清水江、都柳江和北盘江蜿蜒流过；湘西、黔东北、鄂西南和渝东南地势、海拔相近，山脉有武陵山，河流有沅江和澧水。

瑶族主要居住在广西、广东、湖南、云南、贵州等地，大多聚居于粤、赣、湘、桂交界的南岭，湘西南雪峰山、桂中大瑶山、桂西北都阳山、黔桂交界的月亮山一带山间河谷，除桂西北都安、巴马、大化、南丹等地多为石山外，其他地区多是土岭，溪流纵横，竹木青翠。

畲族主要分布于闽东、浙南，畲区有武夷山、太姥山等名胜，青山叠嶂，村寨常掩映于密林之中。

一　传统文化的追寻：少昊与蚩尤、"鸟"与"兵"

根据民族学的研究，苗蛮系统最早的发祥地为黔、川、渝至两湖（洞

---

① 李八一昆、白祖文等搜集、翻译，孔昀、李宝庆整理：《尼苏夺节》，云南民族出版社1985年版，第1页。

庭湖、鄱阳湖）流域，后来一部分东移至太湖流域，与当地土著融合，慢慢定居下来；再后一部分沿海滨北上至山东，与两昊、东夷结合创造了灿烂辉煌的历史文化，直至被炎、黄部落联盟打败，又退回南方。[①] 这与汉文典籍相关记载对应。例如：

《战国策·魏策》载吴起言："昔者三苗所居，左有彭蠡之波，右有洞庭之水，文山在其南，而衡山在其北。"

《国语·楚语下》注："三苗，九黎之后。"

《尚书·吕刑》疏："九黎之君，号曰蚩尤。"

《逸周书·尝麦解》载："昔天之初……命蚩尤宇于少昊，以临四方。"

这一串串脚步，引来对地域、族群及其文化的追寻，由此再去认识苗蛮系统的创世神话。从汉文典籍相关记载来看，苗蛮系统的先民与两位"人物"有关，一是少昊，二是蚩尤；前者联系一个"鸟"字，后者联系一个"兵"字。

古代，东方两昊、东夷集团以鸟作为图腾崇拜的基本特征，《左传·昭公十七年》载：

> 我高祖少昊挚之立也，凤鸟适至，故纪于鸟。为鸟师而鸟名：凤鸟氏，历正也……

同时，与两昊有渊源或受其文化熏陶的族群包括华夏的商等，大致上都有始祖直接或间接自卵中生出和生卵一类神话，例如，有娀氏女子简狄吞卵怀孕生下商人的始祖契，淮夷徐君宫人娠而生卵出孩即以后的徐偃王，等等。但在流传至今的汉文典籍中，未见两昊、东夷的与鸟相关的天地形成神话。

而蚩尤，汉文典籍中除了与黄帝作战的叙述以外，更多的是关于"兵"即制造兵器包括金属冶炼技术的记载。例如：

> 蚩尤作兵伐黄帝。（《山海经·大荒北经》）
> 蚩尤之时，烁金为兵，割革为甲，始制五兵。（《太平御览》卷三三九引《兵书》）

[①] 吴荣臻、吴曙光主编：《苗族通史》，民族出版社2007年版，第25页。

蚩尤作冶。(《尸子》)

葛卢之山发而出水，金从之，蚩尤受而制之，以为剑、铠、矛、戟，是岁相兼者诸侯九；雍狐之山发而出水，金从之，蚩尤受而制之，以为雍狐之戟，是岁相兼者诸侯十二。(《管子·地数》)

远古时代的"金"，当为"铜"或"青铜"等金属之谓，因为根据考古学家的考察，石器时代之后就是青铜器时代，中国夏、商、西周、春秋时期皆属青铜器时代，更何况传说时期。由此，苗蛮系统的先祖蚩尤集团，应该是兵器比较先进、较早冶炼青铜的族群。而苗蛮系统的传统居地今湖北大冶铜绿山和湖南麻阳九曲湾，也先后发现了周时最大的两个古铜矿区。

铜绿山古铜矿遗址南北长2公里，东西宽1公里，已发现古代露天采矿场7个，地下矿井18个。根据有关专家对出土遗物的考证和碳14的测定，这些古矿井的开采年代始于西周或西周之前，历经春秋战国延至两汉，西周时期矿井就已相当密集。根据汉文典籍记载，西周初期楚国的势力范围还未扩展到鄂东，则此时在此地开采及冶炼铜矿者当为苗蛮系统的先民。[1]

麻阳古铜矿区已发掘出矿井14处，根据发掘者分析，当时的开采方法是"舍贫矿，取富矿"，由此推断，当地的土著居民——苗蛮系统的先民很早就在这里开采铜矿了。[2]

带着文化的因子，苗蛮系统苗族的创世神话，与鸟相关，与冶炼相关，充满神秘的色彩，显现浩大的场面。

二 苗族古歌：冶炼技术的神圣化

苗族天地形成神话的典型形态，集中展示在黔东南苗族古歌里。黔东南苗族古歌在当地苗族群众中广泛流传，20世纪50年代就引起人们的注意，内部印刷或公开出版过不少版本。迄今为止，公开出版的比较有影响力的版本有：

贵州民间文学组整理、田兵选编的《苗族古歌》；

---

[1] 卢勋、李根蟠：《民族与物质文化史考略》，民族出版社1991年版，第360—376页。
[2] 《湖南麻阳战国时期古铜矿清理简报》，《考古》1985年第2期。

马学良、今旦译注的《苗族史诗》；

燕宝整理译注的《苗族古歌》。①

下面主要根据上述三个版本，展示一下苗族先民描述的天地形成的宏伟图景。

与氐羌系统天地形成神话相似，《苗族古歌》开篇也是描述天地初生的情景。根据苗族古歌搜集整理者唐春芳介绍，苗族唱古歌，多半在节日、走客或农闲这三种场合，其中走客喝酒时唱古歌规模最大，情绪最高。其时，主客双方都要准备好歌手对唱，一方问，另一方答，答不上就要罚酒。因此，《苗族古歌》以盘歌的形式展开。田兵选编的《苗族古歌》开头一方就问：

> 我们看古时，哪个生最早？那个算最老？他来把天开，他来把地造……

接着另一方首先设答"姜央生最早"，遭到否定；又设答"府方生最早"，又遭到否定，如此反复，先后提出又否定了养优、火耐、剖帕、修狃、黄虎、黄虎爹和黄虎妈，最后得出结论：

> 云雾生最早，云雾算最老。

而燕宝整理译注的《苗族古歌》，在云雾之前又提出一个"水汽"：

> 究竟哪个最聪明，哪个才生来最早？水汽也是最聪明，水汽才生来最早。

马学良、今旦译注的《苗族史诗》则叙述，第一个神人是雄讲老公公，而雄讲老公公之前有股"凉风"生养出他：

---

① 贵州民间文学组整理，田兵编选：《苗族古歌》，贵州人民出版社1979年版；马学良、今旦译注：《苗族史诗》，中国民间文艺出版社1983年版；燕宝整理、译注：《苗族古歌》，贵州民族出版社1993年版。

可是雄讲公公呢，又是谁生养？有股凉风顺河吹，这股气流养下他。

苗族学者介绍，云雾、水汽、风的苗语分别为 eb hob，bongt eb，jent，三者当有所区别。[①] 它们都为气态，但强调点不同。燕宝整理译注的《苗族古歌》所言云雾之前先生水汽，强调气的水的本质，大概表明苗族先民心目中还是以水为宇宙本原；但又不直接用水，可能他们觉得水汽更富于运动变化，更易生成天地。《苗族史诗》所言顺河吹来的凉风，与水汽更为接近。故结合起来看，在苗族先民心目中，当以水为本原，以气作表现形式。其生活基础当与苗岭山区气候潮湿、云雾多水汽相关。

接下来是天地初生。田兵选编的《苗族古歌》叙述：

云来诳啊诳，雾来抱啊抱，科啼和乐啼，同时生下了……
科啼诳啊诳，乐啼抱啊抱，天上和地下，又生出来了。

"诳"是贵州方言，用语言逗小孩的意思；科啼、乐啼，传说中的两种巨鸟。这里"科啼诳啊诳，乐啼抱啊抱"而生出天地，可能有两种意思，一种意思是天地由巨鸟科啼、乐啼直接生下来；另一种意思是天地还是由云雾生成，但科啼、乐啼起了孵抱、哺养的作用。不管哪种意思，这里的鸟在天地初生中都发挥了重要的作用，形成了与鸟相关的天地创生神话的类型。

天地初生以后，还未形成秩序宇宙，还须继续开创。田兵选编的《苗族古歌》叙述：

天刚刚生来，像个大撮箕，地刚刚生来，像张大晒席……
天地刚生下，相迭在一起，筷子戳不进……水也不能流。

于是，出来一个巨人剖帕，

[①] 吴一文、覃东平：《苗族古歌与苗族历史文化研究》，贵州民族出版社2000年版，第329—330页。

>剖帕是好汉，打从东方来，举斧猛一砍，天地两分开。

天地两分开，天地还不圆，也许是看到一些煮过的东西会膨胀，苗族先民想象用大天锅来煮天地，这样又出来一个巨人往吾，

>往吾心灵活，用口大天锅，煮天圆罗罗，煮地圆罗罗。

在马学良、今旦译注的《苗族史诗》里，大天锅变成了冶炼的大坩埚，煮天煮地也变成了冶天炼地。史诗叙述，茫茫的太古，天粘连着地，地粘连着天。于是，

>远古造天的公公，太初制地的婆婆，他俩造个大坩埚。用它来冶天，用它来炼地。一次铸成了两块，白的向上浮，黑的往下走，这就得了一块宽宽的天，这就得了一块大大的地。

这里，与苗蛮系统先民远古生活相联系，出现了冶炼的场景，形成了冶炼铸成天地的创世神话类型。冶炼的作用在随后的叙事中更得到淋漓尽致的发挥。

往下与氏羌系统天地形成神话有些相似，有拍天捏地、顶天踩地、撑天支地、创生万物等程序。但跟氏羌系统神话比较起来，苗族神话里巨人创世过程似乎没有那么细腻，那么规整；似乎更张扬力量，张扬豪气。田兵选编的《苗族古歌》叙述，天地两分开，天小地不宽，

>把公和让公，把婆和廖婆，他们巴掌大，他们臂力强，把天拍三拍，把地捏三捏，天才这样大，地才这样宽。

天地虽分开，天还压着地，地还顶着天，

>府方老人家，脚杆有九节，手臂有八双……腰杆硬像钢，来把天一顶，来把地一踩，天才升上去，地才降下来。

接着，"养优来造山"，修狃"来造河"，"耙公整山岭，秋婆修江河，

绍公填平地，绍婆砌斜坡"，"才有土开田，才有地做活，才有山种树，庄稼绿满坡"。

再往后，又有"榜香老公公，捉来大修狃（野牛）"，"犁东又耙西，犁遍天下地"。

天开成了，地劈成了，但还不稳固，还有缺陷。因为"撑天用蒿枝，支地五倍树，撑天天摇晃，支地地不稳，天是常常垮，地是时时崩"；而且"白天无太阳，夜里无月亮，天上灰蒙蒙，地下黑麻麻"。于是，巨人宝公、雄公、且公、当公商量运金运银，"运金造金柱，运银铸银柱，金柱撑着天，银柱支住地"，"运金造太阳，运银铸月亮"。古歌进入最有特色的炼金银打柱造日月的叙述。

或许是冶炼在产生之初被当作一件十分神圣的大事，或许是神话叙事本身的神圣性，古歌里冶炼创世的起始——找金找银充满了神秘的色彩、肃穆的气氛。古歌首先发问："要问金和银，先盘金银根；金子哪里出？银子那里生？"设答先是大沙塘，被否定；又答幼纠塘，又被否定；再答山洞里，还被否定；最后回答在岩层，于是，

> 宝公心聪明，钻到深潭里，拔只公龙角，"咧哩咧哩"吹，金子听到了，金子叫一声，银子听到了，银子叫一声，大家才知道，金银住岩里。

这里的龙角，原型大概源于南方一些民族宗教仪式的牛角。在苗蛮、氐羌、百越等系统一些民族祭祀等仪式上，牛角是常见的法器，它往往在仪式开始之时吹奏，以唤起祭祀对象来享祭、诅咒对象来受罚。瑶族师公在"还盘王愿"仪式上对天吹奏牛角，以祈请天神打开天门；土家族巫师"梯玛"祭祀时用牛角呼唤鬼神，要它们聚集法堂听候梯玛的安排；侗族法师去为人"打邪家（山精水怪）"时在山坳和桥头吹响牛角，来调遣、激励阴兵阴将与"邪家"搏斗……苗族先民把牛角原型升华为龙角，更赋予它神圣的意味；用它吹奏以呼唤金银，也更为冶炼创世戴上神圣的光环。

神圣的开场仪式结束，接下来就是轰轰烈烈的全部落的打柱造日月。古歌叙述：

> 宝公拿着锣，四方去喊叫，江略十二个，他都全喊道："金子和

银子，住在大岩山；一家一箩炭，快去烧岩山！"

"江略"是苗语的音译，意为宗支，《苗族史诗》译作"江纽"。据苗族学者介绍，"江略"或"江纽"是苗族部落的组成单位，或称"鼓社"，是以父系血缘为纽带组成的氏族集团。它可以由一个氏族组成，也可以由几个有血缘关系的氏族组成，还可以是一个或几个有血缘关系的村寨。若干个江略组成部落。① 但这里，由于神话叙事独特的形象性，某个群体往往以某个神或某个巨人作为象征，因而在《苗族古歌》中，看到的只是众巨人集体劳作的壮观景象。他们的形象隐喻着苗族先民各种形式的群体，他们的劳作植根于苗族先民远古时期的生产生活实践。

古歌叙述，宝公、雄公、且公、当公等巨人找到金银，从山岩里放出金银，又造大船运走金银，把金银炼、造、刨成撑天柱，"运来金和银，打成撑天柱，才把天撑稳，才把地支固"。府方和三个飞天汉立好柱子，"金柱和银柱，立的稳扎扎"。

然后，众巨人炼金又炼银，造日又造月，场面壮阔、磅礴。他们

> 九岭当炉子，九冲当风箱，岩包当打锤，山头当砧磴，石头当木炭，栀子当硼砂，山梁当拉条，山坳当手把。

宝公、雄公、且公、当公"你累我来接，我累你来敲，水也忘记喝，饭也忘记刨（吃）"，"造了十二天，造了十二宵，日月十二对，一下造成了"。月优拿剪刀、月黛拿推刨来回刨好日月，里工、雄天、冷王三人前赴后继，终于把日月挑上蓝天。最后桑扎射下多余的太阳月亮，才使"高山和深谷，日夜亮堂堂"，"田水才温暖，庄稼才生长"，"江略九千个，遍地喜洋洋"。

这里，本来是"江略十二个"的集体劳作场面，被浓缩成众巨人的壮举。这些巨人形象，与汉文典籍《龙鱼河图》所记载的"蚩尤兄弟八十一人"有点相似，都应该为先民某种形式的群体的象征。古歌中这些具有不同本领的巨人，很可能是发明创造某物或擅长某项工作的氏族或部落的代

---

① 吴一文、覃东平：《苗族古歌与苗族历史文化研究》，贵州民族出版社2000年版，第142页。

名词,是某种劳动成绩的艺术概括。他们有的是农业能人,如劈开天地的剖帕,拍天捏地的把公、样公、把婆、廖婆,顶天踩地的府方,造山的养优,整修山河的耙公、秋婆、绍公、绍婆;有的是善于烹调的厨师,如煮天煮地的往吾;有的是善射的猎手,如射金银的雄天、友恭,射日月的桑扎;有的是冶炼师傅,如铸天柱、铸日月的宝公、雄公、且公、当公;有的是手工巧匠,如刨金银柱的往吾,刨日月的月优、月黛;有的是挑夫纤夫,如运日月的里工、冷王,拉大船的府拉……从生活的原型来说,他们的本事当源于苗族先民世世代代的集体智慧,或在集体智慧基础上的想象和发挥。

古歌中这些巨人是普通劳动者,又是具有某种特殊本领的英雄,其中有的具有神秘色彩。如:"府方老人家,脚杆有九节,手臂有八双,能吃九篓鱼,能吃九槽粑。""冷王是好汉,头上生水井,肩上有鱼塘,越热他越冷。"他们只有能力的不同,无尊卑之分,也无明显的血缘关系,是自觉结合的群体。他们互相平等,团结协作,群策群力,同心同德,完成了造天造地的宏伟大业。这种巨人的组合方式,曲折地反映了苗族原始农村公社以群聚居、以群劳作的特点,反映了原始民主制的生活,反映了当时最高的内部道德准则——集体精神。

苗族古歌塑造了一组创世巨人的群体形象,他们技艺出类拔萃,气魄吞吐山河,力量巨大无比,体现了古代苗族先民聪明、智慧、勤劳、勇敢的素质,显示了他们驾驭自然的理想和信心。从美学角度来说,这些形象以突破形式美的粗犷形态、巨大的数量力量作为自己的形式特征,又在一定程度上曲折地反映了人的崇高品质。他们神秘、威严,使人崇拜、敬仰;又崇高、有力,能引起人们昂扬、向上的激情。

三 瑶族《密洛陀》:神秘的"师傅"躯体与艰辛的治山治水

与《苗族古歌》更多地展示力量、展示豪气相互映衬,苗蛮系统另一部神话史诗瑶族《密洛陀》更多地表现艰辛、表现韧性。

神话史诗《密洛陀》主要流传在广西都安、大化、巴马、南丹等县的布努瑶群众中,"密"为布努瑶语"妈妈"的意思。史诗里的主人公密洛陀是布努瑶人民心中创世造人的始祖母,享有崇高的地位。布努瑶人民在每年传说是她生日的农历五月二十九这一天,都要举行各种祭祀和娱乐活动,以纪念她的恩德和功绩,由此形成布努瑶的传统节日——"祝著节"

（"达努节"）。

神话史诗《密洛陀》已经出版几个版本，主要有：

莎红整理的《密洛陀》（采自巴马东山）；

蒙冠雄、潘泉脉、蓝克宽搜集、翻译、整理的《密洛陀》（采自大化七百弄）；

蒙冠雄、蒙海清、蒙松毅搜集、翻译、整理的《密洛陀》（采自大化七百弄）；

蓝怀昌、蓝书京、蒙通顺搜集、翻译、整理的《密洛陀》（采自都安下坳）。①

密洛陀的出生，几个版本都说她孕于风或风雨。莎红整理的《密洛陀》叙述，先有"聪明的师傅，造成了大龙"；然后"大龙吹着气，造成了大风"；再往后，

> 大风吹来了，造成密洛陀。

"聪明的师傅"怎么来，史诗没有谈及。这位最早出现的巨人在以后的创世中大放异彩。

蒙冠雄、蒙海清、蒙松毅搜集翻译整理的《密洛陀》叙述，先有始祖神福华赊·发华风。与氏羌系统相似，她的出生源于原初混沌内部两种相反相成元素的对立相生：

> 远古远古的从前，天空黑沉沉。下没有土地，上没有青天……阴风吹了一岁又一岁，阳气流了一年又一年。
> ……风停吹了，气停流了，有位密姥（大妈）在风里，有位女人在气中。

她就是始祖神福华赊·发华风。福华赊·发华风唤来风和雨，"风卷着风，雨交着雨"，孕育出四个小神，其中包括人类的祖神密洛陀。

---

① 莎红整理：《密洛陀》，广西人民出版社1981年版；潘泉脉、蒙冠雄、蓝克宽搜集、翻译、整理：《密洛陀》，载《广西瑶族社会历史调查》第七册，广西民族出版社1986年版；蒙冠雄、蒙海清、蒙松毅搜集、翻译、整理：《密洛陀》，广西民族出版社1999年版；蓝怀昌、蓝书京、蒙通顺搜集、翻译、整理：《密洛陀》，中国民间文艺出版社1988年版。

密洛陀出生后,下一步就是创造天地。莎红整理的《密洛陀》,创世主人公直接用"师傅"的躯体造了天空:

> 师傅死去了,师傅的雨帽变成什么?师傅的雨帽,密洛陀拿它造成了天空。
> 师傅死去了,师傅的手脚变成什么?双手双脚变成四条柱;密洛陀拿来柱子,把天边四角撑起。
> 师傅死去了,师傅的身子变成什么?身子变成了大柱;密洛陀拿来大柱子,把天中央撑起。

很显然,这里是按布努瑶房屋的结构来构造天地。由此"师傅"的身份也与建房师傅联系了起来。在广西都安、大化、巴马、南丹等县的布努瑶民间,建房师傅在传统建房过程中享有崇高的地位,具有神秘的作用。布努瑶群众无论建大小房子,都要请建房师傅来占卜屋基。师傅首先将一根竹子立在屋基中央,若能立,便为好屋基;另外,还要砍生竹筒,再用火烧,若发生爆声则好,不然,要另择他地。在动工修整木料前夕,先由师傅来打卦,并亲自在木料上砍下第一斧,其他人员方可动工。房子将要立起时,还要听从师傅打卦念咒,然后才立。房子立毕,师傅起走主家要亲自给他送鸡送酒,待师傅封完"自后人畜兴旺,鸡犬安宁"的祝语后,大家才算放了心。据说若是得不到师傅的这句话,主家将世代倒霉。[①]

由此,建房师傅充当了上传民情、下达天意的"上界力量与人间之间中介者角色"(列维-斯特劳斯语),具有了神圣的性质,故以其雨帽、躯体四肢构造天空天柱,绝对稳固牢靠。

不仅是最早出现的"师傅",史诗里创世主体密洛陀,也时时流露出巫师原型的意味。蒙冠雄、潘泉脉、蓝克宽搜集、翻译、整理的《密洛陀》叙述:

> 密洛陀要造太阳,脱下银项圈,轻轻抛上天空中,双手贴胸默默念;密洛陀要造月亮,脱下银耳环,轻轻抛上天空中,双手贴胸默

[①] 蒙有义:《试论布努瑶与汉族远古神话的异同》,《河池师专学报》(文科版)1986年第1期。

默念。

于是，一个火球天底滚，一个银球挂天边，从此苍天红艳艳，凡间暖洋洋，大地明朗朗。

这里，密洛陀两次"双手贴胸默默念"，无疑是念"咒语"；密洛陀原型无疑带巫师的性质，造太阳、月亮是巫术活动的"神圣表述"。

然而，如前所述，《密洛陀》在叙事方面最突出的特点是表现创世的艰辛，表现创世主体的韧性。《密洛陀》萌生和流传于布努瑶居住的桂西山区，在这些地区，石多土少，旱涝常来。布努瑶先民在与恶劣的自然条件顽强抗争的同时，在精神上也渴望有一位具有无比威力的人物，能够移山移岭，造河造湖，更好地改善自己的栖息环境。神话史诗《密洛陀》就寄托了他们理想和愿望，史诗的形象也带上了他们勤劳勇敢的民族素质、坚韧不拔的民族性格。这些，在蒙冠雄、潘泉脉、蓝克宽搜集、翻译、整理的《密洛陀》等版本中得到充分的展现。

神话史诗《密洛陀》主要形象是布努瑶人民心中的始祖母密洛陀。史诗里，她具有庞大的形象。蒙冠雄、潘泉脉、蓝克宽搜集、翻译、整理的《密洛陀》叙述：

这个女人不简单，东海深一千三百丈，淹不过她一双大脚板；罗立山高三千三百尺，高不到她的膝盖缘；九州平地三千里，放不满她那张大手掌；长江大河千里长，比不过她一根头发截成三。

正是这样的巨型身躯使她有了顶天踩地的条件。她躺了九千九百年以后，在金龙的长啸和彩凤的吟唱声中醒来，"只见宇宙裂开一条缝"，从而开始了造天造地的进程：

她决心创造地和天，她站在宇宙裂缝口，双臂向上顶，两脚踏下缘，咬牙顶呀顶，切齿踩呀踩，口中默默念，叫下缘变地，叫上缘变天。

密洛陀手加一分力，上缘升高九千丈，密洛陀脚添一分劲，下缘沉下三千尺，密洛陀顶了九千九百次，密洛陀踩了九千九百回，密洛陀念了九千九百轮，天拱地圆各分离。

这里,"咬牙顶呀顶,切齿踩呀踩,口中默默念",把密洛陀的神情、动态以至行巫的痕迹都表现了出来,鲜明,生动。

但是,造的天空比地窄,造的大地比天宽,密洛陀拿线来缝天边、地边,

> 密洛陀拉紧线头,天边地边连得紧,天空穹起像锅盖,大地皱起像褶裙。

当时,"大地一片漆黑,阴风刺骨寒,宇宙全冻僵",密洛陀造了太阳、月亮,使天地明朗朗,凡间暖洋洋,展现了一位创世者的宏伟气魄。

然而,密洛陀给人印象不只是"大",不只是"伟",还有"密"的情,"密"的爱。《密洛陀》是南方民族不多的以女性为主人公的神话史诗,史诗里充分展示了主人公女性"柔"的一面。当太阳、月亮造成后,"太阳升起来了,站在云端哭又喊:'密洛陀呀我的密,天上冷雨又寒风,冻得身抖颤,我难长久放光芒。'"于是,

> 密洛陀听了,眼睛含泪心头烦,手抓片彩云,轻抛蓝天边:"红的给你作帽子,白的给你作衣裳,绿的给你作棉被,遮风挡雨不怕寒。"

接着,"月亮升起来了,站在山头泪连连:'密洛陀呀我的密,天地茫茫风又凉,只我一人走夜路,实在好孤单,难洒光耀到凡间。'"

> 密洛陀听了,眼睛含泪心头忧,脱下身边串珍珠,轻轻抛向蓝天上:"密给你造星星妹妹,伴你走夜路,从此不孤单。"

这真是慈母般的心,慈母般的行。

她作为创世群体的带头者,更具有非凡的组织能力。史诗叙述了她指挥家族成员——九个儿子圆满地完成造天造地任务的情景,象征性地显现了原始社会母系氏族首领活动的情况。她指挥老大卡亨治山,老二罗班治水,老五布挑牙幼、老六拉把买谷种树种、撒谷种树种,老三昌

郎也、老四昌郎仪射太阳、月亮……还"亲自来淋水","亲自把草除",让"绿芽破土出"。她的创世群体也一个个出类拔萃,各自建立了不朽的功勋。

老大卡亨、老二罗班就是他们之中杰出的代表,是古代瑶族男子与恶劣的自然环境抗争的坚强意志的象征。在史诗里,他们一个是治山的英雄,一个是治水的好汉。

卡亨力气大无边,能够"大山一肩挑两座,小山挟在两腋窝,土岭背上驮,气不喘来腰不弯,云中来回似穿梭"。他接受治山任务后,马上开始行动,

> 东南走三遍,西北转三圈,趟过千条河,爬过万重山,直到鼻梁生草头长树,才回到密洛陀身边。

面对着"石山千万座,锋利如刀剑,土岭密麻麻,横直把路挡",他不是没有动摇过,但在密洛陀的鼓励下,他最终发出"只要密多出主意""就是断了十根骨"也要治好山的誓言。他"用手打石山","一拳倒一座","拳头肿似球,鲜血遍地不忍看","打了三天又三夜,打倒了九百九十九座山"。他"用脚踢土岭","一脚倒一座","脚甲全踢落,遍地是鲜血","踢了三天三夜,踢倒了九千九百座"。他搬山移岭,造成垄垄田,造成块块地,"留给后人种豆黍";造成条条路,"留给后人相往来"。

罗班熟水性,他为了治水,

> 从北走到南,从东走到西,趟过千条水,涉过万重山。直到脚趾长青苔,直到肚脐长水茵,才回到密洛陀身边。

在"天无涯""地无边""洪水茫茫深万丈"的情况下,他也动摇过,但在密洛陀的鼓励下发誓"就是脱了九层皮","也要把水排干"。他"拳头作锄劈大山,双手锄开河道,排开洪水除灾患"。他"用耳朵作戽斗,戽了三天三晚","直到耳冻僵,直到鼻出血,直到眼发花";他"十张指甲当戽斗,戽了九天又九夜,直到指甲僵如铁,直到指甲流鲜血"。最后,他"抓起地壳大声吼,地盘倾向东,漫天洪水顺向流,大地平展展,现了平原又沙洲"。他还开河道,造大湖,让"绿绿小溪过山垭","宽宽湖泊

布天下"。

这种毅力，这种牺牲精神，光耀宇宙，震撼人心，形成苗蛮系统创世神话创世主体最突出的性格特征。

第五节 百越系统天地形成神话

现代百越系统，包括壮侗语族的壮、布依、傣、侗、水、仫佬、毛南、黎等民族。其中，布依族主要居住在贵州黔西南、黔南、安顺等州市，壮族主要居住在桂西百色、河池、崇左、南宁、来宾、柳州等市和云南文山州，这些地方基本上连成一片，地势由西北向东南倾斜，山峦重叠，丘陵起伏，河流纵横，风景秀丽。这里还是著名的岩溶地区，石山往往拔地而起，石山里又往往有岩洞和地下河，构造奇特，境界层出，分外瑰玮。水族聚居的贵州三都、仫佬族聚居的广西罗城、毛南族聚居的广西环江，也都分布在这片地域。

侗族主要居住在黔东南、湘西、桂北一带云贵高原边缘地区。这里山峦逶迤，丘陵连绵，一道道河流蜿蜒于丘陵田垌之中，河水特别清澈。村寨依山傍水，林间鸟语花香，河里鱼翔浅底，溪边龟戏近滩，处处显现人与鸟类水族和谐相处的情景。

傣族主要居住在云南西双版纳、德宏一带河谷、平坝地区，这里群山环抱，原始森林遮天蔽日，珍禽异兽经常出没其中，每当清晨傍晚的时候，可以看见美丽的孔雀翩翩起舞，笨拙的野象摇摆往来。

黎族主要居住在海南以五指山为中心的区域，这里地处亚热带，四季常青，一派南国风光。这些地区，从某种意义上说，大都是百越"故地"。

一 历史上的百越：分布很广，认同很强

中国古代"百越"一词，首见于《吕氏春秋·恃君》："扬汉之南，百越之际。"由此，"百越"当为古扬州、汉水之南的少数族群，但范围似乎太广；至《汉书·地理志》颜师古注："自交趾至会稽七八千里，百粤（越）杂处，各有种姓"，明确其为今浙江、福建沿海往西至云南西南部广大地区的各"种姓"，包括于越、东瓯、闽越、南越、西瓯、骆越、滇越等。此说沿用至今。

长期以来，关于百越各种姓之间的关系是"松散"还是"紧聚"，一

直是人们争论不休的问题。近年，体质人类学的研究给出了新的答案。

广义的人类学，包括体质人类学和文化人类学两大分支，即人类的自然属性研究与社会属性研究两个方面。体质人类学分析族群，已经运用到最新的分子人类学材料——Y染色体DNA。在民族学领域，人们界定民族系统的范围，依据的是民族系统的独有特征；体质人类学对民族进行遗传学研究，也期望找到这样的特征。近年来人类基因组研究的兴起，使这一期望逐渐得以成为现实。人们首先找线粒体DNA，但经过实验发现依据它的数据很难对族群进行区分；随后探索的热点转到Y染色体DNA上，发现其在区分族群方面信息量大得多。这是一种纯父系遗传的标记，因为族群之间男性总是比较稳定而女性相对流动性比较大，故Y染色体具有较好的稳定性；而且信息量大，在世界人群中已构成了131种单倍型，在民族之间体现出不同层次的差异。

近年来，复旦大学现代人类学研究中心等单位的学者对百越群体的遗传材料进行采集，涉及印度的阿霍姆、泰国的兰那、东北泰和石族，云南的傣泐、傣呐，广西的壮族、毛南族、仫佬族、仡佬族、夜郎、水族、侗族、拉伽，贵州的布依族、水族，海南的黎族和仡隆，上海古今马桥人，浙江的于越，台湾的泰雅、布农、阿美、排湾、曹、赛夏、卑南、鲁凯、邵、巴则海。经过实验发现，这些群体的Y染色体遗传结构体现出相当大的一致性，都有大量的M119、M110或M95、M88突变，而外族极少有这些遗传标记。

由此，这些学者认为，整个百越民族早期是个内部认同很强的族群；他们还根据这些Y染色体数据，应用主成分分析的数理统计方法，把主要趋势信息抽取出来，得到了三个主成分（趋势），体现了百越遗传结构中的三个主要特点。

第一主成分占到信息总量的47.0%，表明所有的百越群体首先是有整体性的，共性是最主要的，因此百越的血统只有一个主要来源；分布的中心在广东一带，所以广东最有可能是百越血统最早的发源地，而后渐渐向四周扩散。

第二主成分占到信息总量的35.6%，体现了两个分化方向，一个在浙江一带，另一个在版纳一带。因此，百越民族在一元性之后的另一主要特征是二分性，即分化为东越和西越。

第三主成分占信息总量的17.4%，从广东向西南、西北、东北三个方向延伸出三个不同的结构，体现了百越民族迁徙的过程。①

体质人类学属于自然科学范畴，专业性很强，精确度可能也比社会科学一些门类高。依此信息，则百越系统先民为南方少数民族中最与海有缘的群体，由此引出一个人们感兴趣的问题，能否在百越系统神话中找到南方民族水态本原创世神话的型式？

二 傣族《巴塔麻嘎捧尚罗》：完整的水态本原天地形成神话

水态本原创世神话比较关键的一个程序，是在水中造出地来。前述世界古老民族创世神话中，苏美尔神话是人格化的水渐渐长出山来，山体萌生人格化的天和地；巴比伦神话是年轻的神射死汪洋中的咸水神，将她的尸体劈开化为天地；印度神话是水中冒出的蛋诞生的始祖神将蛋壳一分为二变成天地……它们展现出多种风貌。

1. 华夏/汉族与北方民族水态本原天地形成神话

流传至今的汉文典籍中没有比较完整的水态本原创世神话，但不意味着没有隐含某种模式的相关叙事，子弹库楚帛书里四子在"□□水□"中创世，《淮南子·览冥》里女娲"积芦灰以止淫水""断鳌足以立四极"，以及《山海经·海内经》里鲧"窃帝之息壤以堙洪水"等，似乎都与水态创世沾边，但它们或表述比较模糊，或不是直言造地造天，难以明确归于此类神话。究其原因，也许存在某种散佚的可能性。

而这种型式比较完整的叙事形态，广泛存在于北方各民族神话里。例如：

肃慎系统的满族《天神创世》叙述，原来没有地，天连着水，水连着天，天神阿布卡恩都里用土做了一个很大的地，把地放在水面上，又命令三条大鱼驮着它。②

东胡系统的土族《阳世的形成》叙述：茫茫海水中，一位天神想创立阳世，他张弓搭箭射穿水面上漂浮的一只蛤蟆（另一说是鳖），把它翻过来再抓土放下去，终于造就了阳世。天神还将一根烧焦的火棍塞到蛤蟆的肚脐眼上，说："火棍发芽了，你就可以甩掉阳世了。"以后，当蛤蟆等得

---

① 李辉：《百越族群结构分析的初步思考》，载《2002 现代人类学国际研讨会论文集》；李辉：《百越遗传结构的一元二分迹象》，《广西民族研究》2002 年第 4 期。

② 傅英仁讲述，余金整理：《天神创世》，载陶立璠等编《中国少数民族神话汇编·开天辟地篇》，中央民族学院少数民族古籍整理出版规划领导小组办公室印，1982 年，第 225—227 页。

不耐烦时便扭身看看火棍是否发芽,于是发生地震。①

负地动物动弹引发地震说也广泛存在于突厥系统各族群神话中。由此,北方民族这种以水为原初形态的创世型式的叙事模式大致包括两个部分:取土造地,捉兽负地。它们在北方民族神话中较多显现,可能与其先民或滨海或因放牧逐水草而居的生活有关,也与女娲神话等北方神话传统相联。

南方百越系统作为曾经或仍然滨海而居的民族和稻作民族,确实也有水态本原的创世神话;最完整的,是傣族神话史诗《巴塔麻嘎捧尚罗》②里的叙事。

2. 英叭:大风与气浪孕育的神

傣语"巴塔麻嘎捧尚罗"意为"神开辟天地"或"神创造万物",神话史诗《巴塔麻嘎捧尚罗》主体部分当为原始时代以来傣族先民创造、流传的神话、史诗的汇编,少数内容则可能受其他民族的影响。它以傣文手抄本、口头两种形式长期在傣族民间流传,20世纪80年代由傣族学者岩温扁依据西双版纳勐欣的手抄本译成汉文。

《巴塔麻嘎捧尚罗》里的原始混沌状态以气态、水态同时作为本原。史诗第一章"开天辟地"叙述,远古时候,茫茫一片,分不清东西南北,四周也没有边沿,

> 只有烟雾在滚动,只有气浪在升腾,只有大风在逞能,只有大水在晃荡。

在这种混沌状态中,大风起了主导作用。史诗叙述,"嗡嗡隆隆的大风,不停地吹呀刮呀",把烟雾气浪搅混。

> 气浪、烟雾和大风,在太空里翻腾,在水面上狂欢……互相裹卷,互相拥抱,有时还互相撞击,发出隆隆的响声。

这样的"翻腾""狂欢""裹卷""拥抱"萌生了新的生命。史诗叙述,

---

① 转引自马光星《土族文学史》,青海人民出版社1999年版,第30—31页。
② 岩温扁翻译:《巴塔麻嘎捧尚罗》,云南人民出版社1989年版。

在太空动荡了千亿年,气浪慢慢聚集在一起……气浪孕育十万年,生出太空第一神。

这个大神由于是气浪变成,名字就叫"英叭"(气浪或光波之神)。"他母亲是气浪,他父亲是大风",体现了原始混沌状态两种相反相成元素对立相生的神话思维。

3. 罗宗补:泡沫和污垢捏成的水面大地

英叭出生了,"他想到了造天,他想到了做地"。他搓下身上污垢,用污垢捏成飞车,驱车潜入水中,在最深处发现一条水神鱼,"大水的泡沫和水气,都从它的鼻孔涌出",于是想利用海上泡沫渣滓和自己身上污垢捏拢做成"污垢大果"定在水面。他"伸开一双手,用力搓污垢",污垢"哗哗滚落下来,堆了一层又一层";他又"来回扫渣滓,来回刮泡沫",

泡沫多如云,渣滓堆成山,英叭有办法,左手捧泡沫,右手捧渣滓,糊上污垢果,相互来粘结,浑然成一体。

在茫茫水面上造出了果状大地——"罗宗补"。

然而,罗宗补浮在水面上,"风来它摇摆,浪击它晃荡",英叭又搓污垢捏成一根神柱"毫沙涅罗",把它插入罗宗补;但"海水深无底,柱头无着处",英叭又用污垢捏成有四根柱子的架子投到大水面,

神架落下去,像笼子罩大鱼,似竹篓罩南瓜,不左也不右,正好罩住罗宗补,把大地紧紧框住。

……污垢架落到水面,变成一只大神象……用它粗大的四脚,紧紧夹住罗宗补。把漂浮着的大地,镇住在它的腹部下。罗宗补不再晃动啦。

英叭给神象取名"掌月朗宛",意为"神圣而光芒四射的大象"。人们传说,掌月朗宛是镇定天地的大神象,周身有光芒,神力无比。

在傣族民间,象以其身躯硕大、力量惊人而一直受傣族先民的崇拜,人们对象普遍怀有敬畏之情,把它奉为勐(地区)、寨(村寨)的保护

神，在勐、寨的祭坛上设象神加以祭拜。或许是出于这样一种崇拜的心理，人们进而把它尊为镇定天地之神，创造了神象以四脚稳住水面上果状大地的神话。

4. 空间结构与时序的厘定

创世在继续。英叭又把污垢捏成神柱插在象背上，

> 神柱就直立稳当，把天和地支撑。从此才有了天，从此才有了地。太空被隔开了，分为天和地，上方是天空，下方是大地。

史诗里，英叭给神柱取名"毫沙涅罗"，傣语中"毫"是角，又有山的含义。"沙涅罗"是这个角或山的名字。由此来看，傣族神话中天地之间的结构也有点近似"一山四柱"的模式。

天地有了，稳了，但"天很大，地无边"，"应把天地再划分"，"有北又有南，有东又有西"。于是，

> 英叭搓下污垢，捏成四道大门，安在天地四边，称作东西南北门。
> ……他把一些污垢团，捏成四块"英西拉"，分别插在四道大门旁，把天和地的方位，标记在石块上。

"英西拉"是傣语专用词，意为神石，英叭创造了四块神石标示东、南、西、北四个方位，原始时代的空间观念就基本完善了。

空间结构以外，还有时序。史诗第十一章"神制定年月日"叙述，在最初的时候，

> 万灵的神，还没有制定年月日。没有季节，没有时辰，何时天要黑，何时天要亮，何时冷，何时热，分不清界限，天下无秩序。

于是，英叭的儿子天王玛哈捧命令神官捧麻远冉制定年月日，划分季节与时辰。捧麻远冉就率领三名助手，围绕"毫沙涅罗"划出一条轨道，又沿着轨道设立"西双莱西"即十二个"黄道宫站"，作为太阳和月亮的"运行道"和"休息站"；并"叫太阳和月亮，交换着巡天，白天太阳走，

天黑月亮行"。紧接着，

> 捧麻远冉天神，就把年月日分定。因为太阳和月亮，行至一个宫，恰好三十天，捧麻远冉啊，把这定为一个月；太阳和月亮，周转十二宫，恰好十二个月，捧麻远冉啊，把这定为一年，一年有十二个月，一年有三百六十天。

但他忘了划分季节与时辰，同时月不分大小也有缺陷。于是天王玛哈捧又派天神捧腊哈纳罗修正年月日，制定冷、热、雨三季和从清晨到正午，再到入夜，直至第二天天亮的十二时辰，这样，

> 从此冷热才吻合，日月随着季节走，年年风调雨顺，天地免遭灾难。

十二时辰体现在傣历中，依次是度朝、光艾、铁烈丁宛、度宰宛、光两、铁烈憨、度憨、光跑、铁烈丁狠、度宰狠、光龙、铁烈龙两，直译为清晨、早上、正午、偏午、下午、黄昏、入夜、子夜、正夜、午夜、黎明、天亮。至此，秩序宇宙才最后宣告建立。傣族神话史诗《巴塔麻嘎捧尚罗》，构造了一个完整的水态本原天地形成神话。

令人感兴趣的是，南方民族最典型的"水态创世说"神话，何以产生在群山密林环抱的西双版纳傣族中？那只能设想一下，也许，在创造神话那个时代傣族先民的一部分曾经居住在大湖大海边。如是，似乎印证了前述复旦大学等单位的学者通过遗传数据实验得出的结论：傣族先民起码一部分的确来源于以沿海的广东为中心的百越族系。在百越族系远古时期活动的那一带，茫茫的海水和无边的大雾给人们提供了想象的广阔天地，人们在此基础上进而创造出"水态创世说"的神话。

三 百越鸟崇拜与壮族蛋状混沌

百越族系历史悠久，百越文化底蕴丰厚，由于海滨水乡的地域因素，似乎很多文化特征都与水相联，例如蛇崇拜、鸟崇拜等。而后者在天地形成神话中更为彰显。

百越族系鸟崇拜遗存丰富。碳14测定年代为公元前5000—前3300年的河姆渡文化遗址中，鸟形象的雕塑、图案多次被发现。特别是牙雕工艺

品，多集中"在鸟形象的创作雕刻上，这类作品较完整者共（出土）六件，一件为双鸟纹蝶形器，五件为立体鸟形匕"；此外还有"双鸟纹骨匕"。此类雕刻的表现手法同其他动植物图像的表现手法有很大的差别，可能含某种原始崇拜的意味，有考古工作者认为："把它们看成是原始图腾崇拜的某种标记，可能是更接近于创作者的原意。"①

1982 年，在浙江绍兴城南坡塘狮子山北坡，发现一座战国初期的越人贵族墓，出土了 1244 件随葬品，其中一座铜质房屋模型，通高 17 厘米，平面作长方形。屋顶作四角攒尖顶，顶心立柱，考古工作者称其为"图腾柱"。柱高 7 厘米，断面作八角形，柱体各面饰 S 形勾连云纹，柱顶塑一蹲状大尾鸟，"似为鸠"，考古工作者推断"应为某种鸟图腾的象征"，并进一步指出："图腾之所以常常见于屋脊或专门建立的图腾柱上，不仅仅是为了表现人们对它的崇敬，在古代东方，还与那种图腾来自天上的天命观念有关。铜屋图腾柱上雕饰的云纹，显然是象征柱身高入云端和图腾（鸠鸟）居住上苍之意。"②

绍兴战国铜屋模型图腾柱上鸠鸟的形象，似乎联系上了晋干宝《搜神记》卷十二记载的一则传说，其曰："越地深山中有鸟，大如鸠，青色，名曰'冶鸟'……越人谓此鸟是越祝之祖也。"两者当一脉相承。

在西部瓯、骆人的故地广西和广东，近年来也不断发掘出鸟形和以鸟图案装饰的器物，以铜鼓、铜筒、铜棺等铜器上的图案最为明显；上限为战国时期的花山崖壁画一些大人物头顶上，有飞鸟的羽翎，这些可能都与鸟崇拜有关。先秦时期，交州等地"雒越"人还有一种"雒田"，《水经注》卷三七引《交州外遇记》载："交趾昔未有郡县之时，土地有雒田，其田从潮水上下，民垦食其田，因名为雒民。"有学者据《说文》释"雒"之意为一种小雁而认为"雒田"即"鸟田"，即鸟助耕之田。③

百越族系崇鸟信仰反映到百越后裔壮族先民创世神话里，就是创世主人公似乎都带鸟图腾氏族或部落始祖或首领之意，而且他们的诞生也与"卵"的形状相联，使人们联想到鸟的卵生。

---

① 吴玉贤：《河姆渡的原始艺术》，《文物》1982 年第 7 期。
② 浙江省文物管理委员会：《精兴 306 号战国墓发掘简报》，《文物》1984 年第 1 期；年永杭：《精兴 306 号越墓刍议》，《文物》1984 年第 1 期。
③ 罗勋：《论壮族神话》，载农冠品编注《壮族神话集成》，广西民族出版社 2007 年版，第 541—567 页。

例如，壮族的女性始祖"姆洛甲"，在壮语中就与鸟有关，据姆洛甲神话的采录、翻译者蓝鸿恩介绍，壮语中姆为母亲的意思；洛甲为一种鸟名，此鸟非常乖巧伶俐，故有谚语"聪明不过洛甲鸟"。关于她诞生的神话《姆洛甲出世》[①]叙述：

> 古时候天地还没有分家，空中旋转着一团大气，越转越急，越转越快，转成了一个蛋的样子。这个蛋里有三个蛋黄。
> 这个蛋由一个拱屎虫推动它旋转。还有一个螟蛉子爬到上面钻洞，天天都来钻，有一天钻出一个洞来，这个蛋就爆开来，分为三片。一片飞到上边成为天空，一片飞到下边成为水，留在中间的一片，就成为我们中界的大地。
> 中界的大地上，天天风吹雨打，长出许多草。有一棵草开出一朵花，这朵花长出一个女人来。这个女人就是人的老祖宗。她披头散发，满身长毛，很聪明。后世人叫她姆洛甲，因为她有智慧，做聪明人的师傅，所以又叫她姆洛西。

栖息于海滨水乡的百越族系先民，远古时代多傍水逐阳而居，所居地区水气重，阳光足，水气在阳光的照射下受热上升，常形成气流；遇冷下降，又形成雾露。气流风吹时旋转运动，雾露散去后现出天地人物，此当为"大气急速旋转分为天地、生出人物"神话的生活基础。转成一个蛋的样子前面已经谈及，当与鸟崇拜有关。

接下来的姆洛甲创世的叙事比较简单，但与氐羌、苗蛮系统相关神话相似，也有初创天地、拉天缩地等程序。神话叙述：

> 上界和下界分开时，螟蛉子向天上飞去了，地下留的是拱屎虫。一个造天，一个造地。拱屎虫勤快，造的地很宽；螟蛉子很懒，造的天很窄。天盖不严地。

这里是螟蛉子造天，拱屎虫造地。螟蛉，《诗经·小雅·小宛》有句：

[①] 覃奶口述，蓝鸿恩采录、翻译：《姆洛甲出世》，载农冠品编注《壮族神话集成》，广西民族出版社2007年版，第20—21页。

"螟蛉有子，蜾蠃负之。"是说蜾蠃为螟蛉抚养后代。然而这是一个天大的误会，螟蛉是一种绿色小虫，蜾蠃是一种细腰蜂，蜾蠃常捕捉螟蛉存放窝里，产卵于它们的身体，卵孵化后就拿螟蛉作食物。古人误以为蜾蠃不产子，喂养螟蛉为子，故常以螟蛉比喻义子。壮族先民或许常见螟蛉在蜾蠃窝里，又能高飞快飞，从而产生神秘感；拱屎虫，大概不断地以身拱土，似乎总在忙忙碌碌，具有无限的精力，也给壮族先民深刻的印象。又或许百越族系栖息环境以丘陵、平坝居多，似乎不需要太多修整，故壮族先民在设想天地形成时，就把它们神圣化，抓来充当造天造地的主人公。只是跟氏羌、苗蛮系统神话里细腻、艰辛的造天造地比较起来，它们的劳作似乎显得太轻飘了，借用一位学者的话，太"自然"了①。当然，小小昆虫造天造地难免会有缺陷，剩下的工作还得由人类的始祖母最后完成，于是就有了姆洛甲抓地的壮举。神话叙述：

  姆洛甲把大地一把抓起，把地皮扯得鼓起来。这回天把地盖严了，大地鼓起来的地方成为山包高地；凹下去的地方成为深沟峡谷；水往低处流就有了江河湖海。

在其他一些神话里，还有姆洛甲补天等叙述，不一一列举。

壮族另外一些神话，原始混沌大气旋转而成的是石蛋，从中诞生的是男性始祖布洛陀。神话叙述：

  最初的世界什么也没有，漆黑无边。后来，吹来黑、白、黄三股气体，相混成浓浆，逐渐凝固成团，外壳越来越硬，成了一个大石蛋。蛋里有三个蛋黄，孵化出三个不同模样的兄弟，即雷王、龙王（现在一般称"图额"，与龙王相似又有区别的水神）和布洛陀。三兄弟在蛋里半睡半醒，各自挣扎出蛋壳。但蛋壳太硬，靠大仙派使者屎壳郎来帮忙，又咬又推，最后一声巨响，石蛋爆成三大片，一片往上升变成了天，一片往下沉变成了水，有一片不动就成了大地。②

---

  ① 马学良、梁庭望、李云忠主编：《中国少数民族文学比较研究》，中央民族大学出版社1997年版，第15页。
  ② 转引自农冠品《壮族神话谱系及其内涵述论》，载农冠品编注《壮族神话集成》，广西民族出版社2007年版，第535—541页。

天、地、水三界分别由雷公、布洛陀、图额管理。

这则关键词为"石蛋""布洛陀""三界"的神话，成为壮族天地形成神话的典型形态，被以图文并茂的形式雕刻在壮族纪念始祖布洛陀的"圣地"敢壮山的石碑上。"石蛋"说除了表明鸟崇拜以外，还体现了壮族先民的对石、对岩洞的崇仰。壮族人民栖息的桂西地区山多岭多，河流密布，特殊的气候和地壳的变动形成了这一带非常突出的喀斯特地形，生成无数岩洞。早期先民没有能力建筑房屋，岩洞就成为他们遮风避雨的最好居所。《隋书·南蛮传》载："南蛮杂类，与华人错居……俱无君长，随山洞而居，古先所谓百越是也。"由此，壮族先民产生对石、对岩洞的崇仰之心是很自然的。同时，桂西岩溶地区石山往往拔地而起，石山岩洞里又往往有地下河，构造奇特，境界层叠，景色也分外瑰丽。也正是这样的石山、岩洞和地下河的层叠结构，启发了壮族先民天、地、水三界的宇宙观。

四　布洛陀造万物：劳作与法术的结合

布洛陀是壮族人民心目中的男性始祖，"布洛陀"的壮语原意，根据壮族学者覃乃昌的介绍，有几种解释：

> 一是通晓法术并善于施法的祖神。其中"布"一般指地位较高的的祖公；"洛"即通晓、会做；"陀"意为法术、施法。二是指知道事理最多的祖公。神话传说其为无所不晓、无所不能的创世神……三是身为孤儿的祖公……神话传说中布洛陀没有父母，是从石蛋里爆出来的，为世界上第一个孤儿。[①]

由此，布洛陀形象大概经历了由第一个孩子到巫师，再到创世神的发展过程。

至今流传的布洛陀创世神话里，他的"无所不晓、无所不能"的一面得到充分的发挥，人们有什么事都去问他，他就出主意让大家干什么，并常常在关键的时候最后施力解决问题。其中，给人印象较深的有分天地、

[①] 覃乃昌主编：《布洛陀寻踪》，广西民族出版社2004年版，第301页。

造万物的故事。由壮族"道公"周朝珍口述、何承文采录整理的流传在广西巴马的神话《布洛陀》① 叙述：

> 那时候的天很低，爬到山顶上，伸手就可以摘下星星，扯下云彩……太阳一出就几乎要热死人；雷公一打鼾就吵得人睡不着，倘若遇上雷公大喊大叫，就像天崩地裂一样使人又惊又烦。地上的洛陀山有个老人，名叫布洛陀，他智慧过人，神力无限，大家都找他商量治理天地的办法。

布洛陀出主意把天顶起来，让大家到树林里选一根最高最大的老铁木做擎天柱。于是，

> 众人爬了九百九十九座山头，才找到一棵十人都抱不拢的老铁木。可是这棵老铁木长得很奇怪，砍了这边，那边就长合了，砍那边，这边又长合了。

这时候，布洛陀出来了，

> 布洛陀扛起大板斧来了，他连砍三下，铁木"轰隆"一声倒下。

布洛陀和大家一起把铁木抬到洛陀山顶，开始顶天，他又起了关键作用，

> 布洛陀把洛陀山当柱脚，竖起铁木柱，抵着天，他用力一顶，把重重的天盖顶上去，把宽宽的大地压得往下沉……布洛陀再一顶，把重重的天变成轻轻的十二堆云……新的天地就这样造成了。

下一步，还是那个程序：拉天缩地。神话叙述：

---

① 周朝珍口述，何承文采录、翻译：《布洛陀》，载农冠品编注《壮族神话集成》，广西民族出版社 2007 年版，第 35—40 页。

可是因为先造天，后造地，天的样子像把伞，盖不住大地。天小地大，怎么办？布洛陀想了个巧办法，他用手指把地皮抓起来，做成了很多山坡。这样，地面就缩小了，天盖得住地了，天地被造得很好了。

这些，完全依靠普通的劳作，一个劳动群体的首领形象凸显在人们面前。

造万物也同样依靠劳作，其中造牛的过程描写比较细致。神话叙述，布洛陀带领众人开河道，治水患，感动了天帝。天帝送给他们一头神牛、一把神犁，一犁过去就成一条河道。但一次歇息，神牛睡着以后便死去了，没有牛犁田。布洛陀尝试造牛，

一天，他到池塘边，用黄泥捏了一头黄牛，又到河边用黑泥糊了一头水牛，黄牛身和水牛身糊成了，用枫木来做脚，摘奶果来做奶，用弯木来做骨头，用野芭蕉叶的茎来做肠，用风化石来做肝，用红泥来做肉，用葵扇做耳朵，用千层皮树来做角，用苏木泡水来做血。各样都安好以后，拿到嫩草地里去放……布洛陀三天去看一次，九天去瞄一回。后来，泥牛真的长成活牛了。

这里，似乎又展示了布洛陀"通晓法术、善于施法"的一面。

上述壮族姆洛甲、布洛陀与天地形成相关的神话，体现了百越系统此类神话的一些特点，即与氐羌、苗蛮等系统相比，创世主体较少天神的特征，较多劳动群体首领的品性；创世过程也比较平稳，比较"自然"，不那么曲曲折折、跌宕起伏。这或许是因为百越系统各民族身居丘陵平坝、海滨水乡，从事农耕的自然条件比较优越，作或"火耕水耨"，食或"饭稻羹鱼"，较少靠天恩赐，靠天奖赏，故形成了这些特点。

同时，由于百越系统所处自然条件比较优越，人们与自然的关系也比较亲密，反映在创世神话上，创世主体与自然万物形成一体，除了前述依靠昆虫创世等外，还出现了创世主体巨人全身化生万物的类型。最著名的是布依族的《力戛撑天》[①]。这个神话叙述，巨人力戛顶天蹬地后，天不

[①] 王燕、春甫、班告爷讲述：《力戛撑天》，载谷德明编《中国少数民族神话选》，西北民族学院研究所印，1983年，第653—655页。

稳，力戛左手撑天，右手拔牙当钉子，把天钉牢了。后来牙齿变成星星，拔牙淌的血变成彩霞，喘的气成风，淌的汗成雨，眨眼成电，咳嗽成雷。没有光明，他挖出两只眼球挂在天边，右眼为日，左眼为月，大地才有了生机。他累死了，身上的各个部位变成了万物。这些，与氐羌系统拉祜族、阿昌族始祖只取自己身体一部分化生日月等比较起来，有显著的差别。

作为中华民族创世神话的一部分，南方民族天地形成神话具有丰富的形象系统、叙事结构乃至与祭仪、巫术相结合的活的形态，具有广阔厚实的外延和内涵。它们是古来以农为本的中华民族珍贵的传统文化遗产。

南方民族天地形成神话体现了天、地、人的紧密联系。在神话里，原初气态水态运动生成了天地的雏形，也生成了创世主体，生成了人；造天让天更高，日月正常运行，造地让地更厚，万物正常生长，人类自身也经受一次又一次体质、道德的考验，进化繁衍……它们与中华其他民族创世神话一道，从叙事上演绎了中华民族传统的"天人合一"的观念，它们当与庄子所谓"天地与我并生，而万物与我为一"、《易传》所谓"与天地合其德，与日月合其明，与四时合其序，与鬼神合其吉凶"等一样，开辟了人生最高的理想境界。

南方民族天地形成神话凝聚了中华民族共有的美好品格、奋斗精神。神话里的各民族创世主体大都带族群首领的品性，主要依靠扎实的劳动创造世界。他们乐于艰苦，甘愿牺牲，如所造之天自强不息，如所造之地厚德载物；关于他们创世的叙事彰显了民族脚踏实地、积极进取的人生态度，又展示了超越意识、丰富的想象力，它们的价值永恒。

第六节 盘古神话

中华民族天地形成神话，最著名的当数盘古神话。它除了汉文古籍有书面记载之外，南方不少民族有活形态流传。

一 盘古神话的记录年代与文本

盘古神话产生流传时间的下限，以往人们根据目前所知最早记录者为三国时吴人徐整而定在三国时代；1989 年，香港学者饶宗颐在《中央民族学院学报》当年第 2 期发表《盘古图考》①一文确认，东汉献帝兴平元年（194）益州学堂周公礼殿壁画中就已经出现盘古神像，从而又把下限提前至东汉时代。

但是关于盘古神话的叙事，最早还是见于三国时吴国人徐整所撰的《三五历纪》。原书已佚，唐代欧阳询等编的《艺文类聚》卷一引其关于盘古的记载云：

> 天地混沌如鸡子，盘古生其中，万八千岁。天地开辟，阳清为天，阴浊为地。盘古在其中，一日九变，神于天，圣于地。天日高一丈，地日厚一丈，盘古日长一丈。如此万八千岁，天数极高，地数极深，盘古极长。后乃有三皇。数起于一，立于三，成于五，盛于七，处于九，故天长地九万里。

此则神话蕴含比较丰富，包括宇宙蛋、混沌孕人、阴阳分天地等叙事。另一本著作《五运历年纪》也有一段关于盘古的记载，此书也已失传，清代马骕《绎史》卷一引云：

> 元气濛鸿，萌芽始兹，遂分天地，肇立乾坤，启阴感阳，分布元气，乃孕中和，是为人也。首生盘古，垂死化身，气成风云，声为雷霆，左眼为日，右眼为月，四肢五体为四极五岳，血液为江河，筋脉为地里，肌肉为田土，发髭为星辰，皮毛为草木，齿骨为金石，精髓为珠玉，汗流为雨泽，身之诸虫，因风所感，化为黎甿。

此则神话前半部分仍为阴阳分天地、孕人，后半部分属"躯体化生万物型"。另外，明代董斯张《广博志》卷九也引《五运历年纪》关于盘古的记载，文字有所不同，或许是另本：

> 盘古之君，龙首蛇身，嘘为风雨，吹为雷电，开目为昼，闭目为夜。死后骨节为山林，体为江海，血为淮渎，毛发为草木。

---

① 饶宗颐：《盘古图考》，《中央民族学院学报》1989 年第 2 期。

此则神话躯体化生万物部分与前则大致相同，增加了盘古"龙首蛇身"的形象描写，以及"开目为昼，闭目为夜"的时间表述。相传为南朝梁任昉所撰的《述异记》①采录了据说是自秦汉以来有关盘古的各种神话：

> 昔盘古之死也，头为四岳，目为日月，脂膏为江海，毛发为草木。秦汉间俗说：盘古头为东岳，腹为中岳，左臂为南岳，右臂为北岳，足为西岳。先儒说：盘古泣为江河，气为风，声为雷，目瞳为电。古说：盘古氏喜为晴，怒为阴。吴楚间说：盘古氏夫妻，阴阳之始也……昉案：盘古氏，天地万物之祖也，然则生物始于盘古。

这里，出来一个"吴楚间""盘古氏夫妻"。其中，关于"盘古氏夫妻"为"阴阳之始"的说法，如果理解为盘古氏夫妻作为最早的两性象征、以某种方式结合生育天地的话，则又构成了关于盘古创世的另一种类型。

二 盘古神话的文化渊源与困惑

上述关于盘古的叙事，在其前汉文典籍里大都有迹可循，《老子》的"道生一，一生二，二生三，三生万物。万物负阴而抱阳，冲气以为和"；《庄子》的"人之生，气之聚""通天下一气""天地与我并生""万物皆化"；《淮南子》的"清阳者薄靡而为天，重浊者凝滞而为地"……无论在文化底蕴或叙事形式上均下启盘古的"元气濛鸿，萌芽始兹""阳清为天，阴浊为地""首生盘古，垂死化身"。前后应该是一脉相承。

盘古神话的各种类型中，躯体化生万物型流传最广泛。化生万物型叙事的形成，与原始时期人们的生产、生活及心理状况有关，尤其与原始人的图腾信仰、祖先崇拜有关。前面已经谈及，它产生的原始起点，可能是以猎物作为牺牲，以及因神秘的灵魂观念而对祖先有意识的丧葬，后者可能是更主要的起因。以猎物作为祭祀天神的牺牲会逐渐把祭品神圣化，进而将其与神圣的天地万物相联系；有意识的丧葬更会对祖先的灵魂、躯体的去向产生一系列想象。由于有意识的丧葬，原始人会注意到图腾物、祖

---

① 关于《述异记》，《四库全书总目提要》云："旧本题梁任昉撰，其中有北齐武成河清年事。盖亦如张华《博物志》裒合而成，半真半伪之书也。"

先的灵魂、躯体何去何从的问题。或以为灵魂飞天，躯体入土，祖先的躯体与大地连在一起，久而久之会化成大地上某些自然物；或以为人死魂体相依，体会化为葬地某种植物，魂仍依附其上……这些思维积淀起来，形成某种定式。当人们出于某种需要往更古代追溯时，祖先身体化生万物的故事便逐渐产生了。在中国，最典型的化生万物型故事就是盘古神话。

现在问题在于，作为盘古神话的主角盘古其人，东汉以前的典籍、文物、经书都没有提到，就是在春秋战国时期诸子百家竞相从古人古事寻找理论根据的情况下，也未有人提及，似乎并非于中原地区产生。由此，促使人们把眼光投向周边族群乃至域外，从各个方面求索其来源。这里根据上述几则神话采录者的情况、所透露的流传地域、所体现的叙事模式等，对其源与流作一番探讨，涉及百越文化、苗蛮文化、华夏/汉族文化等。

三　桂林"盘古庙"与百越盘古文化

目前所知盘古神话较早采录者徐整，是三国时代吴国人，徐整采录盘古神话当大致以吴国为中心。吴国地处南方，域内有蛮越诸族，任昉《述异记》有一段关于盘古遗址的描述，似乎更具体地标明了历史上盘古神话流传的地域：

> 今南海有盘古氏墓，亘三百里，俗云后人追葬盘古之魂也。桂林有盘古氏庙，今人祝祀。南海中有盘古国，今人皆以盘古为姓。

南海、桂林，大约均指秦时开始设置的郡。《史记·南越列传》载："秦时已并天下，略定扬越，置桂林、南海、象郡。"秦时桂林郡治所在今广西桂平西南，南朝梁时在武熙（今广西象州西北境内）；南海郡治所在番禺（今广州）。这一带其时曾是或还是百越族系的栖息地。

历史上，吴国疆域"自交趾至会稽七八千里"，更古的时候均为百越族系聚居地，楚、秦、汉先后势力扩展或统一后，东越逐渐华化；秦始皇和汉武帝又曾把大批北方人移至江南，加速了东越华化的过程，但直至孙吴政权成立之时，在浙皖一带深山僻野里仍有不少叫"山越"的越人。（参见汉代袁康、吴平《越绝书》）而南海、桂林两郡所在的岭南地区向为百越系统所居，至三国时，桂林郡仍是未华化的西越占据主体地位，其后裔被称为"俚""乌浒"等。由此，起码可以说，历史上盘古神话可能在南方古代百越族系中有流传。

古越人的后裔壮侗语族各民族，至今还流传着不少活形态的盘古神话。例如，壮族保存着大量的关于盘古的"神唱"。广西武鸣壮族师公"跳神"时所唱的"盘古歌赞"曰：

> 自我盘古初出世，
> 造化天盘及地盘。
> 左眼化为日宫照，
> 右眼化为月太阴。
> 骨肉化为山石土，
> 头脑化为黄金银，
> 肚肠化为江河海，
> 血流是水去无停。
> 手指化为天星斗，
> 毛发化为草木根，
> 只是盘古有道德，
> 开天立地定乾坤。[1]

壮族地区不少地方至今还保留盘古庙，供奉盘古等神像。师公跳神用的盘古面具呈褐色，龙头凤眼，肃穆庄重。布依、毛南等民族也有活形态的盘古神话流传。

尤其值得指出的是，壮族典型的天地形成神话，是混沌大气旋转成蛋形生出创世始祖——姆洛甲、布洛陀，与《三五历纪》记载的"天地混沌如鸡子，盘古生其中"几乎吻合。壮族这种类型的神话具有深厚的历史生活、传统信仰的根基和悠久的渊源，原生当是无疑的。例如：

与女性始祖姆洛甲相关的神话《姆洛甲出世》[2]叙述，古时候天地还没有分家，空中旋转着一团大气，渐渐转成了一个蛋的样子。蛋里有三个蛋黄，一个拱屎虫推动它旋转，一个螟蛉子爬到上面钻洞，有一天钻出一

---

[1] 转引自胡仲实《试论盘古神话之来源及徐整对神话的加工整理》，载《中国神话》，中国民间文艺出版社1987年版。

[2] 覃奶口述，蓝鸿恩采录、翻译：《姆洛甲出世》，载农冠品编注《壮族神话集成》，广西民族出版社2007年版，第20—21页。

个洞，蛋就爆开分为三片。一片飞到上边成为天空，一片飞到下边成为水，留在中间的一片成为中界的大地。中界的大地长出许多草，一棵草开出一朵花，花中出来一个女人，她就是女性始祖姆洛甲。

与男性始祖布洛陀相关的神话[1]叙述，最初的世界什么也没有，后来吹来黑、白、黄三股气体，逐渐相混成浆，凝固成团，外壳越来越硬，形成一个大石蛋。蛋里有三个蛋黄，孵化出雷王、图额、布洛陀三兄弟。一只屎壳郎来又咬又推，最后一声巨响，石蛋爆成三大片，一片往上升变成了天，一片往下沉变成了水，一片不动成了大地，雷公、图额、布洛陀分别成了三界的主宰。

壮族这类神话的文化根基，似乎可以从古代百越族系的地域环境、经济生活、风俗信仰等去追寻。古代百越族系基本上都在岭南西江—红河流域以及长江中下游地区活动，倚水而居，与水、水的变体水汽（雾）等结下不解之缘，形成许多以水、水汽为底蕴的神话传说。一团大气急速旋转形成神蛋、蛋又裂为天地生出始祖的叙事，当是在百越先民因为常见大雾在风吹时旋转运动、雾散后现出天地人物的生活基础上形成的。

同时，百越族系历史上曾有过鸟图腾信仰。浙江余姚河姆渡新石器时代遗址中，鸟型的雕塑、图案多次发现，特别是一些牙雕工艺品如立体鸟形匕、双鸟纹蝶形器、双鸟纹骨匕等上的鸟的形象，或小身大尾，或异首连体，神秘怪谲，与现实形象完全不同，可能是原始图腾崇拜的标志。良渚文化玉器上的鸟形图像，立于柱形物上端，也可能与图腾崇拜相联。西部瓯、骆故地广西和广东，近年来也不断发掘出鸟形和以鸟图案装饰的器物。此外，《越绝书》《水经注》关于"鸟田""雒田"的传说，《搜神记》关于"越祝之祖""冶鸟"的传说等，都说明了"鸟"同古越人的特殊关系。古越人崇鸟，也当以鸟卵为神秘之物，神蛋化出天地始祖的神话因而有其信仰文化之根。

躯体化生万物型创世神话在百越系统中也有流传，最著名的是前述布依族的《力戛撑天》。这个神话叙述，巨人力戛拔牙当钉子，把天钉牢，后来牙齿变成星星，拔牙淌的血变成彩霞，力戛喘的气成风，淌的汗成雨，眨眼成电，咳嗽成雷。他挖出两眼挂在天边，右眼为日，左眼为月。

---

[1] 转引自农冠品《壮族神话谱系及其内涵述论》，载农冠品编注《壮族神话集成》，广西民族出版社2007年版，第535—541页。

他累死了，身上的各个部位变成万物。

这个神话与《五运历年纪》所载盘古神话也很相似，最相似的一点是，两者都有"垂死化身"或"死后化身"的情节，这点在其他族系中难觅。如氐羌系统天地形成神话多为创世主人公用动物躯体化生万物，或如《力戛撑天》前半部分，取自己活体一部分创生日月等，较少全身投入。当然，明确标明主人公为盘古的除外。

壮族也有相近的叙述。《巨人的传说》讲，在洪荒时代，有一对男女巨人，他们结为夫妻，生下九个儿子，九个儿子和父亲比本领，第九个儿子表现完穿山本领后，父亲不服输，一头扎进大山，再也出不来了，他的尸体化解成山川泥土，草木石头。

百越系统躯体化生万物型创世神话，很大程度上基于他们较优越的自然条件和与自然的较亲密的关系。氐羌族群多居高山僻野，气候严酷，常要仰仗天时才能生存，故他们常祭天，躯体化生型神话也多为天神拿自然界动物躯体等创造天地；而"楚越之地，地广人稀，饭稻羹鱼，或火耕而水耨，果隋赢蛤，不待贾而足"（《史记·货殖列传》）。所以，他们与自然的关系就较为亲密，在感情上容易与大自然融而为一，躯体化生型神话里天地万物的来源也多为巨人自己的身体。

百越系统这些主人公非盘古的神话却与《三五历纪》《五运历年纪》等记载的盘古神话在叙事模式上如此相似，启发人们不能不从另一个角度假设它们之间的关系，这个角度即不同民族语言的转换。人们假设，当年盘古神话采录者可能是接触这些神话了，可能是直接接触，也可能是间接接触，即不是直接从壮侗语族先民那里听到这些神话，后者可能性更大。这些神话主人公不一定叫盘古，但由于某种原因最早听到这些神话的其他民族人士听成或定为盘古，从此就以盘古神话的形式流传开了。采录者根据流传的形式采录到这些神话，当然也就从"盘古"一名了。盘古神话广泛流传以后，约定俗成，一些"原产地"也接受过来与"原产神话"并存了。

也许，这种说法对于解释为什么盘古神话迟迟才到中原，为什么南方有盘古神话流传而南方民族对盘古的认可度又不如姆洛甲、布洛陀等始祖等，具有一定的说服力。

至于为什么主人公非盘古而被听成或定为盘古，人们也提出自己的看法。

当代壮族学者蓝鸿恩认为:"盘古一词,乃古越人语言。在今壮语中,'盘'念壮文 bongx,其意思指'讲述';'古'壮语念近'果'音,壮文是 goj,连起来是'讲述古老的故事'……现在壮族民间还有这个习惯,大家在一起要请人讲个故事时,就喊'盘果罗,盘果罗。'……由于讲述这类故事叫'盘果',不懂壮语的人记录时也就把主人公叫'盘古',这在近年还有这种事情……把讲述故事行为的'盘果'写成盘古,是很大的历史误会。"①

另一位壮族学者农学冠则认为,"盘古"之名由布依语"旁戛"转化而来。他指出:"今据布依族盘古型神话的神名'戛'考,盘古的'古'从'戛'音转变过来是可能的。布依族语音'戛'有'独个'、'老祖宗'的意思。"另外,"布依族民间祭祀中超度亡灵到另一个世界,叫做'旁仙'、'旁拜'。'旁'作为布依语有超度仪式的意思。旁与盘古的盘的声母'b'相同,韵母'ang'(旁)与'an'(盘)也相近,若将'旁戛'(超度祖先亡魂到极乐世界)与'盘古'化身内容相比较,人名与实际内容非常贴切、吻合。"还有,"傣族的'盘'有首领之意,壮族的'盘'有辈分之意,与盘古的'盘'相证,也讲得通"。②

诸家所说,各从不同民族语音语义中寻求答案,均可作参考。

另外,由于梁代任昉《述异记》"桂林有盘古氏庙,今人祝祀"这句话,2003 年 9 月,时任广西壮学会会长的壮族学者覃乃昌还组织人员在古桂林郡属地广西来宾进行过一次考察。他们在考察时发现,来宾境内至今仍有不少盘古庙、盘古村、盘古山、盘古洞以及关于盘古的神话、歌谣、祭祀仪式、庙会等,他们回来后写了《广西来宾市盘古文化的考察与研究》③ 等文章。文章谈到了当地关于盘古的神话:在壮语中,"盘"的意思是磨砺,指磨刀石;"古"实为"勾",是葫芦,这两样东西都是壮族世代崇拜的圣物。"盘古"或"盘勾"合起来就是磨刀石和葫芦,它们连缀起了壮族先民一个关于盘古的神话:远古,有兄妹俩,哥哥爱帮大人磨刀,得名"盘";妹妹爱种葫芦,得名"勾"或"古"。有一年天下大旱,河流干涸,人畜饥渴,人们怨声载道。土地神(或布伯)设计活捉了雷

---

① 蓝鸿恩:《层叠现象剖析——壮族古代文化反思之二》,《民族艺术》1994 年第 3 期。前述《巨人的传说》故事梗概亦引自此文。
② 农学冠:《岭南神话解读》,广西民族出版社 2000 年版,第 8—9 页。
③ 覃乃昌:《广西来宾市盘古文化的考察与研究》,《广西民族研究》2004 年第 2 期。

公，把他关在鸡笼里，让兄妹俩严加看守。雷公口渴难耐，向兄妹俩讨水，兄妹俩心生怜悯，便到染布缸舀了半碗蓝靛水给雷公。雷公沾水后神力恢复，挣脱束缚重上天空，临走前拔下一颗牙齿让兄妹俩赶快种在地里。兄妹俩遵嘱照办，牙齿发芽长苗六日后结出一个硕大的葫芦。忽然，天降暴雨，洪水肆虐，无数生灵都被淹死，只有兄妹俩躲进葫芦漂浮水上幸免于难。他们俩在金龟的指点下住进山洞（即盘古洞）含羞结婚，十个月后妹妹生下一砺石（磨刀石）状肉团。他们又在仙鸟的指点下用石片把肉团砍碎撒向大地，碎肉顷刻化作人群遍布山野，万物从此又生生不息……

这个故事解释了"盘古"或"盘勾"的含义，具有新意；情节也比较生动，大致可以归于盘古神话三种类型里的"夫妻型"。但是，其中没有开天辟地或生育天地的内容，把它作为古桂林郡盘古神话的代表有点勉强。

四 南海"盘古国"与苗蛮盘古文化

任昉《述异记》还有："今南海有盘古氏墓，亘三百里，俗云后人追葬盘古之魂也……南海中有盘古国，今人皆以盘古为姓。"这两句话涉及今广东，也有人作了考察。广东学者陈棣生《"南海中盘古国"的演绎》[①]一文记述其事写道：

> 公元506年，南朝梁人任昉著的《述异记》上卷记载有"南海中盘古国"。这盘古国具体地址到底在何处？1992年春，河南省研究盘古氏的专家马卉欣先生来到广东寻找，查遍南朝时南海郡各地除花县外均无收获……花县文联的同仁带他一起考察了狮岭盘古山和梯面盘古峒，又查看了大量文献，证实花县建县前在南朝时已属南海郡管辖，一千五百年前的南海郡，几乎包括了珠江三角洲的北部。既然查遍古南海郡各地均无盘古氏的古籍和传说，唯独花县有盘古王山和盘古峒，又有史料记载的盘古王神坛，当地有关盘古王的神话故事流传也很多。经过多方考证，马卉欣先生和花县文联的同仁共同推断：

---

① 陈棣生：《"南海中盘古国"的演绎》，载陈棣生主编《狮岭盘古文化》，岭南美术出版社2008年版，第10—15页。

"南海中盘古国"的遗址就在花县。

陈棣生还认为，盘古国的"国"仅指一个特定的地域，应为瑶族先民对立于封建统治者的自治体制。从广西民族出版社1982年出版的《广东瑶族历史资料》中可以发现，岭南很多山区古代有未被征服的瑶族群体，花都（即花县）这块地方最著名的是明弘治年间（1488—1505）瑶族首领谭观福在盘古峒"据险为乱"（清代《花县志》），当为古"盘古国"的演化和后续"标本"。

这里把古南海郡盘古神话的流传主体归于苗蛮系统的瑶族，也有一定的根据。瑶族的最大支系盘瑶，在信奉盘瓠的同时，也信奉盘古。他们以"盘瓠为大宗"，"盘古为始祖"（清代屈大均《广东新语》）。广东连南等地有专门纪念农历七月七日盘古王诞辰的活动。他们还是唯一有盘姓的民族。在他们世世代代相传的《盘王歌》《评皇券牒》里，也都有盘古化生万物或开天辟地的叙述。《盘王图歌》说，盘古骨变大岭，身变小岭，两眼变日月，牙齿变金银，头发变草木，气化风，汗成雨，血成江河……《评皇券牒》说："我盘古圣皇首先出身置世，凿开天地，置水土，造日月阴阳……"苗蛮系统的其他两个民族：苗族、畲族，也都有丰富的盘古神话流传。

苗蛮系统盘古神话来源的文化底蕴，一般可以从两个方面分析：一方面，根据史籍，苗蛮系统的主要来源是九黎集团，九黎集团与东夷有千丝万缕的关系，而东夷同样是以鸟为图腾的族群。有鸟而有卵，有卵而会联想到天地人物的卵生。燕宝整理、译注的《苗族古歌》[①]叙述，远古有一个"申狃蛋"，在乌云的孵化下生出一个"高脚崽"，

高脚崽力大无穷，脚踢一下蛋壳儿，蛋里阵阵在掀动，掀动撕成两大块：一块蹦起升上去，一块坠落掉下来，变成薄薄两大块。

这两大块就是天和地，而天地之间还有一脚踢开天地的"高脚崽"，

申狃蛋生高脚崽，高脚崽崽力气大，给他取名叫盘古，盘古是个

[①] 燕宝整理、译注：《苗族古歌》，贵州民族出版社1993年版。

英雄汉。

这则神话与《三五历纪》所记载的盘古神话已经很相近。至于"盘古"之名谁先谁后,因为缺乏相关的资料,无法判断。

另一方面,苗蛮系统特别是以后的瑶族、畲族在形成过程中,可能也吸收了百越包括山越等的成分,融入了越人的鸟文化、卵文化。

根据史料记载,楚建立政权时,瑶族先民大部分居于湘、资、沅流域,小部分居于洞庭湖、鄱阳湖沿岸。楚悼王时,吴起"南并蛮越",瑶族先民一部分南入五岭,西进黔地。东汉三国及以后,又大量向南向西流徙。据《隋书·地理下》记载:

> 长沙郡又杂有夷蜒,名曰莫徭。自云其先祖有功,常免徭役,故以为名……武陵、巴陵、零陵、桂阳、澧阳、衡山、熙平皆同焉。

其中的桂阳,据上海辞书出版社1978年出版的《辞海·地理分册(历史地理)》所云,为汉高帝时置的郡,治所在今郴州,辖境向南已包括北江流域。由此,说南朝梁时南岭以南古南海郡故地已有瑶族先民居住,在正史上也可以找到依据。从任昉所谓"南海中有盘古国,今人皆以盘古为姓"延伸,说瑶族传统文化中包括盘古神话在内,当是可以成立的。

五 盘古"血为淮渎"与华夏/汉族盘古文化

另外,明代董斯张《广博志》卷九引《五运历年纪》关于盘古的记载,有盘古之君死后"血为淮渎"的叙述。古代称江、河、淮、济四水为"四渎",淮渎即古淮水,今称淮河,由此淮河流域也当构成了盘古神话的流传地。淮河的发源地桐柏山区同样流传不少活形态盘古神话,说是古籍记载盘古神话可能的原始采录地之一,也是可以成立的。

值得一提的是,桐柏山区历史上也可能与苗、瑶先民有关系。据《南史》记载:

> 荆、雍州蛮,盘瓠之后也,种落布在诸郡县……蛮无徭役,强者又不供官税。结党连郡,动有数百千人……所在多深险。

其中的雍州，同样据上海辞书出版社 1978 年出版的《辞海·地理分册（历史地理）》所云，为南朝宋元嘉二十六年（449）割荆州北部为境而置，治所在襄阳，辖境往东北达今河南泌阳，"雍州蛮"所在之"深险"当包括桐柏山区。如是，桐柏山区流传的盘古神话是否与"盘瓠之后"的雍州蛮即苗、瑶先民有关，当为一悬案。

更大的悬案还在于，由于瑶族有盘古文化又有盘瓠文化，又由于依据的史料不同，学界对瑶族盘古与盘瓠的关系，以及盘古文化是否为瑶族原生文化等仍有不少争议。湖南学者彭官章《盘古即盘瓠说质疑》① 以瑶族文献《过山榜》为依据，指出在瑶族中，

> 唐以前盘古盘瓠两相分明互不混同……瑶族信仰中只有盘瓠而没有盘古……唐初，盘古名字纳入《过山榜》……宋初，盘古成为瑶族崇拜对象之一，并被纳入瑶族祖先行列。

他认为，"盘古只是瑶族信仰的外壳，而盘瓠才是瑶族信仰的核质"。湖南另一位学者、出身瑶族的李本高在《盘瓠与盘古刍议》② 中也指出：

> 瑶族也祭祀盘古，但只把盘古作为象征性的神祇加以祭祀……瑶族祭祀盘古的时间也较晚，据《评王卷牒》载瑶族祭祀盘古始于宋，有些地区还要晚。

《评王卷牒》亦即《过山榜》，是瑶族同一类文献的不同称呼。是唐以前瑶族没有盘古信仰，还是有盘古信仰而因为盘瓠信仰更突出所以《过山榜》被忽略了？可能还得深入探讨。

彭、李两位学者均认为瑶族盘古文化来自汉族的影响。的确，汉文典籍最早记载了盘古神话，并通过汉文化的影响广泛传播了盘古神话，这是无疑的，但只是下延。往上呢？似乎还得沿着华夏/汉族这条线，追溯一下盘古神话在华夏/汉族文化中的根。

前面已经谈及，上述关于盘古的叙事，在其前汉文典籍里大都有迹可

---

① 彭官章：《盘古即盘瓠说质疑》，《广西民族研究》1988 年第 2 期。
② 李本高：《盘瓠与盘古刍议》，《民族论坛》1988 年第 2 期。

循，《老子》《庄子》《淮南子》等的相关论述，无论在文化底蕴还是叙事形式上均下启关于盘古的叙事，前后应该是一脉相承。以下再作一点具体的阐释。

回过头来看上面引述的几则盘古神话，或许能找出几个关键词，例如元气、鸡子、阴阳、嘘吹、昼夜、肢体等。似乎可以从这几个关键词入手，分析一下盘古神话里华夏/汉族文化的内涵。

"元气"见于《太平御览》卷一所引《三五历纪》及《五运历年纪》，此两书在不同的辑本里辑录的文字常有差异。《太平御览》卷一所引《三五历纪》开头为：

> 未有天地之时，混沌状如鸡子，暝涬始牙，濛鸿滋萌，岁在摄提，元气肇始。

《五运历年纪》更作了发挥：

> 元气濛鸿，萌芽始兹，遂分天地，肇立乾坤，启阴感阳，分布元气，乃孕中和，是为人也。首生盘古……

这是盘古出现以前的宇宙混沌之状，采用了华夏/汉族传统的"元气"说。元气是中华传统文化重要范畴，表示混沌未分时的实体，或产生和构成天地万物的原始物质。较早谈及元气的是《鹖冠子》。据《汉书·艺文志》载，《鹖冠子》作者为战国时"楚人"，"居深山，以鹖为冠"。应劭《风俗通义》佚文也有类似记述，其书"泰录"篇云：

> 天地成于元气，万物乘于天地。

西汉《河图》云："元气无形，汹汹蒙蒙，偃者为地，伏者为天。"东汉王充《论衡·谈天》云："元气未分，浑沌为一。"可见元气说文化底蕴之深厚。

至于"鸡子"之语，东汉张衡《浑仪图注》也已用过，其书在阐述"浑天说"时云：

> 浑天如鸡子，天体如弹丸，地如鸡中黄，孤居于内，天大而地小。天地都乘气而立，载水而浮。

此说曾长期支配中华传统文化的宇宙结构观。

元气如何形成天地，《三五历纪》沿袭了传统的"阴阳变化"之说，即"阳清为天，阴浊为地"。此类表述已先见于西汉《淮南子·天文训》，曰"清阳者薄靡而为天，重浊者凝滞而为地"，再经上述《河图》等发挥，逐渐而为经典。

元气分天地、孕中和而"首生盘古"，此盘古之君，据明代董斯张《广博志》卷九引《五运历年纪》载，是"龙首蛇身，嘘为风雨，吹为雷电，开目为昼，闭目为夜"。这又与《山海经·海外北经》中烛阴的形象很相似。烛阴的形象是：

> 视为昼，瞑为夜，吹为冬，呼为夏……息为风。身长千里。

而更具体的清代马骕《绎史》卷一所引《五运历年纪》中盘古"垂死化身"，与中华传统文化的"天人合一""天人感应"等有千丝万缕的联系。盘古"化身"身体各部分所化万物的编排，与前述《黄帝内经》以及汉代董仲舒《春秋繁露》中人身各部位与天地相副的编排十分相似。董仲舒《春秋繁露》里《人副天数》篇写道：

> 天地之精，所以生物者，莫贵于人；人，受命于天也，故超然有所倚……人有三百六十节，偶天之数也；形体骨肉，偶地之厚也；上有耳目聪明，日月之象也；体有空窍理脉，川谷之象也；心有哀乐喜怒，神气之类也……故人之身，首妢而员（圆），象天容也；发，象星辰也；耳目戾戾，象日月也；鼻口呼吸，象风气也；胸中达和，象神明也；腹饱实虚，象百物也……皆当同而副天一也。

到了这里，已经无法再谈论盘古神话始作者是谁了，也许，下面这样的概括可能更具有合理性，即从《三五历纪》《五运历年纪》《述异记》等古籍所记载的各种异文来看，盘古神话可能不仅在某一地区某一族群产生和流传，而且在多个地区多个族群产生和流传，具有多种类型、情节和文化底蕴，并且在流传的过程中可能融合了不同民族乃至域外的文化因素，形成了层层叠叠的结构。这样的概括也许有些笼统，但可能也是最合乎实际情况的。

到了这里，也无须再谈论盘古神话来源于印度的"西来说"了。或许前举印度梵天神话在某些方面影响了盘古神话，但由于上述如此多的盘古神话的中华传统文化与叙事结构的底蕴，无论如何也得不出盘古神话来自"西天"的结论，它的根在中华各民族。

六　盘古神话与道教

晋时，道教大家葛洪把盘古推为道教第一主神——元始天王。他在《枕中记·元始上真·众仙记》中说：

> 二仪未分，天地日月未具之时，已有盘古真人，自号元始天王，游乎其中，后与太元圣母通气结精，生扶桑大帝、西王母、天皇，天皇生地皇，地皇复生人皇。庖羲、神农、祝融、五龙氏皆其后裔。

以后，随着道教的传播，盘古神话更加流行开来，渗透到各地民间生活中去。盘古也被纳入古史系统里，置于三皇之前，从而最后完成中国古史"自从盘古开天地，三皇五帝到如今"的定型。

第 三 章
人类起源神话

《太平御览》卷一所引《三五历纪》，已经谈到人类起源，即元气肇始：

> 清轻者为天，浊重者为地，冲和气者为人。故天地含精，万物生化。

这里的"冲和气者"，明显与《老子》四十二章"冲气以为和"相呼应，意为阴阳或清浊二气涌摇交荡而成的和气生化人及万物。这是汉文典籍中关于人类起源的较早的清晰描述。

关于人与万物的起源，应该说在老子"道生一，一生二，二生三，三生万物"里已有所触及，"万物"者，当然包括人类在内，只是没有明确标出"人"而已。到了《庄子·知北游》，人由何而来有了明指，即，

> 人之生，气之聚也；聚则为生，散则为死……故曰：通天下一气耳。

至前引《三五历纪》，可以说一脉相承，描述逐渐深化，逐渐具体，逐渐勾画出中华传统文化的一幅清晰的天地人类起源图。

在先民的心目中，天的秩序、地的秩序与人的秩序有一种神秘互渗的对应关系，按照中国古代哲学家的解释，即所谓"天本诸阳，地本诸阴，人本中和。三才异务，相待而成"（东汉王符《潜夫论》）。因此，在一个民族比较成熟的神话体系里，开天辟地神话以后往往就是人类起源神话，两者常常难分难解地交织在一起。在南方民族先民为树立族类的神圣性而

创造的神话序列中，人类起源神话直接关乎族类始祖的神圣性，因而往往更贴近族群的生活，并且往往更具有权威的地位。

第一节　氐羌、百濮系统人类起源神话

南方民族中，氐羌、百濮系统一些民族父子连名制系谱的相关叙述，突出地体现了更贴近、更权威的特点。这些叙述依据族群栖息环境纵横开阔，演绎出一个个关于人类起源的神奇故事；它们记载在系谱里，随着系谱的延伸成为一代又一代传承的神圣叙事。它们呈现出缤纷的色彩。

一　彝、纳西生命演化的本原与环节：气、雪、火、水

《太平御览》卷一所引《三五历纪》关于天、地、人起源的叙述，在彝族文献《西南彝志》（成书于1664—1729年）中得到进一步的阐释。其书《创世志·天地进化论》写道，天、地、人的本原是清浊二气，三者由清浊二气演化而生：

> 天未产生时，地也不曾生，大空空的呢，大虚虚的呢。后来变化啦！出现了清气，清气青幽幽；出现了浊气，浊气红殷殷。清气升上去，升去成为天；浊气降下来，降来成为地……哎与哺结合，人类自有了。有血又有气，有生命会动。[①]

彝语中的"哎"与"哺"，即由清气、浊气所形成的影与形，即说人类是由清气、浊气形成的影与形相结合而生成的。其书《谱牒志·德施氏源流》将此说作为德施氏源流的起点放在最前面，并作了更具体更细致的编排：

> 天地未产时，混混沌沌的，空空旷旷的；阴与阳二者，二者相结合，产生了清气，产生了浊气。
>
> 阴与阳二者，二者相结合，哎（影）样样产生，哺（形）门门出

[①] 贵州省民族研究所、毕节地区彝文翻译组翻译：《西南彝志选》，贵州人民出版社1982年版，第11—12页。

现……哎翻而为天，哺翻而为地……

　　天上降雨雪，地上有江河。魑与魅出现，人兴于丛林。会动有生命，有血又有气，人始希慕遮。

　　希慕遮乃一，遮道古乃二，古珠诗乃三，诗雅立乃四……①

这里，阴阳结合依次产生清气、浊气，哎（影）、哺（形），进而演化而生天地，由天地而生雨雪、江河，而生人类始祖希慕遮。再后，希慕遮传三十一代而生彝族祖先笃慕，由笃慕而传彝族六祖（六个分支的祖先）。六个分支之一就是德施氏。

在此叙述中，气本原说贯串了天地、雨雪、江河、人类等的起源，初步形成了一个系统。同样，与天地形成神话相似，阴、阳、清、浊的相互作用也是人类起源的基本动力。

气本原说人类起源神话，在纳西族东巴文字系谱与经籍里得到了更丰富的演绎。纳西族记述父子连名制世系的篇章，其开篇例话往往都要追溯人类起源。明代丽江木氏土司的家谱《宦谱》里，人类起源神话用象形文字记载，一幅图一句话，一共十一句，每句译意依次是：

　　人类的蛋产生于天，人类的蛋孵化于地，人类的躯体最初混沌不分，最初人类的躯体渐渐热起来，最初人类的躯体变出了气，热的气体变成了热的露珠，热的露珠结成了六点，其中一点落入大海中，恨时恨忍出现了，恨忍拉忍出现了，拉忍美忍出现了……②

这样一个神话，在和芳讲述、周汝诚译的东巴经《崇搬图》中另有表述：

　　最初期间，上面高空有声音震荡着，下面有气体蒸酝着，声和气相互感应，化育为三滴白露，由白露化育，变成三个黄海。一滴露水

---

① 贵州省民族研究所、毕节地区彝文翻译组翻译：《西南彝志选》，贵州人民出版社1982年版，第165—166页。

② 转引自肖万源、伍雄武等主编《中国少数民族哲学史》，安徽人民出版社1992年版，第261页。

落在海里，就生出恨时恨忍……①

老一辈学者李霖灿考释纳西族象形文字的含义时曾指出，早期纳西族认为天地交泰而生人类和万物，但天地交泰借助于气，由气而交泰，此气分为"天之气"和"地之气"。云南学者李国文分析，这里高空的声音即为"天之气"，下面的气体即为"地之气"，声和气相互感应即为"天地交泰借助于气"，由此人类产生，隐含"人之生，气之聚"、阴阳气交而生人类的表述。综合各说，纳西族人类起源神话内容可以概括为：人类根源于气，产生于天地，脱胎于蛋卵，演生于水。过程是：天之气与地之气相交和而生出人类蛋卵，然后经过水而化生人类。②

在自然界，天上能飞、地上能走、水上能游的鸟类等不少动物都脱胎于蛋卵，这大概是纳西族先民卵生人神话的生活基础；而野鸟等产卵大都在水滨，故东巴经凡叙述人类脱胎于蛋卵的同时，几乎都要提到露、海、云、水等，演绎了人类演生于水的观点。

除了气交直接孕育人类的叙述以外，气本原说人类起源神话，在氐羌系统各民族中还得到了更丰富的发展，从气态延伸到固态（雪）、液（水）态，呈现出更多的形式。

南方民族地区地势由东至西、由南向北逐渐上升，氐羌系统居于最高点，不少民族人类起源神话带有高原特色。四川雷波彝族的杨姓土司系谱叙述：

初有天地时，天地都变了颜色，天色白了，地色黑了，沟色红了，降下白黑红三种白雪，雪生人，名娃支，二世名娃支娃五……一直传承到在世的土司。③

这里说人类产生于天上降下的雪。彝族先民栖息于大小凉山、乌蒙山等高寒山区，常与冰雪为伴，故有"雪生人"的说法。

---

① 和芳讲述，周汝诚译：《崇搬图》，丽江文化馆印，1963 年，第 26 页。
② 肖万源、伍雄武等主编：《中国少数民族哲学史》，安徽人民出版社 1992 年版，第 265 页。
③ 转引自徐嘉瑞《大理古代文化史》，云南人民出版社 2005 年版，第 136 页。

流传于大小凉山的彝族神话史诗《勒俄特衣·雪子十二支》① 对这一过程作了更详细的叙述：

> 天上降下梧桐来，霉烂三年后，起了三股雾，升到天空去，降下三场红雪来，降到地面上。九天化到晚，九夜化到亮，为成人类化，为成祖先化。作了九种黑白醮，结冰成骨头，下雪成肌肉，吹风来做气，下雨来做血，星星做眼珠，变成雪族的种类。有血的六种，无血的六种。

有血的六种包括了人类。史诗中，先是天上降下梧桐，梧桐霉烂形成雾又升到天上，形成雪再降下来，雪的生成经历了从天到地、从地到天、从天又到地的过程；最后，还经过风、雨、星星的作用，才变成包括人类在内的雪族种类。这样神秘复杂的程序，大概意在说明雪族种类是经过天地自然种种磨炼才生出来的，具有无可比拟的神圣性。它的生活基础，当与彝族栖息环境的高耸险峻相联。

这样的神圣性延续到雪族种类肌体的构成，是冰成骨头，雪成肌肉，风来做气，雨来做血，星星做眼珠。骨头是冰而坚，肌肉是雪而软，而且呼出的气、身上的血、头上的眼，都是宇宙精华而化。雪族种类肌体这样的构成，冰清，雪洁，是中华民族传统的天人合一观念别开生面的具象体现。

然而，这里由冰雪以及聚宇宙精华而成的人类，只是人类的完成时，人类最初的基始"祖灵"，在彝族传统观念中最早是以"火"的形式出现。史诗更往前的部分叙述：

> 天上掉下祖灵来，掉在恩接介列山，变成熊火在燃烧，九天烧到晚，九夜烧到亮，白天燃得浓烟冲天，晚上燃得光芒万丈，天是这样燃，地是这样烧，为了起源人类燃，为了诞生祖先烧。

这熊熊的火，燃出了人类诞生的第一步。由此人们不难理解，为什么

---

① 《凉山彝族奴隶社会》编写组编：《勒俄特衣》，载《凉山彝文资料选译》第一集，西南民族学院印，1978年。

说彝族是"火的民族",为什么彝族最盛大的节日是"火把节",其深层文化基因当植根于此。其生活基础,自然与彝族多居高寒山区、长期与火相伴有关。他们这种生活情景以及由此萌发的观念形态,在他们广泛流传的《祭火神》里得到充分的体现。这首祭歌叙述:

> 火伴行人行,火是驱恶火。火伴家人坐,火是衣食火。火光多热乎,火是人魂窝。
>
> 猎人带身上,火保佑猎人……妇女带身上,保佑一家人……

伴行,驱恶,保暖,熟食……直至灵魂的寓所,灵魂的载体,彝族先民心目中火的各种形象及其发展脉络似乎十分清晰,可以说与《勒俄特衣·雪子十二支》所述遥相呼应。各地彝族还有不少崇火风俗。四川凉山彝族把生火之灶"锅庄"视为神圣,严禁人畜践踏或跨越,节庆加以祭祀,投少许肉、酒于火塘,以表敬意。①

又回到冰雪。彝族"天雪变人"的神圣性,在另一部神话史诗《梅葛》②里升级为天上的雪具体为格滋天神所撒。这部史诗叙述,天造成了,地造成了,万物有了,昼夜分开了,格滋天神来造人了,

> 天上撒下三把雪,落地变成三代人……

雪变之人也由天的子民变为具体的天神的子民。

《勒俄特衣》的雾升到天空去,"高处不胜寒",凝结成雪降下来;而彝族另一部史诗《查姆》③的原始混沌的雾露缥缈于大地,则另有一番景象。这部史诗叙述,雾露里有地,雾露里有天;雾露变气育万物,万物生长天地间……

---

① 《祭火神》转引自马学良、梁庭望、张公瑾主编《中国少数民族文学史》(上册),中央民族学院出版社1992年版,第50页;火塘崇拜资料于1986年8月1—8日在四川凉山州西昌、美姑等地进行田野作业并采访阿鲁斯基、曲比石美、曲比呷呷、曲比索摩等彝族人士时记录。

② 云南省民族民间文学楚雄调查队搜集、翻译、整理:《梅葛》,云南人民出版社1959年版。

③ 云南民族民间文学楚雄、红河调查队、施学生翻译,郭思九、陶学良整理:《查姆》,云南人民出版社1981年版。

雾露飘渺大地，变成绿水一潭，水中有个姑娘，名叫赛依列。

在史诗中，赛依列是龙王的姑娘，但形式上显示"水生人"。跟《勒俄特衣》《梅葛》的"雪变人"一样，《查姆》的"水生人"也是彝族先民"生命源于水"的朴素观念的形象显现。前引彝文史籍《西南彝志》里的《谱牒志·德施氏源流》开头描述，天地未生时，混沌中阴阳二者相结合，与魂本出为一的"哎（影）样样产生，哺（形）门门出现"，然后才"天上降雨雪，地上有江河"。由此彝族先民心目中的水包孕着灵魂，包孕着生命。

彝族崇火，也同样崇水，很多地方至今还保留对水源的祭祀活动。农历正月初一的早上，每家都会到平时取水的水源地方插上一炷香，放上一片肉，祈求水源长流；农历二月属龙日祭拜水，祭拜龙，当日由村中长老主持清理沟渠水塘，杀猪宰羊祭拜水和龙后集体野餐。这样的水崇拜与天或天神崇拜结合起来，演绎出一幕幕人类起源的神圣叙事。

人类水变或水生型式，在怒族、独龙族神话里也得到体现。怒族《雨水变人》讲述，人是天神的眼泪（雨水）所变，怒族就是天神眼泪"闷有西"（男）和"闷有娣"（女）所繁衍的后代。最有特色的是独龙族《卡窝卡蒲分万物》所说，雪山之神卡窝卡蒲将雪化成清水洗濯万物，把万物分别开来，水中出现一男一女，他们结合繁衍人类。

二 德昂族的茶崇拜与茶始祖

把民族某种崇拜物与天崇拜结合起来演绎人类起源神圣叙事的，还有流传在德宏州的百濮系统德昂族的古歌《达古达楞格莱标》[①]。这部古歌叙述，人类的始祖是天上的茶叶变的。这种神圣叙事源于当地人们独特的茶文化氛围。云南遍产名茶，云南各族人民种茶爱茶，德昂族更把茶当作"命根"。

历史上，德昂族以善于种茶和喜爱饮茶闻名，被誉为"古老的茶农"。德昂族曾经几次大迁徙，每到一地先种茶树，每离一地总会留下大片茶

---

① 陈志鹏整理：《达古达楞格莱标》，《山茶》1981年第2期。德昂族种茶崇茶资料于2007年11月22—29日在云南德宏州潞西、盈江等地进行田野作业时记录。又见黄光成《德昂族文学简史》，云南民族出版社2002年版。

林。盈江县铜壁关附近德昂人以前居住过的地方，有成片的他们当年种植的茶林，茶林里有树龄在千年以上的老茶树；瑞丽市户育乡的雷弄山上，德昂人留下好几片茶林，尽管现在已经很少有德昂人居住，但当地仍称之为"崩龙"（德昂族的旧称）茶山。如今德昂人居住的村寨旁、园地边，更是茶树成林，茶叶飘香。

德昂族日常生活中，饮食起居、社交活动、信仰禁忌、人生礼仪是绝对少不了茶的。重要的茶的名目有择偶茶、提亲茶、定亲茶、迎客茶、敬客茶、送客茶、回心茶、和睦茶、唤魂茶、建房茶、认干爹茶等，茶几乎伴随了他们生活与交往的每一项重要内容。

德昂族民间传说里，茶种的来历充满了神秘的色彩。相传，茶种是一个名叫姐苏的从太阳出的那方来的人带回的。他被德昂王子招为女婿，有一次出游回来时听到一条河的岸边树枝飕飕作响，随即掉下一只鸟儿，尖叫一声死去。姐苏感到奇怪，便取了鸟的嗉囊而归。据说此鸟为天上赐给姐苏之宝。到家后，姐苏将鸟的嗉囊递给王子，王子打开一看，是一包茶种。王子之母是一位盲人，她出于好奇用手试摸一下，谁知一摸眼睛突然亮起来了。德昂族因此称茶叶为"牙有"，即德昂话"老妈妈眼睛亮了"的意思。于是德昂人开始种茶。由此，德昂族茶文化呈现出从种到食再到崇的多层次形态。

生活中如此重要而又如此神秘的茶叶，德昂先民把它神圣化很自然。或许由于长期饮茶而产生的"人茶一体、精灵相通"的观念，德昂先民创造了一些人类始祖由茶叶而变的神话、古歌，《达古达楞格莱标》便是其中最著名者。这部古歌叙述，很古很古的时候，大地一片浑浊，而天上美丽无比，到处是茂密的茶树。为了让大地也长青，一棵小茶树向万能之神帕达然表示愿到"天下去把路闯"。

> 小茶树的话还没有说完，一阵狂风吹得天昏地暗，狂风撕碎了小茶树的身子，一百零两匹叶子飘飘下凡。
> 天空雷电轰鸣，大地沙飞石走，天门像一支葫芦打开，一百零两匹茶叶在狂风中变化，单数叶变成五十一个精悍小伙子，双数叶化为二十五对半美丽姑娘。

小伙子和姑娘来到大地，舍掉身子，把大地铺厚，把千山万水铺绿。

"德昂山的泥土肥沃喷香，因为它是祖先的身躯铺成"；"从此大地一片生机，到处郁郁葱葱"。最后，最小的妹妹亚楞和最小的弟弟达楞留在大地，"岩洞深处度时光"。

> 太阳出了又落，月亮缺了又圆，达楞和亚楞有了儿子和姑娘，世代繁衍人口兴旺。

从此有了人类。德昂族至今传唱："茶叶是德昂的命脉，有德昂的地方就有茶山。茶叶和德昂一样代代相传，德昂人的身上飘着茶叶的芳香。"这部古歌所演绎的"天降茶叶化为人类始祖"的叙述，形成南方民族创世神话中一种独具魅力的类型。

三　佤、布朗、拉祜、阿昌的葫芦生人

德昂族人类始祖由茶叶而变的叙述富于特色，而氐羌、百濮系统与植物相关的人类起源神话，最具典型意义的是葫芦生人的故事。

中华民族葫芦文化历史悠久。《诗经·大雅》里叙述周民族源起、发展历程的组诗之一《绵》开头就是："绵绵瓜瓞，民之初生"，这或许只是一种起兴，以瓞成瓜比喻周人渐强渐盛；但也有可能为某种神话叙事的概述，意即人类由"瓜瓞"中"初生"。如为后者，人们则会很容易想到葫芦，毕竟，葫芦是"瓜瓞"里最形似母体的。

南方民族葫芦文化源远流长。1989年，人们在浙江嘉兴大坟新石器时代遗址发掘出一件人像葫芦陶瓶。学者认为，它可能属于崧泽文化（大体与河姆渡文化晚期后阶段同时，距今5000多年）类型。瓶呈三节葫芦形，上小下大，顶部塑一人头像，人头像的造型为小头长颈，脑后有外凸微上翘的发髻。从塑像的整体造型看，可能为一象征母性的陶偶，是葫芦崇拜的产物。[①]

在西南边陲云南，也有不少关于葫芦的考古发现。在昭通鲁马厂新石器遗址中，发现了葫芦形的陶器；在江川李家山可能是西汉滇国时期王族古墓葬的遗址中，也出土一尊斑铜五孔葫芦笙。葫芦笙上部为曲管，顶端

[①] 吕大吉、何耀华总主编：《中国各民族原始宗教资料集成·考古卷》，中国社会科学出版社1999年版，第322页。

饰小立牛；下部为匏瓜葫芦形，造型简洁，精美，极富民族特色。

在沧源崖画画面上，据学者分析，也有关于葫芦的内容。其中，最典型的是第六地点 5 区图像。从视觉直观效果初步分析，主体图像是表现从一个巨大的三角形、椭圆形叠合的低洼地中走出一个小人。沧源崖画早期的发现和研究者汪宁生认为，这幅图像是以山洞图形为中心，有从洞中正在走出的人形；2007 年年初岩画学博士范琛等到沧源崖画点考察时发现，该图像右半部被雨水冲刷后缺损了一部分，其原形应是一个横置的阿拉伯数字 8 字形，图像还原后显然是葫芦的横置形象。他们通过图像上残缺的痕迹来推测原形，认为图像表现的是葫芦出人，是对神话演示仪式的记录。①

沧源崖画可能与古濮人有关，如按照上述分析，则古濮人有葫芦崇拜的传统。此说在历史文献中得到佐证。前述东晋常璩《华阳国志》"元隆神话"里哀牢山下触沉木而生十子的妇人名曰"沙壶"（《后汉书》作"沙壹"），有学者认为就是"成熟的葫芦"；如果说这还有疑问的话，那么清代《东华全录》等册籍对古濮人后裔佤族先民以葫芦为崇拜对象的记载就很明确了。《东华全录》卷二十三载：

> 乾隆十一年（1746）三月壬辰……云南总督张允随奏："永昌东南徼外，卡佤葫芦酋长蚌筑禀称……"

葫芦酋长，当为以葫芦为族称的部落酋长，葫芦崇拜不言而喻。乾隆五十二年（1787）完稿的《清朝文献通考》卷二百九十六《四裔考》进一步记载：

> 葫芦国，一名佧佤，界接永昌府东南徼外。

以葫芦为国名，更引发人们对该"国"葫芦崇拜之风无垠的想象。

与葫芦崇拜相伴的是葫芦出人的神话。葫芦神话在保存至今的汉文古籍中尚未发现，但在南方各民族中普遍以活形态流传。南方民族流传到现

---

① 付爱民、范琛：《沧源岩画出人葫芦图形与佤族〈司岗里〉神话的比较》，载《中国佤族"司岗里"与传统文化学术研讨会论文集》，云南人民出版社 2009 年版。

在的葫芦神话，大都已经跟洪水神话结合，变孕育人种为保护人种，但在百濮系统、氐羌系统一些民族中，仍有一些比较原始的孕育型的形态留存。与前述的雪、茶等一样，在百濮系统的佤、布朗、德昂以及氐羌系统的拉祜、阿昌等民族中留存的这类神话里，葫芦或葫芦籽以及打开葫芦的角色大都有神秘的来历，体现出葫芦生人的神圣性。

例如：流传于沧源等地的佤族神话史诗《葫芦的传说》[①]叙述，很古很古的时候，遥远的天边飘来一只小船，小船由马鬃蛇用尾巴摇摆，船上载有一个金光闪闪的葫芦和一头黄牛。船儿飘了千万年，黄牛饿了就舔葫芦，葫芦被舔开，籽籽飞上最高的山峰西岗。葫芦籽长苗钻出地面，发叶，爬藤，"葫芦生在西岗"。孔雀发现了葫芦，小米雀找到了葫芦眼，

> 小米雀啄葫芦，整整啄了九年，葫芦开了洞，洞口对蓝天。
> 百鸟飞来看，是人类在里面；百兽爬不上，什么也看不见。
> 花豹蹲在洞口，打着毒辣的算盘，当人类跳下葫芦，花豹猛扑上前……
> 小米雀心灵眼尖，飞啄花豹的双眼；花脸狗咬住尾巴，花豹痛得打转转。
> 人从葫芦里出来，把花豹撵进深山；人从葫芦里出来，站满了西岗山。

这部神话史诗原名《西岗里》，与佤族另一部流传在西盟等地的神话《司岗里》应是同源异文。两者篇名均为佤语音译，微差当为方言之别；两者结构暗合，最大的不同是《西岗里》是葫芦出人，《司岗里》是山洞出人，其他如小米雀啄、花豹守等则完全相同。因为小米雀的功绩，近现代佤族仍将其奉为神明，在建房等活动中加以敬祀。

流传在双江县的一则布朗族神话叙述，一只花葫芦从勐茅的大湾塘（海洋）漂到勐好（布朗人住的地方），一只白鼠啃通了葫芦，葫芦的籽籽变成人走出来，他们是布朗人、傣人、汉人、佤人、拉祜人。[②]

这则神话与上述佤族《葫芦的传说》在结构上也有点相似，或许它们

[①] 刘永楒、陈学明整理：《葫芦的传说》，云南民族出版社1980年版。
[②] 转引自王国祥《布朗族文学简史》，云南民族出版社1995年版，第66页。

都源于古代百濮系统未分化之前的某个原初形态。

流传在云南临沧地区的德昂族神话《人类起源》叙述，远古时，所有的人都居住在一个大葫芦里，后来，雷神劈开了葫芦，人们走了出来，成为德昂、汉、傣等各民族的祖先。①

这里，打开葫芦的角色由动物变成了雷神，当是一种发展形态。

在氐羌系统拉祜族、阿昌族神话里，葫芦的来历被赋予更多的神圣色彩。流传于邻近佤区的澜沧等地的拉祜族神话史诗《牡帕密帕》②叙述，葫芦籽是天神厄莎撒下的，葫芦籽生藤开花结葫芦。野牛踩断葫芦藤，葫芦滚落海里。厄莎做了一对螃蟹，螃蟹用两个夹、八只脚夹回葫芦。厄莎叫来小米雀啄葫芦，"小米雀啄了三天三夜，葫芦照旧硬邦邦"；厄莎又叫来一对老鼠，

老鼠啃了三天三夜，葫芦壳出现两个洞，葫芦人从洞里爬出来，一男一女笑哈哈。

于是，厄莎"奖励小米雀吃谷子，奖励老鼠吃白米"。这里，尽管葫芦籽是天神厄莎所撒，但葫芦出人这一环节与佤族相似，还是依靠小米雀啄、老鼠啃，显示这一板块各民族神话可能互相吸收、互相影响。也与佤族相似，葫芦、老鼠在拉祜族人民生活中享有崇高的地位。澜沧拉祜族自治县政府大门两侧，各塑一个大葫芦，纪念葫芦孕育人类的不朽功绩；拉祜族具有民族特色的传统图案之一，是一个葫芦上蹲着两只老鼠，标志老鼠啃葫芦让人类出生。

阿昌族神话史诗《遮帕麻和遮米麻》③叙述，葫芦籽是天公遮帕麻和地母遮米麻结合生下的，他们种下葫芦籽，

九年葫芦才发芽，发芽九年才开花，开花九年才结果，结了一个葫芦有磨盘大。

---

① 转引自桑耀华主编《德昂族文化大观》，云南民族出版社1999年版，第118页。
② 扎莫等唱，李娜儿、李玉琼等译，刘辉豪整理：《牡帕密帕》，云南人民出版社1979年版。
③ 赵安贤唱，杨叶生译，兰克、杨智辉整理：《遮帕麻和遮米麻》，云南人民出版社1983年版。

遮帕麻走到葫芦下，葫芦里面闹喳喳，剖开葫芦看一看，跳出九个小娃娃。

他们分别是汉、傣、白、纳西、哈尼、彝、景颇、崩龙（现称德昂）、阿昌等民族的祖先。这里，剖开葫芦的是天神遮帕麻，已经没有动物的作用。前面已经谈及，阿昌族遮帕麻和遮米麻形象在神话里从始祖到巫祖再到天神，有一条比较清晰的脉络，葫芦出人基本情节是他们处于始祖阶段时的神话的一个部分，在发展中继续留存。

葫芦成为孕育人种的神圣母体，当与葫芦的作用、形态、性能有关。在碳14测定年代为公元前5000—前3300年的浙江河姆渡遗址出土的植物遗存中，除了大量的稻谷堆积外，引人注目的还有葫芦种子，说明葫芦在远古时期南方民族先民植物驯化史上名列前茅。[①] 约编成于春秋中叶的《诗经》里，关于种植、食用葫芦等的描述出现多处。《小雅·南有嘉鱼》说：

　　南有樛木，甘瓠累之。

"樛木"是弯曲的树木，"瓠"是葫芦，"累"是缠绕。葫芦的藤蔓缠绕在树上，硕果压弯树枝，一幅多么繁茂蓬勃的景象！《小雅·瓠叶》说：

　　幡幡瓠叶，采之烹之。

新鲜的葫芦绿叶，采来细心烹煮，煮出来的汤该多么鲜美、香甜！

葫芦味美，形如母体，这些都是葫芦赢得先民青睐、崇敬乃至神圣化的缘由；但还有一个可能引起先民关注、想象的延伸点，就是河姆渡遗址出现过的葫芦籽的神秘作用。

葫芦是一种多籽的植物，每一粒种子都能孕育新的生命，按照原始思维"互渗"的特点，葫芦籽能够孕育葫芦苗，也能感应孕育其他的生命；尤其是葫芦被神圣化了以后，其种子更被赋予无限的能量，以至负载着宇宙自然的生生不息。傣族神话《布桑该与雅桑该》，就形象地体现了先民对葫芦种子的神秘感。神话叙述：

---

① 游修龄：《葫芦的家世——从河姆渡出土的葫芦种子谈起》，《文物》1977年第8期。

英叭神给布桑该与雅桑该一个葫芦，里面盛有各种籽子和生命，一共有一亿一千多种生命在活动。他俩把葫芦带到大地，撒向天空、大地、山野和海洋，变成世界上的万物。①

由此，神秘的葫芦种子寄托了族群的繁衍、传承，寄托了生命的充实、永存。

在拉祜、阿昌等民族那里，葫芦籽更与天神联系起来，或者说是天神撒下，或者说是天神生出，从而更具有了神圣的性质；葫芦崇拜也与天神崇拜结合起来，产生更多的信仰风俗。

例如，直到现在，一些地方的拉祜族，还把葫芦作为天神厄莎赐给的圣物加以敬祀。他们屋前屋后栽种葫芦，有的还把葫芦挂在墙上，作为吉祥的象征。最有意味的，是把葫芦做成葫芦笙，在祭祀厄莎时边吹边跳，据说这样就可以通达厄莎，获得厄莎的某种恩赐，把葫芦神秘的功能发挥到极致。②

这里，让人们不禁又回顾前述江川李家山滇国王族古墓葬遗址中出土的斑铜五孔葫芦笙。葫芦顶端饰小立牛，造型精美，当蕴含不少今人难以精确解读的意味吧。

四 哈尼族神圣的鱼鳞

茶叶变人、葫芦生人均与植物相关，在氐羌、百濮系统另外一些神话里，人类起源的原初可以追溯到动物的躯体。哈尼族的云南元阳歌手朱小和的家谱，往前可以一直上溯到天神俄玛，而俄玛出自巨鱼的鱼鳞。朱小和自己演唱的古歌《窝果策尼果》③ 叙述，在那最老的老人也难记清的时候，前前后后是一片大海汪洋；大海里有一条巨鱼"密吾艾西艾玛"，先分别用右鳍左鳍扇出天和地，然后"又把大神生养"，

---

① 波岩扁讲述、岩温扁、征鹏记录、整理：《布桑该与雅桑该》，载岩香主编《傣族民间故事》，云南人民出版社2009年版。
② 雷波、刘劲荣主编：《拉祜族文化大观》，云南民族出版社1999年版，第60—61页。
③ 朱小和演唱，史军超、杨叔孔采录，卢朝贵翻译，史军超整理、注释：《窝果策尼果》，载西双版纳傣族自治州民族事务委员会编《哈尼族古歌》，云南民族出版社1992年版。

巨大的鱼鳞张开了，一片鳞壳闪出万道金光；巨大的金鳞抖起来了，一片鳞壳抖出万声雷响。生出来了啊，从脖子的鱼鳞里面，抖出了一对大神，先出来的是太阳神约罗，后出来的是月亮神约奔……

生出来了啊，背上的鱼鳞一抖，金光把天地照亮，这回又生出两个大神，就是里天神俄玛，和那地神密玛。

俄玛生出万神，万神创造了天地万物；又生下人神玛窝，从此开启了"俄玛—玛窝—窝觉……"一直到现代人的哈尼族家族世系连名谱牒。

躯体各部分生出神或人，最著名的主角当为印度神话里由蛋生出的宇宙始祖梵天，他心灵生出老大摩里质，眼睛生出老二阿底利，嘴巴生出老三安吉罗，右耳生出老四补罗私底耶，左耳生出老五补罗诃，鼻孔生出老六克罗图，右脚大拇趾生出老七达刹，左脚趾生出一个女儿毗里妮。哈尼族神话里巨鱼具有相似的功能，当为鱼崇拜的产物，源于哈尼族先民与稻作文化相联的底蕴丰厚的鱼文化。

五　羌、独龙、彝的以木、泥造人

氐羌、百濮系统与创世天神或始祖有关的人类起源神话，更多的叙事是天神（或始祖）造人。跟其他的型式一样，先民创造天神造人神话，从根本上来说，也不过是一种让天神认同的手段，即证明自己族类与天神的神秘联系，借助天神树立自己族类的神圣性。至于造人这种具体的形式，如果按照任何想象从根本上都来源于生活这一规律来分析的话，自然离不开先民为某种神秘的目的或陶塑、或石雕、或木刻人体像的实践。例如在河姆渡新石器文化遗址第三文化层（约前5000—前4000），就发掘出一件或为以其祭献，或为对其控制而制作的陶塑人体像，当为这一类实践在考古资料方面的例证。[①]

这种以人为模本的巫术性神秘活动，一直保留至近现代。例如，氐羌系统的云南景颇族巫师施行杀死仇敌的模拟巫术时，就要先做一个仇敌的模拟物，具体是用芭蕉根做人头，麻做发，泡桐木做身段，草扎成四肢，构成一个完整的人形。巫师念完咒语后，就由主人用矛戳烂人形的头和心，

[①] 吕大吉、何耀华总主编：《中国各民族原始宗教资料集成·考古卷》，中国社会科学出版社1999年版，第314—317页。

据说这样就可以让仇敌或迟或早死去。① 这一类模拟巫术用木刻的更多。

前面已经谈及，天神形象的来源之一，就是前辈农业首领兼巫师；他们逝世以后，一些最尊者可能会被先民奉为天神，他们生前的一些神秘活动例如这一类巫术形式也可能会进入先民的视野，成为先民创造天神（始祖）造人神话的"素材"。

在汉文古籍中，最著名的造人神话就是东汉应劭《风俗通义》所载的女娲"抟黄土作人"的故事。黄土地上萌生的大地的母亲，"抟黄土作人"再正常不过了。这构成了中华民族造人神话的典型形态。

北方民族中，突厥系统的哈萨克族《迦萨甘创世》② 里造人的情节也很有特点。这个神话说，创世主迦萨甘寻思给大地创造一些生命，他先在大地的中心栽了一棵"生命树"，树长大了，结出了茂密的"灵魂"。灵魂的形状像鸟儿，有翅可以飞。他又用黄泥捏了一对空心小泥人。小泥人晾干以后，迦萨甘在他们的肚子上剜了肚脐，然后取来灵魂，从小泥人的嘴巴里吹进去，一对小泥人便站立起来了，他们就是人类的始祖。以树寓灵魂，其魂何其沉甸！

南方民族氐羌、百濮系统天神或始祖造人神话呈现多样的形态。一般来说，他们的造人神话比较原始，比较简洁，赋予生命的方式多为吹气、滴水，体现了南方民族传统文化崇气、崇水的特点；材料也比较朴素，有植物、泥等。

植物造人神话似乎就是模拟巫术的翻版。湖南土家族神话《咿罗娘娘》③ 说，咿罗娘娘用植物造人，竹子做骨架，荷叶做肝肺，红豆荚做肠子，葫芦做脑袋，再在脑袋上剜七个孔，吹口仙气，人就做成了。

与模拟巫术相似，植物造人神话中天神造人也以木刻为多。四川羌族神话说，天神木比塔用羊角花（即杜鹃花）的树干，照着自己的样子削了九对小木人，然后把它们放在地坑里，用石板盖上，并每天哈三口气，到了第三个戊日，小木人就变成人了。④ 云南布朗族也有类似的神话：宇宙

---

① 吕大吉、何耀华总主编：《中国各民族原始宗教资料集成·景颇族等卷》，中国社会科学出版社1999年版，第362页。

② 尼合迈德·蒙加尼搜集，校仲彝翻译、整理：《迦萨甘创世》，载谷德明编《中国少数民族神话选》，西北民族学院研究所印，1983年，第807—810页。

③ 彭继宽、姚纪彭主编：《土家族文学史》，湖南文艺出版社1989年版，第61—62页。

④ 吕大吉、何耀华总主编：《中国各民族原始宗教资料集成·羌族等卷》，中国社会科学出版社1999年版，第583页。

大神的儿子帕雅因和月亮女神"敢起"砍倒八十一棵大树，削成三百六十对男女人像，又用瓶里的水滴在人像身上，七天七夜后木人就有了生命。

这些天神或始祖以木造人的神话，给人印象深刻的是让木人成为活人都有一个吹气或滴水的过程，此当为氏羌、百濮系统传统文化的气有影魂、水有生命的下延；亦即与哈萨克神话里创世主往小泥人吹"生命树"的"灵魂"相似，是为木人灌注灵魂。

氏羌系统各民族用泥造人的神话也不少。独龙族神话说，天神嘎美和嘎莎用泥团捏人，第一个捏出来的是男人，第二个捏出来的是女人。天神往他俩身上吹一口气，他俩就有了血液，也会呼吸。天神又教他俩怎样干活，怎样生育后代，于是人类就繁衍起来了。[①]

最生动的还是彝族神话史诗《阿细的先基》[②]里造人的故事。史诗叙述，人类的男始祖"阿达米"和女始祖"野娃"，是由男神阿热和女神阿咪分别用黄泥和白泥制造出来的。

> 男神阿热，女神阿咪，他们来造人。要想造人嘛，山就要分雌雄，树就要分雌雄，石头就要分雌雄，草就要分雌雄。不分出雌雄来嘛，就不能造人。

山、树、石、草都分了雌雄，可以造人了，于是，

> 白泥做女人，黄泥做男人。两手造成了，两脚造成了……泥人嘴里有气了，只是不会动，还不会说话。阿热和阿咪，吹他们一口气，这对泥人啊，就能点头了。天上刮起大风，大风吹进泥人的嘴；肚子里呱呱地响，泥人会说话了。天上有太阳，太阳晒得暖和和，晒了七天七夜，泥人晒活了。

于是有了第一代人："阿达米"和"野娃"。

[①] 肖色·顶、孔美金、卜松、鲁腊·顶讲述，孟国才、张联华、和诠等翻译，李子贤、张文臣、李承明等记录，李子贤整理：《嘎美嘎莎造人》，载谷德明编《中国少数民族神话选》，西北民族学院研究所印，1983年，第602—603页。

[②] 云南省民族民间文学红河调查队搜集、翻译、整理：《阿细的先基》，云南人民出版社1978年版，第29—42页。

六　人类诞生与天、天神作为

各民族创造天神造人神话，一个基本的动机是与天神认同，与神圣结缘，以树立自己族类的神威，因而不少神话着力突出天神的作用，天神的仁慈，表现他们不仅细心地造，而且精心地护。《阿细的先基》里，阿热和阿咪，"拿露水给人喝"，"摘黄泡果给人吃"，用树皮和石皮给人类当衣裳裤子穿。在天神的呵护下，人类由"爬到树上住"，到"跑到石洞里边"，再到会打猎，生火，做活计，盘庄稼……一步步朝前发展。

拉祜族神话史诗《牡帕密帕》[①]里的天神厄莎，是另一个给人印象深刻的形象。他撒下一颗葫芦籽，过了些日子种子长藤结葫芦；不料一头野牛踩断藤子，葫芦滚跑了。"厄莎很着急"，"寻来又寻去"。他追到芭蕉林，追到泡竹林、茅草林、金竹林、松树林……

> 跨过几条箐，越过几座山，厄莎的脸鼓胀得彤红，厄莎的背流淌着冷汗。厄莎不停步大步向前赶。

一直追到黄栗树林，历尽千辛万苦，才让螃蟹把葫芦找回来。得到天神如此的照顾，葫芦该充满灵气了。果然，当一对老鼠遵照厄莎的旨意在葫芦壳上啃出两个洞以后，爬出"一男一女笑哈哈"。"男的叫扎笛，女的叫娜笛。扎笛很结实，娜笛很秀气。"

厄莎使花香果硕，使鸟鸣鱼跃，使大地充满生机，使人们充满欢乐。

不仅厄莎，史诗里还有帮助寻找人类第一代祖先扎笛和娜笛所生小孩的酸蜂，它也表现出一种百折不挠、顽强抗争的毅力。娜笛在红靛林里生了九双小孩，多了没抱回来，厄莎先后叫土蜂、喜鹊找小孩，都找不回来。"厄莎叫酸蜂找小孩，酸蜂飞到九水汇合处。酸蜂认真找，仔细瞧，有的孩子躺在河里静静睡，有的孩子哇哇叫。"于是，

> 酸蜂转回来，狂风吹起来，可怜小小的酸蜂，飞在科吉罗吉山掉下来。摔掉了酸蜂儿的牙齿，摔伤了酸蜂儿的翅膀，酸蜂儿没有呻

[①] 扎莫等唱，李娜儿、李玉琼等译，刘辉豪整理：《牡帕密帕》，云南人民出版社1979年版。

吟，歪歪倒倒站起来。酸蜂儿走了九里，酸蜂儿爬了九里，历尽了千辛万苦，终于爬进厄莎房里来。

酸蜂告诉厄莎关于孩子的讯息。厄莎作为奖励，给酸蜂头上、脚上放蜜，使之成为蜜蜂。在这小小的动物身上也体现了天神的关怀、天意的眷顾。

相似的例子，还有流传在西盟一带的百濮系统佤族神话《司岗里》[①]。这个神话说，利吉神和路安神造了人，把人放在石洞里保护起来；木依吉神再让小米雀啄开了石洞，人才从石洞里出来。天神和灵性的动物共同创造、扶助了人类。

灵性动物的形象，最早当为原始社会早期先民"万物有灵"观念的产物。人们与某些动物朝夕相处，获取某种利益，同时不能明确地意识到自己与它们的区分，从而以自身类比的方法，去塑造它们的形象，并注入了自己的品性，自己的精神，创作它们帮人助人的叙事。只不过到了后来，具有更大威力的天神形象出现，这些灵性动物也更多地归于天神的帮手，在天神或巨人创造人的壮举中发挥作用。

氐羌、百濮系统各民族人类起源神话所表现的人类诞生，除了来源体为各民族栖息地或迁徙地常见常用的物品例如蛋、火、雪、茶等以外，还有一个比较显著的特点，就是常与天或天神的作为相联。例如：

纳西族木氏土司家谱《宦谱》叙述："人类的蛋产生于天。"

彝族《勒俄特依》叙述："天上掉下祖灵来……变成熊火在燃烧。"《梅葛》叙述，格滋天神"天上撒下三把雪，落地变成三代人"。

怒族《雨水变人》叙述，天神眼泪（雨水）落地，变成人类祖先"闷有西"（男）和"闷有娣"（女）。

德昂族《达古达楞格莱标》叙述，天上的茶叶下凡，化为第一代人亚楞和达楞。

拉祜族《牡帕密帕》叙述，天神厄莎撒下葫芦籽，葫芦籽生藤开花结葫芦爬出"一男一女笑哈哈"。

阿昌族《遮帕麻和遮米麻》叙述，天公遮帕麻和地母遮米麻结合生下

[①] 艾扫讲述，邱锷锋、聂锡珍等记录、翻译、整理：《司岗里》，载《佤族社会历史调查》（二），云南人民出版社1983年版，第158—209页。

葫芦籽，葫芦籽种下后发芽、开花、结果，"跳出九个小娃娃"。

羌族神话说，天神木比塔用羊角花（即杜鹃花）的树干，照着自己的样子削了九对小木人。

独龙族神话说，天神嘎美和嘎莎用泥团捏人，第一个是男人，第二个是女人。

佤族神话《司岗里》说，利吉神和路安神造了人，把人放在石洞里保护起来……

这一切，反映了氐羌、百濮系统各民族先民高原生活体验以及与之相联的崇天、祭天文化。

如前所述，根据民族学的研究，氐羌系统源于西北黄河、湟水一带，从事畜牧，随畜迁徙，逐水草而居；至少在距今三四千年的新石器时代，部分氐羌就因畜牧、狩猎、采集及发展农业的需要，向西南迁徙。类似的迁徙持续绵延，地点至金沙江两岸而达洱海滇池地区。南迁的羌人与当地的土著如濮人等融合，逐渐形成现今氐羌系统各民族。由此，无论迁徙前迁徙后乃至迁徙的整个过程，氐羌系统都栖身高原，其中部分彝族、纳西族等更居于乌蒙山、大凉山等高寒山区。滇西南属于南亚语系孟高棉语族的百濮各民族自然环境相似。高原高山，云海茫茫，雾气无边，常给人与天相接的感觉，此种氛围孕育了氐羌、百濮系统源远流长的天（或天神）崇拜与祭天（或天神）风俗。天（天神）崇拜与祖先崇拜结合起来，萌生了他们与天或天神的作为相联的人类起源神话，并影响了后面将要阐释的洪水后人类再生神话。

天（或天神）崇拜与祭天（或天神）风俗，在与氐羌有渊源关系的周人那里有所体现。根据《尚书》记载，周人崇天。例如，周人认为，他们的文王"明德慎罚"，因而"天乃大命文王"灭殷（《尚书·康诰》），可见"皇天无亲，惟德是辅"（《尚书·蔡仲之命》）。周人也祭天（或上帝），《诗经·生民》叙述，后稷肇祀，"卬盛于豆，于豆于登；其香始升。上帝居歆，胡臭亶时"，由此而"庶无罪悔，以迄于今"。

氐羌、百濮系统各民族天（或天神）崇拜与祭天（或天神）风俗，在纳西族及其先民"麽些"那里表现得最为典型。纳西族民间流传"纳西美布迪"的说法，意为"纳西人以祭天为大"。元代李京《云南志略·诸夷风俗》记载，麽些"正月十五登山祭天，极严洁，男女动数百，各执其手团旋歌舞以为乐"；明代景泰年间《云南志·丽江风俗》也载，麽些"每年正月五日，具猪羊酒饭，极其严洁，登山祭天"。此俗延至近现代。这些，都是与天或天神的作为相联的人类起源神话以及洪水后人类再生神话萌发和流传的文化土壤。

第二节　苗蛮系统人类起源神话

根据民族学的研究，苗蛮系统早期主要活动于黔、川、渝以及江淮、洞庭彭蠡广大地域，而后一部分陆续东移、北上，与"东夷"等交融共存，形成"你中有我，我中有你"的关系。由此，苗蛮系统的人类起源神话除了多具山地、丘陵风格外，不少还显示出鲜明的水乡特点。

一　苗族古歌：植物、动物到人类的演化链

与氐羌系统彝、纳西等民族创世神话以气作为天地人类本原相似，苗蛮系统苗等民族也以"雾罩"或"水汽"作为世界万物演化的本原，流传于黔东南清水江流域，故秦等演唱，唐春芳搜集整理的苗族古歌《开天辟地》[①]叙述：

> 哪个生得最早？雾罩生得最早。
> 雾罩生得最早，雾罩生白泥，白泥变成天，雾罩生黑泥，黑泥变成地，有了天和地，才有钻山涉水的东西。

古歌接着叙述，天地初生时，"天有斗笠大，地有撮箕大"，后来，

> 白泥做爸爸，把天抱呀抱，天才像现在这样大；黑泥做妈妈，把地诓呀诓，地才像现在这样大。

再后，"才生白枫木"，白枫木生出蝴蝶妈妈妹榜妹留，蝴蝶妈妈才生出人类第一代祖先姜央。

这里生得最早的"雾罩"，是苗语"eb heb"的意译；在有的版本如

[①] 故秦等演唱，唐春芳搜集整理：《开天辟地》，载中国作家协会贵州分会筹委会编印《民间文学资料》第四集，1958年，第21—22页。

张启庭等演唱、燕宝整理译注的《苗族古歌》中，生得最早的是"bongteb"，即"水汽"。结合起来看，在苗族先民心目中，生得最早的大概是一种包含水分的缥缈的东西。古歌描绘了一幅生动形象的宇宙演化图，即

雾罩—白泥、黑泥—天地—植物—动物—人类

一个从物质到物质的、相互联系不断变化的自然界整体展现在人们眼前。

从白枫木到姜央这一发展阶段，许多苗族古歌版本作了详细的描述。贵州省民间文学组整理、田兵选编的《苗族古歌》[①]所描述的大致脉络是：

巨人们犁东耙西，撒下各种树种，"树秧长得多，树苗生得密"。枫树栽在村寨鱼塘边，"枝叶护村寨，树根保鱼塘"。枫树上栖息着鹭鸶和白鹤，它们经常偷食塘里的鱼。养鱼的香两老婆婆怪枫树"枝枝生得多，叶叶长得密，鹭鸶才来住，白鹤才来宿"，让莽汉鲁勋砍倒枫树。

枫树被砍倒后，树根变泥鳅，树桩变铜鼓，树叶变燕子，树梢变大鸟"鹡宇"，树干树心生出蝴蝶妈妈妹榜妹留。

妹榜妹留长大以后，去"游方"交际，同河水游方，"河水太莽撞"；同太阳游方，"乌云来阻挡"；最后同水泡游方，"游方十二天，成双十二夜"，生下十二个蛋。同一棵枫树生出的大鸟鹡宇抱这十二个蛋抱了十二年，抱出雷公、龙、象、水牛、虎、蛇、蜈蚣……以及人类第一代祖先姜央。

按照田兵选编的《苗族古歌》所描述的这条大致脉络，人类起源经历了枫木、蝴蝶妈妈妹榜妹留、大鸟鹡宇等几个环节的孕生和协助，即

枫木生出蝴蝶妈妈妹榜妹留—蝴蝶妈妈同水泡游方生下十二个蛋—大鸟鹡宇抱蛋抱出人类祖先姜央等

这些孕生及协助孕生人类的形象，涉及植物、昆虫、昆虫的卵、飞禽等。它们在神话叙事中充满神秘的色彩，同时由于神话的叙述以及本身的

[①] 贵州民间文学组整理，田兵编选：《苗族古歌》，贵州人民出版社1979年版。

品性，在日常生活里也具有了神圣的性质。首先从枫树说起。

古歌中，"枫树在天家，枝桠漫天涯"，"结出千样种，开出百样花"。后来，树种下地，长出树苗，枫树栽在山坳、平坝、路边，都不肯长，只有"栽在村子边，种在寨子旁"（当为开天辟地的巨人的村子寨子），才栽活肯长。这种"神圣叙事"昭示：只有枫树成活的地方才适宜居住。

枫树遭受"藏贼"的冤枉后，莽汉鲁勐砍枫树，"从早砍到晚，从晚砍到早，枫树砍不断，枫树砍不倒"。后来，鲁勐"巧打扮"，"枫树看见了，枫树心害怕"，才"两脚站不稳，一滑就倒下"。但它倒下以后，"变作千百样"。这又进一步昭示：枫树具有很强的繁殖能力，按照先民"神秘互渗"的观念，与其有某种神秘的联系能够感应族类兴旺发达。

基于这一切，在实际生活中，苗族群众喜爱、崇拜枫树。村边寨旁，多栽枫树，并称其为"妈妈树"，将其奉为村寨保护神。每迁新处，先栽枫树试探，枫树成活了才能居住，否则再好也仍然放弃。修建房屋，常常选用枫木作为中柱，既撑起房子，又以为祖先的安身之处。上梁时，要选定日子，并有一套仪式。那天，由巫师来唱古歌做法事，从枫树的诞生唱到人类始祖的出现，最后祈求枫树保佑自己子孙兴旺。祭祀枫树做的房屋中柱的活动持续好几天。另外，祭祖杀牛时用来撬牛抬头的木棍也必须是枫木，否则祖先不领受祭礼，还要降灾降难……

枫木树干树心生出蝴蝶妈妈妹榜妹留以后，进入人类诞生板块。古歌里，人类以及雷、龙等从蝴蝶妈妈下的，并经大鸟鹡宇孵的蛋中生出，属于卵生神话，可能受东夷文化的影响。

卵生神话早在《山海经》就有记载，《大荒南经》云："有卵民之国，其民皆生卵。"后来，郭璞注把它倒了一下："即卵生也。"据此，卵生神话，当为表现先民直接或间接从卵中生出和生卵一类的神话。这两种神话在东夷以及其他不少民族中都有流传。

古代，东方太昊、少昊、东夷集团以鸟作为图腾崇拜的基本特征，与之有渊源关系或受其文化熏陶的族群包括华夏的商等，大致上都有始祖直接或间接自卵中生出和生卵一类神话，以吞卵而孕或生卵的情节为多。例如：

商：《诗经·玄鸟》《史记·殷本纪》等记载，上帝派遣玄鸟为使，玄鸟堕卵，有娀氏女子简狄"取吞之"，怀孕生下商人的始祖契。

淮夷：西晋张华《博物志·异闻》引《徐偃王志》载，淮夷徐君宫人娠而生卵，被一位"独孤母"以物覆盖暖之，生出一孩，就是以后的徐偃王。

北方濊貊系统的夫余、高句丽，肃慎系统的满族先民等，也有这一类族源神话。例如：

夫余：《后汉书·东夷列传》《论衡·吉验篇》等记载，北夷橐离国王侍婢有娠，王欲杀之，侍婢说："前见天上有气，大如鸡子，来降我，因以有身。"后产子，就是夫余的始祖东明。

高句丽：《魏书·高句丽传》等记载："高句丽者，出于夫余，自言先祖朱蒙。朱蒙母，河伯女，为夫余王闭于室中，为日所照，引身避之，日影又逐，既而有孕，生一卵，大如五升……其母以物裹之，置于暖处，有一男破壳而出。"他就是朱蒙。

肃慎：满族始祖布库里雍顺的出生神话，似乎也含卵生的隐义。清代最早官修的满文编年体史书《满文老档》中的天聪九年（1625）五月初六的档里，记录了一个名叫穆克什克的报告。报告说："我的父、祖，世代生活在布库里山边的布尔和里池。我们地方没有档子。古来传说：在布尔和里池的三个女子恩古伦、曾古伦、佛库伦来沐浴。最后的女子获得神鹊衔来的果实，含在嘴中进入咽喉就受孕了，生下布库里雍顺。"神鹊衔来的果实，当为神鸟之卵的隐喻。故事叙述古朴，当为古来之说。清王朝立国以后，满族统治者将佛库伦神化为天女，将布库里雍顺衍变为爱新觉罗氏的始祖。[①]

前面已经提及，苗蛮系统由于东移、北上曾与东夷等交融共存，其卵生神话可能也与东夷等"你中有我，我中有你"。只是，产卵的主角鲜明地体现出自己的特点，为蝴蝶。

与氐羌系统相似，苗蛮系统历史上也经历过长时期长距离的迁徙，只是他们栖息、活动于江淮、洞庭彭蠡两湖，这里山水相依，树绿花红，与西部高原景色殊异。水畔花丛之间，常有蝴蝶飞舞翅膀，上下翩跹，这大概是古歌里"蝴蝶同水泡游方，生下十二个蛋"的生活原型。

源于古歌所体现的"种族记忆"，苗族群众崇拜蝴蝶，奉蝴蝶为祖先。平时如果有大蝴蝶飞进屋，他们就认为是祖先来找食，要杀鸭子祭祀供

---

① 转引自赵志辉主编，邓伟、马清福副主编《满族文学史》（一），沈阳出版社1989年版，第23—24页。

奉；如果家里人正在吵架，恰巧有蝴蝶飞来，他们就认为是祖先不高兴了，来干涉了，会马上停止争吵。

苗族群众这种心理更多地表现在手工艺品上。在黔东南苗族蜡染中，蝴蝶图案是很常见的，造型有蝶翅人面、蝶身鸟足，还有花蝶合体、蝶鸟合体等，千姿百态，多色多彩。六枝、纳雍的图案，大多由云波状的蝴蝶和花草构成；榕江的造型一般以大蝴蝶居于中心，周围多物环绕，或多重装饰，赋予中心者一种尊贵的地位。

苗族的卵生神话，以蝴蝶之卵为产生人类的母体，蕴含深远。中华民族传统文化似乎特别青睐蝴蝶，庄子梦中化蝶，梁祝殉情化蝶……其是否有更远古的渊源，或许，苗族蝴蝶卵生神话可以提供探索的途径。

另外，苗族卵生神话以大鸟"鹡宇"孵化蝴蝶之卵，鸟亦对人类诞生作了贡献。在苗族蜡染中，鸟也是常见的题材，尤其在贵州南部丹寨、榕江、三都等地，几乎每一张苗族蜡染都离不开鸟纹。丹寨的蜡染，鸟的造型姿态各异，生动活泼；榕江的蜡染，鸟身常与龙身结合，鸟龙一体，平添几分威严。

如果假设，苗族群体在形成的过程中，可能组合了以不同植物动物为祖先的支系，例如枫木、蝴蝶、大鸟等；群体形成后，为了适应新的群体的需要，融合各支系的神话，从而形成枫木出蝶、蝴蝶产卵、大鸟抱蛋等新的叙述。这或许可备一说。

黔东南苗族描述人类起源的这部分古歌，在"鼓社祭"等仪式上作为"神圣叙事"以活形态流传。鼓社祭，是一种击鼓祭祖的仪式。一些地方传说，很古以前，苗族祖先姜央从蝴蝶妈妈妹榜妹留生的12个蛋里孵出来以后，开天拓土，繁衍子孙。有一年，发生瘟疫；又有一年，天下大旱，这两次灾害死人很多。姜央认为，这是因为没祭祖，祖宗生气而降灾，于是决定祭祀蝴蝶妈妈。因为在人们心目中蝴蝶妈妈是从枫树里生出来的，死后又回到枫树老家，所以枫树是祖灵所在，祭祀时必须敲击枫木并吟唱歌颂祖先的史诗，才能唤起祖先的灵魂。于是，开始了最早的敲击枫木祭祖的活动。后来，发展到把枫木做成鼓来敲击（现在也有的地方因为枫木易破而改用楠木），形成"鼓社祭"。

流传到近现代的"鼓社祭"仪式，要举行一系列活动。有的地方在引鼓（把祖先灵魂"引回"鼓里）时，由祭司以呼唤祖先灵魂的形式吟唱《枫木歌》；有的地方在接"祖先"——一对木雕（洪水后繁衍后代的两兄妹）的路上和摆好以后，由祭司或歌师唱《枫木歌》《洪水滔天歌》；有的地方还要把两兄妹的偶像背来"采鼓"，并以之表演象征性的交媾动作。这一切，大概都是为了感应始祖神奇的繁衍能力，以求得族类人丁兴旺。

黔东南一些地方的苗族在老人死后，也要请巫师边焚烧死者生前用过的头巾，边吟唱表现人类起源和祖先迁徙内容的《焚巾曲》，以送死者的灵魂沿着祖先迁徙过来的路线，一步步地回到远祖居住的地方——东方老家，再回到始祖妹榜妹留和远祖央公居住的月亮上去。①

流传在湘西等地的《苗族史诗》则讲述，人是由龙演变来的；先演变为人首龙身的龙人，再由龙人演变为人：

> 过了很长的时期……大地上啊，开始出现龙身人首的鸟基，出现了人首龙身的代基；后来才生洛保造啊，后来才生冈造冷……②

龙在中华民族传统文化中具有至尊的地位，苗蛮系统也同样崇拜龙。从龙到人的转换，汉文典籍多表现以感生的形式，苗族神话所提供的这幅演变图，似有独特的价值。

龙纹在苗族蜡染中也是常见的纹样，其表现形式有具象和抽象之分。贵州安顺蜡染的龙纹是曲线组成的抽象造型，而榕江的龙多为鸟首蛇身的具象纹样。在榕江兴华乡高排村的鼓藏节上，家家户户都要用长竹竿挑着蜡染长幡肃立，幡旗上有鸟龙、鱼龙、蜈蚣龙等，表达出他们希望原型为龙的祖先保佑子孙平安幸福的愿望。

苗族群众还相信地下有龙，认为有龙的地方就是宝地，该地就会出能人；如遇上天灾人祸，那是龙离开了，就要举行仪式把龙请回来，仪式就称为"招龙"。

二 瑶族《密洛陀》：神秘的蜂蜡、蜂蛹与造人

与氐羌、百濮系统一样，苗蛮系统人类起源神话更多的型式是天神（或

---

① 1987年10月21—28日在贵州黔东南雷山等地进行田野作业并采访杨家往、杨里萨、杨里保、侯天祥等苗族人士时记录。又见潘光华《苗族鼓社祭》，《贵州民族研究》1981年第4期；张泰明《苗族祭鼓风俗考》，《黔东南社会科学》1987年第3期。

② 中国民间文艺研究会贵州分会编：《民间文学资料》第60集，1983年，第145—146页。

始祖）造人的故事。苗蛮系统先民创造天神造人神话，同样是为了证明自己族类与天神的神秘联系，以依附天神，借助天神；同时，苗蛮系统造人神话在叙述方面也有自己的特点，与他们的天地形成神话所表现的"艰辛"相联系，他们的天神或始祖造人从造到成的整个过程大都经历曲折，往往经过多次失败才成功。这方面突出的例子是瑶族神话史诗《密洛陀》①。

这部史诗首先叙述始祖母密洛陀用糯米造动物。她捏了一次又一次，捏成十二种走兽飞禽，把它们放在十二个大缸里。不久，十二种动物先后出来了，"密洛陀高兴笑开眉"，"心里乐悠悠"。

密洛陀更把满腔心血花费在造人上。她首先和儿子们"忙了三冬又三春，山造好了，河造好了，田地造好了，禽兽繁殖起来了，花果树长起来了"，这才开始造人。史诗叙述，

> 她采了九十九种花卉，蒸了三斗糯米，花粉糯米拌一堆，捏来捏去精心配。

人形做成了，放在大缸里，但过了九天九夜，"造人变成酒"。她"试了一回又一回，每次都失败了"。后来，她在布挑牙幼的启发下，取来蜂籽，又用蜂窝制成黄蜡，蜂籽和黄蜡一起捏，再次做人。人模做好了，放在四只箱子里，这以后的她，

> 九三二百七十夜，九三二百七十天，从不离缸边。冬来呵暖气，夏来扇凉风，精心来抚育，只盼凡间传哭声。

过了二百七十天，终于产生了人。她为造人历尽艰辛，体现了一种无微不至的慈母般的关怀和挚爱。

布努瑶神话关于"始祖母用蜂籽和蜂蜡造人"的叙述，或许源于他们的信仰风俗。布努瑶居住在山区，有机会接触许多野蜂，又有养蜂的习惯，由此信仰风俗也与取蜂养蜂相联。他们在举行各种仪式时，一般不用香火，而是把一些蜂籽和蜂蜡混在一起捏成人和各种动物形状，晒干后烧

---

① 潘泉脉、蒙冠雄、蓝克宽搜集、翻译、整理：《密洛陀》，载《广西瑶族社会历史调查》第七册，广西民族出版社1986年版，第437—514页。

来祭神。他们认为，只有这样才能请得诸神来临。这里，蜂籽作为祭品或许基于人自身的嗜好，与蜂蜡混合晒干烧来祭神当基于"烟升感神"的观念。于是，蜂籽蜂蜡由于长期作为祭神的牺牲而逐渐获得神圣的意味，进而逐渐形成民族造人神话的原本。

与氐羌、百濮系统人类起源神话常与天或天神的作为相联比较起来，苗蛮系统的人类起源神话似乎更多一点自然的情趣，更多地基于大自然的植物、昆虫、飞禽等的自然孕育，甚至始祖母的造人也采取来自大自然的糯米、花粉、蜂蛹、蜂窝等材料。这或许是因为苗蛮系统早期栖息、活动的江淮、两湖地带温暖湿润，有山有水，多树多花，先民更多地与小生命、小精灵相邻、相伴吧！

第三节　百越系统人类起源神话

百越栖息之地也大都水秀山清，适宜鸟类水族栖息嬉戏，绿树红花自由生长，他们的人类起源神话也充满自然情趣。

一　侗、傣的卵生

百越系统古代同样有过鸟崇拜，鸟从蛋里生出，百越先民有卵生型人类起源神话是很自然的。同时，百越栖息之地大都水秀山清，适宜鸟类水族生活嬉戏，卵生型神话在这样的环境中当能充分发展。侗族古歌《侗族祖先哪里来·龟婆孵蛋》[①]叙述：

> 四个龟婆在坡脚，它们各孵蛋一个。三个寡蛋丢去了，剩个好蛋孵出壳。孵出一个男孩叫松恩，聪明又灵活。
>
> 四个龟婆在寨脚，它们又孵蛋四个。三个寡蛋丢去了，剩个好蛋孵出壳。孵出一个姑娘叫松桑，美丽如花朵。
>
> 就从那时起，人才世上落，松恩松桑传后代，世上人儿渐渐多。

[①] 吴显才、吴金松等口述，吴生贤等搜集，杨国仁整理：《侗族祖先哪里来》，载黔东南苗族侗族自治州文艺研究室、贵州民间文艺研究会编《侗族祖先哪里来》，贵州人民出版社1981年版，第1—51页。

侗族居住在黔东南、湘西、桂北一带，这里山峦逶迤，丘陵起伏，河流蜿蜒；林间鸟语花香，河里鱼翔浅底，溪边龟爬近滩，人与鸟类水族和谐相处的情景处处可见。这样的人与鸟类水族的亲密接触，当能在先民的深层意识里留下深深的痕迹；同时，在先民的思维中，世上相似相联的事物交感互渗，卵能孕育人们所崇拜的鸟，自然也能孕育人类的第一代祖先，由此萌生上述他们关于自己族类起源于龟婆所孵之蛋等神话。

这种类型的人类起源神话也流传在傣族民间。傣族居住在云南西双版纳、德宏一带河谷、平坝地区，这里群山环抱，森林密布，珍禽异兽经常出没其中；清晨傍晚，百鸟啾啾作鸣，孔雀翩翩起舞，此当为卵生神话流传的生态环境。傣族一则神话是这样讲的：

> 混散花了一万年作出三十三个宝石蛋，从这些蛋里孵化出八个神，他们全身闪着亮光。后来混散派这八个神到地上，他们吃了地上的果子，身体就不闪亮了，他们在地上生育子女，人类就繁衍起来了。①

这则神话加入了后世的东西，但其中蛋生人的内核当比较古老。毕竟，比起气雾之说，蛋卵孕育生命具有更直观的形象性，更容易引起人们对孕育人类的想象；而且，也许在先民的心目中，蛋不仅本身就是一个生命体，还由于它或能孵化出幼体或不能孵化出幼体，能孵化者可能还寄托着灵魂。

直至今天，傣族人民与蛋的关系还颇为密切，还在一系列仪式中运用鸡蛋作为灵物，而这一系列运用大都与灵魂相关。例如，他们用鸡蛋来进行叫魂，相信鸡蛋能以魂引生魂回归；用抛鸡蛋的方法来选择坟地，相信鸡蛋能以魂引亡魂早日投生……也许在他们眼里，鸡蛋可以连接人的灵魂，乃至连接人的再生，这大概源于傣族先民生命脱胎于蛋的生命观念的遗留。

二　壮族的花生、洞出与生殖崇拜

卵生神话当为很古老的神话类型，以之为原点，上可以连接开天辟

---

① 傣族学者刀承华提供。

地，往下则串起其他类型人类起源神话。壮族神话《姆洛甲出世》① 具有典型意义。

《姆洛甲出世》在开天辟地篇已经出现，它的前半部分可以说是卵生型开天辟地神话，也可以说是卵生+花生型人类起源神话。

> 古时候天地还没有分家，空中旋转着一团大气，越转越急，越转越快，转成了一个蛋的样子。这个蛋里有三个蛋黄。
>
> 这个蛋由一个拱屎虫推动它旋转。还有一个螟蛉子爬到上面钻洞，天天都来钻，有一天钻出一个洞来，这个蛋就爆开来，分为三片。一片飞到上边成为天空，一片飞到下边成为水，留在中间的一片，就成为我们中界的大地。
>
> 中界的大地上，天天风吹雨打，长出许多草。有一棵草开出一朵花，这朵花长出一个女人来。这个女人就是人的老祖宗。她披头散发，满身长毛，很聪明。后世人叫她姆洛甲，因为她有智慧，做聪明人的师傅，所以又叫她姆洛西。

而由此则神话产生壮族流传最广、延续时间最长的人类起源神话原始意象——生人的花。随着时代的发展，壮族群众进一步把这种具有神圣意义的花精灵化，抽象出花婆的形象并创造出花婆主宰人类生育的新的叙事，加以崇拜、祭祀、祈子。

他们传说，花婆（又称"花婆奶""花王""花王圣母""床头婆""床头米""床头妣"等）掌管着决定人类生育的花山，负责赐送给妇女生育的花朵。花山上每一朵花都代表着一个生命，只有花婆赐给花朵，妇女们才会怀孕生育。花有红有白，花婆若赐给红花就生育女孩，赐给白花就生育男孩。有时，花山上的花生虫、缺水，人间的孩子便生病；花朵茁壮生长，孩子便健康成长。花婆将一株红花和一株白花栽在一起，人间的女子和男子便结成夫妻。人死之后，又回归到花山。②

由花婆崇拜而来的信仰风俗同样富有特色。清代李调元《南越笔记》

---

① 覃奶口述，蓝鸿恩采录、翻译：《姆洛甲出世》，载农冠品编注《壮族神话集成》，广西民族出版社 2007 年版，第 20—21 页。

② 农冠品、过伟编：《女神·歌仙·英雄：壮族民间故事新选》，广西民族出版社 1992 年版，第 1 页。

记载："越人祈子，必于花王圣母，有祝词云：'白花男，红花女。'故婚夕亲戚皆往送花，盖取诗'花如桃李'之意。"民国《桂平县志》引夏敬熙《浔州府志》云："僮（壮）俗每年延巫师，结花楼，祀圣母，亲族男女数百人，歌引号叫，戏剧三四日夜乃毕，谓之作星。按圣母不知何指。据邑中武平里诸壮所祀，则为六乌娘，又名六乌婆，庙在六乌山。"

对此，民国刘锡蕃《岭表纪蛮》有相应介绍："僮（壮）俗祀'圣母'，亦曰'花婆'。阴历二月二日，花婆诞期，搭彩楼，建斋醮，延师巫唪诵，男女聚者千数百人，歌饮叫号，二三日乃散，谓之'所星'。又，僮（壮）人乏嗣，或子女多病，则延师巫'架红桥'、'接彩花'、乞灵于'花婆'，斯时亲朋皆贺。"

有的地方则传说，始祖母姆洛甲直接掌管人间生男育女之事。子女不幸夭折之家，要请魔公来将死者灵魂送回给始祖母，并讨要新儿女，这叫"还花""讨花"。届时由死者母亲站在房门前的条凳上，肩挑一担纸花、糯饭和熟蛋，其中一头为白花、白饭、白蛋，送夭逝者归天；另一头为红花、红饭、红蛋，迎未来的孩子。经魔公唱念"领路"，母亲似乎"飞"到姆洛甲面前，痛哭一场，再倾诉衷肠。接着，魔公"代替"始祖母发给红花，母亲揣在怀里，"飞"回家来，然后把红花插在自己房门上，初一、十五敬香，满怀希望地期待新儿女的到来。①

也与氐羌百濮系统、苗蛮系统相似，百越系统跟创世天神或始祖有关的人类起源神话更多的叙事是天神（或始祖）造人，他们的这类神话也有自己的特点。

壮族宇宙卵生花、再生始祖母的神话，派生出几种类型的以始祖母为中心的人类起源神话。一种是这则神话的后半部分，叙述：

> 姆洛甲见大地冷冷清清，便想起造人来。她撑开两脚站立在两座大山上，突然吹来一阵风，觉得尿很急，便撒一泡尿，淋湿了土地。她用手把湿泥挖起来，照着自己的样子捏了很多泥人，并用草盖起来。经过四十九天，打开草一看，这些泥人都活了起来了。

---

① 1987年11月1—8日在广西巴马等地进行田野作业并采访覃承勤等壮族人士时记录。又见吕大吉、何耀华总主编《中国各民族原始宗教资料集成·壮族等卷》，中国社会科学出版社1999年版，第528页。

> 这些人到处乱跑乱跳，叫也叫不住他们。姆洛甲采集很多杨桃和辣椒向人群撒去。这些人便来抢，抢到辣椒的便是男人，抢到杨桃的就是女人，从此分了男女……
>
> 为了使中界更加热闹一些，姆洛甲又把泥土东捏西捏到处撒，天空就出现了飞鸟，地上出现了走兽。
>
> 雨下来了，鸟兽和人都没有地方躲雨。姆洛甲张开双脚坐下来，变成一个岩洞。从此，人和鸟兽就到岩洞里避风躲雨。①

这则神话叙述始祖母用泥造人，其中撒辣椒、杨桃分男女很有特色。神话最后提到始祖母张开双脚坐下来变成一个岩洞让人和鸟兽避风躲雨，又形成了一个原始意象：出人的洞。由此，山洞隐喻女性生殖器以及"山洞出人"类型在这里似乎找到一种由来：源于生人女始祖生殖器的形变。

相似的隐喻在另一则神话里得到延伸，这则神话说：

> 古时候，世界上一片混沌，没有人类。后来，从花丛中走出来一个人，她就是壮族始祖母姆洛甲。姆洛甲先是造出了天地山川及万物，她一个人感到太寂寞，就独自爬到山顶，让风一吹有了身孕，孩子从她那像是山洞的阴户里生产出来。以后，她生下的孩子相互婚配，生育繁衍，从此天下开始有了人类。②

这里的山洞直接象征女性器官，并直接与孕生联系起来，可以使人们对山洞出人的神话类型有更多的了解。这则神话叙述的是始祖母迎风怀孕，由此构成了壮族以始祖母为中心的人类起源神话的第二种类型。孩子既脱胎于创世始祖的母体，又吸收了大自然的精华，神圣性不言而喻。

自然，这则神话当产生于"只知有母，不知有父"的母系氏族社会，随着时代的发展，出现了男性始祖布洛陀，人类起源神话又继续发展：

> 姆洛甲与布洛陀结为夫妻，三月天风和日暖，姆洛甲在山坳口乘

---

① 覃奶口述，蓝鸿恩采录、翻译：《姆洛甲出世》，载农冠品编注《壮族神话集成》，广西民族出版社2007年版，第20—21页。
② 农冠品、过伟编：《女神·歌仙·英雄：壮族民间故事新选》，广西民族出版社1992年版，第1页。

凉，不知不觉地睡着了，梦中与布洛陀同床，感到一股暖流吹进体内，醒来后得风而孕，生男育女。后来，她的生殖器化为岩洞。

由此构成了壮族以始祖母为中心的人类起源神话的第三种类型：与男性始祖结合生育。此处，始祖母生男育女以后，生殖器直接化为岩洞，更形象地阐释了岩洞出人神话的意蕴。

壮族这些以始祖母为中心的人类起源神话一代代流传下来，带动形成了壮族社会一系列生殖崇拜风俗。

在壮族地区，很多岩洞相传是姆洛甲生殖器所化，并围绕它形成相应的信仰风俗。广西东兰县就有这样一个。一直到近现代，东兰壮族每年农历七月十四那一天，男女老少都要带着酒肉、鸡腿、粽粑，去这个岩洞祭祀始祖母姆洛甲，过"岩育节"，以感谢她的生育之恩。过去，祭岩的粽粑很大，用芭蕉叶包，用竹篾捆，煮两天两夜，象征男始祖布洛陀的生殖器。祭岩前，每人先在岩口烧一支香，村老高呼三声"喔"，岩内也传来三声回音，人们认为姆洛甲答话了，就携带象征布洛陀生殖器的粽粑等蜂拥入岩，以象征的仪式来感应族类繁衍。祭后，男女对唱山歌，追溯祖源，谈情说爱；晚上，还聚集岩下，对唱情歌，形成"岩下歌圩"。

男性始祖布洛陀形象产生后，也形成相应的信仰风俗。传说布洛陀身体高大如山，生殖器粗壮如柱，后人有阴茎不举或其他缺陷，就暗中在家里烧香火，请布洛陀来"查情"；并以香火绕自己阴茎三周，意为除邪气、补阳气；还要闭气默念，大意是：始祖的东西，生在我身上；我的东西，从此变新样；见到女人，一点不害羞。生殖崇拜至此，形成了一种"壮阳"的巫术。[1]

---

[1] 1987年11月1—8日在广西巴马等地进行田野作业并采访覃承勤等壮族人士时记录。又见吕大吉、何耀华总主编《中国各民族原始宗教资料集成·壮族等卷》，中国社会科学出版社1999年版，第527—528页。

第 四 章
考验与洪水神话

南方民族创世神话第三个板块，就是考验与洪水神话；或者说，人类或族类以各种方式出生以后，紧接着就是经受考验和淘汰。也许，要证明自己族类的神圣性，不仅要证明自己族类的祖先来自天设或神造或其他形式的神圣出生，还要证明自己的祖先经受过天或神的重重考验，层层淘汰，最后才在种种严酷的挑选中生存下来，成为顺天意合神旨的神圣族类。这些考验与淘汰，有生理上的考验与淘汰，还有伦理上的考验与淘汰。这些考验与淘汰，在氐羌、百濮系统各民族的神话里表现得特别充分。

世界洪水神话的最早记载，是现代学者从两河（底格里斯河与幼发拉底河）流域残存的苏美尔楔形文字泥版中整理出来的《不朽的人》。苏美尔楔形文字发明于公元前3500年左右，此神话产生的年代当也比较古老。神话叙述：众神决定惩罚人类，用洪水淹没人类。虔诚敬奉天神的国王吉尤苏得拉按安启的指示造好方舟。大水整整肆虐了七天七夜，待太阳升起，吉尤苏得拉保全了性命，避免了人种的灭绝。[①] 由此，洪水神话的惩罚、考验、淘汰、保存的基本梗概已经形成。中国南方民族神话更把洪水前的考验作了详尽的描述。

第一节　氐羌、百濮系统考验与洪水神话

南方民族考验和洪水神话首先要证明，自己的族类是天或神经过次次尝试而最终确定的人种。自己族类所在的人种确定以前，几代人种或者生理上有种种缺陷，或者伦理上有种种不足，而先后被天或神淘汰。有的全

---

① 李琛编译：《古巴比伦神话》，湖南少年儿童出版社1989年版，第89—90页。

部毁灭让天或神再生再造,有的保留一两人让天或神加以改造。

一 天或神从自然形态到社会伦理的考验、淘汰

考验与淘汰的主题在氐羌系统各民族的神话里得到充分的表现。例如,彝族神话史诗《勒俄特衣》①叙述,远古的时候,

> 天上掉下祖灵来,掉在恩接介列山,变成熊火在燃烧,九天烧到晚,九夜烧到亮,白天燃得浓烟冲天,晚上燃得光芒万丈,天是这样燃,地是这样烧,为了起源人类燃,为了诞生祖先烧。变化变化的,变出一对蠢物来。形怪如矮猪,夜风冷难熬。

这样的"蠢物",当为浓烟与火光混合而成,无怪乎既怕"夜风"又怕"冷"。以这样的肌体在大自然中当然不能立足,故其"不能成人类"。接着,又变"松身愚蠢人"。"松身愚蠢人"的五代,

> 一代坐着一样高,两代一人高,三代高如松树,四代齐山巅,五代长到天。身长闪悠悠,行动慢腾腾,走路摇晃晃,呼吸气奄奄,似死又非死。头上住喜鹊,腰间住蜜蜂,鼻孔住着蓬间雀,腋下住松鼠……

这样的"松身愚蠢人",大概还是介于植物与未成形的人类之间,以植物的品性为主。如此摆脱不了"松身"且"愚蠢"的"松身愚蠢人",尽管天神恩体谷自为他"作了九种黑白醮"即九种法术,卸下他头上的喜鹊窝、腰间的蜜蜂窝、鼻孔的蓬间雀窝、腋下的松鼠窝……但由于先天的缺陷,他"仍然不能成人类"。

最后,是"天上降下梧桐来,霉烂三年后,起了三股雾,升到天空去,降下三场红雪来……作了九种黑白醮,结冰成骨头,下雪成肌肉,吹风来做气,下雨来做血,星星做眼珠",即从天上到地下,又从地下到天上,再从天上到地下,经历"九种黑白醮",采冰、雪、风、雨、星星等宇宙之精

---

① 《凉山彝族奴隶社会》编写组编:《勒俄特衣》,载《凉山彝文资料选译》第一集,西南民族学院印,1978年。

华,才"变成雪族的种类",其中包括人类。往下,再排到彝族的祖先……

这样,经过次次尝试,次次否定,先前变出的"蠢物""松身愚蠢人"因自身体质、生理的原因,没有通过天或神的考验,而先后毁灭;最后,才确立作为"雪族的种类"之一的人类"分布遍天下",其神圣性就此凸显。这里,完全是否定、再变,后者与前者没有任何联系。

令人感兴趣的是,这里的顺序,有从虚的物质(烟、火)到低等一点的生物(植物松)再到高等一点的生物(人类)的先后排列,很"进化",很"科学"!何以如此?最贴近的解释大概是,这些都来自先民长期的实践所得到的直观感受。

同样令人感兴趣的,是哈尼族史诗《哈尼阿培聪坡坡》[①]里"世人"出生前几种形态的人种。史诗叙述,天神杀翻神牛造天地时用牛骨造成"虎尼虎那"高山,虎尼虎那大水里出了人种。

> 先祖的人种种在大水里,天晴的日子,他们骑着水波到处漂荡;
> 先祖的人种发芽在老林,阴冷的季节,他们歪歪倒倒走在地上。

由此引出"世人"出生前三种形态的人种。

最早的人种像螺蛳,像蜗牛。史诗叙述,最早的人种是父子俩,"布觉像水田里的螺蛳,背上背着硬壳,腊勒像干地上的蜗牛,嘴里吐出稠稠的浆"。

第二对人种是母女俩,"走路像分窝的蜂群挤挤攘攘"。

第三对人种是兄弟俩,"走路像蚂蚁排成行"……

这些人种都被毁灭。到了塔婆,才从自己身体生出了"世人",他们学会了采摘果子、制作树叶衣、说话、用火、打猎、捕鱼,得以生存下来。

这里,彼此之间同样没有任何联系,前面几对人种在整个排列组合中除了标示人类发展的某个阶段之外,其他作用只不过是陪衬说明最后的"世人"合理而已。史诗中,似乎是以水里、空中、地上这样的顺序排列人种,这种顺序同样使人们感受到先民超前智慧的一面。

[①] 朱小和演唱,史军超、卢朝贵、段贶乐、杨叔孔翻译:《哈尼阿培聪坡坡》,云南民族出版社1986年版。

前面两部史诗几种形态的人种之间没有联系，到了彝族另一部神话史诗《阿细的先基》①，他们之间有了传承。

这部史诗叙述，造人的男神阿热、造人的女神阿咪造出的第一代，是"蚂蚁瞎子代"。传说这一代人，眼睛像蚂蚁一样，看不远。他们吃野果，穿兽皮，学会用火，学会用绿叶上的绿虫抽出的绿丝做衣裳裤子。可是，

> 不知是哪一年，有这样一天，空中出了七个太阳，晒了七年七月零七天。世上的人们，一起都晒死了。

只剩下一男一女两个人跑到石洞里边，"用一块大石板，盖住了洞口"躲过劫难，让人类延续下去。后头这一代，是"蚂蚱直眼睛代"，他们眼睛直生，像蚂蚱一样。可是，

> 不知是哪一年，有一个月，山上长了很旺的草。水牛找赛跑的伴，山羊找碰角的伴。水牛和山羊碰着，就打起架来。水牛角溅出了火，火烧了七年七月零七天。世上的人们，一齐都烧死了。

只有一男一女逃走躲在石洞里，靠一棵大松树，"倒下来挡住了洞口"，等来雨水扑灭大火。再后头一代是"蟋蟀横眼睛代"，他们眼睛已经变横了，像蟋蟀一样。后来，由于在开荒地时与"把翻过来的土又重新翻了回去"的白胡子老倌发生争执，白胡子老倌的真身金龙神与银龙神布云下雨，

> 大雨下了三天三夜，小陷塘满了，大陷塘也满了。大雨下了七天七夜，雨水有山一样高了。大雨下了十三天十三夜，水连着天了。……蟋蟀横眼睛代，所有的人们，一起都淹死了。

只剩下曾经同情过金龙神的最小的兄妹两人，躲在木柜里活了下来。他们在金龙神的开导下通过测天意配成夫妻，再种瓜得瓜，剖瓜走出下一

---

① 云南省民族民间文学红河调查队搜集、翻译、整理：《阿细的先基》，云南人民出版社1978年版。

代——"筷子横眼睛代"以及万物，人类才最终顺利地生存繁衍。

这部史诗，以动物形象和眼睛形态为特征排序，大致地描绘出天或神对一代一代人种的营造、选择、淘汰与改进的脉络，但缺少考验的内容，因而选择的标准不清，淘汰的尺度不明；而且灭与存更多的只是从自然形态着眼，较少涉及更高的层次——社会伦理。在彝族另两部神话史诗《梅葛》①《查姆》②以及纳西族神话史诗《创世纪》③里，比较具体地添加了天或神对一代一代人种的考验的内容，而且这种考验与自然和社会都联系起来，给人的启示也更深刻，更有震撼的效果。

在《梅葛》《查姆》两部史诗里，把天神依次创造的人种以眼睛（或脚）的多少、形状为标志，象征性地描绘成独眼睛（独脚）人、直眼睛人、横眼睛人；并叙述在他们转换过程中，天神设置了种种考验，最后留存下顺天意、得神心的横眼睛人。

两部史诗叙述，天神早期造出来的人，身体有缺陷。《梅葛》叙述，格滋天神"天上撒下三把雪，落地变成三代人"，

> 头把撒下独脚人，只有一尺二寸长；独自一人不会走，两人手搂脖子快如飞。

这代人无法生存，被晒死了。接着，

> 撒下第二把，人有一丈三尺长……做着活计瞌睡来，一睡睡了几百年，身上长青苔。

这代人活不下去，也晒死了。

《查姆》也叙述，世界之初，"雾露飘渺大地，变成绿水一潭。水中有个姑娘，名叫赛依列"，她叫儿依得罗娃最先来造人，

---

① 云南省民族民间文学楚雄调查队搜集、翻译、整理：《梅葛》，云南人民出版社 1959 年版。

② 云南民族民间文学楚雄、红河调查队，施学生翻译，郭思九、陶学良整理：《查姆》，云南人民出版社 1981 年版。

③ 云南省民族民间文学丽江调查队搜集、翻译、整理：《创世纪》，云南人民出版社 1978 年版。

儿依得罗娃，造出人类的第一代祖先，他们的名字叫"拉爹"……这代人只有一只眼……独只眼生在脑门心。

某个群体的人生理上有种种缺陷，具种种奇形怪状，较早时期的汉文典籍《山海经》似乎有所描述。例如：
矮小。《山海经·大荒南经》载：

有小人，名曰焦侥之国。

一目。《山海经·海外北经》载：

一目国……一目中其面而居。

这些描述，与彝族上述两部史诗的描述相似。当然，不能肯定《山海经》的"小人"就是彝族"一尺三寸长"的人，"一目"之人就是彝族的"独眼人"，但应该可以说两者之间具有文化意义的相通之处。不同的是，《山海经》只作为传闻来记载，而彝族两部史诗则作为人类发展的一个阶段的人种来描述，史诗完整地叙述了先民心目中"小人"和"一目"之人的生理特点、伦理特点，以及在天神选择、淘汰等操弄下的历史命运。

伦理特点的叙述始于《查姆》。《查姆》说到独眼睛这代人，并没有只停留在生理形态上，而是进一步深入伦理层面。史诗叙述，独眼睛这代人，不知道种粮食，难以生存，于是神仙之王涅依倮佐颇与仙王、龙王、水王撒下粮食种子，"四方刮风，四方播雨"，"粮种遍地长"。仙王并吩咐独眼人"年头月尾要分清，撒种收割要分清"，可是，

独眼睛这代人，辜负了仙王一片心。他不过问昼夜，年月他不分，太阳月亮他不看，四季分不清，播种收割他不管，庄稼杂草遍地生。

独眼睛这代人，道理也不讲，长幼也不分；儿子不养爹妈，爹妈不管儿孙。饿了就互相撕吃，吵嘴又打架，时时起纠纷。

不过问昼夜，不分清四季，不管护庄稼以让作物正常生长，不敬老养

幼以让人类持续发展，直接破坏了宇宙的秩序。它标示着先民已经认识到，在人类、族类自身的发展过程中，会有善、恶两极的内驱或诱惑，善的东西维护宇宙的正常秩序，恶的东西阻碍宇宙的正常运行，因而在社会的领域，还需要一个伦理的秩序。

于是，神仙之王涅侬倮佐颇和众神来商量，"独眼睛这代人心不好，要换掉这代人，要找好心人，重新繁衍子孙"。仙王扮作"讨饭人"沿村乞讨，查访好心人。结果，哪一家都是"不给他饭，不给他水"，张口就骂，伸手就打，出脚就踢。最后遇上一个做活人，当"讨饭人"再次乞讨时，

> 做活人扶起"讨饭人"："出门的阿哥啊，天上鹰顾鹰，地上苦人帮苦人。饿了同我吃野果，渴了和我喝凉水，野果当饭味道甜，凉水解渴爽透心。"

于是这个"讨饭人"送给做活人一个葫芦，告诉他里面有"喝不完的水"，"吃不尽的粮"。以后，天旱三年，江河干涸，大地开裂，独眼睛一代人晒死，只剩下做活人生存下来。

这是第一阶段的重新选择、考验、淘汰，重新选择的缘由除了生理形态的原因之外，还有"心不好"等违反伦理秩序的原因，考验是通过乞讨查访好心人，淘汰的方式是日晒。

第二阶段，天神以各种方式让人类重生或重新繁衍，并进行新的观察以作新的考验、选择、淘汰。

《梅葛》叙述，格滋天神撒下第三把雪，变成"两只眼睛朝上生"的直眼睛人。这代人的心不好，"不耕田不种地"，"不薅草不拔草"，还"糟蹋五谷粮食"。格滋天神看不过，要把这代人换一换。他派武姆勒娃下凡来，"寻找好人种，留下传人烟"。

为了寻找好心人，武姆勒娃变成一只大老熊。直眼睛人学博若五个儿子"山上犁生地，箐底开水田"，武姆勒娃变的大老熊把五弟兄犁的地又翻回来。结果大老熊被套住，四个哥哥都喊打，只有最小的弟弟背着妹妹来叫"不能打"，并替大老熊解开了绳索。于是武姆勒娃认定小弟弟"良心好"，告诉他"大水快发了"，并给他三颗葫芦籽，叫他"赶快回去栽葫芦"。

相似的情节，在《阿细的先基》里也出现过，但其中天神以之检验人心来决定取舍的含义还不是很清晰。相比之下，纳西族《创世纪》的叙述

更具一番意味。

纳西族这部神话史诗叙述：人类最早的一代利恩兄弟姐妹生出以后，学着蝴蝶、蚂蚁去做工做活，"金古不会耕田，耕到天神住的地方去。夸古不会犁地，犁到天神住的地方去"。天神子劳阿普"怒火起"，要用洪水淹没大地。天上东神和色神为了示警，派野猪把金古夸古"早上犁的地"晚上翻平，"晚上犁的地"早上翻平，金古夸古套住了野猪，还用犁架犁头打东神色神，"犁架打在东神头上"，"犁头打在色神手上"，好心的老大从忍利恩"拦也拦不及"，

  利恩跑去问东神和色神："痛吗还是不痛？痛了，我帮你拔火罐；伤吗还是不伤？伤了，我替你针砭。"

于是东神和色神告诉从忍利恩"三天以后""洪水要翻天"，让从忍利恩杀条牦牛、剥下牛皮、缝成皮囊以备逃难。

《查姆》叙述，天旱三年以后，仙王找到幸存的独眼睛做活人，水王罗塔纪姑娘用四瓢水洗去独眼睛人身上的污垢，使他"白发变黑发"，"粗手变嫩手"，"脚裂合拢了"，"独眼睛变成直眼睛"，仙姑娘撒赛歇和独眼人变成的直眼人结成夫妻，生下"拉拖"——"直眼睛人"。

但是，"直眼睛这代人"，"他们不懂道理，他们经常吵嘴打架。各吃各的饭，各烧各的汤。一不管亲友，二不管爹妈"。天神商量"要重换一代人"，派涅侬撒萨歇到人间查访好心人来传宗接代。涅侬撒萨歇骑着龙马到人间，"装着跌折龙马腰，假称跌断龙马腿"，请人给人血医治。大户人回答："莫说人血不给你，人尿也休想给你。"只有庄稼人阿朴独姆兄妹，含笑迎客人：

  "你把金刀拿给我，你把银碗拿给我，划开指头给你血，若要人肉我也能割下。"阿朴独姆用金针刺出手上血，交给涅侬撒萨歇。

于是涅侬撒萨歇告知"一百二十天内要发大水"，并给阿朴独姆兄妹一颗大瓜种，让他们"拿去种在家门前"。

上述第二阶段的考验，当从社会伦理秩序着眼，涉及人与自然的关系、人与人的关系。《梅葛》里，直眼睛人学博若五个儿子"山上犁生地，

箐底开水田";《创世纪》里,"金古不会耕田,耕到天神住的地方去。夸古不会犁地,犁到天神住的地方去",以及套老熊,打野猪……冒犯了天、地、山之灵,故天神要发洪水惩罚。这似乎隐含了更深一层的意蕴:人类在发展的过程中,乱开山地,滥捕动物,破坏了生态平衡,招致大自然的报复。冥冥天意,正在于此。

更多的是涉及人与人的关系。在人类的早期,一个族系要生存,要发展,集体的团结、内部的凝聚至关重要,故而其伦理观念中,同情心、友爱心被放在突出的位置,而麻木、冷漠,至为人们鄙弃。《查姆》里涅依撒萨歇请人给人血为龙马治伤时,大户人和庄稼人阿朴独姆兄妹分别回答的那些话,形成鲜明的对比。故天神要维系社会伦理的秩序,必须抑恶扬善,重换一代人并留下好心者来传宗接代。

同样令人感兴趣的是,彝族两部史诗里,把天神依次创造的人种以眼睛的多少、形状为标志,象征性地描绘成独眼睛人、直眼睛人、横眼睛人。它们的含义,在同为氐羌系统的纳西族的由和芳讲述、周汝诚翻译的《崇搬图》[①] 里,似乎有所喻示。

史诗叙述,洪水过后从忍利恩四处寻找配偶时,天神美丽都欧普告诉他,在美双根岩之下,有两个女子,一个长得漂亮,是竖眼睛;一个很善良,是横眼睛,千万不要找竖眼睛的姑娘!可是从忍利恩没听进去,还是把竖眼睛姑娘带回了家,结果生下了熊、猪、猿、鸡、蛇和青蛙。

从史诗里与竖眼睛姑娘结婚生下熊等动物,以及横眼睛姑娘"很善良"等叙述来看,氐羌系统一些民族神话中所塑造的眼睛形态,意蕴既具有生物学上的含义,也具有社会学上的含义。它反映出人的生物性的变化,从动物世界逐渐走向人类社会,从野蛮逐渐走向文明,从愚昧逐渐走向智慧;又反映了人的道德观念的变化,从"邪"走向"正",从"恶"走向"善",并把生物性的"邪"和"正"与社会性的"恶"和"善"结合起来。独眼一代愚昧,直眼一代横蛮,直到横眼一代才开始普遍友好,那是洪水考验以后的事了。

二 洪水神话:善恶选择、洪水毁灭与族类再生

从第二阶段天神的观察、考验、选择开始,已经进入洪水神话。氐

[①] 和芳讲述,周汝诚翻译:《崇搬图》,云南省丽江县文化馆印,1963年。

羌、百濮系统各民族这类神话的基本情节脉络大致重合，具体细节有差异。

在南方各民族神话里，洪水神话作为整个人类起源神话系统的组成部分，是人类生存确定的最后考验。这一发展阶段，善恶选择、洪水毁灭与族类再生成为中心情节。整个叙事围绕洪水缘起、躲避洪水和延续后代三大板块展开，南方各民族神话展现了绚丽的色彩。其中，神意、神助、神旨成为各民族神话里共同的构成因素。这些，氐羌、百濮系统的叙事同样具有典型意义。还是首先以彝族神话史诗《梅葛》《查姆》、纳西族神话史诗《创世纪》等为例作点分析。

三部神话史诗洪水缘起的板块上述第二阶段的考验一节已经展开，接下来是躲避洪水的板块。南方民族各民族神话这一板块叙事高度一致，最普遍的情节就是：两兄妹或独个人显示出某种好心肠，得到某位神赐予的葫芦籽或其他物品，葫芦籽或其他物品种下后发芽长藤结出葫芦。洪水来时千万人被淹死，只有两兄妹或独个人遵神意躲进葫芦，得以避过灾难。具体细节大同小异。例如：

《梅葛》叙述，武姆勒娃认定小弟弟"良心好"，告诉他"大水快发了"，并给他三颗葫芦籽。小弟弟兄妹正月初一栽葫芦，三天出芽、三天爬藤，三天开白花，三天结葫芦，三天长大，"葫芦结得像囤子"，"兄妹搬进葫芦里，饿了就吃葫芦籽"。洪水淹了七十七昼夜，格滋天神最后在海边找到葫芦。

《查姆》叙述，涅侬撒萨歇告知阿朴独姆兄妹"一百二十天内要发大水"，并给他俩一颗大瓜种。阿朴独姆兄妹"三月种瓜子，六月葫芦就长成，九月葫芦皮变黄，十月葫芦硬又坚。腊月摘葫芦，葫芦有房子大"，他俩"藏着种子带着粮，钻进葫芦里面"。洪水过后，葫芦落在白岩山边三蓬树枝头间。涅侬撒萨歇"打开葫芦口，走出阿朴独姆两兄妹"。

《创世纪》叙述，东神和色神告诉从忍利恩"三天以后""洪水要翻天"，让从忍利恩杀条牦牛、剥下牛皮、缝成皮囊逃难。三天过去，洪水翻天，利恩的皮筏漂了六个月，漂到"里耍治"谷地。

史诗里，为了突出留下的人种即族类的祖先顺天意、得神心，用了很大的篇幅描述天神无微不至地关怀葫芦和皮筏里的兄妹或独个人。除了洪水前给选择的人种预警、安排避水物件外，还特别表现他们洪水后的寻找。《梅葛》的格滋天神找人种，"四面八方走"。他先后遇着葫芦蜂、小松树、罗汉松、小蜜蜂、小柳树、老乌龟,都问"你看见人种没有",最后在大海边拉弓射乌烟雀时,跟随箭找到葫芦。《查姆》的天神涅侬撒萨歇为找大葫芦,"从高山找到平坝,从平坝找上高山",先后问老土蜂、"葫芦包野蜂"、小老鼠、小绿雀、老喜鹊、小蜜蜂是否"见着大葫芦",最后在白岩山边三蓬树枝头间找到大葫芦。

除了天神,一些有灵性的动物也起了不小的作用。《查姆》叙述,洪水到来之前,阿朴独姆兄妹俩钻进葫芦,"勤快的小蜜蜂,衔来黄蜂蜡,把葫芦的口封严,使兄妹俩免遭水淹"。洪水过后,天神涅侬撒萨歇寻找葫芦,又是"一生勤劳不偷闲"的小蜜蜂"采百花到山间"时,"见到了大葫芦","见到了两兄妹",引导天神找到葫芦。天神和有灵性的动物的关怀,凸显了留下的人种即族类的祖先是天或神眷顾的"神圣家族"。

三 延续后代:兄妹婚、天婚

延续后代这一板块,基本情节分为两种:第一种,两兄妹从葫芦里出来以后,在某位神的指点下,通过滚石磨、穿针眼等展示天意,成亲生育后代;同时,生育的后代往往有某种缺陷,又往往是在某位神的帮助下得以完善。第二种,幸存的独个人上天,经过天神的多种考验胜出,与天神的女儿结了婚。

彝族《梅葛》《查姆》属于第一种。《查姆》的情节比较典型,史诗叙述,阿朴独姆两兄妹从葫芦里出来以后,天神涅侬撒萨歇让他们做夫妻,他俩不同意。于是天神拿来一个簸箕和一个筛子,让他们各拿一样分上两个山头往下滚,结果簸箕筛子滚到山下正好合在一起;接着又滚磨,又是合在一起;最后天神取来针和线,哥哥拿线站河头,妹妹拿针去河尾,针线同时丢河里,结果线又正好穿进针里。于是兄妹成亲,生下三十六个小娃娃。"他们两眼横着生,他们都是小哑巴",天神砍来竹子放在火塘里烧,火星溅着小哑巴,这个叫"阿孖孖",那个叫"阿喳喳",有的叫"阿呀呀"……"哑巴从此会说话"。而且,根据叫出来的声音等区分,他们分别成了彝、哈尼、汉、傣等民族的祖先。

《梅葛》这一板块情节大致相同,只是后面的怀孕方式有异:是哥哥河头洗身子,妹妹河尾捧水吃,这样来怀孕。妹妹生下一个怪葫芦,天神用金锥银锥开葫芦,先后出来汉、傣、彝、傈僳、苗、藏、白、回等民族的祖先。

这些测试方式，都是"相合"意味的象征显现，体现了原始思维的"互渗性"。在先民的心目中，这些都是天神通过人间相似现象"暗示"自己的意愿，展现了"天意"。兄妹俩成亲生下娃娃成了各民族祖先的叙事，具有普遍性，构成南方民族洪水神话中最有特色的部分之一。

纳西族《创世纪》属于第二种，史诗叙述，洪水过后，大地上只剩下从忍利恩一个人。只能上天向天神子劳阿普的女儿衬红褒白求婚。他在天上经受了天神一系列的考验。

首先是爬过用刀做成的梯子，刀面都朝上，从忍利恩爬上去了，而且"手上没出一滴血"，"脚下没有一丝刀痕"。

接着考刀耕火种。天神要他一昼夜砍完九十九片森林，从忍利恩念咒语把"所有的蝴蝶""所有的蚂蚁"都召来帮忙，结果一昼夜棵棵都砍光；天神又要他一昼夜烧光这些砍倒的树木，他又依靠蝴蝶、蚂蚁的帮助，棵棵都烧焦。

砍完烧完就是撒种。天神要他一昼夜把种子撒遍九十九片地，他照样依靠蝴蝶、蚂蚁的帮助做到了；天神又要他一昼夜把撒出的种子捡回来，他还是依靠蝴蝶、蚂蚁的帮助做到了。

考完刀耕火种，再考打猎打鱼，天神要他到岩上打岩羊、到江边抓鱼，他也圆满解决难题。最后一项考验，天神要他挤虎奶，他想出了一个好办法，趁母老虎外出的时候，"来到阴坡老虎洞，拣起大石头，打死小老虎，剥下虎皮披身上"，装成小老虎等母老虎回来。不久，

    母虎食饱回虎洞，
    母虎跳三跳，利恩跳三跳，
    母虎吼三吼，利恩吼三吼，
    母虎扭三扭，利恩扭三扭，
    母虎尾巴摇三摇，利恩摇三摇……
    利恩假装小虎去吃奶，
    三滴虎奶挤回来。

至此，天神所设置的难题全部解决。

这些考验，从形式上来说，是山地农耕民族原始刀耕火种、渔猎生产的整个过程，实际上是对被考验者立足山地农耕社会的素质、技能的全面

考察，但是因为加上了天神的因素，并作了一些夸张处理，就被蒙上神秘的色彩而成为神圣的标记。这种考验的生活原型，可能是对偶婚走向一夫一妻制、"从夫居"代替"从妻居"过渡阶段里，母权制传统反对新出现的父权制婚姻的某种方式。它的遗存形式，就是南方一些民族男女青年结婚后，女方几年"不落夫家"，和男方在一段时期内"从妻居"这样一些习俗。在男方"从妻居"期间，男方必须为女家砍柴、耕地，在某种意义上也是对女家抚养女儿的补偿。这些习俗在南方很多民族中存在。

另外，这种考验模式又可能与成年仪式有联系，而这种仪式又与种族的生存繁衍直接相关。在南方一些民族中，男子到十六七岁要举行成年仪式，要进行从身体素质到技能本事等各方面的考验，然后才有资格从事社会、社交活动，才能恋爱、结婚，成为种族传宗接代的合格成员。这些民族认为，这种仪式具有神圣性质，考验的结果是天意，与种族发展壮大有重要的关系。这也可能为考验模式的背景之一。

神话正凸显了这一点。在纳西族《创世纪》中，从忍利恩接受完考验之后，叙事马上转到种族的话题上来。当天神子劳阿普问他是"什么种族"时，从忍利恩对自己的种族作了极力渲染：

> 我是开九重天的九弟兄的后代，
> 我是劈七层地的七姊妹的后代，
> 我是白海螺狮子的后代，
> 我是黄金大象的后代，
> 我是大力士久高那布的后代，
> 是翻越九十九座大山气力更大的种族，
> 是翻过九十九座大坡精神更旺盛的种族，
> 我把居那若倮山放在肚里也不会饱，
> 我喝完金沙江的水也不解渴，
> 三根腿骨一口吞下鲠不住，
> 三升炒面一口咽下不会呛，
> 是所有会杀人的人来杀也杀不死的种族，
> 是所有会敲人的人来敲也敲不碎的种族！

可以想象，这样的种族如果与天神联姻，该有多大的威力，子劳阿普也许听了这番话就被说动了,终于同意女儿出嫁。神话通过神圣婚姻展示自己种族神圣性的意图,到这里完全充分地表达出来了。

这种形象和情节带有原始巫师和原始巫术意味。当他第一次见天神子劳阿普的时候,天神要他爬过"九座利刃的梯子",从忍利恩爬过梯子"手上没出一滴血","脚下没有一丝刀痕",这是很多民族过去的"成年礼"或学巫"拜师礼"的考验仪式。当从忍利恩救出被自己兄弟误伤的东神、色神后,帮他们拔火罐、针砭,这又带巫师兼巫医的特点。特别当子劳阿普出难题要他一昼夜砍完九十九片森林时,他"嘴里喃喃地轻哼:'白蝴蝶啊,快快飞,飞来帮我的忙!黑蚂蚁啊,快快跑,跑来帮我的忙!'"结果第二天早上,"九十九片森林呀,棵棵都倒地"。这里,完全是凭靠在原始人心目中具有神奇魔力的咒语起作用,巫术的性质尤其明显。

从忍利恩通过天神的考验,终于求得天女衬红褒白,二人经居那若罗山从天上下到人间,开始繁衍人类。史诗叙述,"过了一天又一天,过了一年又一年,子孙树上开花结了果,衬红一年生下三个男孩"。但是,三年过去了,三个男孩"还不会喊爹妈"。于是,从忍利恩和衬红褒白使大雕、蝙蝠上天问子劳阿普要"会说话的密方"。蝙蝠向大雕借翅膀,骑着大雕来到子劳阿普门前,子劳阿普却不愿给"会说话的密方"。"蝙蝠心中有打算,偷听密方在梁间",终于在半夜三更时得到"会说话的密方",即"一定要祭天"。从忍利恩和衬红褒白虔诚地祭天,祭着祭着孩子就齐声说出三种不同的语言来了,三个孩子依语言分别成了藏、白、纳西三个民族的祖先。

幸存的独个人上天找天女婚配的叙事,也同样存在于四川大凉山、滇东北、黔西北等地区彝族的洪水神话中。根据家谱推算大约相当于南北朝至唐这段时期的彝族大君师举奢哲《彝族诗文论》[①]记载,相传笃米("阿朴独姆"另一种音译)三兄弟挖了天上筹举君的练兵场,引起洪水泛滥,大哥二哥分乘铁桶铜桶逃命,相继沉没;三弟笃米乘木桶,随水漂到洛尼山头停下。筹举君三儿奉命到世上找到笃米,带他上了天。筹举君挑选了三个仙女,与笃米一道下凡,

---

① 举奢哲等原著,康健、王子尧、王冶新、何积全翻译、整理:《彝族诗文论》,贵州人民出版社1988年版,第3—33页。

> 这三个仙女，就跟着笃米，来到呗谷嘎，一起来对歌。
> 这样一来呢，他们相爱了，后来成夫妻，六祖出生了……

云南永宁等地的普米族也有相同类型的洪水神话。这种男子到女方家住上一段再携伴回归的叙事模式，可能与古代相关族群较长时期处于母权制发展阶段有关。《旧唐书·南蛮传》记载，其时四川甘孜一带曾被称为"东女国"，当与母权制相联。其南大凉山直至永宁等地，根据元代李京《云南志略》等典籍记载，也较长时期处于类似的发展阶段。如此，洪水神话出现这种叙事模式当属自然。

通过以上分析，可以清楚地看到，上述三部神话史诗考验与洪水神话部分所表现的，都是自己族类的祖先依靠自己的善心善行乃至非凡能力而得到天神的认可，从而使族类在体现天意的种种选择淘汰中生存下来并发展壮大。其中，更有序地描述了自己族类的一代代祖先逐渐进化、逐渐完善的过程，如彝族《查姆》所描述的祖先系列：

> 独眼睛人——因同情"讨饭人"而得神送葫芦躲过干旱，并得神泼四瓢水变成直眼睛的"做活人"——因以血治龙马而得神送葫芦种避过洪水的阿朴独姆兄妹——两眼横着生并在神帮助下会说话的"小娃娃"。

这些，连成一体，更彰显了史诗中考验与洪水神话部分的主题。这些神话往往在民族祭祖仪式及人生礼仪等场合演述，人们以此缅怀祖先的功绩，张扬族类的传统，凝聚民族的意志，振奋民族的精神。由此来看，说考验与洪水神话主要表明自己族类因善心善行合天意、得留存，也合民心。

另外，这些神话，从根本上来说，反映了原始氏族社会集体主义的道德观念，同时，还给人们一个警示：不遵从这些观念就会受到惩罚。因此，这类神话不但是证明自己族类神圣性的凭证，也有树立族类内部道德准则、宣示社会伦理秩序的作用。

可以说，到洪水神话止，各民族人类（族类）起源神话系统才真正落幕。

四 洪水神话的圣物：葫芦、马缨花树、木鼓

另外，从某种意义上来说，如果天地形成神话表现的是先民宇宙本体论的历史观，考验与洪水神话则更多地表现民族生命及社会本体论的历史观。它不只是展示人与自然的冲突，而且进一步展示了人类生命自身的内在矛盾，用生命在时空中的演化来揭示生命的价值，包含了最古老的生命价值观。

由此，考验与洪水神话当在族群的集体记忆中留下深刻的印象。一个突出的例子是，在彝族等民族中，考验与洪水神话所叙述的拯救人类的葫芦、马缨花树等，至今还享有神圣的地位，还发挥着与家庭、民族命运相关的神秘的作用。

葫芦在考验与洪水神话里成为保存人种的圣物，当与葫芦的形状及用途有关。葫芦形如怀孕母体，前人已多次提到；葫芦还可用作渡江海的工具，古籍也有不少记载。例如：

《诗经·邶风·匏有苦叶》说："匏有苦叶，济有深涉。深则厉，浅则揭。"意思是：深秋时节，匏叶枯（苦）了，匏儿熟了，济水渡口（涉）的水位也上涨了。但还是可以渡过的呀，深的地方，可以把匏系带（厉）在腰间游过来；浅的地方，可以把匏高举（揭），直接蹚水过来。

《庄子·逍遥游》说："今子有五石之瓠，何不虑以为大樽而浮乎江湖。"意思是：如今你有容量五石的葫芦，为什么不做成大型酒器一样的东西缚之于身，而自由自在地在江湖浮游呢？

《鹖冠子·学问》"一壶千金"一语，宋代陆佃注："壶，匏也，佩之可以济涉，南人谓之腰舟。"

清代，台湾原住民在溪流和海边来往交通时，很多用葫芦；近现代，云南哀牢山下一些彝族人，仍有捕鱼时腰拴一只大葫芦或挂一串小葫芦的习俗。

如此一来，形状奇特、用途广泛的葫芦，在考验与洪水神话中被用作保存人种的工具是很自然的。考验与洪水神话又进一步塑造了葫芦的神圣形象，使它在民族的集体记忆里占据了突出的位置，形成了一系列与它有关的信仰风俗。

例如，滇南红河两岸彝族支系"尼苏颇"，男女青年至今举行婚礼时还保留着"破葫芦成婚"的习俗。当新郎新娘来到新郎家的正堂门前，新郎的

一位姑姑手持一个装有五谷籽、五金碎片和灶灰、粗糠等的葫芦站在那儿，口中念道：

> 不砸天和地，不砸日和月，不砸山和河，不砸水和土……只砸此葫芦，砸开此葫芦，跳出人种来，早抱上子孙。

念毕，新郎姑姑举起葫芦，"啪"的一声砸在新郎新娘的脚下，让新郎新娘踏着葫芦碎片、五谷籽和五金碎片步入正堂。

这项婚俗活动植根于"兄妹成亲后，生下一个葫芦，哥哥劈开葫芦，人种从葫芦里走出来"的洪水神话。葫芦多籽，繁衍又快，在民间信仰中又是孕育人种的圣物，男女青年结婚砸葫芦，意欲感应葫芦神秘的孕育能力，以"早生儿女，子孙满堂"。同时，葫芦里五谷籽寓意"新郎家各种物种已备齐，只等新娘来播种收获"；灶灰、粗糠和五金碎片据说能克"白虎"避邪。

云南新平县老厂乡竹园村彝族年龄在40岁以上的中老年人，还把妇女怀孕凸出的圆腹，形象地称为"阿普坡"，意即圆葫芦。他们还用葫芦柄比喻男孩的生殖器，也称"阿普坡"。孕妇生产时如果有人问："你家生个什么？"生男孩则回答："我家生个'阿普坡'。"

这里，葫芦的生育象征的意味，显而易见。

云南巍山县蒙氏土主庙里，除供奉蒙氏始祖细奴逻外，在细奴逻的右侧供奉着手捧葫芦的收魂祖师，意为人从葫芦出，死后仍要入葫芦。居住在该庙附近的彝族群众，平时遇到家中死了人，就携上香、纸钱及鸡、酒、饭，入庙祈求收魂祖师将死者灵魂收入葫芦。[①]

于是，葫芦又成为亡灵的再生寓所。

与马缨花树相关的洪水神话，主要流传在云南玉溪市的峨山，红河州的石屏、红河、绿春、元阳，昆明市的禄劝，楚雄州的大姚等县。涉及避水工具、灵魂归宿等叙事。峨山、石屏等县彝族传说：

> 洪水时代，人类始祖阿普笃慕（又译阿朴独姆），按照天神沙生

[①] 张纯德、龙倮贵、朱琚元：《彝族原始宗教研究》，云南民族出版社2008年版，第61—65页。

的指点从高山上伐马缨花树凿槽,用蜂蜡密封,坐木槽躲过洪灾,水涨木槽漂浮于水面,水落木槽仍挡在马缨花树上。因此,马缨花树救了人类始祖阿普笃慕,人类才得以繁衍发展。①

禄劝县彝族民间传说:

> 洪水泛滥时世上的人都淹死了,只剩下人种阿卜笃慕(又译阿普笃慕、阿朴独姆),阿卜笃慕生下九个娃娃,再繁衍出天下各族人烟。阿卜笃慕死后,上了天。后来,他挂念地上的儿子,又下到人间。他靠在一棵树上就不见了,树上开满了红艳艳的马缨花。后来人们就把马缨花当成了彝族的祖先。②

洪水神话这些关于马缨花树的叙述,确立了马缨花树在彝族民间信仰中的神圣地位。尤其是神话里关于人类始祖洪水时避于马缨花树、去世后灵魂附于马缨花树的故事,为彝族群众举行丧葬等仪式提供了广阔的想象空间。他们想象,彝族后世的逝者也像始祖一样,死后灵魂附于马缨花树上,由此产生以马缨花树枝作为祖灵寓所等风俗。例如:

大姚县彝族支系密岔人在人死后做热斋时,由毕摩带着孝子到山上选灵位木,灵位木只能用白马缨花树的木来制。毕摩选中一棵白马缨花树后,先含酒喷树,然后撒米占卦。米沾得多的那一枝即祖魂依附的树枝,由孝子将其砍下,取三寸长的一节交毕摩刻成木人,用银嵌上耳目,再盖上红布,最后用红绿线扎在一根木板上即成祖宗灵位,以供祭献。

红河、绿春、元阳等县部分彝族群众,人死出殡下葬后,毕摩嘱咐孝子跪于坟地上方的一棵杜鹃花树或马缨花树下,毕摩念诵彝文文献《点灵经》,孝子细观树枝的摇摆,最先摇摆的那枝即认为祖魂附其上,就砍其树枝负而归。毕摩用树枝制成祖神木人像,裹红绿布以示穿衣,置于供桌上逢年过节祭献。③

---

① 转引自张纯德、龙倮贵、朱琚元《彝族原始宗教研究》,云南民族出版社2008年版,第26—27页。
② 转引自何耀华《彝族的祖先崇拜》,载《中国少数民族宗教》(初编),云南人民出版社1985年版。
③ 张纯德、龙倮贵、朱琚元:《彝族原始宗教研究》,云南民族出版社2008年版,第27页。

由此，洪水神话延伸到后世，衍生出代代相传的信仰风俗。

在氐羌系统洪水神话中，避水的圣物除了彝族的葫芦、马缨花树木槽，纳西族的皮筏等，基诺族的木鼓也很具特色。基诺族神话《阿嫫小贝》①叙述，创世母亲阿嫫小贝创世以后，大地万物兴盛，但此时，

> 地上的动物、植物都会说话，互相争食，混乱不堪。创世母亲为了建立地上的秩序，便使空中的太阳一分为七，七个太阳直射大地，七天七夜后大多数植物被晒死，花头的黄牛和腰间有白纹的猪被晒死，澜沧江、小黑江的水被晒干了。

此当为氐羌系统考验与洪水神话常见的第一阶段的重新选择、淘汰，重新选择的缘由是地上的动物、植物互相争食，混乱不堪，没有秩序，淘汰的方式同样是日晒。

以下进入第二阶段。神话叙述：

> 但没有晒死的动物、植物仍然吵闹、争斗不已。创世母亲要砍树，这种树大叫不让砍，那种树也大叫不让砍，只有砍苦子果树时不叫，创世母亲便用它的树干作木料，费了三天三夜，做了牛皮绷的大木鼓，绷在鼓内的有玛黑、玛妞二兄妹……

接着是天降七天七夜的大雨，大地出现滔滔洪水，被置于鼓内的两兄妹随波逐流。洪水过后，牛皮木鼓触地落在基诺山的苏毛卜它山梁，玛黑、玛妞破鼓而出。创世母亲赐予他们三粒葫芦籽，其中一粒种下后发芽长藤结出一个葫芦，葫芦裂成三瓣分别变成有翅的鸟类、四脚的动物类以及植物。玛黑、玛妞成亲后生下儿女繁衍人类。

由此神话，牛皮木鼓成为所有基诺山寨都有的神器。木鼓直接拴在寨长"卓巴"竹楼上进门左手第一间房，这一间房就叫鼓房，专置木鼓，并以鼓代表村寨的保护神——寨鬼。年节的第一个仪式，就是由卓巴带领大家祭鼓。卓巴去世后，经过一系列仪式，再把鼓抬到新任卓巴家。②

---

① 转引自杜玉亭《基诺族文学简史》，云南民族出版社1996年版，第28—31页。
② 1986年8月26—28日在云南景洪基诺山进行田野作业并采访莎车等基诺族人士时记录。

基诺族流传的另一个神话《玛黑、玛妞和葫芦里的人》[①]进一步弘扬了考验与洪水神话的道德伦理主题。神话叙述，玛黑、玛妞从木鼓里出来以后，找到一粒葫芦籽，种下后很快发芽、长藤并结了一个大葫芦，里面有说话的声音。玛黑、玛妞想用火棍烙开看，但火棍靠近哪里，哪里都传出哀求声，最后一个叫阿匹娱的老婆婆让玛黑、玛妞往她所在位置烙。葫芦烙开了，相继出来布朗族、基诺族、傣族等民族，但阿匹娱却被烙死了。人们为了纪念她，每次开口唱歌总要先唱阿匹的名字："娱……"

于是，警世的洪水神话又多了正面的榜样！

氐羌系统各民族大多有洪水神话，结构大多为"洪水泛滥"与"兄妹婚"组合。如怒族有《腊普与亚妞》《阿铁与伊娃》等，情节脉络大致为：远古时代洪水泛滥，人类仅剩兄妹两人，他们因得到天神或动物的启示，躲进葫芦或竹筐、蜂窝、树洞等藏身，得以幸存。最后兄妹两人出于无奈而遵照天意（贡山怒族洪水神话为先"不知不觉地睡在一起"后请示天意）结为夫妻，生下的后代就是人类各民族或怒族各氏族的祖先。

百濮系统沧源佤族史诗《西岗里》[②]考验与洪水神话，大致结构与氐羌系统彝等民族的相同，区别最大的是警示者和提示者从天神变成了一只神奇的癞蛤蟆。史诗开头与考验无关，是世上一场大火，"烧光了万物，烧干了江河的水"，天神放出大水来浇熄大火。可是，大火熄灭了，大水却四处横流，"大水淹着了高山，大水淹死了万物"。这个时候，癞蛤蟆才出现，史诗转向考验主题，

  大水遍地流，人在水前跑，有一只癞蛤蟆拦在水面上，人往前面跑，踩着了癞蛤蟆，所有的人都走过去了，最后来了个老年人，他的名字叫达摆卡木。

达摆卡木将癞蛤蟆捡起来放到高坡上。于是癞蛤蟆认为达摆卡木是好人，选定他作为下一代人种，指点他和一条母牛躲到猪槽里，避过洪水。猪槽最后漂到一座最高的山的山顶上，这座大山就是西岗里。史诗叙述：

[①] 白腊赛、白腊东讲述，白忠明、策白翻译，赵鲁云整理：《玛黑、玛妞和葫芦里的人》，载谷德明编《中国少数民族神话选》，西北民族学院研究所印，1983年，第617—620页。

[②] 陈老四唱，陈卫国译，郭思九记录：《西岗里》，载中共沧源县委宣传部、云南省民族民间文艺沧源调查队合编《沧源县佤族民间长诗选》，1960年。

  达摆卡木就住在西岗里上，每天赶着黑母牛放三次，他一直赶了三年，母牛还是那样大。癞蛤蟆就对老人说："达摆卡木呀！世上没有人了，全靠你和母牛了。你每天要和母牛睡三次，睡到三年的时候，你用刀子划开牛肚子，看看牛肚子里面有没有东西？"

  三年后，达摆卡木从黑母牛肚子里得到一颗葫芦籽，就把它种在山头上。过了三年，结了一个葫芦。葫芦长了三年，达摆卡木砍开葫芦，里面走出人类。

  神奇的癞蛤蟆成为佤族洪水神话中考验人种的仲裁者，与佤族民间信仰有关。当代中国学者凌纯声和日本学者大林太郎都搜集到佤族以蛙为始祖的神话。凌纯声在《云南佧佤族与台湾高山族的猎首祭》中说，佧佤自古传说他们的祖先是两个蝌蚪，雄的叫耶当，雌的叫耶台，生在弄球龙潭中，后来长成了蛙。大林太郎《印度支那北部佤族的人类起源神话》说，最早的佤族人被称作"亚他蒙"和"亚太"，他俩是两只蝌蚪，最初在那文柯神湖里生活，后来他们从蝌蚪变成了青蛙。[①] 在佤族民间信仰中占有如此崇高地位的蛙类，作为考验人种的仲裁者可谓当之无愧。

第二节　苗蛮、百越系统考验与洪水神话

  与氐羌、百濮系统不同，苗蛮、百越系统各民族大多没有具有绝对权威的天神，在天上占据统治地位的是雷公。雷公形象贯穿了洪水神话的整个过程。

一　雷公神格及相关的信仰风俗

  百越系统的壮族、苗蛮系统的苗族等民族的神话都有雷公在天管天的叙述。广西巴马流传的壮族神话《布洛陀》[②] 讲述：

---

  ① 转引自杨丽卿《佤族〈司岗里〉神话中蛙神形象的图像学研究》，载那金华主编，杨宝康、徐向东副主编《中国佤族"司岗里"与传统文化学术研讨会论文集》，云南出版集团公司·云南人民出版社2009年版，第200—210页。

  ② 周朝珍口述，何承文采录、翻译：《布洛陀》，载农冠品编注《壮族神话集成》，广西民族出版社2007年版，第35—40页。

> 远古的时候，天和地紧紧叠在一起，结成一块，后来，突然一声霹雳，裂成两大片。上面部分一片往上升，成了雷公住的天；下面部分一片往下落，成了人住的地方。

由此来看，在壮族先民的心目中，雷公是天上最早的"原住民"，亦当为天上的至上神。

黔东南流传的《苗族古歌》①唱述，蝴蝶妈妈妹榜妹留生下十二个蛋，大鸟鹡宇抱蛋，整整十二年，

> 这次真正生，这次真正出，一个蹬一个，蹬了他就醒，一个拉一个，拉了他就起。
> 雷公蹬央醒，雷公拉央起；姜央蹬龙醒，姜央拉龙起……

十二兄弟一个接一个出世。然后，

> 兄弟十二人，各走各的路，一个走一处，一人去一方：雷公在天上，雷公管雨水；水龙在大海，水龙管鱼虾；虎坐高山上，坐山称霸王；姜央得地方，姜央喜洋洋……

由此，雷公是天地自然十二兄弟中最早出生者，也是唯一上天者，是天上的管家。

在百越、苗蛮系统各民族先民的神话里，雷公普遍被塑造成天上控制雨情的神灵。从生活层面来看，雷电由于其震耳的声音、炫目的闪光而容易引起原始初民的神秘感、畏惧感，还由于雷电往往与风雨先后或同时出现，而使人们认为是司风司雨的神秘力量。布依族神话描述，雷公怒吼就会响雷，眨眼就会闪电，哈气就会刮风，形象地刻画出一个动感、活泼的雷公。

百越、苗蛮系统各民族大都经营稻作，雨水歉与足与作物生长息息相关，故大都有悠久的雷神崇拜传统。古骆越先民制造的一些铜鼓，主体纹饰是云雷纹，形似古"雷"字的回形，称为"雷鼓"。清代屈大均《广东

---

① 贵州民间文学组整理，田兵编选：《苗族古歌》，贵州人民出版社1979年版。

新语》云其功能:"雷人辄击之,以享雷神,亦号之为雷鼓云。雷,天神也……以鼓像其声,以金发其气,故以铜鼓为雷鼓。"古骆越的后裔壮、黎等民族居住的地区,多设雷神庙,庙中多藏此类"雷鼓",用于祭祀雷神时敲击。苗蛮系统的瑶族也设雷神庙,广西都安、巴马瑶族的雷神庙建于村寨旁的大树下,用石块垒成。建庙时经魔公做法事安神位,每年秋收完毕择日召集全寨男性老人到庙里供祭,酬谢雷神,祈求福佑。同时,人们也视那棵大树为神圣之物,严禁砍伐,连掉下的树枝也不能拾回家烧。

百越、苗蛮系统先民信奉雷神,在古代文人作品中也有反映。唐代柳宗元到当时还是蛮夷之地的柳州当刺史,曾亲自到当地蛮夷相传为雷神栖身的"雷塘"祈雨,并写下《雷塘祷雨文》,称颂雷神"风马云车,肃焉徘徊,能泽地产,以祛人灾";祈祷雷神"腾波通气,出地奋响,钦若成功,惟神是奖"。宋代周去非《岭外代答》亦载:

> 广右敬事雷神,谓之天神,其祭曰祭天。盖雷州有雷庙,威灵甚盛,一路之民敬之……圍中一木枯死,野外片地草木萎死,悉曰天神降也,许祭天以禳之。

但或许由于雷只是作为一种自然现象的主宰,似乎缺少支配一切的绝对权威,亦未构成终极性价值的源头。同时,雨水运作往往不会达到理想状态,与人们心目中的"正常"秩序时有距离。因此,人们在尊崇雷神的同时,也常树立起另一个以酋长兼巫师式的祖先为原型的神的形象,以便在他们认为雷神不能正常执行自己的职责的时候,借助这样一个起督促作用的神。

例如,明代邝露《赤露》记载,古代壮族社会领导农业生产的部落酋长往往又是从事农事巫术活动的巫师,每到大年三十晚上,部落酋长"郎火"就要进行一项卜巫活动来预测当年雨情:摆出十二个杯子,每杯都倒满水。第二天一早起来观察,见哪一杯子水少了,便预测当年哪一个月天旱,就要及早做好准备。这说明了古代壮族酋长或巫师一身兼两任的情况。这样的人容易树立起威望,又容易造成神秘感,在此基础上诞生了雷神对立面的形象——布伯。《赤雅》所载"土目称其酋为布伯"即记此事。

在壮族巫师的经书里,《布伯》是巫师在祈雨仪式上念诵的咒语或经文。据《布伯》的搜集整理者蓝鸿恩等介绍,唱词中的布伯形象,"几个本子都说他是道士，善法术，能呼风唤雨，能腾云驾雾；有的本子又说布伯死后变成天上玉皇大帝，雷王受他掌管"。这里的"又说"当为以后发展的形态。蓝鸿恩等还介绍，有的师公唱本开头介绍布伯道："人间到处说纷纷，布伯求雨就灵应，布伯来到了庙里，开始念起了雷文。"① 活脱脱就是一个巫师的形象。这些，标示了布伯这个人物的身份原型，以及《布伯》型故事的巫术文化根基。

百越、苗蛮系统一些民族的先民，还创造了以祖先为原型的形象以各种方式盖过雷公等的故事，以树立起前者的威严。《苗族古歌·枫木歌·十二个蛋》演绎了这一模式。

《苗族古歌·枫木歌·十二个蛋》叙述，蝴蝶妈妈从枫树里生出以后，与水泡游方生下12个蛋，大鸟鹡宇孵蛋，孵出人类始祖姜央，还孵出雷、龙、牛、虎、蛇、蜈蚣等。后来，他们长大了，"个个想当哥，人人争作大"。于是，姜央出主意：想要当大哥，就要显本事，首先踩桥，哪个踩得响、踏得动南哈桥，"大哥他来当"。

"显本事"开始，龙"甩尾冲上桥"，南哈桥不响不动；雷"斤斗翻上桥"，南哈桥还是不响不动；而姜央，"捉只喀喀鸟，藏在袖子里"，"一步捏一下，雀子喀喀叫"。姜央借此说自己"踩桥就响"，"踏桥就动"，要当大哥。但"大家都不服"，还要"斗法""比武"。于是开始了第二次较量。

斗法比武开始，雷"跳到半空中"，"敲鼓响轰轰"，一下子就"下雨又刮风"；龙"忽溜下山冲"，"挥舞头上角"，一下子就"撬垮半山坡"。这样，他们都说"本事我最大，本领我最高"。而姜央不露声色，"砍来九挑柴，割来九挑草"，然后让雷、龙等在屋里看他显本事。他点起火，煽起风，

> 火烟黑乌乌，火焰红彤彤，眼睛睁不开，四面看不清，这个心着急，那个心着慌，你也喊姜央，我也喊姜央："本事你最大，本领你最高……"

在这最后一招中，姜央抓住了对手的致命缺点取得完胜。因为在人们心目中，雷、龙等都是主宰雨和水的自然灵物，具有水中生活的特性，降

---

① 莎红、蓝鸿恩等翻译、整理：《布伯》，广西人民出版社1959年版。

服它们只有让它们离开水的环境，再用水的对立面火攻烟熏。

这也是人们模拟巫术的一种做法，即在久雨久涝的日子里烧柴草用火烟象征性地驱雨驱涝。姜央就这样凭智慧、凭机灵当上了"大"，也就意味着获得了与雷等抗衡的地位。

以下进入洪水神话，与氐羌、百濮系统这类神话相似，百越、苗蛮系统这类神话的整个叙事也围绕洪水缘起、躲避洪水、延续后代三大板块展开；不同的是，前者善恶选择是突出的中心，后者宇宙正常运行秩序的维系、社会人伦秩序的维系交替进行。

二　洪水缘起：雷公的失误、报复

由于雷神神格的复杂性，这一板块的叙事也呈现出复杂的情况。雷神先是作为天旱的责任者，没有维系宇宙正常运转的秩序；后作为弱势的一方，围绕他的命运以及人类的命运又演绎出新的叙事。

雷神操作天旱有多种原因，在壮族《卜伯的故事》和《苗族古歌·洪水滔天歌》中是因为自己的某些过失遭愚弄恼羞成怒而施旱。《卜伯的故事》[①] 叙述，住在天上的是雷王，地上住着人，人的头领叫卜伯（也译作"布伯"）。当时，只要对天上的雷王供些香火，便会风调雨顺；但有一年雷王到人间玩，吃到卜伯接待的酒饭觉得香火不是味道就要收租。第一年他要庄稼的上面，卜伯种的是芋头，雷王只得到芋头叶和芋头秆；第二年他要庄稼的下面，卜伯种的是稻谷，雷王只得到稻根；第三年庄稼的上下他要全收，卜伯种的是包谷，雷王什么都没得到。雷王回到天上以后，滴雨不落，滴露不撒，"天上没有下雨，地上没有水流。太阳直往地面逼晒着，地板上都可以把鱼煎出油来"。

这段叙事的前半部分，掺入了一些"机智人物"型的叙事模式，以引出雷王不下雨的缘由；后半部分所述，应该说，不管缘由如何，雷王所为已经违背了宇宙正常运行的秩序。

《卜伯的故事》接着叙述，天下大旱，卜伯从巴赤山日月树爬上了天，用剑逼雷王给雨。雷王情急之下连忙答应，后又反悔，准备下凡斧

[①] 蓝鸿恩搜集整理：《卜伯的故事》，载陶立璠、赵桂芳、吴肃民、朱桂元编《中国少数民族神话汇编·洪水篇》，中央民族学院少数民族古籍整理出版规划领导小组办公室印，1984年，第101—111页。

劈卜伯。卜伯与家人到河里捞水草"豆藜"铺到屋顶上,砍纱树剥掉皮拿来扎棚台,自己拿鸡罩在屋檐下等着。雷王乘风冲到卜伯的屋顶,踏上豆藜便滑倒,一直滑到棚台,也站不住脚,摔倒在地。卜伯用鸡罩把雷王牢牢罩住,关在谷仓里准备杀掉把肉"腌起来,分给大家吃,来消除人们的怨恨"。

到了这里,当又是一个转折,毕竟,雷王管雨是宇宙秩序的重要一环,没有这一块将会使秩序宇宙出现缺陷。于是,下面的叙事围绕着雷王的生命展开。卜伯的儿女伏依兄妹把潲水给雷王喝,雷王喝水后恢复体力挣开谷仓飞上天空,为出气欲发洪水。

《苗族古歌·洪水滔天歌》叙事大致相同,前半部分掺入了"两兄弟"型和"机智人物"型的叙事模式,叙述雷公与姜央分家,"拉牛又拉马",只给姜央留下一条狗。姜央设计借牛杀牛,并把牛尾埋在田坎戏弄雷公,雷公知道受骗后两人结怨。后半部分姜央擒雷、关雷,孩子送水,雷公破仓、发水等情节大致一样。

天旱在布依族古歌《赛胡细妹造人烟》① 里则是雷神失职。古歌叙述,"这一年时逢天大旱,芭蕉晒死干了心,大地干起裂口口,风起四处起烟尘"。力大无穷的布杰公公"急急忙忙上天庭","只见雷公还在睡懒觉","心中怒火生",把他扯到凡尘拴在山寨门。赛胡和细妹解救了雷公,雷公上天为解恨欲发洪水。这些叙述,突出了雷神没有很好地维系宇宙正常运转秩序的一面。

而在百越系统的仫佬族、布依族,苗蛮系统的畲族等民族的一些神话、古歌中,没有天旱的情节,洪水缘起在于一些人要吃雷公肉。例如:

仫佬族《伏羲兄妹的传说》② 叙述,伏羲的两个哥哥一起谈论天下的美味,想吃一顿雷公肉,他们从河里捞回几担水藻,铺在房顶上,并趁雷公从天而降在水藻上摔倒时抓住他,把他关进谷仓。雷公讨水喝,伏羲兄妹见雷公实在可怜,就把一个水瓜渣丢进谷仓。雷公吃下顿增气力,挣破谷仓腾云驾雾走后发洪水。

---

① 汛河搜集、整理:《赛胡细妹造人烟》,载贵州社会科学院文学研究所、黔南布依族苗族自治州文艺研究室编《布依族古歌叙事歌选》,贵州人民出版社1982年版,第17—42页。

② 包启宽、潘代球等讲述,包玉堂、谢运源、潘琦搜集、整理:《伏羲兄妹的传说》,载陶立璠、赵桂芳、吴肃民、朱桂元编《中国少数民族神话汇编·洪水篇》,中央民族学院少数民族古籍整理出版规划领导小组办公室印,1984年,第321—323页。

布依族《布依族古歌·捉雷公》①叙述，卜丁有五个儿子，他们的母亲病了，躺在床上不能吃饭。算命的说："吃雷公心医病就好。"放水碗卜吉凶的说："吃雷公肉医病会好。"于是兄弟们施展本领，设下套圈，套住了雷公，并将雷公挖心取胆。孩子天瑞、天婉水泼雷公，雷公复活报仇发水。

畲族《桐油火和天洪》②叙述，蓝禾姑到山林里采蘑菇，抓着雷神打盹而变的大花鸡，被雷神殛死。蓝禾姑丈夫盘石郎再抓住雷神锁上，准备杀它下酒。孩子盘哥、云因洒水，雷神挣开石锁飞走后发洪水。

这些神话，似乎又回到氐羌、百濮系统洪水神话的主题：人心善恶的选择，以及对人与自然关系中破坏生态平衡行为的报复。至此，百越、苗蛮系统洪水神话"洪水缘起"这一板块可以落幕。

三　躲避洪水与延续后代：雷公的恩惠、善意

躲避洪水板块最普遍的情节就是：两兄妹显示出某种好心肠，得到雷神或其他神赐予的牙齿或葫芦籽，牙齿或葫芦籽种下后发芽长藤结出葫芦或其他果实。洪水来时千万人被淹死，只有两兄妹遵神意躲进葫芦或其他果实，得以避过灾难。具体细节大同小异。

在这一板块，雷神大都又恢复天神的地位成为天意的代言人，他在保存人种及延续后代等环节中起了关键的作用。壮族与《卜伯的故事》同本异文的来宾师公黄永和保存的唱本《布伯》③叙述，雷王得到伏依兄妹相救以后，要加以报答，

　　雷王站在谷仓上把话讲："你们给我湔水吃。我用什么来报答？"雷王摸摸身上没一物，又摸嘴里的牙齿，拔出一颗门牙，送给伏依兄妹。

---

① 李光福唱，黄义仁、刘士杰搜集、翻译，黄义仁、杨路塔、范禹整理：《布依族古歌》，载贵州社会科学院文学研究所、黔南布依族苗族自治州文艺研究室编《布依族古歌叙事歌选》，贵州人民出版社1982年版，第70—82页。

② 蓝石女、钟伟琪、项次欣口述，唐宗龙记录：《桐油火和天洪》，载陶立璠、赵桂芳、吴肃民、朱桂元编《中国少数民族神话汇编·洪水篇》，中央民族学院少数民族古籍整理出版规划领导小组办公室印，1984年，第261—267页。

③ 莎红、蓝鸿恩等翻译、整理：《布伯》，广西人民出版社1959年版。

同时吩咐伏依兄妹拿到塘边种,就会结葫芦,并告知:"我上天下大雨,发洪水,你们兄妹就坐到葫芦里去。"伏依兄妹就是靠这一颗种下能长出葫芦的牙齿,得以借葫芦避过洪水灾难,重新繁衍人类。

仫佬族《伏羲兄妹的传说》也叙述,雷公挣破谷仓钻出来以后,从嘴里拔下一颗门牙,交给伏羲兄妹,说:"这是一颗葫芦瓜籽,你们把它拿去种在园里,见到人家挑粪下田,你就挑粪壅它,等到结的瓜长大以后,你们就把里面挖空,把每天吃剩的锅巴饭装到葫芦里去,到时候自有用处。"伏羲兄妹依言行事,在洪水来时躲进葫芦,幸免于难。

延续后代板块基本情节为:两兄妹从葫芦里出来以后,在灵性动物或植物的启发下,通过滚石磨、穿针眼等测知天意,成亲生育后代;生育的后代往往有某种缺陷,又往往是在雷神或其他神的帮助下,得以完善。

在这一板块里,灵性动物或植物启发两兄妹测试天意对他们成亲繁衍后代起了重要的作用。《侗族祖先哪里来》[①] 叙述,丈良、丈美两兄妹从避水的瓜里出来以后,看见一对岩鹰在河边,问岩鹰"可曾见到别的男和女";岩鹰回答"现在只剩下你两兄妹","你两兄妹只有开亲成夫妻,世上的人种才不断"。丈良、丈美表示"兄妹做夫妻,见面也羞惭";岩鹰启发他们"兄妹是否能开亲,可以凭天断",并"把办法谈":

你俩山冲顶上滚下磨子来,然后再去山冲脚下看,若是磨盖合在磨盘上,兄妹开亲就是天意莫违犯。

兄妹二人依言滚磨,"一连三次磨盖合在磨盘上","兄妹无法再推脱,只好开亲来把人种传"。

而洪水后两兄妹测试天意的方式,在瑶族《盘王大歌·葫芦晓》[②] 里表现得更充分。大歌叙述,伏羲兄妹从葫芦里出来以后,"哥先开口来问妹:我俩是否把亲合?"而妹妹却"开言考哥哥",提出了一系列前提:

首先,要"隔岸烧香""香烟相合",结果"隔岸燃香香烟合"。

其次,要"隔河梳头""头发相绞",结果"隔河梳头发相绞"。

[①] 吴显才、吴金松等口述,吴生贤等搜集,杨国仁整理:《侗族祖先哪里来》,载黔东南苗族侗族自治州文艺研究室、贵州民间文艺研究会编《侗族祖先哪里来》,贵州人民出版社1981年版,第1—51页。

[②] 郑德宏、李本高整理、译释:《盘王大歌》,岳麓书社1988年版,第122—161页。

第三，要"隔河种竹""竹尾相绞"，结果"竹尾相绞过了河"。

第四，"隔冲岭上滚石磨"要"石磨相合"，结果"滚磨下山合上了"；最后，要"围着树下来追捉"，"对面相逢再相合"，结果哥哥"先追几圈回身转，俩人对面自相合"。

这些，都说明了天意，兄妹只能成婚。成婚后，妹妹生下血团，再分成三百六十块，"送上青山便成瑶，落在峒头百姓人"。

这些测试方式，都是"相合"意味的象征显现，体现了原始思维的"互渗性"。在先民的心目中，这些都是天神通过人间相似现象"暗示"自己的意愿，展现了"天意"。

壮族师公黄永和保存的唱本《布伯》描述了雷神的作用。唱本叙述，伏依兄妹成亲三朝就生下一个孩子"像磨刀石"，这时候，

雷王知道生孩子，就拿斧钺下来劈，劈成三百六十块，一块一姓一个人。

这样，雷王不仅提供了保护人种的神秘工具，而且还依靠自己的神力化肉团为生命。从这个意义上来说，雷王也可以称为族类的某种性质的祖先。此类神话叙事的意味与民族生活中的信仰风俗相符，或者说它规范了人们的信仰和行为。南方百越、苗蛮系统的很多民族都或亲近、或敬畏雷公，甚至以他与亲属中地位最高的舅方相比。侗族俗话说："天上以雷公为大，地下以舅父为大"；畲族俗话说："天上有雷公，地上有舅公。"黎族神话更尊雷公为扶持黎人之祖黎母降生之神，并奉其为天界最大的神，俗话说："天上怕雷公，人间怕禁公（巫师）"。壮族、侗族、瑶族等不少民族还盖雷公庙，塑雷公象，并赋予雷公兴云布雨、兴善诛恶等职能，加以祭祀、祈求。

四　洪水神话的两重性

百越、苗蛮系统考验与洪水神话，不少是在祈雨仪式上吟唱的，其功能具有两重性质；而与此相联系，这类神话的本身也具有两重性质。

例如，壮族的《布伯》就是巫师在祈雨仪式上念诵的咒语或经文。据《布伯》的搜集整理者蓝鸿恩等介绍，《布伯》主要是以师公唱本的形式流传于世的。在祈雨仪式上吟唱《布伯》，首先可能就是一种感应巫术——感应布伯的神力挟制雷王。在《布伯》经文里，围绕着下雨不下

雨，布伯与雷公构成了对手关系。他上天找到雷王，约定三天内降雨；雷王违约，他施计谋用鸡罩罩住雷王，把雷王关进谷仓，赢得几个回合的胜利，对雷公形成威慑。这一人物结构及叙事体现了巫术的需要，也表达了农耕时期人们企图控制降雨的欲求。

如果说，早期的巫术更多地依靠模拟动作、模拟形状的话，那么较后阶段的巫术则更多地依靠一种神秘的，可以超越时空、表示一切的，可以把此时彼时、此地彼地、此物彼物、此事彼事毫无困难地联系起来的语言。人们似乎认为，用语言吟唱哪一位祖先神的事迹就可以唤起或依附哪一位祖先神的神灵，吟唱他的哪一方面的事迹就可以唤来或感应他哪一方面的神力。依照这样的"法则"，吟唱某一位英雄的斗雷事迹正是为了凭借这位英雄的神灵神力胁迫雷王降雨。因此，从这个意义上来说，经文《布伯》首先是早期人们利用语言进行巫术活动的法宝——感应神力挟制雷王的武器。

然而，作为仪式上吟诵的经文，不仅有巫术的作用，还有祭祀的作用，或者说，还担负着协调人与大自然关系的功能。人们在干旱时诅咒雷神，意欲借助以酋长兼巫师的祖先为原型的祖神的神威挟制雷神，但另一方面，又敬畏雷神，把更多的希望放在雷神的善心善意上面。因此，以仪式上的经文形式出现的《布伯》，也表现出明显的矛盾倾向：前半部分主要反映祖神的神勇，后半部分则主要反映雷王对族类后代的呵护。

在《布伯》的后半部分，雷王得伏依兄妹相救以后，"拔出一颗门牙，送给伏依兄妹"。善良的伏依兄妹正是靠这一颗牙齿种下后所长出的葫芦，得以避过洪水灾难，重新繁衍人类。伏依兄妹成亲三天，生下一个像磨刀石的孩子，雷王"就拿斧钺下来劈，劈成三百六十块，一块一姓一个人"。于是，还是善良的伏依兄妹在雷王的护佑下得以留存，得以延续；神话归根结底又回到了原来的主题：要有善心、善行；切莫贪心、贪嘴！

另外，黎族还有一则与洪水相关的神话更直接表现了对雷神的崇拜。这则《螃蟹精》[①]神话讲述，远古时期，螃蟹精兴风作浪，残害百姓，雷公与之奋战，将它砸死。螃蟹精肚里的黄水流了七天七夜，造成洪水泛

---

① 马文光等讲述，陈葆真等记录，陈葆真等整理：《螃蟹精》，载陶立璠、赵桂芳、吴肃民、朱桂元编《中国少数民族神话汇编·洪水篇》，中央民族学院少数民族古籍整理出版规划领导小组办公室印，1984年，第246—248页。

滥，只剩一对兄妹躲进葫芦里幸存下来，雷公撮合他们婚配繁衍后代。这里，洪水泛滥不是雷公发起，雷公只起了除害、助婚的积极作用，这与黎族民间对雷神的崇拜、信仰一致。

第三节　洪水神话与伏羲兄妹

在苗蛮、百越系统乃至氐羌、百濮系统一些民族的洪水神话里，从葫芦或其他植物果实里走出的是伏羲兄妹，或称呼相近的其他兄妹，他俩成亲繁衍了各民族的祖先。这是一个值得探讨的现象。

一　伏羲女娲：天地、阳阴、婚配、繁衍的关联与象征

在中国神话史上，伏羲及其配偶（一般认为即女娲）的相关叙事流传地域很广、演变过程很长，从先秦两汉的《庄子》《易·系辞传》《世本》《楚辞》《淮南子》，一直到唐宋时期的《独异志》《路史》，都有一些相关的记载；河南、山东、陕西等不少地区，苗、瑶、壮、布依、仫佬、彝等不少民族，都流传着活形态的相关神话和信仰风俗；一些考古遗址也出土不少相关的砖画、帛画等。从纵的方向看，它们组成了相关神话演变的长长画卷。

伏羲，在汉文典籍的记载中，又作包牺、庖牺、庖羲、炮牺、宓牺、伏牺、伏戏、伏希等。最早提到伏羲的汉文古籍，是《庄子》和《易·系辞传》。《庄子·人间世》[①]载：

>是万物之化也，禹、舜之所纽也，伏羲、几蘧之所行终，而况散焉者乎。
>
>（这样万物都可以感化，这是禹、舜处世的关键，是伏羲、几蘧的行为准则，更何况普通的人呢。）

另外，其名在《庄子》的《大宗师》《缮性》《田子方》等篇中也有出现，但似乎较少涉及其事迹的具体内容。

[①] 《庄子》引文及译文均录自乐后圣总编，张清华主编《道经精华——庄子》，时代文艺出版社 2003 年版。其中译文部分略有改动。

《易·系辞传》则有关于伏羲事迹的介绍：

> 古者，包牺氏之王天下也，仰则观象于天，俯则观法于地，观鸟兽之文与地之宜，近取诸身，远取诸物，于是始作八卦，以通神明之德，以类万物之情。作结绳而为网罟，以佃以渔，盖取诸离。

此当为关于伏羲事迹的较早的概括，大意是：伏羲根据天地之间阴阳变化之理，创制八卦，即以八种简单却寓意深刻的符号来概括天地之间的万事万物。此外，他还模仿自然界中的蜘蛛结网而制成网罟，用于捕鱼打猎。这些，从早期人们生产生活角度来观察，当反映了原始渔猎时期人们对渔猎工具发明者的崇拜。

以后，关于伏羲的创造有了更多的描述，例如，"钻木取火"，"始名物虫鸟兽之名"，"始尝草木可食者"，"豢育牺牲，服牛乘马"，"冶金成器，教民炮食"，"去巢穴之居"，"制杵臼"，"丝桑为瑟，均土为埙"，"造书契以代结绳之政"等，兹不一一列举。值得注意的是茆泮林辑本《世本·作篇》说："伏羲制以俪皮嫁娶之礼"；《白虎通·号》也说伏羲"因夫妇，正五行，始定人道"，把婚姻嫁娶的始作也归于伏羲。

伏羲之名，《说文解字》释"伏"为：

> 伏，司也，从人从犬。

释"羲"为：

> 羲，气也。从兮，义声。

由此，"伏羲"本意当为"司气"。那么，从更深层的意蕴探究，伏羲的原型当与宇宙本原和起始意象有关。

宇宙本原和起始意象之"气"又如何成为有形有体的"伏羲"形象，长沙子弹库楚墓帛书有一段话：

> 曰故□熊雹戏，出自□霆，居于骚□。氒田渔渔，□□□女，梦梦墨墨，亡章弼弼，□□水□，风雨是於。

对于其大意，一种解读是：天地尚未形成之时，世界处于混沌状态，在雷霆闪电之中，雹戏（伏羲）诞生了。由此，如同前述许多创世主体一样，在早期的传说里伏羲也当出生于混沌状态或天象气候自身的演变中。

以后，相关传说有了发展。《太平御览》卷七八引汉代纬书《诗含神雾》：

> 大迹出雷泽，华胥履之，生伏牺。

有了母亲，有了感生，但所感者仍是主宰自然现象之雷神，似仍与子弹库楚帛书所述有所联系。又，《山海经·海内东经》载："雷泽中有雷神，龙身而人头，鼓其腹。"据此延伸，伏羲形体当有一个龙身（蛇身）人首的"龙种"形制的遗传。

至于伏羲的其他名称，根据历代注家的解释，大多由《易·系辞传》的内容引申而来。《汉书·律历志》引刘歆《世经》："作网罟以田渔取牺牲，故天下号曰炮牺氏。"晋代皇甫谧《帝王世纪》："取牺牲以供包厨，故曰包牺氏。"唐代司马贞《补史记·三皇本纪》："结网罟以教佃渔，故曰宓牺氏；养牺牲以庖厨，故曰庖牺。"如此等等。

伏羲亦称太昊氏，其发展似乎有一个过程。在先秦一些可靠的典籍中，言太昊则不言伏羲，言伏羲则不言太昊，太昊与伏羲并无瓜葛。如《荀子》里，《正论篇》中提及"太昊"，《成相篇》中又言"伏羲"，两名共见一书，当非一人。

太昊与伏羲连称，可能始于《世本》。其书《帝系篇》（清代张澍稡辑本）谓："太昊伏羲氏。"后人均依此将太昊与伏羲并称。《易·系辞传》已有"古者包牺氏之王天下"的说法，《汉书·律历志》引刘歆《世经》进一步发挥：

> 炮牺氏继天而王，为百王先，首德始于木，故为帝太昊。

太昊与伏羲并称，可能有多种历史的、文化的原因，据学者分析，可能与太昊相传为古帝之首而伏羲相传为百王之先的"暗合"有关。从神话传说本身来说，标示着伏羲形象又扩大了流传范围，加深了内涵意蕴。

早期伏羲神话的流传地区似乎较广。相传，伏羲生于成纪（今甘肃天水)。《太平御览》卷一六五引《续汉书·郡国志》载:"成纪,古帝庖牺氏所生之地。"但主要活动地区似乎在豫东南鲁南皖北淮河流域。《路史·后纪一》罗注:"今宛丘(古为陈州治所,今即河南淮阳)北一里有伏羲庙八卦坛。《寰宇记》云:伏羲于蔡水得龟,因画八卦之坛……《九域志》:陈、蔡俱有八卦坛。"淮阳至今仍存太昊伏羲画卦台。

伏羲的神话传说以《庄子》的记载为最多,庄子为蒙(今河南商丘或安徽蒙城)人,也说明伏羲的神话传说早期当主要流传在这一带。此外,安徽含山县凌家滩新石器文化墓地出土了一件精致的玉龟和一块上刻历法图的玉版,这些东西距今大约4500—5000年,是当时表示四时历法的原始"八卦图",这似乎也为伏羲画八卦神话起源地提供了物证。[①]

太昊又称太皞,或大皞。"皞"字之意是日出之光,由此,太皞伏羲氏又有了新的意蕴。即伏羲之"羲"当为日气、阳气。阳气上升,应在万物萌动与生长的春天,故伏羲又被称为"春皇"(《拾遗记》卷一)。

纵观伏羲形象,似乎更多地与天象气候、与阳有关。他出生于混沌状态的雷霆闪电之中,或因雷而感生;他标志性的创造是"仰则观象于天,俯则观法于地"而发明的八卦;尤其是,他为日气、阳气,更具天、阳的特性。随着中国古代哲学阴阳匹配观念、对称观念的逐渐深化,伏羲作为天的象征、阳的象征的角色特征越来越突出,与之相对应的地的象征、阴的象征的角色也越来越呼之欲出。

根据现存的资料,最早提到伏羲配偶的是长沙子弹库楚墓帛书。其书曰:

> 乃娶虘䍒□子之子曰女皇,是生子四……未有日月,四神相代,乃步以为岁,是为四时。

对于其大意,一种解读是:伏羲与虘䍒□子的女儿女皇结为夫妇,生下四子(四神)。当时未有日月,四神开始运动,循环反复,形成四季。由此,伏羲作为"春皇",与配偶共同生育了四季之神,其生命之源的特征开始显现。

[①] 《安徽含山凌家滩新石器时代墓葬发掘简报》,《文物》1989年第4期;陈久金等:《含山出土玉器图形试考》,《文物》1989年第4期。

然而，此处的"女皇"并没有标出具体姓名，只能再往后追寻。在西汉《淮南子·览冥训》里，可以看到与伏羲并列的女性的名字，其云："伏羲女娲不设法度而以至德遗于后世。"高诱注女娲云："女娲，阴帝，佐伏羲治者也。"至此，在现存的资料里，伏羲另一半的姓名始露"峥嵘"。

女娲之名，始见于《山海经·大荒西经》和《楚辞·天问》等。《大荒西经》载：

> 有神十人，名曰女娲之肠，化为神，处栗广之野……

《楚辞·天问》也提到"女娲有体，孰制匠之?"其后，《淮南子》《风俗通义》《列子》等，也记载了女娲补苍天、立四极、平洪水、造人、制笙簧等情节。

从神话内容及记载情况来看，早期女娲神话似乎是北方民族神话，在北方地区广泛流传。"女娲之肠"神话载于以西北地区为背景的《山海经·大荒西经》中，与女娲补天、治水有联系的颛顼、共工分别是黄帝和炎帝的后裔，共工"怒而触"的"不周之山"在"西北三百七十里"（《山海经·西次三经》），女娲"杀黑龙以济"的"冀州"乃"中土"，可见神话里的人物和地点多在北方。

传说中女娲的遗址也以北方为多。《路史·后纪二》罗注、《酉阳杂俎·忠志》等列举了一些关于女娲的遗址，它们多在北方。如任城（今山东济宁）承匡山有"女娲出生处"；蓝田有女娲居处"女娲氏谷"，骊山有"女娲治处"（均属今陕西）；虢州（今河南灵宝）有女娲坟，等等。现在河南西华县思都岗仍保存相传与女娲有关的"女娲城"遗址和"娲"字城砖。

在北方大地流传的这些早期神话中的女娲形象，与伏羲相对应，显示出一种农耕民族"地母"和女性始祖神的特质。她生于地，基于地。《抱朴子·释滞》载：

> 女娲地出。

她以地之物五色石、芦灰为基本材料，补天，止水。《淮南子·览冥篇》载：

往古之时，四极废，九州裂，天不兼覆，地不周载，火烂焱而不灭，水浩洋而不息……于是女娲炼五色石以补苍天，断鳌足以立四极，杀黑龙以济冀州，积芦灰以止淫水。

并以黄土作人。应劭《风俗通义》载：

俗说：天地开辟，未有人民，女娲抟黄土作人。务剧力不暇供，乃引绳于泥中，举以为人。

女娲更体现出女性或"阴"象征的特点。《说文解字》释：

娲，古之神圣女，化万物者也。从女，呙声，古蛙切。

呙的繁体为"咼"，有人认为其形状酷似一位正面站立、双腿稍微叉开、故意显露阴户的女性，由此断定，女娲当是一个源于性崇拜和生殖崇拜的女性文化始祖。

女娲形体，《楚辞·天问》王逸注：

传言女娲人头蛇身。

有人认为，蛇身是女体的象征。

如果进一步探索的话，远古时期女娲的形象可能具有更多的内蕴。《说文解字》释"娲"曰"从女，呙声，古蛙切"。女娲神话流传地之一陕西骊山附近的姜塞新石器遗址，近年来出土不少盆壁上有写实蛙纹的彩陶。人们认为，这些蛙纹是氏族图腾或其他崇拜的标志。该地至今还流行一种叫"裹肚儿"的衣物，旧时是一个人从出生满月到结婚大礼乃至老死入殓都不可或缺的东西，它正面绘制着以蛙为中心的图案。人们把这些文物、习俗与女娲神话结合起来，认为远古时期女娲可能是母系氏族社会里一个以蛙为图腾的氏族的女首领。[①] 可以作为旁证的是汉代女娲伏羲画像

[①] 张自修：《骊山女娲风俗及其渊源》，载《陕西民俗学研究资料》第1集，中国民间文艺研究会陕西分会编，1982年。

里，女娲多持月轮，月中有蟾（也即蛙）。这大概为女娲与蛙有某种特定关系的遗痕。东汉王充《论衡·顺鼓篇》引董仲舒语："雨不霁，祭女娲。"把女娲视为跟蛙一样与水旱有关、能赐雨的神灵，这也表明了女娲与蛙的神秘联系。而蛙，在中国传统文化中多用来象征女性。

女娲"母"的特质继续发展，成为高禖女神，掌握婚姻和生育。《风俗通义》载：

> 女娲……为女婚姻，置行媒，自此始。

与此相对应，前述茆泮林辑本《世本·作篇》也说"伏羲制以俪皮嫁娶之礼"。随着中国传统文化对偶观念逐渐深化，与天地交合、阴阳交合化生万物说相对应，相传分制婚姻嫁娶之礼的人间两位神的性别角色也逐渐突出，终于组合成一对配偶神。

前面已经谈及，现存显示伏羲及其配偶的文献最早的是长沙子弹库楚墓帛书，其配偶"女皇"虽未点出姓名，但此后文献中并未见伏羲其他配偶，故假定为女娲当有充分根据。以后，两人相配的画面及文字叙述不断出现，内涵也不断深化。例如：

西汉时，鲁灵光殿壁画可能也出现两人并列的情景；东汉王延寿《鲁灵殿赋》描述道："伏羲鳞身，女娲蛇躯。"

应劭《风俗通义》始以女娲作为伏羲之妹："女娲，伏希之妹。"（［宋］罗泌《路史·后纪二》罗苹注引）

《淮南子·览冥篇》高诱注始以女娲作为伏羲之配偶："女娲，阴帝，佐伏羲治者也。"此处字面为"佐"，但中国传统文化为阴阳相配，言"配"当也说得过去。

此外，在山东东汉时代武梁祠石室画像中，第一石室第二层第一图绘两人，右一人右手执矩，下身鳞尾，左一人也下身鳞尾，两人鳞尾环绕相交。图上左柱有隶书"伏羲仓精初造王业画卦结绳以理海内"十六个字，故其中一人必为伏羲。现代一些学者根据诸书所说伏羲女娲人首蛇身（或龙身）等，判断另一人为女娲。[①] 左石室第四室也有类似的图。

---

① 芮逸夫：《苗族的洪水故事与伏羲女娲的传说》，载"中央研究院"历史语言研究所《人类学集刊》第1卷第1期，1938年。

在山东其他地方以及江苏、四川、河南等地汉代画像石中，也出现很多这种伏羲、女娲像。他们都被刻画成人首蛇尾的形象，尾巴往往交织在一起。他们手中常常拿着一件东西，例如伏羲拿着一个曲尺，女娲拿着一个圆规；或者伏羲手捧太阳，太阳里面有一只金鸟，女娲手捧月亮，月亮里面有一只蟾蜍，等等。

伏羲女娲并称可能是民族融合的结果。同时，随着母系社会向父系社会的发展，女娲从至高之位降为伏羲之妻；并随着中国古代哲学阴阳匹配观念、对称观念的深化，他们之间的关系有了更深刻的含义。

在汉代这些画像中，伏羲举日轮，中刻金鸟；女娲举月轮，中刻蟾蜍，更深刻地揭示了他们作为阳和阴的象征的意蕴。

金鸟与太阳有联系。距今七千年的河姆渡文化、中原仰韶文化等，创造了许多以太阳和鸟为中心的图饰，有的鸟首日身，有的鸟身日首，有的日鸟互衬，等等。

鸟又有男性祖先的象征意义，在玄鸟生商的传说中，玄鸟遗卵而使女蕴含男女交合的暗示。鸟形同男性生殖器形状相似，鸟图腾信仰也含以鸟为标志的男祖崇拜。金鸟可理解为雄性的象征，日鸟结合则为阳的象征。

蟾蜍或青蛙象征女性。南方壮族先民称蛙神为"蛙婆"，凝结了人们的性别观念。南方出土的大批饰有蛙纹（或蟾蜍纹）的器物，不少特别夸张地描绘了蛙的圆腹，犹如孕妇的体态。其中的铜鼓，出现很多累蛙的形象，有的呈母蛙背负小蛙的情状，也暗含人们关于蛙的女性象征意义的认识。月亮蟾蜍结合自然为阴的象征。

这样，中华民族两位历史最悠久的，分别与天和地相关的，又同时制婚姻嫁娶之礼的男神和女神，在传统的对偶观念蒸酝下，逐渐组合成中华民族阳和阴的象征、生殖繁衍的象征。

二 伏羲及其配偶神话在南方的流传及与洪水神话的结合

接下来就是他们在南方各民族中流传以及与洪水神话结合的问题。在现存的文献中，最早提到伏羲及其配偶的是长沙子弹库楚墓帛书，故探讨他们在南方民族中流传的渊源，也从楚地诸族的历程开始。

楚地诸族中，占据统治地位的芈姓族系根据《国语·郑语》《史记·楚世家》等的记载，得姓始祖季连出于祝融集团。祝融集团出于帝高阳颛顼。颛顼，按《五帝德》《帝系》及《山海经·海内经》的记载，是黄帝与嫘祖的曾孙、昌意的孙子;《五帝本纪》《帝王世纪》等则说是昌意之子、黄帝之孙。而《山海经·大荒东经》又记:"东海之外大壑,少昊之国,少昊孺帝颛顼于此。"清人郝懿行引《说文解字》"孺,乳子也"解释为:"此言曰:孺养颛顼于此。"由此看来,颛顼是一位出身于黄帝集团而成长于少昊集团的古帝,是东西两大集团交融的象征。芈姓族系作为曾孺养于少昊的颛顼的后裔,对于与少昊一前一后、交错重合的太昊伏羲氏文化当有所传承。

前面已经分析,苗蛮、百越系统历史上也曾与东夷系统在族源上有所交叉,太昊伏羲氏文化在这些系统中传承也属正常。

另外,战国时,南方楚国曾北上扩地至泰山地区,中原已达今河南南部。这样,伏羲神话很可能通过历代的族群的交融、文化的交流流传到南方,成为一些民族神话中洪水后繁衍人类的始祖。

长沙子弹库楚墓帛书的发现和译读具有双重的意义,一是将伏羲女娲对偶神话最早记录本的上限提前到了先秦时代,二是似乎为这样一种假说提供了证据,即伏羲女娲与洪水兄妹婚神话联系起来是在南方完成的。

在一些汉文典籍的记载中,女娲也与洪水有关,但与整个中原文化理性化人伦化相关联,已经带上强烈的伦理色彩,成为关于她的英雄功业描述:她在天塌地陷、火热水深、凶怪横行、人民遭殃的危难关头,补苍天立四极,杀黑龙济冀州,积芦灰止淫水,冀州平淫水涸,狡虫死颛民生……英雄救世,令人景仰,但其中却没有关于婚姻生子方面的叙述。这些神话记录较晚,但产生当为较早时期的事。

长沙子弹库楚墓帛书伏羲女娲的故事,关于治水有这样一些叙述:

> 为禹为万(契)以司堵(土)……山陵不疏,乃命山川四海,□熏气魄气,以为其疏,以涉山陵,泷汩渊漫。

对于其大意,一种解读是:协助禹和契平水土……并平治"山陵不疏"的大地无序的乱象;使山陵与江海之间阴阳通气,疏导四散漫衍的洪水。

这些叙述,大致仍未脱离汉文典籍的相关记载,但在前面增加了伏羲女娲两人结婚生子的情节,这样就存在一种可能,即关于伏羲及配偶的神话流传到楚地以后,已经吸收了南方民族洪水兄妹婚神话的某些成分。

南方各民族具有丰富的洪水兄妹婚神话，苗、瑶、壮、侗、布依、毛南、仫佬、黎、彝、白、傈僳、拉祜、纳西、哈尼、基诺、佤和高山等民族都有比较完整的故事流传。它清新，活泼，保留着某些人类童年时期的天真。它还逸出中国西南部，进入太平洋—亚洲南部文化区，成为其中重要的文化因子。芮逸夫先生的《中国民族及其文化论稿》在列举了东南亚和南亚次大陆的一些例子后说："这种型式的洪水故事的地理分布，大约北自中国本部，南自南洋群岛，西起印度中部，东迄台湾岛……我推测，兄妹配偶型的洪水故事或即起源于中国的西南，由此而传播到四方。"① 这个推测是合乎实际情况的，中国西南地区此型神话在各民族里广泛流传，具有发源地的种种特点。

　　世界上许多民族都有洪水型故事。它们有人类历史上真正发生过的洪水灾害的影子。根据地质学家们对古代冰川遗迹的研究，地质史上曾发生过多次大冰期，公认的有震旦纪大冰期、上古生代大冰期和第四纪大冰期。第四纪大冰期包括三次间冰期，大约始于距今 200 万年、终于距今 1 万至 2 万年这段时期。最大的一次冰期中平均气温比现在低 3℃—7℃，世界大陆约有 32% 的面积被冰川覆盖，地球上大量的水分以固态形式覆盖于大陆上，致使海面下降约 130 米。

　　第四纪大冰川的冰川总量约为 7697 万立方千米，全部融化成水后为 7136 万立方千米，可使海面上升约 197 米。② 冰川融化以后，海水上涨，海面上升，会淹没一些陆地，造成很大面积的洪水灾害。对于距今最近一次由于冰川融化而造成的洪水灾害或其他大大小小的洪水灾害的惨痛记忆，可能是洪水型故事的起点。

　　中国南方少数民族神话和神话史诗的洪水故事，表层展开结构大致分为三个阶段：洪水前、洪水中、洪水后。三个阶段各叙述三个中心内容：洪水发生的起因，洪水中的避难，洪水后的婚姻繁衍。

　　洪水发生的起因，在各民族神话和神话史诗里大致有以下三个方面。
　　其一，动物造成。
　　拉祜族苦聪人《创世歌》③ 叙述，一棵"遮了整个天"的大树被人们

---

① 芮逸夫：《中国民族及其文化论稿》上册，台北艺文出版社 1972 年版，第 1059 页。
② 《地质辞典》（一）"普通地质构造地质分册"，地质出版社 1983 年版，第 136、130 页。
③ 杨老三等唱，樊晋波等搜集，韩延等整理：《创世歌》，载红河州文联、民委合编《红河》总第 9 期，1984 年。

砍倒以后，白蚂蚁"就去吃树根，树根被吃空了，一股大水冲出来"，形成洪水，淹没大地。

其二，某一代人心肠不好，或做错了事，天神要惩罚他们而发洪水。

彝族《查姆》[①]叙述："直眼睛这代人呀，他们不懂道理，他们经常吵嘴打架，各吃各的饭，各烧各的汤。一不管亲友，二不管爹妈。爹死了拴着脖子丢在山里，妈死了拴着脚杆抛进沟凹。"天神涅侬撒萨歇奉命到人间查访好心人，"走遍九山十八凹，没见一个好心人，没遇一户好人家"。最后，才遇到唯一愿意用人血为涅侬撒萨歇医龙马的好心人阿朴独姆兄妹。

彝族《梅葛》《阿细的先基》、傣族《巴塔麻嘎捧尚罗》、仡佬族《十二段经》等也有类似的情节。

其三，某一代人触犯了天神、雷公等，天神、雷公等因此而发洪水。

纳西族《创世纪》[②]叙述："金古不会耕田，耕到天神住的地方去，夸古不会犁地，犁到天神住的地方去。"于是天神子劳阿普怒火起，发洪水淹没大地。

《苗族古歌》《侗族祖先哪里来》、瑶族《盘王歌》、壮族《布伯》、布依族《赛胡细妹造人烟》、土家族《摆手歌》等叙述人间的人士与雷公或雷婆争执，擒住雷公或雷婆，雷公或雷婆逃脱后发大水。

这些对于远古时代洪水灾害起因的推测，第一种反映了早期原始人与动物共处并存的状况，体现了他们天真幼稚的思维方式，当是最早的形态；第二种开始加进天神的活动，又体现了原始氏族部落那种集体主义的道德观念（不遵从这些观念就会引发洪水，受到惩罚），当是稍后时期的形态；第三种已经出现了与天神、雷公等争执的人间人士与情节，当是最迟的形态。

洪水中避难的内容，一般表现了两兄妹或几兄弟中的一个，或者显示了某种好心肠，或者由于无知等原因救了雷公雷婆，得到了天神或雷公雷婆的特别指点，得以躲在葫芦或其他物体里，安然避过洪水灾难。

彝族《梅葛》[③]叙述，格滋天神派武姆勒娃下凡来换人种，武姆勒娃

[①] 郭思九、陶学良整理：《查姆》，云南人民出版社1959年版。
[②] 云南省民族民间文学丽江调查队搜集、整理、翻译：《创世纪》，云南人民出版社1960年版。
[③] 云南省民族民间文学楚雄调查队搜集、翻译、整理：《梅葛》，云南人民出版社1959年版。

变个大老熊翻回犁好的地,被直眼人学博若五个儿子套住。"四弟兄都喊打,四弟兄都喊杀。""学博若的小儿子,背着小妹跑过来:'看他的头像祖父,看他的身子像祖母,千万不能打,千万不能杀。'"于是解下绳索救了武姆勒娃。武姆勒娃给了小弟小妹三颗葫芦籽,让小弟小妹躲进葫芦里避了难。

瑶族《盘王歌》① 里的两兄妹则是以禾秆沾水给被父亲关在大仓里的雷公"解口干",使雷公"半个时辰胀破仓"得以逃脱。"雷公走时送个齿,阳鸟唱歌种下土",葫芦三夜发芽,七夜结葫芦。以后,"洪水狂,淹死天下千万人",只有两兄妹"藏入葫芦漂水上"得以幸免。

洪水后婚姻繁衍的内容,表现了两兄妹或独个人从葫芦等物体里出来以后,面临重新繁衍人类的任务。两兄妹经过诸如滚石磨、穿针眼等测试天意的活动,终于成亲生育后代。幸存的独个人也在经过天神的多种考验以后,与天神的女儿结了婚。

布依族《赛胡细妹造人烟》② 叙述,赛胡细妹兄妹从葫芦里出来以后,先后以推石磨、穿针眼来测试能否成亲,结果"只见两扇磨子溜溜转,不偏不歪来合成";"只见线子犹如龙摆尾,一头穿进绣花针"。两人"再也无话讲",只好成亲,成亲半年生下肉团,砍成一百零八块变成人类、小河、小井。

纳西族《创世纪》叙述,从忍利恩从皮囊里出来以后,上天经历了爬利刃梯、砍九十九片森林、烧九十九片树木、播九十九片地的种子、岩头打岩羊、江边拿鱼、挤虎奶、认姑娘等种种考验,终于娶得天神的女儿衬红褒白,回到人间繁衍人类。

这些叙述,同样具有某些远古时代生活的影子。当灾难性的洪水过后,少数人躲避在各种高处高地,幸免于难。其后,由于损失惨重,人烟稀少,按照当时的婚姻观念,同胞兄妹、堂兄妹、表兄妹之间成亲,或到族外寻找伴侣(天婚),以繁衍后代。这正反映了当时血缘婚、族外婚的状况。至于神话、史诗所叙述的只剩下两兄妹或独个人以及上天找神女等情节,当表现了原始思维的整体意识和神秘性;认为血缘婚不

---

① 郑德宏、李本高整理、译释:《盘王大歌》,岳麓书社1988年版。
② 汛河搜集、整理:《赛胡细妹造人烟》,载贵州社会科学院文学研究所、黔南布依族苗族自治州文艺研究室编《布依族古歌叙事歌选》,贵州人民出版社1982年版,第17—42页。

道德的观念以及滚石磨、穿针眼等情节，当掺杂了后人的观念。

与世界其他民族的洪水型故事比较起来，中国南方少数民族神话和原始性史诗里的洪水型故事具有自己的种种特点。世界许多民族都有洪水泛滥毁灭人类、只剩下以一个方舟里的一个家庭等形式存在的人种及动植物种一类的神话传说，它们没有洪水后兄妹婚的情节；中原汉族也有洪水后兄妹婚的类型，但和南方少数民族洪水型故事比较起来，缺了最具神秘色彩、最有特点的洪水中兄妹躲于葫芦里避难的情节。这个情节与洪水前洪水发生的起因、洪水后的兄妹婚（或天婚等）繁衍人类结合起来，形成了南方少数民族洪水神话的完整结构。

葫芦在南方许多民族中具有崇高的地位，它由于独有的食、用实用价值和在生育方面的象征意义而受到人们的崇拜。葫芦是早期人们的重要食品和用具。它形似母胎，速生多籽，又容易蒙上一层神秘的光辉，使人们联想到有灵性的母体，人类的生育繁衍。人们食用它，又尊崇它。这种葫芦信仰的遗风在许多民族那里一直延续到新中国成立前后。

在南方民族人类起源神话里，洪水漫衍往往是人类生存发展的最后一次考验，经过洪水的考验，或者说在洪水考验后保留下来的人种，才最终能够繁衍下来，故从某种角度来看，洪水之后人类的再生具有更重大的意义。或许因此，伏羲及其配偶繁衍后代的神话叙事，在南方融化于洪水神话之中。

三 伏羲及其配偶神话融入洪水神话的意义

南方民族与伏羲及其配偶相关的洪水神话，典型的叙事有百越系统壮族的广西来宾师公黄永和唱本《布伯》、仫佬族的《伏羲兄妹的传说》，以及苗蛮系统瑶族的《伏羲兄妹的故事》。它们都属于洪水起因与雷神相关的第三种类型，抛开前面长辈与雷公的恩怨不提，故事里展示的主人公伏羲兄妹与雷公的互动充满了温馨，而且每一行动都构成了让人类延续的关键：伏羲兄妹救助了被囚的雷公，雷公以牙为种、种而长出葫芦包藏了伏羲兄妹，使其避过洪水并协助他俩繁衍后代。

例如，壮族的来宾师公黄永和唱本《布伯》[1]叙述，雷王得到伏依兄妹相救以后，要加以报答，于是拔出一颗门牙，吩咐伏依兄妹种下，伏依

---

[1] 莎红、蓝鸿恩等翻译、整理：《布伯》，广西人民出版社1959年版。

兄妹就是靠这颗门牙种下后长出的葫芦，得以避过洪水灾难。伏依兄妹从葫芦里走出来，成亲三朝后生下一个孩子，形体"像磨刀石"，又是雷公"拿斧钺下来劈，劈成三百六十块，一块一姓一个人"，形成了天下众生。仫佬族《伏羲兄妹的传说》、瑶族的《伏羲兄妹的故事》后面大半部分也有大致相同的叙事。

如果以此叙事结构回顾一下文献中关于伏羲的记载，似乎给人以诸多想象的空间。长沙子弹库楚墓帛书说伏羲"出自□霆"即雷霆闪电之中；《诗含神雾》说"大迹出雷泽，华胥履之，出宓牺"，这些记载都说明伏羲的出生与雷相关。南方壮、仫佬、瑶等民族洪水神话里，雷公也以牙为种、种而长出葫芦包藏了伏羲兄妹，使其避过洪水让人类延续，此葫芦孕育意味同样深长。由此，这些叙事，是否可以说构成了与雷相关的伏羲出生及繁衍后代神话的另一种类型，或者说相关神话叙事的另一种形式的延续？

当然，更具有实质意义的是，交合观念、生育信仰作为两条主线贯串了两组神话。滚磨叠磨、抛线穿针、点火合烟等方式都隐喻着阴阳交合，含神圣意味，与汉文典籍和画像中女娲伏羲作为阴阳象征如出一辙。伏羲兄妹结婚生下的肉团剁碎抛散生成人类，与化为十神的"女娲之肠"也一脉相承。

伏羲女娲神话流传到南方，最大的变化就是与南方民族叙述人类再生的洪水神话、葫芦兄妹婚神话结合了起来。世界上许多民族都有洪水神话，但如前所述，中国南方少数民族洪水神话与葫芦兄妹婚联系在一起，则别具一格。它是人类诞生、延续、演化过程中的最后一次考验，经过这次考验留下的才是真正的人种；关于它的记忆在民间信仰里占据很重要的位置。其中，葫芦由于独特的功能具有独特的象征意义，它的形状如同一个怀孕的母体，而且中空多籽，被许多民族的先民当作母体崇拜的象征物；它在神话中孕育、保护了民族和人类的始祖，又被当作祖灵崇拜的象征物。作为男女始祖、阳和阴象征的伏羲女娲在这里转化为葫芦中人类生命的种子，伏羲女娲神话也在新的文化氛围里形成了新的叙事结构。

第 五 章
文化创制神话

在南方民族创世神话叙事序列中，天地形成、人类起源以后，就是人类的文化创制。

南方民族一些已经形成某种系统的神话史诗里，人类在经历洪水考验生存下来以后就是对文化的各种形式的追求。纳西族和芳读经，和志武翻译、整理的东巴经《崇邦统》（人类迁徙记）[①]叙述，洪水后幸存的唯一男子崇仁利恩（又译从忍利恩）上天求亲，经过最大的天神祖老阿普（又译遮劳阿普）的一系列考验，赢得了天女册恒布白（又译衬红褒白），还赢得了一系列礼物：

> 崇仁利恩、册恒布白两人呀，要从天国迁徙下来的时候……送九对耕牛，送七对耙牛，送九匹乘骑，送七匹驮马；给九个东巴，给七个卜巫……家畜给九种……五谷给百样……公山羊呀是羊群的头领，一边跑呀一边咩咩叫；甜荞麦呀是五谷的先种，一边播呀一边开红花。

这些带回人间的"礼物"，包含了谷种、家畜等重要的物质文化，还包含了婚姻、宗教制度等重要的精神文化。在神话里，这些文化之源出自天，但人类获得却依赖于祖先英雄的努力以及天神的属意，不啻是洪水之后又一次考验。由此，天上的文化之源是神圣的，祖先英雄经过努力获得的文化也是神圣的，得到天神的属意拥有这些文化的族类更是神圣的。神

---

① 和芳读经，和志武翻译、整理：《崇邦统》（人类迁徙记），载吕大吉、何耀华总主编《中国各民族原始宗教资料集成·纳西族等卷》，中国社会科学出版社1999年版，第320—330页。

话里的"文化"同时包含着初民的智慧和天神的眷顾,包含着族类神圣的"专利"。

纳西族《崇邦统》体现了南方民族文化创制神话在上下传承方面的一些特点。南方民族创世神话,从宇宙的形成,到人类的诞生,再到文化的创制,体现一种空间性的世界同源同质观和时间性的历史观,陈陈相因,一以贯之。它是南方民族古代宇宙、人类生命和文化三个层级的本体论、价值论思想的珍贵遗产。

第一节 物质文化创制神话

汉文典籍中,对于文化发明的记载既早且多。先秦时的典籍《世本》里,就专门辟有《作篇》,"作"者,制造也,最早的制造就是发明。

一 汉文典籍里"名实相符"的三氏:有巢氏、燧人氏、神农氏

各种典籍记载的文化发明者为数不少,但最出名的,大概就是"名实相符"的三位"圣人"了,即发明巢居的"有巢氏",发明取火的"燧人氏",发明农业的"神农氏"。

远古时期初民的生活状况,先秦一些典籍中有过描述。《庄子·盗跖》写道:

> 古者禽兽多而人少,于是民皆巢居以避之,昼拾橡栗,暮栖木上,古命之曰有巢氏之居;古者民不知衣服,夏多积薪,冬则炀之,故命之曰知生之民。

到了《韩非子·五蠹》,已将原始巢居与取火的创造归于"圣人":

> 上古之世,人民少而禽兽众,人民不胜禽兽虫蛇,有圣人作,构木为巢,以避群害,而民说(悦)之,使王天下,号之曰有巢氏;民食果蓏蚌蛤,腥臊恶臭,而伤害腹胃,民多疾病,有圣人作,钻燧起火,以化腥臊,而民说(悦)之,使王天下,号之曰燧人氏。

有巢而为"氏",因燧而为"人",上述"专利"之说,大致不虚。

其中，燧人在汉文典籍中得到更多的描述。《太平御览》卷八六九引《拾遗记》所录古代传说，更把燧人取火的经过神秘化、场景化：

> 有燧明国……国有火树，名燧木，屈盘万顷，云雾出于中间。折枝相钻，则火出矣。后世圣人变腥臊之味，游日月之外，以食救万物，乃至南垂。目此树表，有鸟若鹗，以口啄树，粲然火出。圣人感焉，因取小枝以钻火，号燧人氏。

由此取火更具神圣意味。至西汉时的《尚书大传》，燧人与伏羲、神农一道列为"三皇"。

此外，《管子·轻重戊》里还有"炎帝作，钻燧生火，以熟荤臊"的记载，两位钻燧圣人、两则取火神话同时流传于世。

二　用火：主人公智慧与品质的结晶

用火取火在人类发展史上具有里程碑式的意义，它使初民开始告别生食，朝逐渐脱离一般动物状态的方向又迈进一步。根据考古学的考察，在旧石器时代遗址已有使用火的遗迹；大概在旧石器时代中晚期，钻孔技术发明后，人类发明了摩擦取火和钻木取火。

如此悠久的用火取火历史，当留下大量相关的神话传说。南方民族中，也流传不少这方面的叙事。

火燃熄倏忽，能量巨大，先民对其当充满神秘感、敬畏感。南方民族关于火的神话里，大都把火的来历神圣化，把它描绘成神界的神物，为神所赐。拉祜族神话史诗《牡帕密帕》[①]叙述，火是天神厄莎的心变的。

> 厄莎分出一点心，放在高山头上，突然一声雷响，闪出万道金光。火星飞到山坡上，各种动物都来抢。

最后老鼠抢得火，把它换给人类。这里，天神的恩赐与灵性动物的作用并存，凸显了火来历的神圣性。

[①] 扎莫等唱，李娜儿、李玉琼等译，刘辉豪整理：《牡帕密帕》，云南人民出版社1979年版。

但或许是初民远古时期多住森林,见到最多的是雷鸣闪电使森林起火,故更多地把火归于雷神的行动。壮族神话《布碌陀》[①]叙述:

> 一天,忽然间天昏地暗,大榕树上一道闪电,接着"轰"的一声,大榕树倒下了,燃起了熊熊的大火,映红了大地。传说这是上天派雷公把烟火送到人间来的。

更多的篇幅反映人类的祖先在神或动物的启发、指导下,认识、掌握了取火、用火的方法。汉文典籍《拾遗记》里,燧人目睹若鹗之鸟以口啄火树"粲然火出",而"取小枝以钻火";壮族《布碌陀》里,智慧老人布碌陀(又译布洛陀)也是感悟雷神劈树燃火,而学会"砍火"。雷公劈出的火被大雨淋灭了,布碌陀亲自出门找火。

> 他来到天边的一棵榕树下,突然想起了,上次的火是大榕树被雷公劈起的。雷公能把大树劈出火来,我布碌陀难道就不能劈出火来?我手中也有神斧呀!他运足了气,举起神斧,用力一挥,把大榕树砍了一斧,这一斧果真砍出火星来了。

从此人们又有了火,他们把火种拿到岩洞里养起来,不论风雨多大,火种仍然不熄。

在南方民族的民间信仰里,雷公具有独特的地位,他不仅驰风掣电,劈树生火,有时还充当人世保护神的角色,教人们取火用火。佤族《我们是怎样生存到现在的》[②]叙述,山上突然起火,人们留下了火种,有一次,火忽然被大雨淋熄,人们便叫小鸟到天上去问雷。雷说:"把藤子用力在木头上拉,火就会擦出来了。"人们用这个办法又取得火种。

也有一些神话把学会取火归于族类各种形式的祖先自己的作为。这些祖先大都有神奇的来历或神奇的本领,但他们取火主要依靠自己的实践,这可以说曲折地反映了早期人类取火、用火的历史过程。怒族神话《腊普

[①] 周朝珍口述,何承文整理:《布碌陀》,载谷德明编《中国少数民族神话选》,西北民族学院研究所印,1983年,第84—103页。

[②] 潘春辉整理:《我们是怎样生存到现在的》,载谷德明编《中国少数民族神话选》,西北民族学院研究所印,1983年,第418—420页。

和亚妞》①叙述,古时洪水泛滥,人类全都被淹死了,天神派了还没成年的腊普和亚妞兄妹俩来到人间繁衍后代。开始他们没有火,猎取到动物生吃,后来山上发了大火,他们在那里捡到了一只被火烧过的野兽,吃起来很香,比生的好吃多了,才懂得熟食。他们想找火种,可是到哪里找呢?

> 他们突然想到平时用竹子在石头上磨弩箭时,竹子会像在火上烤过一样热烘烘的……于是兄妹俩找来竹子,两人轮流在使力地磨呀磨……磨了三天三夜,竹子燃起火来了。

这里,腊普和亚妞兄妹俩除了来历是天神派到人间以外,其他作为并没有多少神秘的色彩,可以说与世俗生产生活没什么两样,体现了怒族先民既欲突出族类历史的神圣性又不忘先祖实际功绩的心态。

《苗族古歌》②也有类似的叙事。歌中唱道:"以前没有火,菜饭不过煮,得肉就生嚼";于是,比人类的始祖姜央还先出生的巨人火耐老公公

> 心灵手又巧,用石互相敲,迸出红火苗。

这样,引来了火种,开始了用火。主人公敲石迸火而名火耐,正与汉文典籍中"钻燧起火"的燧人相合。

南方民族取火用火神话,不但表现了主人公的聪明与智慧,还表现了主人公英勇顽强的英雄气概、敢于献身的崇高品质。由于火的光明、圣洁的形象,不少民族神话都把火的始取者塑造成高尚道德的典范。古希腊神话里,因众神之王宙斯拒绝将人类完成文明所需的最后一物"火"给出,提坦神普罗米修斯就冒着触犯天威的风险,用一枝木本茴香伸到太阳车的火焰里点燃,带到大地送给人类,被宙斯钉在高加索的山崖上,让恶鹰每天啄食肝脏。南方民族与之类似的典型例子是羌族《燃比娃盗火》③,这个神话叙述英雄燃比娃为人类历尽艰难险阻多次去天庭盗火,最后带回可以相击取火的白石。

---

① 赛阿局讲述,光付益翻译,吴广甲记录,陈荣祥整理:《腊普和亚妞》,载谷德明编《中国少数民族神话选》,西北民族学院研究所印,1983年,第581—583页。
② 贵州民间文学组整理,田兵编选:《苗族古歌》,贵州人民出版社1979年版。
③ 《燃比娃取火》,载《羌族民间故事》第三集,四川茂县文化馆编印,1982年。

故事说，部落女首领阿勿巴吉率领族人挖草根时，与居住在喀尔克别山那边的火神蒙格西邂逅并产生爱情，怀了孩子。临别时，蒙格西嘱咐："生了孩子，叫他到天上找我取火！"十个月后，阿勿巴吉生了个浑身长毛、有尾巴的男孩，取名燃比娃。燃比娃十六岁去天上取火。第一次，燃比娃拿着蒙格西用油竹点燃的火把往凡间跑，与恶煞神喝都相遇。喝都刮起妖风，火把遇风烈焰直扑燃比娃，把他一身毛都烧光，神火也被喝都抢回；第二次，蒙格西把火种藏在瓦盆里，燃比娃端着往凡间跑，又让喝都追上，喝都唤来倾盆大雨落地涨水，燃比娃被洪水淹没，神火瓦盆也被喝都夺去。第三次，蒙格西把火藏在白石中，交给燃比娃，说："两石相击，即可出火。"燃比娃藏石于身，等到天色傍晚才往凡间跑，恰在此时天上关门，燃比娃不慎被天门把尾巴夹掉。他忍着疼痛把火种带回凡间，从此凡间才有了火种。

羌族这则神话与古希腊普罗米修斯神话比较，提坦神主人公换成了与天上火神有血缘关系的人间小娃，每天忍受让恶鹰啄食肝脏的痛苦换成了连续遭受火烧、水淹、门夹，但那种为人类甘愿牺牲的精神则是高度一致的。这种精神，也是民族的宝贵财富。这个神话在羌族群众中广泛流传，并形成一系列的信仰风俗和禁忌。因为白石给人类带来幸福的火，所以羌族人民把白石尊为至高无上的神灵，供在最高的地方。他们还约定，人不得从火上跨过，火塘上不能伸脚，火塘架上不许烤不洁净的衣物，如果违反就会被视为对白石神不敬。人们通过这些风俗永远纪念神话中为人类作出贡献的燃比娃及其火神父亲。

三　建房：自然的示范与天神的启发

南方民族与建房相关的文化创制神话，最典型的是傣族神话史诗《巴塔麻嘎捧尚罗·帕雅桑木底造屋》。

帕雅桑木底（或译叭桑木底，傣语"推选或委任的首领"之意）是傣族神话中农耕生产和建寨建勐的开创者，还是各种规矩章法的制定者。《傣族古歌谣》里的《抬木头歌》说他教会人们扛大树的方法，《洗房柱歌》《贺新房》说他制定了建房时洗房柱贺新房的规矩，《婚礼歌》说他缔下了婚姻制度，等等；[①] 神话史诗《巴塔麻嘎捧尚罗》里的《帕雅桑木

---

① 岩温扁、岩林译：《傣族古歌谣》，中国民间文艺出版社（云南）1981年版。

底造屋》①等节,则叙述了他最闪耀光彩的功绩——发明了房屋。

长诗叙述,古时候,人们住在山洞里,多几个就睡不下,只好挤洞外,"受风吹打,受雨淋湿,受老虎咬伤,遭花蛇毒死"。桑木底为此冥思苦想"怎样才能避风雨,使人类少受苦"。他看见洼地边"长满麻芋叶,芋叶一片片,宽大像簸箕,把雨水挡住",就选了一块地方用芋叶和茅草盖了一间平顶草房。但是,雨一大"叶棚漏下水,漏得无法住",而且"雨停许久了","水珠还在滴"。桑木底继续观察。他看见一只狗"雨中昂着头,尾巴拖在地","狗背被淋湿,雨水顺着狗毛淌,狗胸部下的土,却一滴雨也未沾",就"仿照狗坐势,盖了间草棚"。但"难防歪脚雨","风雨斜飘来,扑进草棚里"。桑木底望天长叹,感动了天神。天神变成一只凤凰落到他的眼前,"立定两只长脚,把双翅伸开"。桑木底仔细观察,发现下雨时"落在凤身上的雨水,有的从两翅上淌落,有的从尾和颈上流下",他深受启发,于是,

抬来许多树木,
做成许多柱,
柱子有高矮;
又拔来茅草,
仿照凤翅膀,
编了无数片草排。
回想凤站立姿势,
盖出一间新房子。

这就是傣族的第一间富于民族特色的竹楼,桑木底给它取名"凤凰房"。

桑木底的神话,反映了傣族先民的创造智慧和探索精神,其中关于天神帮助的插叙,为"凤凰房"增加了神秘的色彩,突出了这项族类"专利"的神圣性。

四 农耕:动物与祖先的贡献

《尚书大传》里与燧人、伏羲一道列为"三皇"的神农氏,在神话中,

---

① 岩温扁翻译:《巴塔麻嘎捧尚罗》,云南人民出版社1989年版,第380—399页。

是最早得到谷种并教民种植五谷的圣人。《艺文类聚》卷十一引《周书》叙述了一个神奇的故事：

> 神农时，天雨粟，神农耕而种之。

《拾遗记》所载也充满神秘色彩：

> 有丹雀衔九穗禾，其坠地者，帝（神农）乃拾之，以植于田。

如此得上天眷顾，这位神农自然要担当起重任。《淮南子·修务训》说，远古时代人们只能吃野草、野果和野兽肉，喝生水，经常生病、中毒。于是，

> 神农乃教民播种五谷，相土地，宜燥湿、肥垅、高下，尝百草之滋味、水泉之甘苦，令民知所辟就。当此之时，一日而遇七十毒。

这里，神农"教民播种五谷"，"令民知所辟就"，大概主要还得依靠身体力行，以致"尝百草之滋味""一日而遇七十毒"。这些，说明他的神格还是处于较早时期的层次，所作所为与上述各民族创世主体主要依靠劳动创世之举一脉相承。

汉文典籍里开拓农业的还有后稷。《山海经·大荒西经》云：

> 帝俊生后稷，稷降以百谷。

大概是说后稷自天取百谷之种植于人间。后稷也有教民耕种的功绩，《孟子·滕文公上》云：

> 后稷教民稼穑，树艺五谷，五谷熟而民人育。

所作所为与神农相似。

"后稷"一词，内涵层叠。稷，俗称糜子，在相当长时期里都是北方旱作地区的主要农作物。《说文解字》释"稷"，"齌也，五谷之长"，说

明古人曾以稷为百谷之首，以稷代称百谷；应劭《风俗通义·祀典》亦云："稷者，五谷之长。五谷众多，不可遍祭，故立稷而祭之。"说明古人又进一步将稷神圣化，崇为稷神、谷类植物的代表神。

根据史籍记载，后稷的原型当为古代管理农业的官职名称。《书·舜典》："帝曰：弃，黎民阻饥，汝后稷，播时百谷。"这种官职的担任者，可能在古代模拟耕作以求丰收的"籍礼"仪式上曾经充当"尸"扮作神主（农神），以代农神享祭、发言；延至后世，随着一些仪式程序逐渐转化为神话情节，一些官职名、巫职名逐渐演变为神话神名，作为管理农业的官职名的"后稷"也逐渐成为稷神亦即农神的称呼。

历史上，各地均有不同姓氏的神话人物被尊奉为稷神亦即农神。《礼记·祭法》载："是故历山氏之有天下也，其子曰农，能殖五谷，夏之衰也，周弃继之，故祀以为稷。"还有柱，《左传·昭公二十九年》载：

> 稷，田正也。有烈山氏之子曰柱，为稷，自夏以上祀之。周弃亦为稷，自商以来祀之。

这些稷神中，最著名的是《史记·周本纪》《诗经·大雅·生民》所载的后稷周弃，其事迹流传亦历久不衰。

南方民族地区具有悠久的农耕文化传统，其中稻作文化尤具开创意义。近些年的考古学研究表明，中国是亚洲栽培稻的起源地之一，而已发现人工栽培稻遗迹的二十多处新石器时代遗址绝大部分集中在南方，分布在湖南、广西、云南、广东、浙江等省区。与此相联系，南方各民族流传着很多农业创制的神话，尤以谷种起源神话有特点，相关的文化英雄形象涵盖了动物崇拜、祖先崇拜和天神崇拜各个阶段，情节也比上述汉文古籍的记载更生动、具体。

上述汉文古籍里，谷种大多有神秘的来历，出现的方式有天降、雀衔、人取。南方民族谷种起源神话关于谷种来历、出现方式的叙述也大致相同，凸显了动物的作用，尤其是有灵性的狗的作用，例如：

仡佬族《谷种的来历》[①]叙述，早先，稻谷在月亮上生长，仡佬族没

---

① 贵州民间文艺研究会、贵州民族学院编：《民间文学资料》第四十九集，1982年，第44页。

有稻谷。一只狗偶尔跑到月亮上去，躺在稻地里睡觉。由于谷穗有毛刺，把狗刺醒了，狗大发脾气，咬了一口谷草，就跑回家来，将谷穗扯乱，撒在地上。不久，谷粒长出芽来，主人觉得奇怪，就把它培育起来，后来长成了谷子。

布依族《造万物》①叙述，远古时候，神农晒粮在天南，神农晒粮在天北，

> 小狗睡在晒坝上，它在上头去打滚。米头钻进狗毛里，米头钻在狗身上。

小狗回来后，"抖落三颗米头，抖落五颗米头"，人们拿去做种子，地上才有了谷。

水族《谷神》②也叙述，一只小黄狗为孤儿蒿欧其带路在太阳出来的东河坝找到谷种，并用尾巴沾了回来。人们为了纪念它，每年七月卯日吃新节都要先舀新米饭喂狗。

狗帮助人们取回谷种的神话当源于先民在实践基础上产生的动物崇拜。在原始社会，狗可能是先民最早饲养的动物之一，被驯化的狗能够帮助人们做许多事情。可以设想，在南方亚热带热带山地河谷里，会生长不少野生稻谷，狗好动善跑，经常出没树丛草间，谷种尖且有芒，狗毛密且较厚，狗身偶尔沾上谷种并带回抖落在人们住所前后是完全可能的。谷种发芽生长，细心的妇女便会观察稻谷生长过程，从而受启发种植稻谷。此当为狗取谷种神话的生活原型。由于"万物有灵"的观念，狗被灵性化，与狗相关的谷种来源也被神秘化，从而产生了此类神话。

由于对谷种来源的神秘感受，随着初民信仰从动物崇拜更多地转向天神崇拜，与谷种相关的狗的形象在一些民族中层次也逐渐上升，变型为天神的家族。哈尼族神话史诗《奥色密色》③叙述，祖先德波阿窝领着花狗外

---

① 杨正荣、祝登雍唱，岑玉清翻译、整理：《造万物》，载贵州社会科学院文学研究所、黔南布依族苗族自治州文艺研究室编《布依族古歌叙事歌选》，贵州人民出版社1982年版，第55—57页。
② 闵恩伯讲述，魏绪文整理：《谷神》，载谷德明编《中国少数民族神话选》，西北民族学院研究所印，1983年，第713—716页。
③ 刘辉豪、白章富搜集、整理：《奥色密色》，《山茶》1980年第3期。

出寻找种子，找到天王。天王推辞说要再等三年，德波阿窝又向天王姑娘求助。天王姑娘心地善良，向天王诉说人间苦情被骂"多管闲事"，于是，

> 天王姑娘背着天王，偷出一把种子，撒在狗尾巴上，叫德波阿窝赶紧回去。天王知道偷走谷种，痛骂女儿违反天意，把女儿贬下人间为狗，"克玛"就是她的人间名字。

人们感谢克玛，世代流传着"禾实哑"即吃新米的节日。这一天，哈尼族每家吃新米饭时要先喂家狗，以纪念天王的女儿给人间带来谷种的功绩。

与谷种相关的狗的原型，在彝族神话《谷种的来历》①中被置换成一位名叫阿合木呷的人间青年。故事说，这位青年历尽千辛万苦，从龙王那里盗得了谷种，人们才有粮食吃。但他这一举动却激怒了龙王，龙王罚他变成一条卷毛狗。直至后来他获得了一位姑娘的真诚爱情，才恢复了人形。

这则神话大概与人们的自我意识逐渐提高有关，即把狗灵性化、神化已经不能满足人的自我意识，于是狗的原型变成了人。其中阿合木呷变的狗获得一位姑娘的爱情又恢复人形的情节，当与原始农耕初期妇女居家更多地参与种植相联。狗身上偶然带回野生稻的谷粒在潮湿的低洼处发芽生长时，正是细心的妇女的观察、效法而开始了早期的种植，这里狗与居家妇女当为栽培稻的两大功臣。神话里狗的形象逐渐置换成人以后，妇女的作用不能排除而逐渐置换成其配偶，形成另一种叙事模式。

南方民族谷种起源神话里具有相似功效的灵性动物形象还有蛇、鸟、鼠等。佤族、壮族等民族都有此类神话流传。

佤族神话《司岗里》②说，人们向天神木依吉要谷种，木依吉把谷种放在水里，

> 蛇将尾巴插入水中卷起谷种，因此人在地面上才有谷种。

---

① 《谷种的来历》，《山茶》1982年第5期。
② 艾扫讲述，邱锷锋、聂锡珍等记录、翻译、整理：《司岗里》，载《佤族社会历史调查》（二），云南人民出版社1983年版，第168—169页。

这则神话的另一个版本《西岗里》① 有更详细的叙述：人从"西岗里"出来以后，找不到东西吃，去求天神莫伟（即木依吉）。莫伟说："我把种子放在海水里忘记拿回来了，你们去拿回来吧。"人派了老鹰、鹭鸶去海里取谷种，都没有取回来，最后派蛇去取，结果"蛇卷起尾巴把种子打捞上来了"。从此，借助莫伟提供的生产工具，人类开始种庄稼，迈开了农耕文明的第一步。此两则蛇取谷种神话，其模式仍是"天神恩赐＋动物取回"。

壮族神话《布碌陀》② 所载鸟取谷种的故事，核心情节与《拾遗记》所载雀衔九穗如出一辙；故事的主角也与《拾遗记》所载的神农相似，是壮族始祖布碌陀（又译布洛陀）。故事说，布碌陀派斑鸠、山鸡和老鼠到大海那边的案州去取谷种，但它们到了以后在那边吃得饱饱的，不再回来；布碌陀去找它们，设法将它们抓住，从斑鸠、山鸡的嗉囊掏出了三颗旱谷、四颗稻谷，回来后给人们种植，农业就发展起来了。

这些神话里的灵性动物，生活原型都很活跃。蛇能游能爬，能跳能跃，水陆空均可以活动，很有可能引导人们找到谷种。鸟雀、老鼠常吃野生稻谷，雀屎鼠屎易带没有消化的谷种，谷种在肥沃的土壤上萌发长苗成穗，人们也会从中领悟到种植的方法。在万物有灵的时代，这一切很容易被蒙上神秘的色彩，成为动物崇拜和动物取回谷种神话的生活基础。

天神崇拜与人的自我意识相结合的谷种神话的典型形态，是天婚型谷种起源神话。此种型式神话最为人们所熟知的，是前述纳西族《崇邦统》（人类迁徙记）③ 里崇仁利恩（又译从忍利恩）的故事：纳西族祖先崇仁利恩洪水后上天求婚，在天神女儿的帮助下经受了天神一次次考验，娶回天女并带回谷种。此则神话突出了求婚考验，以此体现谷种来历的艰难。

独龙族此种型式的神话《彭根朋上天娶媳妇》④ 也有生动的描写。故事说，一个叫彭根朋的小伙子到天上经过考验，娶了天神木崩格的女儿木

---

① 隋戛、岩扫、岩瑞口述，艾迪、张开达搜集、整理：《西岗里》，载尚仲豪、郭思九、刘永楗编《佤族民间故事选》，上海文艺出版社1989年版，第1—2页。
② 周朝珍口述，何承文整理：《布碌陀》，载谷德明编《中国少数民族神话选》，西北民族学院研究所印，1983年，第84—103页。
③ 和芳读经，和志武翻译、整理：《崇邦统》（人类迁徙记），载吕大吉、何耀华总主编《中国各民族原始宗教资料集成·纳西族等卷》，中国社会科学出版社1999年版，第320—330页。
④ 肖色·顶等讲述，孟国才等翻译，李子贤记录，李子贤整理：《彭根朋上天娶媳妇》，载谷德明编《中国少数民族神话选》，西北民族学院研究所印，1983年，第610—612页。

美姬。返回人间时,天神赠给他俩稗子、甜荞、包谷和燕麦种子,各种飞禽走兽,以及一筒蜂种和一筒药酒。机灵的木美姬发现父亲没送稻谷种,便偷偷地抓了些稻谷种藏在指甲里。他俩上路前,天神一再告诫他俩不要回头看。途中他俩忘了嘱咐回头看了,结果飞禽走兽叫喊着逃走了,他俩只抓到牛、猪、羊、狗、鸡等回家饲养。蜂种、药酒也丢了,幸好五谷种子没有丢。他俩种上五谷长出庄稼。天神担心地上粮食太多人会变懒惰,就从天上撒下杂草籽,让地里长出杂草,只有当人们去薅了杂草庄稼才长得好。此则神话除了表现求婚考验以外,似乎还突出了天赐的有意识的缺陷,以及主体的必需的作为,说明只有后者才能弥补前者,达到完美的境地。

哈尼族此种型式的神话《英雄玛麦》[①]除了表现求婚考验、天赐的缺陷以及主体的作为以外,还突出了主人公牺牲的精神。故事说,远古时候,有个"阿皮"(老大妈)在山上捡到一个小娃娃,取名玛麦。玛麦长大后收服了一匹小金马。那时人间只有荞子,人们不够吃,玛麦就骑上小金马飞入天空,向天神讨粮种。天神考验他,要他拉开九千斤的铁弩,射死天上的九只鹫鹰,玛麦做到了。天神带他去后园挑种子,玛麦选中了黄灿灿的稻谷,谷种化成一个漂亮的姑娘——稻谷仙姑,要求玛麦娶她。玛麦一心想带回谷种,不想在天上享受,但为了得到谷种,答应与她结婚,并跟她学会栽种方法。新婚之夜,玛麦让小金马把谷种吞进肚里,然后趁稻谷仙姑酣睡,骑马奔向人间。仙女醒来不见玛麦,摘下神剑向小金马飞驰的方向投去,

> 只见一道白光很快追上了小金马,"嚓"一声,小金马的双翅被削断了,可怜的玛麦和小金马就从天空坠落到大沙的山坡上,砸出一个洼塘来。小金马的肚子摔破了,谷种撒在洼塘里……当大沙的人们来为玛麦收尸的时候,洼塘里已长出了肥壮的秧苗。

从此,人间开始种起了稻谷。玛麦舍己为群的精神感动了世世代代的人们,直到今天,哈尼人还保留每年五六月间"祭玛麦"的习俗。

[①] 朱小和讲述,李永万翻译,红芒、芳芳整理:《英雄玛麦》,载谷德明编《中国少数民族神话选》,西北民族学院研究所印,1983年,第355—359页。

南方民族谷种起源神话及相关风俗，还有一个很有特色的板块——与谷魂相关的叙事及仪式。南方民族普遍相信，农作物由植物之灵支配，要获得丰收必须得到植物之灵的保佑，所以他们尊崇植物之灵。他们还认为，农作物由萌芽、生长到结果的过程，是植物之灵在操劳、受苦乃至牺牲，因而对它怀有深深的感激之情。

在所有植物之灵中，南方民族最相信谷魂，看重谷魂。阿昌族认为，稻谷有谷魂，谷魂在，禾苗就壮，谷粒也大；谷魂离开了，禾苗长不好，谷粒也不饱满。瑶族称谷魂为"谷娘娘"，说农历立秋那一天，是谷娘娘的结婚之日，是"谷花日"，必须禁止下田，以免冲撞谷花娘娘的喜气。其实，从农耕实践角度来看，这个时节正是谷花授粉的时候，禁止下田也有避免影响谷花授粉的作用。各民族秋收后把谷子挑回家，也得把谷魂请回家。布朗族是把最早种下的几株谷穗收起来，据说这样就把谷魂请回去了，就可以保佑来年粮食丰收了。

南方民族还有普遍的祭"谷魂"活动。佤族著名的"猎头祭谷"，就是这类活动的一种形式。他们认为，生命是一种有形的物质，而人头正是这种物质的象征。庄稼长得不好，是因为谷魂缺少蓬勃旺盛的生命力，故需猎取人头以求得补充。基于此，南方民族与谷种相关的神话，不只有取种的故事，还有安魂的故事。

例如，佤族《新米节的传说》[①]就是其中的一个。相传，很久以前，旱谷、小米和金子、银子都住在地面上。有一回，为争土地，金子和银子动手打了旱谷和小米。旱谷和小米一气之下便逃跑了。从此，人们没有吃的，吃完了树叶草皮，把山梁都啃凹下去。人类祖先牙董就派佤族、拉祜族、傣族和汉族到森林里把旱谷请回来，人们不知找了多少年，才把旱谷请回了森林。牙董又派大蛇和蚂蟥从河底的泥沙里把小米请回来。从此，人们不再饿肚子。金子和银子无脸见人，就钻到地底下躲起来了，把地面让给了旱谷和小米。

神话带来相关的风俗。人们为了感谢牙董，也为了安抚旱谷和小米，每年谷子成熟的时候，都要举行祭祀祖先牙董和谷魂的活动，第一碗新米饭要敬给老人，久而久之，就形成了佤族的传统节日——斋节。在佤族地

[①] 《新米节的传说》及斋节风俗，1986年8月19—24日在云南西盟佤族自治县进行田野作业并采访隋嘎等佤族人士时记录。

区，斋节的举办是全民的大事。每年农历八月（伍历十月）间，当谷子刚熟时，大伙头就召集所有小伙头以及村寨里德高望重的老人一起商定过节的日子。吉日选定后就敲锣击鼓，向全寨子的群众公布："某日，全寨子的男女老少要早起打扫村寨，要修路搭桥。某日，全寨子要过斋节，招谷魂！"过节前两三天，伙头就安排全寨子的青壮年男子出动修路搭桥，把要驮运新谷的道路拓宽修平。男人们补谷仓、屯箩、篾笆等，妇女们则打扫屋里屋外，洗涤衣服、被子等。过节这天，全寨各户要到主办节日仪式的头人家集中。各家各户要送去一碗新米作礼物，然后让三四个七八岁的小女孩身着节日盛装，各提一只装有一块老鼠干巴、一个鸡蛋的口袋到稻田里、旱谷地里去采摘谷穗，一丘田采一穗、一块地摘几穗装入口袋里，称为"拿谷魂"。

后来，斋节更名为新米节，西盟县人民政府还将每年农历八月十四至十六固定为当地佤族、拉祜族的"新米节"，放假三天，隆重庆祝。从神话到斋节，从请谷种到安谷魂，佤族与谷物相关的信仰风俗由此得到完整的展现。

南方民族物质文化创制神话，展现了先民发明取火、建房、稻作等神秘的经历、曲折的过程，除了标示神圣的神灵的光芒让人目眩以外，一些主人公的献身精神更使人感动。如羌族的燃比娃为了取火种，连续遭受火烧、水淹、门夹；哈尼族的天王姑娘、彝族的阿合木呷，因为违背天神旨意盗谷种而被天神化为狗；哈尼族的玛麦为了尽快将稻种带回，在与稻谷仙姑新婚之夜骑马奔向人间，从天空坠落牺牲生命……他们如同古希腊神话中把天火带给人间而遭受酷刑的普罗米修斯一样，成为各民族神话世界里的英雄偶像。

南方民族创世神话里，从宇宙的形成，到人类的诞生，再到文化的创制，体现了三个层级的本体论、价值论，从人类诞生的考验与洪水神话开始，已经更多地表现民族生命及社会本体论的历史观，文化创制更普遍的是人类的活动，文化创制神话也就更充分地揭示生命的价值，引领社会的价值取向，直至形成各种相应的信仰风俗。

第二节　精神文化创制神话

精神文化，一般指社会意识形态以及与之相适应的社会结构和社会制度中的意识形态，其中包括哲学、宗教、语言、文学、艺术、习俗等，亦即狭义的文化。

一 马林诺夫斯基：神话是产生道德规律、社会组合、仪式或风俗的真正原因

早期社会精神文化诸事项与神话的关系，曾经引起西方神话学研究者的极大关注。20世纪初英国功能人类学派的奠基者马林诺夫斯基（Bronislaw Kaspar Malinowski，1884—1942），对此作了深入的调查和精辟的阐释。

公元1914年，第一次世界大战爆发。战争结束后，英国殖民地体系趋于解体，逐渐转为通过培植殖民地土著部落首领来进行间接统治，因而需要了解这些土著传统社会制度和文化的现实功能，由此以马林诺夫斯基等人为首的功能人类学派应运而生。马林诺夫斯基出生于波兰克拉科夫，1914年在英国博物馆和伦敦政治经济学院工作，跟随蒙德人类学考察队到西太平洋新几内亚和西北美拉尼西亚考察，直到1920年回到英国。

在新几内亚和美拉尼西亚等地，马林诺夫斯基深入考察了与神话叙述有关的"土人"特殊的文化背景，考察了神话叙述的现实状况，发现在"土人"那里，神话不是遗留物，不是过去了的时代抛弃的死物，不是人们流传下来的与现实生活不相干的故事，而是一种文化体系，是一种活的力量，是社会中以活的形式出现的实体。由此引出了他著名的一段话：

> 存在蛮野社会里的神话，以原始的活的形式而出现的神话，不只是说一说的故事，乃是要活下去的实体……我们底神圣故事是活在我们底典礼，我们底道德里面，而且制裁我们底行为，支配我们底信仰。①

他尤其关注神话与精神文化诸事项的关系，他发现：

> 仪式、风俗、社会组织等有时直接引证神话，以为是神话故事所产生的结果。文化事实是纪念碑，神话便在碑里得到具体表现；神话

---

① ［英］马林诺夫斯基：《巫术科学宗教与神话》，李安宅译，中国民间文艺出版社1986年版，第85页。

也是产生道德规律、社会组合、仪式或风俗的真正原因。这样,神话故事乃形成文化中一件有机的成分。这类故事底存在与影响不但超乎讲故事的行为,不但取材于生活与生活的趣益,乃是统治支配着许多文化的特点,形成原始文明底武断信仰的脊骨。①

由此,他得出结论:

> 神话的功能,既不是解释的,也不是象征的。它乃是一种非常事件的叙述,这事件的发生,即从此建立一部落的社会秩序,经济组织,技术工艺,或宗教巫术的信仰和仪式。②

就是说,在土人那里,神话被看成是产生文化诸事项的"真正原因",是后者的神圣的证书、保状。

马林诺夫斯基观察到的这些现象和得出的结论,具有一定的普遍意义。一个族群内部的社会秩序、经济形态、礼俗,例如祭礼、婚礼、葬礼等,是人类社会走向文明的标志。它们与相关的起源神话结合在一起,形成了一种文化体系。南方不少民族流传着这一类作为产生文化诸事项的"真正原因"的文化创制神话。

二 社会结构:西汉的"法天"与哈尼的"神定"

在中原地区,把社会结构、政治制度与"神圣叙事"联系起来,最典型的就是由"天人感应"思想引申出来的一系列阐述。

"天人感应"思想至晚萌生于西周。根据殷墟甲骨文记录,殷商王室敬"帝"或"上帝";从他们向"帝"或"上帝"卜问范围来看,"帝"或"上帝"不仅主宰自然,支配气象,而且担负起许多社会的功能,具有至上神的种种特征。到了西周,王室立国之初亦敬"帝"(至于其"帝"的内涵当与商有所差异);以后,逐渐更多地祭祀"天",以"天"代"帝"称至上神;而且,逐渐使至上神"天"走向超越,获得一种价值理

---

① [英]马林诺夫斯基:《巫术科学宗教与神话》,李安宅译,中国民间文艺出版社 1986 年版,第 92—93 页。
② [英]马林诺夫斯基:《文化论》,费孝通等译,中国民间文艺出版社 1987 年版,第 73 页。

性的品格，具体就是提出了"德"的观念。例如，他们提出，他们的文王"明德慎罚"，因而"天乃大命文王"灭殷（《尚书·康诰》），可见"皇天无亲，惟德是辅"（《尚书·蔡仲之命》）。如此受天命而王，当为天人感应思想在政治领域的最早形态。

在"天"逐渐走向超越以后，"天"的人格神的色彩也逐渐淡化，逐渐向终极性价值源头靠拢。接下来的《诗经》《孟子》《礼记》《吕氏春秋》等典籍，常用"天意"或象征天意的自然现象来衡量国家兴亡等社会现象，将二者看成内在生命感情的对应物。《孟子·万章》云：

> 天不言，以行与事示之而已矣。

《中庸》亦云：

> 国家将兴，必有祯祥；国家将亡，必有妖孽。

在相关论述中，风调雨顺，乃至诸如凤凰游、麒麟现之类的天降祥瑞，表明政治清明；灾害迭出，例如天雨石、地裂缝、日食、月食等，表明政治昏暗。这些，俱为"天不言，以行与事示之"的具体表现。

天与国家的相互感应的思想发展到西汉，出现了政治制度法天的说法，典型的例子就是对"天之数"的效法。董仲舒《春秋繁露·官制像天》曰："天之数，人之行，官之制，相参相得也。"而"天以三成之"，例如：

> 寒暑与和，三而成物；日月与星，三而成光；天地与人，三而成德。由此观之，三而一成，天之大经也。

是故，王亦"以三自持"，"官三人而成一选"，例如：

> 三公为一选，三卿为一选，三大夫为一选，三士为一选，凡四选三臣，应天之制。

此外还有法五行（木、火、土、金、水）设五官（司农、司马、司营、司徒、司寇）以"顺之则治"之说。如此"应天之制"，王朝制度就无比神圣了。

南方民族把社会结构神圣化，更多地依托将此类结构归于"神创""神定"一类神话。这一点，在云南哈尼族社会生活中表现得特别突出。

根据民族学的研究，大约在公元前3世纪，哈尼族先民逐渐从诸羌族群母体中独立出来，发展成为以"和夷"为统一称谓的民族，并由游牧为主转向定居农耕。其时，哈尼族先民已经告别石器时代，进入金属时代，那些掌握冶炼技术、制造金属工具的人物得到尊重，并逐渐发展为一个特殊的社会阶层；同时，农耕生产对大自然的依赖程度更深，农业祭祀活动更多，那些通晓人神交通仪式和驱魔祈福手段的人物的社会地位也迅速上升。这样，哈尼族社会组织核心逐渐形成原来的头人、贝玛（祭司或巫师）、工匠"三位一体"的结构，其中，头人管政治事务，贝玛管宗教文化，工匠管生产技术。这样一种体制，哈尼族先民通过起源神话以"神定"的方式将它神圣化，以充当社会规范。

在相关的神话里，这三类人的出身通过"神定"被披上神的光芒，他们各自的职能被说成神的意志，不尊重他们将会给社会造成灾难。一则神话说，很久以前，在"三咪"地方有三个神奇的蛋：白蛋、麻花蛋、红蛋。经过白天太阳抱，晚上月亮抱，终于孵出三种人：白蛋生的是头人，为人调解纠纷；花蛋生的是贝玛，为人驱鬼治病；红蛋生的是工匠，为人打造锄和刀。[①]

另一则载于《窝果策尼果》（古歌十二调）第十三章"直琵爵"里的神话说，远古时代，天神烟沙在三块大田栽出三种种子，吃下第一种的人就变成头人，吃下第二种的人就变成贝玛，吃下第三种的人就变成工匠。三种能人问世后，天神烟沙派他们来到人间主事。他们各司其职，头人主事断案，贝玛驱鬼祛病，工匠打制工具，整个社会一片和谐。但一些人嫉妒他们，想取而代之，把他们排挤走了。三种能人被排挤走以后，哈尼社会大动乱，头人走了，村寨无人管理，人们骨肉相残；贝玛走了，魔鬼乘虚而入，疾病丛生；工匠走了，工具匮乏，生产荒废。人们认识到三种能人的威力，重新请回他们。从此，这样一种体制就延续下来，在一些地区一直延续到20世纪50年代初。人们说这是天神定的，必须遵循。由此可

[①] 史军超主编：《哈尼族文化大观》，云南民族出版社1999年版，第124页。

见神话的社会能量。①

在族群内部组织结构中，有时需要能够凝聚族群意志的神圣器物一类的东西，这一类东西在神话里也有神圣来历。佤族木鼓就是一件典型的神器，人们相传它是天神莫伟（又译木依吉）通过托梦佤族第二位女首领安木拐来启发人们做的。神话《司岗里》②叙述：

> 有一天晚上，她（安木拐）做了一个梦，梦见莫伟笑眯眯地拍了拍她的肚皮，肚子立即发出"咚咚"的响声，声音很大，把她都给震醒了。安木拐霎时明白了。第二天她指了指自己的下身对人们说："你们照着它的样子凿木鼓吧。"

在佤族群众生活中，早期的木鼓用于把人们"集中起来，一齐上山打猎"，用于"唱歌跳舞"，用于把野兽"吓得躲得远远的"，而这些功能，在人们的意识中是建筑在木鼓本身的"神授形制"的神圣性之上的。以后，随着人们的生产生活越来越丰富，木鼓的神圣性也具有越来越多的内容，例如，成为与天神通融的工具，成为天神下凡的寓所，成为生殖崇拜的象征……逐渐成为佤族社会文化最重要的符号。

三　经济形态：以神圣的名义肯定传统的大家庭公社公有制

在南方各民族先民早期的生活中，经济形态一般都带有原始公有制的特点，他们的神话一般都阐述这类制度是天神所定，并通过神话叙事以不同的形式维护这类制度，尤其是当它面临某种挑战的时候，更是如此。这种情形的著名例子是云南澜沧拉祜族神话古歌《扎努扎别》③。

这部神话古歌可能经过后人的改编，但基本情节被保留下来。长诗叙述：

---

① 朱小和演唱，史军超、杨叔孔采录，卢朝贵翻译，史军超整理、注释：《窝果策尼果·直琵爵》，载西双版纳傣族自治州民族事务委员会编《哈尼族古歌》，云南民族出版社1992年版，第253—391页。

② 隋嘎、张开达等人搜集、整理：《司岗里》，载《佤族民间故事集成》，云南民族出版社1990年版。

③ 扎祝演唱，扎约记录：《扎努扎别》，载《拉祜民间诗歌集成》，云南民族出版社1989年版，第151—171页。

一天，天神厄莎来到地上，要人们鲜瓜鲜果让他先吃，新米新酒让他先尝。一位叫扎努扎别的青年认为："每颗饭都是汗水换来"，"别人休想把他拿走"。他一样东西也不给厄莎。厄莎前来责问，扎努扎别回答："天下万物是我们创造，天下万事是我们去做，你只动嘴不动手脚，你每天不干一点活。"厄莎加以报复，首先"把太阳拿来挂在树梢，赶走了天上所有的云朵"。但扎努扎别不慌不忙，"摘来十片笋叶，做成篾帽遮住阳光"。厄莎又"从天上泼下倾盆大雨，想把人们统统淹死"。但"扎努扎别又想办法，砍来竹子扎成竹筏。"厄莎再把太阳藏起，把月亮藏起，使天地变黑。但扎努扎别"把松明绑在水牛脚上，又把蜂蜡绑在黄牛角上，点着火把去犁地薅秧。"就这样，扎努扎别一次又一次获得小胜。但最后，扎努扎别却踩在厄莎撒下的牛屎虫上，由此丧了命。

这部神话古歌的表层叙事隐藏着深邃的内涵。笔者到云南澜沧拉祜族自治县作田野调查时，当地拉祜族老人解释，古歌中天神厄莎要人们鲜瓜鲜果让他先吃，新米新酒让他先尝，阐明了拉祜族传统的大家庭公社公有制的规定。根据拉祜族传统的大家庭公社经济的习惯法，父系大家庭的家长统一分配给各小家庭耕牛、种子，而各小家庭回供父系大家庭收获物。这是相关规定的完整表述。

但是，由于情况的变化，传统制度遇到某种挑战。拉祜族大家庭公社耕作时，由于刀耕火种，土地轮流耕歇，即今年耕这块地，歇那块地，明年耕那块地，歇这块地，耕种者因而具有流动的特点，并由此往往在耕地处另建临时住所。于是，逐渐出现了与公有制相抵牾的小家庭生产。在这种情况下，拉祜族先民似乎觉得有必要重申传统习惯法，古歌《扎努扎别》就在这样的背景下产生。

在《扎努扎别》里，厄莎与扎努扎别的冲突，反映了大家庭公社内部公有制和新起的小家庭私有观念的矛盾。厄莎是父系大家庭家长的形象，扎努扎别是从事小家庭生产者的形象。厄莎按照传统习惯法，统一分配给了各小家庭耕牛、种子，并要求各小家庭回供收获物，但扎努扎别冲破了这一规定，拒绝回供厄莎小家庭生产的收获物。

这样，由于传统观念中原始公有制经济形态的神圣性，在这部神话古歌中，尽管扎努扎别看起来一次又一次赢了，但最后仍脱离不了灭亡的下场。拉祜族群众认为，这部古歌的真实含义是：扎努扎别再大，也大不过厄莎。实际上这部神话古歌是从另一个角度，以神圣的名义，肯定、维护传统的大家庭公社公有制。这是神话规范经济形态的例子。

然而，也许后期流传中由于经济形态的变迁（原始公有制逐渐式微）带来的人们感情的变化，也许由于人们同情弱者的思想，古歌里扎努扎别的斗争过程超越了他失败的命运而给人们更深的印象。从另一种意义上说，《扎努扎别》以神话的形式反映了原始氏族社会内部的矛盾，反映了小家庭生产者形象与父系大家庭家长形象的纠纷。扎努扎别是失败者，是一位悲剧英雄，一位为新起的生产关系而牺牲的英雄。

四　祭祀、巫术与禁忌：信仰的证明与仪式的规范

与祭祀、巫术等相联的原始宗教，在18世纪最早提出"人创造神"理念的意大利学者维柯的眼里，是人类社会的第一个起源。他在他的名著《新科学》里描述到，世界大洪水消退后，地球上积蓄的水蒸气初次造成雷轰电闪，在深山野林里游浪的巨人们听到就惊惧起来，幻想天上有一种像他们自己一样的酋长在盛怒之下大声咆哮，发号施令，雷电就是天神向人类发出的警告和教令。于是，

> 他们就把天空想象为一种像自己一样有生气的巨大躯体……这位天帝有意要用雷轰电闪来向他们说些什么话。①

这样，兴起了信仰天神（最初的天神就是雷神）的宗教，以及凭天象去探测天神意旨的占卜术，掌占卜大权的司祭或巫师。这种信仰天神意旨的宗教就是人类社会的第一个起源。

20世纪，英国人类学家马林诺夫斯基根据"土人"的资料，进一步阐释了原始信仰与神话的关系。他在《巫术科学宗教与神话》中写道：

> 关于仪式的贸易、规则、巫术，甚至于所取的途程，都与相当的神话连在一起。同时，没有重要的巫术、仪式或礼教没有信仰的；信仰则都是编在具体而有前例可援的故事上。这期间的结合是很密切

---

① ［意］维柯：《新科学》，朱光潜译，人民文学出版社1986年版，第161—163页。

的，因为神话不止是多使我们知道一点东西的评论，乃是关乎实际活动的保状、证书，而且常是向导。

他接着写道，神话可以加强信仰的功能，证明巫术的可靠。

> 宗教底信仰与能力，也是要用神话的叙述来溯到本源上去的。不过宗教的神话乃是显明的信条，是对于来生、创造以及神性的信仰，而说成故事罢了……原始社会里面最模范最发达的神话，乃是巫术的神话；神话底作用，不在解说，而在证实；不在满足好奇心，而在使人相信巫术底力量；不在闲话故事，而在证明信仰底真实。①

就是说，"土人"的仪式、巫术、法律、风俗、道德、社会组织等行为和文化，全都离不开神话，是神话的外在表现形式，神话就是"土人"的"圣经"。

似乎是某种巧合，中国南方一些民族的神话里，祭祀、巫术等也发生在洪水之后。前述纳西族东巴经《崇邦统》（人类迁徙记）②叙述，洪水后幸存的唯一男子崇仁利恩（又译从忍利恩）上天求亲，经过最大的天神祖老阿普（又译遮劳阿普）的一系列考验，赢得了天女册恒布白（又译衬红褒白），还获得了包括东巴、卜巫在内的一系列礼物。这无疑是说，纳西族婚姻、宗教制度等重要的精神文化事项来源于天。如此神话，确确实实是东巴仪式、卜巫活动的"保状"与"证书"。

在南方一些民族的神话里，不但宗教制度起源于"神授"，一些具体的仪式甚至某些程序也起源于"神授"。表述这一类"神授"的神话，马林诺夫斯基在他考察的"土人"中发现过。他写道：

> 有一类的故事是神圣的，是编在仪式、道德与社会组织里面……这种实体是断定现在人类生活，命运与活动的；对于这种实体的认识是使人发生仪式与道德行为的动机，而且使人知道怎样进行仪式与道

---

① ［英］马林诺夫斯基：《巫术科学宗教与神话》，李安宅译，中国民间文艺出版社1986年版，第72页。

② 和芳读经，和志武翻译、整理：《崇邦统》（人类迁徙记），载吕大吉、何耀华总主编《中国各民族原始宗教资料集成·纳西族等卷》，中国社会科学出版社1999年版，第320—330页。

德行为的。①

中国南方民族也有不少例子。纳西族神话史诗《创世纪》叙述了纳西族先民祭天的起因和第一次祭天的情形：从忍利恩和衬红褒白结婚从天上回到地上以后，衬红褒白一连生了三个孩子，"利恩望儿快长大，衬红望儿快讲话，不料三年过去了，还不会喊爹妈"。后来，他们派蝙蝠上天，偷听到天神遮劳阿普的让孩子说话的"秘方"："栗树要两枝，柏树用一枝，他们的儿子要说话，一定要祭天。"于是，

> 利恩砍了两枝栗树枝，衬红砍了一枝柏树枝，为了让儿子会说话，他们虔诚地在祭天。

祭着祭着孩子就说出话来了。②

中华民族祭天习俗源远流长，在《诗经·生民》中，就有关于周人先祖"后稷肇祀"的记载，所祀即为天或上帝；诗中所述"后稷肇祀"后"庶无罪悔，以迄于今"，无疑为后稷所肇之"祀"带上了神圣的光环。同属古代氐羌族群的纳西族祭天习俗当从古代延续至今。元代李京《云南志略·诸夷风俗》记载，纳西族先民摩些人

> 正月十五登山祭天，极严洁，男女动数百，各执其手团旋歌舞以为乐。

明代景泰年间《云南志·丽江风俗》也载，摩些蛮

> 每年正月五日，具猪羊酒饭，极其严洁，登山祭天，以祈丰禳灾。

一直到近几年，丽江一些边远山区的纳西族还在自发祭天，布置还是

---

① ［英］马林诺夫斯基：《巫术科学宗教与神话》，李安宅译，中国民间文艺出版社1986年版，第93页。

② 云南省民族民间文学丽江调查队搜集、翻译、整理：《创世纪》，云南人民出版社1978年版，第88—94页。

祭坛左右两边各插一枝黄栗青冈树（象征天神遮劳阿普和地祇翠恒翠兹），正中插一枝柏树（象征中央许神美汝柯西柯洛，为恶神），这些，当都与神话经典的"神圣规范"有关联。

这一类叙述相关仪式的起因和最初情况的神话，堪称祭祀仪式上的"经典"，它们不但证明了仪式的神圣性质，还表述了仪式的神圣规范。阿佤山佤族神话《司岗里》就是典型的例子，这个神话叙述了佤族先民供头祭神的由来：

> （神说）"如果我（佤族）砍头，就不让洪水涨，如果不砍头，就五年涨一次洪水。"我（佤族）想杀头而不愿水涨，我们就杀了头。我们因此避免了死亡，水也就不会涨起来了……我们从此供头，剽水牛，剽黄牛，供牛头，谷子才长得好，小红米也长得好。①

根据云南学者李子贤、赵泽洪等人的考察，佤族供头祭神的主要对象是天神（鬼）或最大的神（鬼）木依吉（又译莫伟）和谷神（谷子鬼）司欧布，主要目的是祈求谷物丰收，主要根据是头的生长象征和血的活力象征。在《司岗里》经典的规范下，阿佤山中心区佤族猎头供头习俗从古代一直延续到1957年，才在人民政府的引导和帮助下彻底革除。

有时候，仪式中的一些细节，也来源于神话中的情节。羌族每年农历正月（岁首）、五月（播种）或十月（秋收）举行祭天会，一般为半天一夜，午后开始。入夜，篝火熊熊，巫师击鼓高歌，赞颂天神祖先事迹，敬请天神山神享祭。令人感兴趣的是，巫师要在与会人员胸前系一根羊毛线，据说这样就可以得到天神山神的护佑。其来源即神话所述羌人与戈基人大战时的"神示"。流传在四川茂县民间的神话《羌戈大战的传说》②叙述，远古时候，羌人刚从西北高原迁来岷江上游时，与戈基人连年打仗。一天晚上，所有羌人做了一个同样的梦，梦见一个穿着白袍的白发白须老人为他们出谋划策，并为了便于分清敌我，让羌人每人系一根羊毛绳。结果羌人大胜。从此形成羌人一些大活动系羊毛线的习俗。一些学者分析，由于一些羌人以羊为

---

① 艾扫讲述，邱锷锋、聂锡珍等记录、翻译、整理：《司岗里》，载《佤族社会历史调查》（二），云南人民出版社1983年版，第191—193页。

② 《羌戈大战的传说》，载《羌族民间故事》第二集，四川茂县文化馆编印，1982年。

"种"或图腾，这里可能还有与"种"或图腾同体化的成分。

在西方神话学发展历程中，巫术也常为学者所关注。19世纪英国人类学家弗雷泽曾经提出"巫术时代"领先于"宗教时代"的著名论断，他在他的名著《金枝》里写道：

> 就已经掌握的资料来看，可以粗略地说，在澳大利亚所有人都是巫师却没有一个人是神父；每一个人都自以为能够用"交感巫术"来影响他的同伴或自然的进程，却没有一个人梦想用祈祷和祭品来讨好神灵。[①]

弗雷泽进而认为，从巫术向宗教的过渡阶段，产生了神话。他指出：

> 在人类历史发展的一定阶段，人似乎曾经想象防止威胁人类的灾害的手段是掌握在自己手中的，他们可以运用巫术加速或阻拦季节的飞逝。于是他们进行各种仪式，念诵咒语，要老天降雨，太阳放晴，牲畜繁殖，果实成长。经过一定的时间，知识逐渐增长，排除了许许多多一厢情愿的幻想，使得至少是富于思想的一部分人相信：春夏秋冬、节序更迭，并非他们巫术仪式的结果，而是由于在自然景象转换的后面有着更深刻的原因、更强大的力量在起作用。他们这时为自己描绘出植物生长和衰朽、生物诞生和死亡的形象，是有神性的东西，是神和女神的力量消长的影响。神和女神也按人类生活的方式生、死、婚嫁、繁育。[②]

于是形成了神话，形成了宗教。神话形成以后，巫术与神话相结合，以另一种形式发挥了作用。弗雷泽描述道：

> 虽然人现在把每年的循环变化基本上归诸他们的神祇的相应的变化，他们还是认为通过进行一定的巫术仪式可以帮助生命本原的神反

---

① [英] 詹姆斯·乔治·弗雷泽：《金枝》，徐育新、汪培基、张泽石译，中国民间文艺出版社1987年版，第84页。
② 同上书，第472页。

对死亡本原的斗争。他们想象可以补充神的衰退的力量,甚至使他死而复生。他们为此目的而遵行的仪式,实质上是对自然进程的戏剧性表演,他们只不过是想要予以促进罢了。①

20世纪二三十年代,功能学派兴起,学派的奠基者马林诺夫斯基深入考察了新几内亚等地"土人"神话叙述的现实状况,进一步阐述了巫术与神话的关系。他同样认为巫术是最早出现的人类文化,而神话则是对巫术的解释。

神话不是过去时代底死物,不只是流传下来的不相干的故事;乃是活的力量,随时产生新现象随时供给巫术新证据的活的力量。②

由此,解释巫术产生、发展及神圣性,是神话存在的一项重要任务。

南方民族与巫术相关的神话,主要的功能是让人们"相信巫术底力量",手段之一,是渲染巫师的神秘渊源、神奇本领。前述纳西族东巴经《崇邦统》(人类迁徙记)③叙述,洪水后幸存的唯一男子崇仁利恩(又译从忍利恩)从天上回归,带回了天女册恒布白(又译衬红褒白),还带回了包括东巴、卜巫在内的一系列礼物。卜巫天降,行巫本领来源于天;后辈得其真传,巫术力量自然毋庸置疑。

卜巫天降,在羌族神话里有更清晰的表述。羌族巫师"端公"(羌语称"诗卓")的祖师,相传为天神的家庭巫师下凡。这位祖师名叫阿爸木拉,原在天王阿爸木比达家专管占卜吉凶、驱邪、治病、送鬼,后来,因为天王的三公主木吉卓与凡间羌人热比娃相爱结婚,下凡居住,繁衍羌人,天王乃派阿爸木拉也随之下凡,为木吉卓和凡间羌人占卜吉凶、作法、驱邪、治病、送鬼。羌族端公至今仍供奉这位祖师,也树起巫师的神圣地位。④

---

① [英]詹姆斯·乔治·弗雷泽:《金枝》,徐育新、汪培基、张泽石译,中国民间文艺出版社1987年版,第472—473页。
② [英]马林诺夫斯基:《巫术科学宗教与神话》,李安宅译,中国民间文艺出版社1986年版,第71页。
③ 和芳读经、和志武翻译、整理:《崇邦统》(人类迁徙记),载吕大吉、何耀华总主编《中国各民族原始宗教资料集成·纳西族等卷》,中国社会科学出版社1999年版,第320—330页。
④ 吕大吉、何耀华总主编:《中国各民族原始宗教资料集成·羌族等卷》,中国社会科学出版社1999年版,第490页。

南方民族神话让人们"相信巫术底力量"的手段之二,是叙述"一种非常事件",以建立"巫术的信仰和仪式"。典型的例子,是流传于大凉山彝族地区的咒鬼经《之子宜乍》。

在彝族先民的心目中,人间各种疾病灾祸都是由各种鬼魂带来的,为了人畜安康,就要举行仪式咒鬼;按照程序,咒鬼必先叙述鬼源,由此孕育了叙述"鬼祖妖妣"——"之子宜乍"来源的咒鬼经《之子宜乍》。(之子宜乍为彝语译音,是文中女主人公的名字,"之子"为名,"宜"意为"女","乍"意为"美")经文大意为:

> 在贵族首领兹敏阿几的领地,三个青年小伙子牵着猎狗进山打猎。一只灰獐从竹林里蹿了出来。一个小伙子拉开金弓、搭上金箭射去,没射中;另一个小伙子用银弓银箭射去,还是没射中;英雄罕叶迭古用桑弓竹箭射去,射中了,可是灰獐突然消失了……在一棵红杉树下,出现了一个美丽的姑娘——之子宜乍。
>
> 这姑娘出现的一刹那,把所有的人都惊呆了。这位姑娘,"头发微微卷,鼻梁端端正,额头平而宽,颈长且圆润……言语谈吐呢,好似山上的云雀"。如此花容月貌,当土司阿俄宜苦面对她的时候,一下子就被迷住了,把她带回自己的寨子,两人幸福地生活在一起。
>
> 第一年第二年,小两口甜甜蜜蜜,和和顺顺;第三年,寨子里开始莫名其妙地死人;第四年,阿俄宜苦也得了重病。阿俄宜苦感到很困惑,这个寨子以前从来没有出现过这种情况。他把怀疑的目光投向寨子里唯一的生人之子宜乍,之子宜乍如实地告诉了他,自己是一个鬼。阿俄宜苦一听非常惶恐,开始策划整治之子宜乍。之子宜乍如果到此就悄然离去,那也可能会避免很多悲惨,但她偏偏又充满了人情人味。当阿俄宜苦告诉她自己的病只有玉龙山山巅的雪才能治好,她毫不犹豫地马上就启程前往千里以外的雪山山巅去采雪。临走之前,她叮嘱阿俄宜苦几个"不要":不要淬烫石,不要烧漆树,不要在房前放烟,不要在家中扫地,不要请毕摩、苏尼(祭司巫师)来念经禳灾折神枝……这几个"不要"正是她的致命之处。之子宜乍前脚刚走,阿俄宜苦马上就请来毕摩、苏尼按照之子宜乍叮嘱的几个"不要"作法诅咒之子宜乍。
>
> 十三天过去了,之子宜乍经历千辛万苦变成了一只灰红色的山羊

从雪山山巅采雪回来了。然而，还未等她踏进家门，迎面而来的是毕摩、苏尼恶毒的诅咒。她又饥又渴，精疲力竭，但她为自己的丈夫辛辛苦苦采来的雪没丢一点点，还藏在耳孔中，夹在蹄缝里，卷在颈毛和尾巴上。但就是这样，阿俄宜苦还是不放过她，派了九个青年用箭、用刀害死了她。

之子宜乍的厄运还未结束，又过了十三天，山羊落入乌撒拉曲家的人手中，他们把山羊放在河边石板上剥开，切碎，煮熟，吃掉。然而，这下人们遭到报复了，吃过羊肉的人很多就死了，而且变成了害人的鬼。各部落的毕摩、苏尼都在诅咒之子宜乍鬼，都说她就是鬼的来源。①

这部作品是在咒鬼仪式上念颂的经词，念诵的目的是叙述鬼的起源，诅咒鬼的灵魂，并阐释宗教仪式程序和禁忌。之子宜乍采雪临行前所叮嘱的几个"不要"：不要淬烫石，不要烧漆树，不要在房前放烟，不要在家中扫地，不要请毕摩、苏尼来念经禳灾折神枝……因在故事里成功制服之子宜乍，成为毕摩一种"白色巫术"仪式中几个必行的程序；而最后叙述的人们在河边剥羊的几个行动：石板作肉板，羊皮绷地面，姑娘理羊肠，用竹筛来装，用镰刀来剖……因在故事中使人变成鬼，也成为彝族日常生活中的禁忌。

然而，作品的叙事又呈现了一种别样的艺术魅力。在这部作品里，阿俄宜苦和之子宜乍演绎了一出人鬼间"合、离、分"的悲剧。人鬼恋是全诗矛盾的起点，也是全诗矛盾的焦点。之子宜乍是鬼，她的鬼的身份注定她不能与人生活在一起，但她又充满了人的感情。她对丈夫是真爱，可是她鬼的性质不但使寨里死人，还使自己的丈夫也得了重病，就这样，尽管她历尽千辛万苦从雪山采来为丈夫治病的雪，却无法再续美好的姻缘。

五 婚姻：汉族的高禖与拉祜的莎雅

婚姻制度，在意大利学者维柯的名著《新科学》里被当作人类社会的第二个起源。该书谈到，在原始时代没有婚姻制，男女公开杂交和乱交；

---

① 岭福祥翻译：《之子宜乍》，转引自马国伟《试论毕摩经〈之子宜乍〉及其学术价值》，载戴庆厦主编《中国彝学》第二辑，民族出版社2003年版，第191—204页。

后来，面对天神的愤怒，他们才感觉到畏惧和羞耻，于是，

> 他们从见到天帝的容颜所感到的安慰中，约束住他们野兽般的淫欲，他们对天帝还有一种致命的恐怖。因此，情况就发生了这样的变化，他们每个男人就要把一个女人拖到他的岩洞里，让她留在那里和他结成终身伴侣……婚礼就是用这种方式引进来的，它是一种贞洁的肉体结合，在对某个神的畏惧之下来完成的。[①]

这样，逐渐有了一夫一妻制、婚姻典礼和家庭制。维柯认为，这就是人类社会的第二个起源。

汉文古籍里，婚姻制度的创立者是女娲。《风俗通义》载：

> 女娲……为女婚姻，置行媒，自此始。

由此，女娲被奉为职司婚姻、生育之事的"高禖"神。宋代罗泌《路史·余论二》云：

> 皋（同"高"）禖古祀女娲。

其书《后纪二》云："以其载媒，是以后世有国，是祀为皋禖之神。"汉时，已将祀高禖列入朝廷祀典。

在南方一些民族的神话里，婚嫁礼俗的产生大多与天神有关。云南哈尼族古歌《窝果策尼果·然密克玛色》叙述，哈尼族婚嫁礼俗是天神定的。天地形成以后，万物命不长，于是齐向天神阿匹梅烟要"长命"。阿匹梅烟告诉他们，"长命"不是"造"出来的，而是"生"出来的。她生下九位"永生不死的姑娘"，将他们分别嫁给天地诸神，其中最小最美的九姑娘，做了人间之神阿罗的新娘，婚嫁由此而起，天神阿匹梅烟成为婚嫁的创立者。[②]

[①] [意] 维柯：《新科学》，朱光潜译，人民文学出版社 1986 年版，第 236—237 页。
[②] 朱小和演唱，史军超、杨叔孔采录，卢朝贵翻译，史军超整理、注释：《窝果策尼果·然密克玛色》，载西双版纳傣族自治州民族事务委员会编《哈尼族古歌》，云南民族出版社 1992 年版，第 377—404 页。

相似的神话也出现在拉祜族古歌《牡帕密帕》里，而且叙述更细腻，更富于人情味。古歌中，从天神莎雅（又称厄雅，通译厄莎）所植葫芦里出来的一男一女，不愿相配；天神莎雅循循善诱，把他俩一步一步引向婚姻：

> 莎雅弄来耍药，放在蜜蜂翅膀上。厄雅找来迷恋药，放在蜜蜂脚杆上。
> 蜜蜂飞到阿娥山，扎笛吃了耍药。蜜蜂飞到阿戈山，娜笛吃了迷药。
> 扎笛思念起娜笛，娜笛迷恋起扎笛。扎笛娜笛俩兄妹，重新相伴在一起。
> 厄雅又把迷恋药，放在响篾上。拿给扎笛去弹奏，娜笛迷上了扎笛。
> 莎雅又把迷恋药，洒在响篾上。拿给娜笛去弹奏，扎笛迷上了娜笛。
> 厄雅又制了情水，分给扎笛娜笛喝。扎笛喝了三大匙，娜笛喝了三大匙。
> 扎笛喝了情水，很想跟娜笛结合。娜笛喝了情水，很想跟扎笛恋爱。①

于是，"扎笛和娜笛，结成了夫妻"。由此，不仅婚嫁，而且男女青年响篾传情等相交相恋风俗，全由天神莎雅引导扎笛娜笛而起。

南方民族与婚俗相关的神话，另外一个大的功能是阐述婚姻方面的习惯法。较早时期最重要的婚姻习惯法，大概非氏族外婚制莫属，不少神话以不同形式作了宣示。1957年魔巴艾扫讲述，邱锷锋、聂锡珍记录的佤族《司岗里》谈道：

> 雷神犯了错误，他和他的姐妹性交。于是他的地种不好，田也种不好……（老鼠各落）要扭他的手，要打他。鹰去啄他的嘴，以后去抄他的家……他被抄过家以后就搬走了……后来从房子上搬到天。到

---

① 扎约记录：《牡帕密帕》，载澜沧县文化局编《拉祜族民间诗歌集成》（拉祜文、汉文对照），云南民族出版社1989年版，第62—67页。

了天上以后，我们就看不见他了。①

这则神话里雷神及其姐妹的身份有点突兀，1987年我们到云南西盟做田野调查，当地佤族老人隋嘎讲述了这则神话的另一个比较详细的版本：神话里的两位主人公名叫达赛、牙远，他们本是兄妹，因为乱伦，违反了同姓不婚的禁忌，结果遭到女祖先牙董的驱赶。达赛升天变成了雷神，负责惩罚敢再违规的人；牙远钻地，变成了害羞的彩虹。

以后，各民族氏族外婚制等婚姻习惯法逐渐有了更多的规定，这些规定也在相关神话里以不同的形式得到阐述。云南德宏地区景颇族在婚礼上唱诵的神话史诗《穆瑙斋瓦》，就以回顾洪水后景颇族祖先订规矩的方式宣示了相关事项。《穆瑙斋瓦》谈道（大意）：

> 远古时代洪水过后，仅存的一对兄妹在天神的安排下结了婚，生下一个肉团。肉团被他们砍成八块变成四男四女，形成各民族祖先。其中老四是景颇族祖先，他定下规矩：景颇分姓氏，并分出"丈人种"和"姑爷种"。同姓不婚，"姑爷种"氏族的男子可以娶"丈人种"氏族的女子为妻，"丈人种"氏族的男子严禁娶"姑爷种"氏族的女子。

这样，在追溯祖先神圣婚姻的同时，以讲述祖训的方式申明了祖先规定的"同姓不婚，氏族外婚，单方姑舅表婚"的婚姻习惯法。②

六 葬礼：灵魂的归宿

在意大利学者维柯的名著《新科学》里，葬礼是人类社会的第三个起源。书中谈到，在原始时代，人和动物一样，死了并不收尸埋葬，任尸体被野兽吞噬或受风吹雨打而腐烂，造成环境的污染。后来，

> 定居在高山上的畏神的巨人们必然开始感觉到附近土地上腐烂着

---

① 艾扫讲述，邱锷锋、聂锡珍等记录、翻译、整理：《司岗里》，载《佤族社会历史调查》（二），云南人民出版社1983年版，第175—178页。
② 阿南：《从创世神话的社会作用看神话的本质特征》，载《神话新论》，上海文艺出版社1987年版。

的死人尸体的臭气，于是开始埋葬死尸……他们围绕着这些坟场有很多宗教仪式或对神的恐怖，所以拉丁人把这些埋葬场所特地叫做"宗教的场所"。从此就涌现出人类灵魂不朽这个普遍的信念。①

这里涉及葬礼与人类灵魂不朽的观念、仪式的关系，揭示了葬礼的起源大致与安抚死者灵魂相关联。中国南方很多考古发掘证实了这一点。金沙江中游元谋大墩子新石器文化遗址，发现过成人葬式的竖穴土坑墓，其中有将死者上肢或下肢砍断倒置于胸腹部或盆骨两侧的断肢葬，还有仰身直肢葬、侧身葬、屈肢葬等；有的有石镞、石锛、牙饰之类的随葬品，有的没有随葬品。还发掘儿童瓮棺葬墓17座，瓮棺上有意识地钻出1—3个圆形小孔。这里，断肢、侧身、屈肢等葬式，可能是出于对某种形式的死者的种种考虑而产生的特殊葬俗，而在瓮棺上钻通小孔，可能是让小孩的灵魂出入。这些都反映了当时的人们已经有了灵魂一类的观念，认定人死后其生命以另一种形式延续，从而产生那么多样的丧葬规矩和随葬品。

在南方一些民族神话里，葬俗也由神定，具有神圣性。哈尼族《窝果策尼果·诗窝纳窝本》叙述，自从九位"永生不死的姑娘"中的九姑娘嫁给人间之神阿罗以后，人类永生不死，一代代积累下来，老人越来越多，后代必须将他们抬出去晒太阳以免生霉，年轻人和老人均不堪其苦。后来猎人打死一只猴子，工匠打制棺材，"贝玛"（巫师）得摩诗匹念经，将其发丧。消息传到主宰生命的烟沙天神那里，烟沙天神大怒，认为人擅自开了死亡的先例，要惩罚猎人、工匠和贝玛。诸人陈说了老人不死的痛苦，天神烟沙终于批准人类可以死亡：

> 树到千年要枯一回，石到万年要裂一回，太阳也给它死一回，太阳死就乌起来（指日食）；月亮也给它死一回，月亮死就黑起来（指月食）；人要给它死一回，人死就用棺材抬。

于是丧葬之礼产生。② 人类的灵魂也就随着葬礼的举行，摆脱老、病

---

① ［意］维柯：《新科学》，朱光潜译，人民文学出版社1986年版，第255页。
② 朱小和演唱，史军超、杨叔孔采录，卢朝贵翻译，史军超整理、注释：《窝果策尼果·诗窝纳窝本》，载西双版纳傣族自治州民族事务委员会编《哈尼族古歌》，云南民族出版社1992年版，第220—250页。

的痛苦，享受能死的权利，欢乐地前往另一个世界。

七 语言、文字与历法：神的指引与人的实践

语言的产生，根据人类学家的研究，大概与人类的进化、群体的劳动相关。随着人类的进化，发音器官逐渐完善，清晰的语言成为可能；随着工具的发明，出现群体劳动，也出现了用语言指挥群体劳动的社会现象。两者奠定了人类语言形成和发展的基础。

在南方民族神话里，人类语言也在实践中产生，这个实践可能与狩猎有关。先民在狩猎时也许因为吸引野兽的需要而模拟各种野兽的叫声，后世注意到这种现象并把它与语言的产生联系起来，说先民在模拟动物叫声的过程中学会了说话；同时为了表现语言的神圣性，又说这个过程是在神的指引下完成的。佤族神话《司岗里》叙述：

> 人从司岗里出来时，不会说话，只会像独弦胡一样哼。

这样的"哼"，只能说是声音，不能说是语言。后来，天神莫伟告诉佤族祖先岩佤，"去向牛学说话"，于是，佤族说话就"拗嘴拗舌"；莫伟又告诉拉祜族祖先尼文向斑鸠学说话，拉祜族说话就"紧一声慢一声"；傣族祖先三木傣向蜜蜂学说话，傣族说话就"甜蜜蜜的"；汉族祖先赛口向画眉鸟学说话，汉族说话就像"唱歌"一样。各民族语言的起源，竟这样富有诗意。

文字是记录语言的符号，是人类重要的文化现象，在佤族神话《司岗里》中，文字的起源也与天神莫伟相关，但各民族由于祖先的不同境遇，他们的文字流传也出现不同的状况。这部神话叙述：

> 人从司岗里出来时，没有文字，也不懂得用文字记事情，莫伟拿出一块牛皮递给岩佤，拿出了一匹芭蕉叶递给尼文，拿出了一片贝叶递给三木傣，拿出一张纸递给赛口。对他们说："上面写着我给你们的文字，以后你们会用得着，千万要好好保存。"
>
> 后来，有一次闹饥荒。岩佤把牛皮烧吃了。从此，佤族的学问全在肚子里。尼文有一次撵麂子撵到江边，用芭蕉叶盖了窝铺，夜雨把芭蕉叶淋坏了，一些字变得模糊不清，辨认不出来。从此，拉祜族的

文字就残缺不全了。三木傣和赛口的贝叶和纸保存得很好，傣文、汉语文字就流传下来了。①

这则神话，表现了文字起源的神圣性，也解释了佤族自身缺乏文字的原因，表明自己民族当初也一样获得过天神的恩赐，具有一样神圣的地位。

在长沙子弹库楚墓帛书里，历法的发明被放在突出的位置。南方民族神话里，也有关于历法发明的叙述。哈尼族古歌《窝果策尼果》里的《虎玛达作》（年轮树）谈到，远古的时候，人神烟蝶蝶玛从金鱼娘身上"抓出一片金鱼鳞"种下，三天之后，长成一棵大茨菇，叶有三百六十片，根有十二条，骨朵有三十个，白花有三十朵，果果有三十个。人神据此教人们认年月：

　　一年有几日？日子认不清？快顺着茨菇杆杆去数吧，茨菇叶有三百六十片，三百六十片叶子定成一年的日子。
　　一年有几月？月份不会数？快去瞧瞧茨菇根吧，茨菇根有十二条，这就是月份的定数。
　　一月有几日？一月的日子不会数？快去瞧瞧茨菇花吧，茨菇开花三十朵，三十朵花就是一月的日子数。②

模式仍然是神赐，再加自身的努力。

八　艺术：天籁、人取、仙传

歌与舞，分别用声音和形体作为表现手段，来悦人耳目，予人美感。在上古的人们看来，歌舞还有神奇的作用，可以感应自然，影响气象。例如，在殷墟甲骨文卜辞中，就有这样的记载：

---

① 隋嘎、岩扫、岩瑞口述，艾狄、张开达搜集、整理：《西岗里》，载尚仲豪、郭思九、刘永祺编《佤族民间故事选》，上海文艺出版社1989年版。
② 朱小和演唱，史军超、杨叔孔采录，卢朝贵翻译，史军超整理、注释：《窝果策尼果·虎玛达作》，载西双版纳傣族自治州民族事务委员会编《哈尼族古歌》，云南民族出版社1992年版，第405—425页。

兹舞，㞢从雨。
舞，允从雨。

此为殷人相信跳舞能够致雨。上古的人们还相信，音乐可以致气。《吕氏春秋·仲夏纪·古乐》记载：

昔朱襄氏之治天下也，多风而阳气蓄积，万物散解，果实不成。故士达作为五弦瑟，以来阴气，以定群生。

上述人们所作，当源于古代同类相感、神秘互渗的观念，认为灵动的舞姿可以感应天雨下落，阴柔的瑟声可以感应阴气附来，故有此举。

如此神奇的歌舞，在上古人们的心目中，其来源肯定神秘。他们流传的相关神话，多言两事：一曰神创歌舞。《山海经·海内经》载：

帝俊有子八人，是始为歌舞。

《山海经·大荒西经》载：

祝融生太子长琴……始作乐风。

二曰向神取歌舞。《山海经·大荒西经》载：

开上三嫔于天，得《九辩》与《九歌》以下。

郭璞注：

皆天帝乐名也，开登天而窃以下之用也。

开即禹之子启，这里云《九辩》与《九歌》乃启登天而窃以下，为其增添了神秘的色彩。

中国南方民族能歌善舞，艺术起源神话也多姿多彩，与汉文古籍相关记载相似，也多言歌舞神创，人们求乐上天。只是，叙述比汉文古籍记载更细腻，形象也更富于生活气息。

南方各民族最早的音乐舞蹈的产生，可能与模拟虫鸣鸟叫、禽飞兽舞有关。但是，各民族先民为了把自己心爱的富于特色的乐舞神圣化，往往将其与天传神授联系起来。苗族关于他们流传最广的芦笙曲、芦笙舞的神话就是一例。这个神话叙述（大意）：

> 很早很早的时候，人间没有什么乐器，也没有什么舞蹈，只知道早出晚归，干活吃饭。有一天，一只老蛤蟆蹲在山顶朝天上看，看到天上正在过年，吹芦笙曲，跳芦笙舞，欢乐得很，就告诉了人们。人们派鹊雀上天学芦笙曲子，讨芦笙。鹊雀飞到天上，天上的人教它学芦笙曲子，鹊雀"咔咔咔"地叫起来，叫得实在太难听了，天上的人把它赶走了。人们又派蝉儿（苗语称"密笛"）上天。蝉儿飞到天上，"唧唧呖呖"地叫起来，天上的人都乐了，把它留下了。蝉儿在天上学了三天三夜，学会了全部芦笙曲子，天上的人才把芦笙捆在它身上让它挑回人间。
>
> 天上的芦笙到了人间，人人都想吹芦笙曲，个个都想跳芦笙舞，一只芦笙不够用，人们的头姜央就照着样子仿制。于是，一只只芦笙仿制出来了，人人都能吹芦笙曲，个个都能跳芦笙舞了。后来，姜央死了，人们怀念他，祭奠他，每年举行祭奠仪式的时候，子孙们就吹芦笙曲、跳芦笙舞让他观赏，使他高兴。芦笙曲、芦笙舞就这样一代代传下来了。[①]

芦笙是一种吹奏乐器，由 6 根竹管组成，每根竹管从外侧开孔，下端安置簧片，插入一个长形木斗或葫芦之中。笙管长短不一，吹奏时发出不同的声音。低音芦笙，音色柔和优美，好似秋夜的湖水微波荡漾；高音芦笙，音色刚健清亮，犹如夏日的瀑布飞跃山川。大小不等的芦笙齐奏，则发出雄浑激昂的声音，真能把人的心弦拨响。这则神话表明，芦笙曲最早可能模拟蝉鸣，后来艺术品质不断提高，也逐渐带上神圣的光环。

音乐美妙、神奇，往往使人着迷、陶醉，而进入一种艺术的境界之

[①] 1987 年 10 月 21—28 日在贵州黔东南雷山等地进行田野作业并采访杨家往、杨里萨、杨里保、侯天祥等苗族人士时记录。

中。南方民族先民喜爱音乐,并崇仰音乐,他们虔诚地相信,音乐不是普通之物,而是天籁之音;他们创造了不少关于音乐神秘来源的叙事。《侗歌的来历》等神话说(大意):

> 古时候,人们只会讲话,不会唱歌。山鸟告诉人们,天上有一株歌树,众仙采歌唱歌热闹得很。侗家后生四也提议上天偷歌种,于是雄鹰、喜鹊和画眉分别背着班固妈、四也和蝉姑娘一起飞上天。正好碰上守树的龙鳞精打瞌睡,他们悄悄地爬上树去采歌果。蝉姑娘一高兴,学唱起歌来。歌声惊动了专管歌树的萨样和龙鳞精。班固妈见势不妙,叫大家赶紧下树往回跑。四也贪歌落在最后被龙鳞精抓住,班固妈一惊从鹰背上跌下来摔死在仙山脚下,最后只剩下蝉姑娘和鹰等把歌种带回来。
>
> 萨样把龙鳞精贬下凡界,并叫他把四也押回人间。四也在班固妈坟边种下歌果。不久,坟边长出一株歌树,仙山脚下的人们和百鸟都来采歌学歌。萨样发现了,砍倒歌树,丢到河里;河里龙鳞精把树上歌叶歌果全吞下肚。人们把龙鳞精化的大鱼钓上岸,剖开它的肚子,找到一个大气泡;四也把大气泡剖开,找到歌叶歌果,人们纷纷赶来分歌去唱,从此侗乡苗寨处处有了歌声。①

以上叙述,构思新奇,情节曲折,与前一个关于芦笙曲的神话比较起来,此则神话既渲染了侗歌来源的神妙,又突出了祖先找歌的艰辛,乃至献身的精神。后代确应"视歌如宝",世代相传。

南方民族传歌对歌,最富有特色的是在各种形式的歌场、歌圩进行。在他们的神话中,最早的歌场、歌圩的形成也与天神有关。相传为彝族古代大"君师"举奢哲所作的《彝族诗文论》② 在列举"爱情的故事"时,引用了一大段珍贵的神话古歌资料:

> 整个天底下,所有世间人,全被洪水淹,全被洪水吞。

---

① 转引自张人位、邓敏文等主编《侗族文学史》,贵州民族出版社1988年版,第62页。
② 举奢哲、阿买妮等原著,康健、王子尧、王冶新、何积全翻译、整理:《彝族诗文论》,贵州人民出版社1988年版,第3—33页。

就在那时候，笃米一个人，坐在木桶中，任随洪水漂，任随洪水浮。

那次的洪水，就把笃米呀，漂到洛尼山。

后来笃米呀，到了洛尼山，洪水停住了，蹬开木桶看——此时此刻呀，整个天底下，到处是洪水，全被洪水淹。只剩笃米呀，独自孤单单。

后来天上的，天上的仙女，就来见笃米，但却不相识。

后来又怎样，怎样认识的？据说后来呢，天上箐举君，举君三儿子，他来给笃米，在那天上呢，带下三个妻。

三妻带下后，这三个仙女，就跟着笃米，来到呗谷嘎，一起来对歌。

这样一来呢，他们相爱了，后来成夫妻，六祖出生了……

作者是为讲解故事的写作而引用这些神话古歌资料的，重在对其艺术性的评述，故感叹道："笃米这故事，说得很清楚，说得很明白，这样的故事，才叫做故事，才是真故事，讲来才真实。里面的人物，说得很清楚；里面的事情，说得很动人。""他们的感情，多么的深沉！他们的爱慕，多么的坚贞！他们的遭遇，多么的不幸……"作者这一举例表明，当时神话古歌还在广泛流传，在此基础上生发出了博大精深的彝族诗论的最早成果。

第三节　巫术的隐喻——射日神话

19世纪英国人类学家弗雷泽曾经提出"巫术时代"领先于"宗教时代"的著名论断，如果从总体来看，很难判断所谓"巫术时代""宗教时代"孰先孰后，因为在很多情况下巫术、宗教两者难分难解地纠缠在一起；但从局部来说，一些与自然相关的巫术事项有可能逐渐演变为神话。

在中国南方民族地区，与自然相关的巫术仪式的大量出现，当与先民农耕、畜牧生产的逐步发展相关联。许多资料表明，随着农耕、畜牧领域的扩大，人们越来越多地与大自然打交道，也越来越多地遭遇灾害性天气的影响。与之相适应，便是针对灾害性天气的巫术的发展，以及巫师群体的壮大。这一类巫术，大致有禳日巫术、祈雨巫术等。随着时光的推移，从事这一类巫术的农耕、畜牧首领兼巫师可能逐渐被神化，他们在仪式上行巫的动作、诅咒的话语，也可能逐渐演变为具体的形象、具体的情节，由此射日神话、斗雷神话逐渐形成。

射日神话在从先秦到两汉的汉文典籍中多有记载，在少数民族里也有大量的口头流传形态。从表层叙事来看，这类神话歌颂了人的智慧和力量，表达了先民力图支配自然、控制天象的强烈愿望。

一　太阳的创生与运行

自然现象之中，天象距离人类最远而又影响颇大。距离远使人感到神秘，影响大使人倍加关心，故天象尤其是天象之首太阳的活动历来受到先民的关注，关于太阳创生与运行的神话各民族都有很多。

在汉文典籍中，最著名的关于太阳的神话是载于《山海经》上的几条：

> 东南海之外，甘水之间，有羲和之国。有女子名曰羲和，方浴日于甘渊。羲和者，帝俊之妻，生十日。（《大荒南经》）
> 汤谷上有扶桑，十日所浴。在黑齿北。居水中，有大木，九日居下枝，一日居上枝。（《海外东经》）
> 大荒之中，有汤谷，上有扶木。一日方至，一日方出，皆载于乌。（《大荒东经》）
> 东海之外，大荒之中，有山名曰大言，日月所出。（《大荒东经》）
> 大荒之中，有山名曰大荒之山，日月所入。（《大荒西经》）

在这些神话里，太阳被说成是帝俊系统的女神羲和所生，共有十个。或说它们居于海中大树，浴于汤谷，乘鸟（乌鸦）飞行；或说它们住在山上，由山出入。这些叙述，有母系社会的投影，并带鸟崇拜的意味。

在南方以及其他一些地方的少数民族神话中，也有太阳为生育而出的说法，如苗族《盘古歌》说太阳"原是东家子"，珞巴族说天和地结婚，生下九个太阳，等等。但更多的叙述是太阳为天神或巨人眼睛所化或亲手所造。例如：

拉祜族说，天神厄莎用左眼做太阳，用右眼做月亮。

苗族说，巨人宝公、雄公、当公、且公等仿照河中的水圈，造了十二对日月。

布依族说，巨人布杰模拟葫芦的样子，用黄泥造了十二个太阳。

关于太阳居住运行，南方少数民族神话与汉文典籍所载神话有的相似，有的不同。

与《山海经》所载太阳居于水中大木相似，彝族神话史诗《查姆》叙述，日月形如天神所种的一棵梭罗树上的四朵花：

> 白天、黑夜两朵花，
> 轮流开在太空间。
> 白天开花是太阳，
> 夜晚开花是月亮。
> 太阳开花月不明，
> 月亮开花星不闪；
> 两花轮流开，
> 两花难相见。①

与《山海经》所言太阳运行"皆载于乌"相似，南方民族神话也说太阳活动乘物而行，具体的坐骑有异。苗族古歌说，太阳骑马骑驴运行：

> 太阳骑着乌马，
> 太阳骑着黑驴，
> 响铃挂在胸口。
> 响铃声声响，
> 公鸡喔喔啼。
> 公鸡喊了五六遍，
> 太阳升上五六坳，
> 太阳升到山顶上，
> 冲冲垴垴都照亮。②

---

① 郭思九、陶学良整理：《查姆》，云南人民出版社1981年版。
② 载《丹寨苗族民间文学资料》第1集，第1页。

拉祜族神话则说，太阳骑马骑猪运行：

> 太阳很勤快，每天从东到西走一遍，看看人间万物。天气冷时，他就骑马快跑，聪明的马专找近路走，所以跑得一天比一天快；天气热时，太阳就骑猪慢跑，愚笨的猪净走远路，所以跑得一天比一天慢。①

这些，都体现了南方民族神话与汉文典籍所载神话相似又相异的情况。

各民族先民关于太阳活动的想象，似乎为了以某种形式加以控制。在远古时代，太阳曾被认为是天气变化的主宰者，它正常运转就好天，连续曝晒就天旱，因而控制太阳很早以前就是人们的幻想。体现这种幻想的形象记录，是《山海经·大荒南经》里的一条叙述：

> 有女子名曰羲和，方浴日于甘渊。羲和者，帝俊之妻，生十日。

郭璞注：羲和"作日月之象而掌之，沐浴运转于甘水中，以效其出入旸谷虞渊也，所谓世不失职耳"。如此看来，羲和控制日月的方法就是按照日月的形状作象，以之模仿日月运转出入来达到目的，似乎有点像模拟巫术。

然而，羲和毕竟只有一个，"浴日"也仅限于"甘渊"。各民族先民力图控制太阳还有其他形式，由此产生另外的形象记录。最著名者，为射日神话。

二 东夷的羿射日神话及其影响

在汉文典籍中，最为人们熟知的射日神话是属于东夷集团的"羿射日"。"羿射日"神话最早大约见于相传作于战国初期的《归藏》。《归藏》已佚失（1993年湖北江陵王家台15号秦墓有发现，尚未定论），刘勰《文心雕龙·诸子》谓："《归藏》之经，大明迂怪，乃称羿毙十日，嫦娥

---

① 1986年8月12—17日在云南澜沧拉祜族自治县进行田野作业并采访李扎约、扎克、李维新等拉祜族人士时记录。

奔月。"另外，楚辞《天问》有"羿焉彃日，乌焉解羽"的句子。其后，不少典籍对此也有记载。最完整的是西汉初年成书的《淮南子》，此书的《本经训》载：

> 尧之时，十日并出，焦禾稼，杀草木，而民无所食……尧乃使羿……上射十日。

在南方许多民族的神话和神话史诗里，也有射日或装日、打日的故事。它们形象生动，形式多样，有《勒俄特依》（彝族）、《扬亚射日月歌》（苗族）、《密洛陀》（瑶族）、《巴塔麻嘎捧尚罗》（傣族）、《布洛陀》（壮族）等的各位英雄以箭射日；《阿细的先基》（彝族）的阿拉用篮装日；《阿嫫尧白》（基诺族）的阿嫫尧白打日；《鸺巴鸺玛》（苗族）的两兄弟一个射日、一个刀砍栖日的日树，等等。说形式多样，实不为过。

这些故事，表层叙述不外乎这么一个结构：天上同时出现几个或十几个太阳曝晒大地，草木枯萎，庄稼失收，人们受难。于是有一个或几个男性巨人用弓箭或其他工具射下或摘下多余的太阳。

射日神话形态多，流传广，很难说哪一个族群的射日神话最早产生，哪一个族群的射日神话是影响其他族群射日神话的原型。但我们可以通过古籍的某些记载及不同神话的某些情节，对古代某些地域相近族群的射日神话作一点微观的比较。

从各方面资料来看，东夷应该较早产生射日神话。东夷射日神话的主人公羿，根据古籍记载是弓箭的创造者，他擅长运用弓箭。《墨子·非儒下》载：

> 古者，羿作弓。

《管子·形势解》记载：

> 羿，古之善射者也，调和其弓矢而坚守之。其操弓也，审其高下，有必中之道，故能多发而多中。

羿还充满了神幻的色彩。《山海经·海内经》记载：

> 帝俊赐羿彤弓素矰，以扶下国。羿始去，恤下地之百艰。

　　这样一个超凡的形象，受尧之命"上射十日"合乎情理。

　　东夷处于东方，作为东夷射日英雄的羿的活动中心，根据《左传·襄公四年》所载"后羿自鉏迁于穷石"分析，当在鉏至穷石一带。据考，鉏在今河南滑县，穷石在今山东德州，则羿活动范围在河南、山东、安徽之间。由此，羿射日神话有可能从鉏至穷石一带向四周扩展，影响所至当波及三苗。

　　前面已经谈及，三苗所属的苗蛮系统由于迁徙、互融等原因，与两昊、东夷存在"你中有我、我中有你"的关系；又据有关史料记载，尧舜禹时期"三苗"大致活动在江淮、荆襄、彭蠡、洞庭一带的广大地区，正与羿所属的东夷集团相邻。三苗与东夷集团地域毗邻，关系友好（《战国策·魏策》载："禹攻三苗而东夷之兵不起。"），甚至彼此间因为长期交叉相居而互有融合，它们之间极可能存在文化交流的背景。

　　在三苗的后裔苗等民族中，射日神话也流传得很普遍。黔西北滇东北苗族有"扬亚射日"，黔东南苗族有"桑扎射日"，广西大苗山苗族有"枉生射日"，湘西苗族有"阿剖果酥和阿剖果尖射日又砍日树"……这些神话某些情节有异，但基本内容相同。它们当是古代苗族先民大迁徙大分散以前某个时期形成的，这个时期当为"三苗"时期。

　　在汉文古籍中，如前所述，对于东夷射日神话有诸多记载，而对三苗则无此方面的涉及。另外，苗族流传的射日神话好几则出现"走到天边海角"（《扬亚射日》）、"东海射日月"（《苗族古歌·铸日造月》）等情节，三苗主要活动地区在江淮两湖（彭蠡、洞庭），东夷才是靠海而居。因此，三苗的射日神话可能来源于东夷射日神话，或者部分情节受东夷射日神话的影响。[1]

三　南方民族射日神话深层的巫术意蕴

　　但是，射日神话在南方流传如此普遍，很难说每一个民族的射日神话都是受某一个民族的影响而产生的，它们大多数也有可能是处于相同的历

---

[1]　参见何积全《苗族射日神话溯源》，《贵州社会科学》1988年第4期。

史发展时期不同民族相同的心理状态和思维方式的产物，尤其是某些仪式的曲折反映。

在射日神话的表层叙述中，十日并出的奇景，弯弓射日的壮观，确实是后人难以想象的。那么，这种表层叙述包含着什么意味呢？

从一般的意义上来说，这些故事可能是特定的自然现象以及原始先民企图控制自然的愿望的产物。例如：

远古时代的日晕现象：有时候，高空凝结着由水汽、雾等所形成的半透明的晶体，经过阳光照耀，偶尔会折射成几个光圈，看起来像数日并列。这种现象汉文典籍记载不少。如《新唐书·天文志》记载：

> 贞观初，突厥有五日并照。
> 贞观初，突厥有三月并见。

原始先民可能观测到这类现象，从而在头脑里形成"数日并出"的印象。

每天出来的太阳随气候不同而颜色深浅、光线强弱不同，早期人们不知道是云雾、空气、水分、灰尘等条件的原因，以为天上有几个不同的太阳，轮流出来运行。

早期人们制造和使用弓箭等各种实践活动。

基于"数日并存"幻象以及抗旱的欲望，早期人们产生的梦境或幻想中的巫术效果……

如果从这些意义进行分析，可以说，射日故事表现了原始先民企图控制自然的强烈愿望和奇特的想象。

然而，如果深入地探究一下文本的相关叙述，就会发现似乎还隐藏着另外一种意味，即体现出巫术的迹象。例如：

大凉山彝文典籍《古侯》（公史篇）[①] 叙述：远古"白天出六个太阳，夜晚出七个月亮"，支格阿龙"左手张银弓，右手抽金箭，站在东方，射六个太阳和七个月亮"。最后，

[①] 马海木呷、岭光电、罗家修翻译：《古侯》（公史篇），四川省民委彝文工作组印，1980年。

六个太阳和七个月亮，拿来又拿来，压大地的上边，大石板底下。

在中国，石板一贯被认为是镇邪的。宋代施青臣《继古丛编》记载："吴氏庐舍，遇街冲，必设石人，或植片石，镌'石敢当'以镇之。"过去，不少地方房前屋后、街头巷尾也常见片石竖立，上刻"石敢当"字样。"敢当"就是"所向无敌"的意思。可见，人们是把石头当作压禳不祥的镇物来看待的，把射下的太阳月亮压在"大石板底下"，带有巫术的性质。

如果说，彝族的射日神话巫术的性质还不够明显的话，傈僳族、瑶族的射日神话所表现的巫术程序就很突出了。云南傈僳族《祭天神经》叙述，巨人哇忍波用蒿秆做箭杆、蓍草做箭羽的箭射下七个太阳，用颜色与太阳相同的盐水洗太阳的尸体，洗后埋在地下。在傈僳族巫师那里，盐被认为是驱邪的。每次祭凶神的时候，巫师前面都要烧一堆大火，巫师念完祭经，就把一把盐撒向火里，以赶凶神。"哗"的一声，就表示凶神被驱，邪恶已除。[①]

广西瑶族《密洛陀》[②] 叙述，密洛陀嘱咐射日的昌郎也和昌郎仪：

金竹烧不死，用它来做箭，点上蛇蜂毒，叫太阳咽气……狗血染麻布，拿去做红旗，能够赶邪气……

蛇蜂毒既是实际的毒品，又是施行巫术的方子，"狗血染麻布"无疑带巫术意味。狗血是一种巫术的常用品，被认为具有"赶邪气"的神秘作用。云南哈尼族史诗《哈尼阿培聪坡坡》[③] 叙述，哈尼先民在迁徙中选好寨基以后，头人"西斗又把肥狗杀倒，拖着绕过一圈。鲜红的狗血是天神的寨墙，它把人鬼分开两旁；黑亮的血迹是地神的宝刀，它把豺狼虎豹阻挡"。

---

① 1986年11月11日采访傈僳族学者木玉璋时记录。
② 潘泉脉、蒙冠雄等搜集、翻译、整理：《密洛陀》，载《广西瑶族社会历史调查》第七册，广西民族出版社1986年版。
③ 朱小和演唱，史军超、芦朝贵等翻译：《哈尼阿培聪坡坡》，云南民族出版社1986年版。

广西壮族《布洛陀》[①] 叙述，德广"箭头涂了黑蛇屎，箭尾挟了黑蛇鳞"，用来射太阳。同蛇蜂毒一样，黑蛇屎和黑蛇鳞也具有实际的毒品和巫术的"方子"两重性质。

至此，射日神话原型巫术的迹象似乎已经比较明显。那么，具体的巫术形式如何施行，可以根据汉文古籍的记载和南方民族的活形态资料，作一番推测。

《山海经·大荒南经》载："女子名曰羲和，方浴日于甘渊。羲和者，帝俊之妻，生十日。"其下东晋郭璞注：羲和"作日月之象而掌之，沐浴运转之于甘水中，以效其出入旸谷虞渊也，所谓世不失职耳"。依此解释，羲和控制日月的方法就是按照日月的形状造像，以之模仿日月运转出入来达到目的，那么，其原型实际上是一种模仿巫术。这里，姑且不管郭璞的解释是否符合原意，起码可以认为，郭璞听说或看到中国古代有按照日月的形状造像的巫术，郭璞受其启发用以解释《山海经》所载神话。

再看南方民族活形态资料。做日月之象的巫术方式还在一些民族的各种场合存在。云南拉祜族将眼睛和月亮联系在一起，人的眼睛一旦红肿疼痛，就认为是触犯了月亮鬼，于是取几片笋壳剪成像月亮似的圆盘形，用白石灰在上面画上圆图案，拿一把竹竿夹住送到月亮出来的方向并向其求情，以期获得月亮鬼的饶恕。[②]

类似射日型的巫术也有旁例：北美洲奥日貝印第安人在日食发生时，将燃红的火炭插在箭头上，向太阳射去，以为这样可以使它重燃火焰恢复光明。

综合这些记载及资料，也许可以认为，射日型故事深层，很可能是原始人在抗旱时施行"作日月之象"以射之的模仿巫术或其他形式巫术的写照或隐喻。按照原始思维，世界上的事物与形状相似、时空相近的事物之间存在着神秘的交感，存在着互渗的关系，作用于前者就可以影响后者，原始人就是依照这样一种"法则"来施行模拟巫术来影响日照气候以利农耕。由此，数日者，数日之象也；射日者，射日月之象也。由于具象表达的模糊性随着时间的推移引起的后人理解的某些走样、错位等原因，终

---

① 覃承勤搜集、翻译、整理：《布洛陀》，手稿。
② 1986年8月12—17日在云南澜沧拉祜族自治县进行田野作业并采访李扎约、扎克、李维新等拉祜族人士时记录。

于形成了各种射日的神话。

那么，为什么这种射日的巫术没有流传下来？从各方面情况来看，可能与农业生产的发展和人们认识的发展有关。

在农业生产发展的过程中，庄稼既忌烈日暴晒，更需雨水常来。当人们逐渐认识到干旱的原因不仅是日晒更是缺雨，战胜干旱不仅要驱日更要求雨时，射日神话就代之以斗龙、斗雷神话了，射日巫术就代之以射龙、祈雨巫术了。

人们心理的变化，也可以从典籍记载的祭日祭雨情况的变化体现出来。《书·尧典》记载："分命羲仲……寅宾出日"，"分命和仲……寅饯纳日"。这说明，很可能早在传说中的尧或更早的时代，就已经存在祭日（宾日、饯日）的崇拜仪式，并一直延续下来。彝族史诗《勒俄特依》[①]所叙述的阿吕居尔"为了呼喊日月出"而"建造金银房"，"宰头白阉牛"来祭日的情景，当在一定程度上反映了古代祭日的情况。大约到了殷商早期，农牧业经济发展，求雨的祭祀频繁起来。在河南安阳发现的殷契中，有关求雨、卜雨和祭祀雨神的甲骨文相当多，例如："己酉卜，黍年出足雨"；"庚午卜，贞，禾出及雨。三月。"殷人向雨神要求"足雨""及雨（及时雨）"，说明随着农业经济的发展，他们对雨情的依赖性越来越大，对雨神的重视已经超过其他自然现象诸神，祈雨的仪式终于逐渐取代了祭日、射日的仪式。

四　射日英雄的典型——彝族支格阿龙

射日神话流传到后期，由于它寄寓着人类企图控制自然的愿望，使人们体验到一种征服者的愉悦，因而巫术的写照越来越转向带审美性质的歌颂。神话里以巫师为原型的形象越来越丰满，情节越来越丰富，故事也越来越成为英雄的颂歌、人类的颂歌。例如：

有的表现了英雄为了射日，数年磨砺武器。云南傣族神话史诗《巴塔麻嘎捧尚罗》叙述，射箭能手惟鲁塔为了射日，"取来七块硬石，用岩块做箭，天天把石磨，整整磨了六年"。"海水被他舀干一半，大山被他磨平六座，才把六块岩石，一一磨成箭。"惟鲁塔站在石山上射箭，"石箭划破

[①] 冯元蔚译：《勒俄特依》，四川民族出版社1986年版，第47—60页。

天，一个大太阳，中箭熄了火"。①

有的表现了英雄为了射日，跨越了遥远的路程。广西瑶族神话《射太阳》②叙述，青年格怀出发射日，在路上走了三年，爬过了三万座高山，走过了三万个平原，穿过了三万处森林，渡过了三万条大河，走到最东边一座最高最陡的大山上，终于射下多余的太阳……

有的表现英雄们不畏艰难，通力合作，终于完成了射日的任务。湖南苗族神话史诗《俰巴俰玛》③叙述，古时候太阳和月亮是长在树上的，日树月树很大。阿剖果酥和阿剖果尖两人爬到日树月树上面去砍日砍月，可是砍了又长，长了又砍，总是砍不掉；用弓箭来射日射月，可是射了又长，长了又射，总是射不完。最后阿剖果尖留在树上，坚持砍日砍月；阿剖果酥下到地面，坚持射日射月，互相配合，终于胜利地除掉了多余的日月。

这些形象及叙事的出现，一部分可能与巫师及巫术仪式有联系，但由于形象的超越功能，他们在传递的过程中不断地被润色，不断地被美化，终于发展成为具有一定典型意义的形象。在南方民族神话里，这一类形象比较突出的是彝族神话史诗《勒俄特依》④中的支格阿龙。

关于支格阿龙的神话传说，主要流传于贵州彝区、四川彝区以及操彝族北部方言的云南彝族中。在贵州彝区，又译"直刮阿鲁"等，主要表现与社会势力的斗争；在四川彝区以及操彝族北部方言的云南彝族中，主要表现与大自然灾害性天气的抗争。

支格阿龙在四川大凉山彝区是人人皆知的神话英雄。大凉山生态环境不是很理想，古代彝族人民在与大自然长期协调、抗争中铸造了一种粗犷冷峻的民族性格、勇猛顽强的民族精神。这种性格和精神融进了支格阿龙的英雄形象里。

跟许多神话英雄一样，支格阿龙具有神奇的出身。他的母亲蒲莫列衣为第九代龙女所生，因为滴上龙鹰的三滴血而生下支格阿龙。这个情节很可能隐喻他是"龙""鹰"两个部落结成的联盟的首领。支格阿龙经历了

---

① 岩温扁翻译：《巴塔麻嘎捧尚罗》，云南人民出版社1989年版，第134—143页。

② 黄书光、谢明学搜集、整理：《射太阳》，载谷德明编《中国少数民族神话选》，西北民族学院研究所印，1983年，第110—112页。

③ 《俰巴俰玛》，苗族学者苗青提供。

④ 冯元蔚译：《勒俄特依》，四川民族出版社1986年版，第47—60页。

考验的过程。他生下后不肯吃母乳，不肯同母睡，不肯穿母衣。母亲"以为是个恶魔胎"而把他抛到岩下。岩下有龙住，支格阿龙"饿时吃龙饭，渴时喝龙乳，冷时穿龙衣"，在龙的庇护下，终于成长起来。

在英雄神话里，"考验"型是证明人物英雄本性和展示他们英雄本色的常见形式，它的生活原型是早期人类各种考验仪式。人类学资料表明，处于群体文化状态的早期人类在个体生长的许多阶段，例如诞生、成丁、婚嫁等，以及群体交际和社会生活的方方面面，频繁地使用考验乃至将其仪式化、形式化。这些考验仪式随着时代的变迁大都已经消逝，但一些残余形式一直流传到今天，闪现在南方一些民族的生育、成丁、婚嫁等活动中。例如：

云南丽江一些地方的傈僳族在妻子临产以前的三个星期，丈夫上山选一个地方搭一个窝棚，并准备好生活必需品，将妻子安顿在里面生孩子。孩子生下来以后，丈夫打猎熬野兽汤给妻子补充营养，并给孩子缝一套兽皮衣裳，直到满月才回家。他们认为，让孩子一生下来就与大自然接近，听野兽吼声，吸野兽肉汤催化出来的乳汁，会使他强健聪明，长大成为一名好猎手。[①]

广西大瑶山瑶族男子在成丁的"度戒"仪式上，要经受"上刀梯""过火链""跳云台"等考验。他们认为，此后生命才具有新的意义，才成为社会的正式成员，可参加村社活动，选举或担任村社头人，而且能得到神的庇佑死后升天。

这些，反映到神话里，考验成为主体资格、能力乃至神性的证明。

考验型最基本的结构模式是"阻碍—克服"。阻碍的具体内容多种多样，有被丢弃、被攻击、被赋予某项凶险艰难的任务，也有斗智、竞技等带游戏性质的方式，还有引诱、挽留等温情脉脉的手段。他们的目的都是阻碍主体达到追求的目标。阻碍就是考验，克服阻碍就是证明主体的资格、能力、禀赋的过程。

把初生的婴儿以丢弃的行为来证明其神圣性是考验的一种重要方式。据汉文典籍记载，周人始祖后稷出生后曾经被"三弃三收"。《史记·周本纪》载："姜嫄……居期而生子，以为不祥，弃之隘巷，马牛过者，皆辟不践；徙置之平林，适会山林多人；而弃渠中冰上，飞鸟以其翼覆荐之。

[①] 斯陆益主编：《傈僳族文化大观》，云南民族出版社1999年版，第94页。

姜嫄遂收养之。"这与支格阿龙被弃一样，都是一种考验，这种考验的实质是：将出生不久的婴儿丢弃以验证其是否系圣婴。

这一类弃婴考验型故事具有深刻的象征意义。在各民族的神话里，自己的族类祖先英雄是大自然之子，吸宇宙天地精华灵气而孕，蕴含超人的智慧和力量，但他借人胎而育，还要回到大自然接受验证，还要举行一种仪式从人类之子置换为自然之子，从而获得一种仪式意义上的再生。他得到大自然种种灵物特别是作为自己"种"或图腾的灵物的保护，验证了他作为大自然之子的真实性，也验证了自己族类的神圣性。而得到作为自己"种"或图腾的灵物的保护，还具有一种"种"或图腾识别的含义。

经过考验以及"种"或图腾识别证明是"圣婴"的支格阿龙，具有神秘的童年，一岁就能"跟着牧童放猪玩，竹片做弯弓，草秆做箭弩"；两岁就能"跟着牧人放羊玩，扳起竹弓走在后"；三岁就能"跟着游人去旅行，扳起木弓走在后"；长到四五岁后，能够"扳着四张神弯弓，搭着四支神仙箭，穿着四套神铠甲，带着四只神猎犬，骑着四匹神仙马"，"找寻天界到天涯，找寻地界到地角"，练就了一身好本领。

他最伟大的功绩是射下多余的太阳月亮。那时候，"白天六个太阳一起出，晚上七个月亮一起出"，江河枯竭，草木枯萎，禽兽受害，人们受难。他"扳着神弯弓，搭上神仙箭"，要去射日月。他先后站在蕨萁草上、地瓜藤上、"基斯"树上、竹子顶上射，"射日也不中，射月也不中"。他毫不气馁，继续奋斗，最后，来到土尔山顶上，

  站在柏树顶上射，射日也射中，射月也射中，柏树因此矗立在山巅。

就这样，萌生于以龙、鹰为标志的氏族，部落首领又兼巫师原型的支格阿龙，包孕着古代彝族人民的深层欲望，被造就成一个具有典型意义的与自然灾害象征物斗争的英雄形象。

第四节　咒语的扩版——斗雷神话

随着生产力的发展，人们逐渐意识到庄稼的收成不但与日晒长短有关，更与降雨多少相关联，从而更多地关注雨情以及他们心目中暴雨或洪

水的象征；射日巫术逐渐让位于祈雨仪式，神话也更多地表现人的力量的象征与暴雨或洪水的象征的关系。

一 职能神的出现与控制雨情的雷公

把暴雨或洪水等自然现象看成有某种神灵主宰，依照19世纪英国人类学家泰勒的观察，当源于原始人类对"万物有灵"的信仰。泰勒认为："日常经验的事实变为神话的最初的和主要的原因，是对万物有灵的信仰，而这种信仰达到了把自然拟人化的最高点。""对原始人的部落来说，太阳和星星，树木和河流，云和风，都变成了具有人身的灵体，它们好像人或其他动物一样地生活，并且像动物一样借助四肢或像人一样借助人造的工具，来完成它在世界上预定的职能。"泰勒特别谈到了自然主神或职能神的出现，他认为，自然主神或职能神的出现是社会有目的的创造，

> 原始社会设置了这样一些神，或者以特殊的职责来加强自己那些公认的神，或者将这些职能妄加到正是为了这个目的而想象出的那一般神的人物身上。①

人们进而力图凭借或操纵这些神灵来达到促进植物生长、农产丰收等目的。

从"万物有灵"观出发，在南方各民族先民的心目中，天上控制雨情的是雷公或龙神。雷和电由于其震耳的声音、炫目的闪光而引起原始初民的神秘感、畏惧感，还由于它往往与风雨先后或同时出现，而使人们认为是司风司雨的神秘力量。布依族传说，雷公怒吼就会响雷，眨眼就会闪电，哈气就会刮风，体现出一种自然力的性质。龙神更是人们心目中水的主宰。正因为如此，人们祈雨仪式的对象大多是雷公或龙神，通过或依附或胁迫的方式来达到目的。

在祈雨仪式上，也不乏模拟巫术。如广西贺州瑶族带祈雨性质的"还盘王愿"仪式中，有"祭禾兵"的巫术。进行此项巫术时，神台下放一个簸箕，簸箕里放两碗水和一些谷穗，两位师公一并飞快地趴下去，两人各

---

① [英]爱德华·泰勒：《原始文化》，连树声译，上海文艺出版社1992年版，第285、743页。

一只脚互相绞在一起，用口吸碗中的水，并用手抓谷穗，然后跳起来向天喷水，向四周撒谷穗。① 两位师公互相绞脚吸水喷水是模仿瑶族始祖盘瓠（在贺州瑶族心目中盘瓠更多地具有龙的性质）的形态动作，通过模拟巫术影响始祖盘瓠降雨，以达到全年风调雨顺、五谷丰登的目的。

与射日巫术更相近的是云南怒江傈僳族的"射龙"巫术。傈僳族在天旱的时候，要用弩弓射"龙潭"（人们心目中藏龙的水潭），以触动龙神使之降雨。人们施行射龙巫术，与施行射日巫术的心理状态是一脉相承的。这也许可以作为前述对射日神话隐喻意义的推测的一点佐证。

二 祈雨仪式的咒语及斗雷神话的形成

然而，像前述云南阿昌族在"窝罗节"唱《遮帕麻和遮米麻》一样，在祈雨仪式上人们可能更多地依靠另外一种神秘的武器——咒语，来达到或依附或胁迫雷公、龙神下雨的目的。作为后者的一种手段，人们也创造一些形象，让他们凌驾于或曾经凌驾于雷公、龙神之上，以凭借他们的神力胁迫雷公、龙神下雨。

具有这类叙事结构最典型的是壮族的师公经文或神话古歌《卜伯》②。这部流传于广西横县的师公经文，一开头就把雷王呼唤：

> 打鼓摇铃又跳舞，三请雷王到神坛。大家都在神坛等，写一张天状到你家，你接到了状书之后，快些叫你的差官来备马……

由此，可以很明显地看出这是在祈雨仪式上念诵的经文。在这部经文的前半部分，对雷王作了揭露，对"摆起祭坛"求雨的卜伯（又译布伯）作了赞颂。经文揭露雷王

> 连续三年吹干风，不下雨，连续三年只刮风，不下雨，连续六年只见到岸边风吹旌旗动。

---

① 刘小春：《瑶族盘王舞简述》，《民族艺术》1986 年第 31 期。
② 蓝鸿恩整理：《卜伯》，载农冠品编注《壮族神话集成》，广西民族出版社 2007 年版，第 280—283 页。

于是，禾苗没有水不结穗，青菜没有水就枯焦，人饿得不能走路。卜伯"在竹林下摆起祭坛来"，求了三天雨"连一点的雨也得不到"，就连吹三口水来到天上，踢开天河、天池的二神，

又把雷王打在金殿上，又把雷王踢下金殿来，又要宝剑压在雷王的鼻梁上，还骂了雷王一顿。

雷王输了，声称要好好讲理，让卜伯返回人间；雷王却磨了刀和斧头欲下凡劈卜伯，卜伯找剥了皮的杉木来做栅，设计捉住了雷王。上头婶婶叫杀，下头伯娘叫关。卜伯说：

不要杀，我们要把他关起要他下雨，明天后天下雨的话，就放雷王到天上去，明天后天不下雨的话，我们就打算杀雷王吃。

这样，卜伯两次击败雷王，形成了巨大的威慑。壮族师公在祈雨仪式上吟诵卜伯的事迹，当是欲借卜伯的威力，胁迫雷王下雨，这里的经文实际上起了咒语的作用。

卜伯的形象，从经文中卜伯"在竹林下摆起祭坛来"等描述来看，原型当为巫师；又结合前述明代邝露《赤雅》里"土称其酋为布伯"等记载，原型当补充为巫师兼酋长。那么，卜伯神话的产生在形式上的一种可能性是：在祈雨咒语的基础上化入念诵咒语的巫师兼酋长形象，再经过较长时间的融合逐渐形成。

三 仪式与神话的结合　巫术与祭祀的交替

可以感觉得到，在前面所讲述的神话里，南方民族先民是力图让自己所树立的、寄托自己愿望的形象，通过创造性的劳动，以及与其他自然物的较量，在自然界或某一领域居于主宰的地位，以达到自己的功利目的。具体地说，他们从与农耕生产直接相关的祭祀、巫术的需要出发，创作了一系列天神或巨人造天地、造万物、射日、斗雷等神话，意欲凭借这一类形象，结合相关的祭祀仪式、巫术等维护天地运转的正常秩序，控制灾害性天气、地象的发生。为此，他们还通过这一类形象，表现人类与大自然的紧密关系，体现了一种与大自然和谐共处的思想；同时，制约人类内部

某些过度的行为，维护自然环境的正常秩序。

与此相联系，南方民族所创造的神话，除了表现自己族类的始祖、英雄通过奋斗在自然界赢得地位等以外，还往往从另一方面表现他们或自己后代与其他自然神的另一类交往，体现出一种尊重大自然或者对大自然补偿的观念。这些，也在前述的射日、斗雷或洪水神话中反映得最突出。如果从叙事结构的角度来看，就是往往在"一转"之后"又一转"，故事才完全结束。

例如，在射日神话里，族类英雄射下多余的太阳以后，后面往往还有一个请回躲起来的剩下的太阳的过程，有的还搞得非常隆重。布依族《公鸡请太阳》①叙述，伏羲射下十二个太阳里的十一个以后，剩下的一个太阳跑到天边躲起来了，从此，地上人间一片黑暗，看不见山峰，看不见河流，百草五谷也不能生长。于是，人们让公鸡去请躲起来的太阳。公鸡飞到天上找到太阳，许诺"只要五谷长出来"，就"经常烧起香、供起肉"来祭祀，才把太阳请回来。布朗族《顾米亚》②叙述，为了请回剩下的太阳，人们组织了浩浩荡荡的队伍前往太阳所在的石洞，公鸡啼，众人唱，太阳才出来。

这些情景，应是古代祭日仪式的缩影。《书·尧典》记载："分命羲仲……寅宾出日"，"分命和仲……寅饯纳日"。这说明，可能早在传说中的尧时代，就已经有了祭日（宾日、饯日）的崇拜仪式。南方民族早期当也不例外。这些反映了初民对太阳又恨（干旱时）又爱（阴郁时）、又作巫术又搞祭献的情况；表现在神话里，就是又要射又要请，体现出一种既欲支配自然又要与自然和谐共处的观念。

与此相类似的，是前述壮族师公经文《卜伯》。这段经文在祈雨仪式上吟唱，其仪式本身就具有两重性，即既想借以巫师为原型的先祖形象胁迫雷王，又想得到雷王好感，巫术与祭祀并举，正所谓"硬软兼施"，目的只是求得雨水。因此，以仪式上的咒语形式出现的神话，也表现出明显的矛盾倾向：前半部分主要反映先祖的神勇，后半部分则主要反映雷王对族类后代的呵护。具体地说，前半部分叙述卜伯斗雷、抓雷；后半部分叙

---

① 罗朝发讲述：《公鸡请太阳》，载谷德明编《中国少数民族神话选》，西北民族学院研究所印，1983年，第686—687页。

② 朱嘉禄整理：《顾米亚》，载谷德明编《中国少数民族神话选》，西北民族学院研究所印，1983年，第551—555页。

述,在雷王得伏依兄妹相救以后,要加以报答,"拔出牙一颗,叫伏依拿去种"。伏依兄妹就是靠这一颗种下能长出葫芦的牙齿,得以借葫芦避过洪水灾难,重新繁衍人类。这反映了此类神话的另一面。

另外,先民树立形象创造神话,如果从功利目的来说的话,就是索取于自然;但过度的索取,往往会带来灾难。在这种情况下,神话除了发挥在幻想中控制自然的功能以外,还发挥协调与自然关系的作用。这方面最突出的例子,是纳西族关于"署"的神话。

纳西族"署"的神话形象地反映了与大自然和谐共处或对大自然补偿的思想。这个神话说,远古时期,天发洪水,淹没一切,最后只剩下一个叫从忍利恩的人。他经过艰苦的历程,上天娶了两个仙女。第一个仙女生出一个儿子,就是人类赖以生存的大自然的精灵署;第二个仙女也生下一个儿子,就是纳西族的祖先。这样,人类和自然是同父异母的兄弟。兄弟俩长大后,分家,人类分得田地和牲畜,署分得山、川、林、兽,两兄弟和睦相处。后来,人类欲望膨胀,不断侵占署也就是大自然的领地,比如开山劈石、乱砍树木、乱捕野兽、污染水源等,于是署震怒了,剥夺了人类的生存环境。人类只好到天上请天神来调解。后来经过天神的裁定,双方达成协议:人类在土地不够耕种时可以上山开荒,家畜不够吃时可以上山打猎,但不能到特定的神地神林去胡乱开发,不能到井泉冒水处杀兽见血、捕杀蛇和蛙。每年还要举行一次仪式祭祀署,检讨人们这方面的不周。从此,这些规定就成为神的意志而延续下来。① 由此,纳西族普遍珍视自然环境,不准随便开垦荒地、砍伐森林、捕捉动物,很多山区特别是"圣山""圣林"常常是树木葱茏,禽兽成群,生机勃勃。

四 除害神话:巫术与咒语的汇集

在汉文典籍里射日的羿,还有除害的功能。《山海经·海外南经》云:

> 羿与凿齿战于寿华之野,羿射杀之。在昆仑虚东。羿持弓矢,凿齿持盾,一曰戈。

---

① 吕大吉、何耀华总主编:《中国各民族原始宗教资料集成·纳西族等卷》,中国社会科学出版社1999年版,第22页。

到了《淮南子·本经训》，又云：

> 尧之时……猰貐、凿齿、九婴、大风、封豨、修蛇，皆为民害。尧乃使羿诛凿齿于畴华之野，杀九婴于凶水之上，缴大风于青邱之泽……下杀猰貐，断修蛇于洞庭，禽封豨于桑林。万民皆喜，置尧以为天子。

高诱分别注曰："猰貐，兽名也，状若龙首；或曰似狸，善走而食人。""凿齿，兽名，齿长三尺，其状如凿，下彻颌下。""九婴，水火之怪，为人害。""大风，风伯，能坏人屋舍。""封豨，大豕也。""修蛇，大蛇也，吞象，三年而出其骨之类。"这些精怪"皆为民害"，羿诛灭了它们，可谓除害英雄。

与之相类似，彝族神话史诗《勒俄特依》里的支格阿龙射完日月以后，又去清除危害人类的毒蛇害虫。那时候，"毒蛇大于石地坝，蛤蟆大于竹米囤，苍蝇大于鸠，蚂蚁大于兔，蚱蜢大于牛"。支格阿龙抖擞精神，

> 一天去打蛇，
> 打成手指一样粗，
> 打于地坝下。
> 一天打蛤蟆，
> 打成手掌一样大，
> 打到土埂下。
> 苍蝇翅膀打成叠，
> 打到旷野外。
> 蚂蚁打折腰，
> 打进泥土内。
> 蚱蜢打弯腰，
> 打入草丛中。[①]

除害神话，一般说来，当为原始初民与自然灾害、毒蛇猛兽作斗争的

[①] 冯元蔚译：《勒俄特依》，四川民族出版社1986年版，第59—60页。

实践、巫术和愿望的幻想形态的表现。它大都把自然灾害、毒蛇猛兽形象化、精灵化，以人类英雄征服这些象征物的胜利来体现人的伟大力量和崇高精神。这些对立面形象因各民族栖息环境和精神氛围而定。其中，巫术、咒语形式的原型当占相当的比例。下面略举几个。

驱旱

农牧社会，旱为最大灾害之一。旱象的主宰在汉文典籍里被称作魃或鬾。《山海经·大荒北经》载：

> （魃）所居不雨……（帝）后置之赤水之北……魃时亡之。所欲逐之者，令曰："神北行！先除水道，决通沟渎！"

这里"神北行"几句，明显为咒语，当用于驱旱仪式。又《神异经·南荒经》载：

> 南方有人，长二、三尺，袒身，而目在顶上，走行如风，名曰鬾，所之国大旱……或曰，生捕得杀之，祸去福来。

一北一南，或逐或捕，皆为驱除旱象。

由于同样从事农耕、具有相似心理等原因，南方少数民族也流传着不少驱旱神话。布依族神话《捉旱精》[①]说，古时候在一座高山上住着一个旱精，他常把山上的水、地上的水喝干，致使田地无水浇灌，庄稼没有收成。布依族祖先翁嘎上山扯来葛藤，搓成套套，安在旱精出没的路上。第一次套住旱精的脚，被他挣脱了；第二次套住旱精的手臂，被它用牙齿咬断又跑掉了。翁嘎就在田边地角找井挖坑，先蓄满水，再安放更粗更牢的套绳，才捉住了旱精。从此，田边地角的水井不会干，人们再也不怕干旱了。

这个神话当为布依族先民进入农业社会以后与干旱作斗争的曲折反映。旱精是干旱现象的形象化，它的原型可能是水滨山野的某种动物。先民们看见山里地上的水由于天旱而干涸，幼稚地以为是某种精怪的作为，从而依据某种动物的状貌，想象出旱精的形象，并在战胜干旱的强烈愿望

[①] 《捉旱精》，载毛星主编《中国少数民族文学》（中），湖南人民出版社1983年版，第757页。

驱使下创造了这个祖先翁嘎捉旱精的神话;还有一种可能则是施行某种驱旱巫术的幻化。

逐疫

汉文典籍里,著名的逐疫神话及相关仪式是"方相逐疫"。《周礼·夏官司马下》曰:

> 方相氏,掌蒙熊皮,黄金四目,玄衣朱裳,执戈扬盾。

此当为神话中方相的形象。张衡《东京赋》曰:

> 方相秉钺,巫觋操茢。桃弧棘矢,所发无臬,飞砾雨散,刚瘅必毙。煌火驰而星流,逐赤疫于四裔……于是阴阳交合,庶物时育。

此当为方相逐疫的情景,其中巫术的影子清晰可见。

独龙族有斗"布兰"的神话,带逐疫的性质。这则神话说,人类之初,人与"布兰"(鬼或精灵)住在一起,并互相帮助照料孩子。但人的孩子却被"布兰"害死,使人越来越少。人只得与"布兰"作斗争。他们设计弄瞎"布兰"的眼睛,用树干压死"布兰",并以箭射死"布兰"之王。从此"布兰"再也不敢随时跟在人的后边作祟,也不再与人生活在一起。[①]

这则神话里有"布兰"害死小孩的情节,其当为瘟疫的象征,与其斗实质当为逐疫。在独龙族原始信仰中,"布兰"是地界鬼灵,它无时不在,随地皆有,种类很多,如"儿(崖)布兰""木龙(路)布兰""克木尔(火)布兰"等。据说对人危害最大的是居于山崖、洞穴及丛林中的"儿(崖)布兰",经常带来瘟疫、灾祸等。人们常请巫师祭祀布兰,又常请巫师施行巫术将其"驱逐"或"砍杀",神话里斗布兰的情节正是这类巫术的形象体现。它与方相逐疫神话一样,可以说都是同一类巫术文化的产物。

捉风

前述《淮南子·本经训》中羿"缴大风于青邱之泽"一句,高诱注:

[①] 吕大吉、何耀华总主编:《中国各民族原始宗教资料集成·独龙族等卷》,中国社会科学出版社1999年版,第668—670页。

> 大风，风伯也，能坏人屋舍，羿于青邱之泽缴遮使不为害也。

仡佬族有关风怪的神话《阿利捉风》，这则神话说，古时候，风怪经常兴风，吹得天昏地暗，岩崩石垮。阿利领头设法捉风怪。他杀了一头大牛，把牛皮铺在山垭口，就率领众人追风怪。风怪逃到山垭口，踩着牛皮滑倒，这样风怪九兄弟都被众人捉住，关进坑洞。阿利与它们订立条规：不许乱吹天和地，不许乱吹山和水；不许到处去为害，不许与人来作对。只有春草发才能转来，只有热天人们打哨逗才能吹。以后，风就按季节吹了。①

这个神话反映了仡佬族先民战胜风灾的愿望。主人公阿利是古代氏族酋长兼巫师的形象，他捉风的情节含巫术的形式，所订条规带咒语的性质。这个神话与上述羿"缴大风"的神话相似，都是那个时代幼稚思维和巫术文化的产物。

---

① 《阿利捉风》，载毛星主编《中国少数民族文学》（中），湖南人民出版社1983年版，第798—799页。

第六章
族源神话

族源神话，即一个族系的起源神话，一般亦即关于族系始祖如何神圣诞生的叙事。南方民族中，不少族源神话里的族系始祖也是天地形成以后最早的人，此类神话亦即人类起源神话；也有一些族源神话叙述内容标明发生于人类起源之后，为单纯的族源神话。

中国传统文化很讲究"敬天法祖"，其根据当在族源神话。从司马迁《史记》开始的历代王朝史都有古代族群的专史，其中不乏多姿多彩的族源神话。

第一节 族源神话的形成

族源神话里最富神秘色彩的，是表现族系始祖"神明感生"的故事。无论华夏/汉族还是少数民族，都有不少这类故事。

一 "神明感生"与精、魂　"姓""种"与"图腾"

"神明感生"一词，来自东汉王符《潜夫论》。其时，谶纬、方术、阴阳五行的思维风行，似乎形成一种文化潮流。在这样的背景下，王符《潜夫论》追溯了上古圣王神奇诞生的故事，使用了"神明感生"一词。其书《五德志》载：

> 自古在昔，天地开辟。三皇迭制，各树号谥，以纪其世。天命五代，正朔三复。神明感生，爰兴有国……大人迹出雷泽，华胥履之生伏羲……后嗣姜嫄，履大人迹生姬弃……太姒梦长人感己，生文王……有神龙首出常羊，感任姒，生赤帝魁隗……大电绕枢照野，感

符宝，生黄帝轩辕……娀简吞燕卵生子契。

这里，王符把"感生"与"神明"结合起来，以显示圣王出生之神异。

"神明感生"之"感"，在原始思维自然是"神秘互渗""神秘交感"之意。然而，所感为何物使其能"生"，还得作一番追溯。

中国古代即有以气之清者上升散而为"天"、以气之浊者下降聚而成"地"的观念，即《列子·天瑞》所谓"属天清而散，属地浊而聚"。在此基础上，古人进一步认为，人之甫生与天上"精气"及地气相关，此说始于《管子》，其书《内业》曰：

> 凡人之生也，天出其精，地出其形，合此以为人。和乃生，不和不生。

这里，《管子》强调了"精气"，强调了"人"禀天之精气而生。《列子·天瑞》也有类似的说法：

> 精神者，天之分；骨骸者，地之分。

而圣者之为圣，根亦在"禀气"，东汉王充《论衡·奇怪》载：

> 说圣者，以为禀天精微之气，故其为有殊绝之知。

如此看来，上古圣王生母所感，为"大人迹""神龙""大电""燕卵"等所带所发的"精微之气"，或"精气"。另，《论衡·纪妖》又载："魂者，精气也。"依此，某些时候"精气"或"精"似乎还可以置换为"魂"。

然而，问题还有此"精"或"魂"的载体何以是"大人迹""神龙""大电""燕卵"？它们分别还标示什么意义？尤其是其中的动物或植物，是否还有更深的含义？

根据汉文典籍记载，其实当时族人非常尊崇传说中始祖感生所由感之物，包括其中的动物或植物。他们以之为"姓"，被称为其"种"。《论衡·奇怪》载：

禹母吞薏苡而生禹，故夏姓曰姒；契母吞燕子而生契，故殷姓曰子；后稷母履大人迹而生后稷，故周姓曰姬。

《说文解字》载：

羌，西戎，羊种也。
蛮，南蛮，蛇种。
闽，东南越，蛇种。

相关典籍还记载了一系列尊崇的仪式、风俗，我们将在后面展开。

再以之联想其所载"精"或"魂"，究竟此"种"仅仅是作为"载体"，还是亦为"主体"，可能需具体问题具体分析。英国人类学家泰勒在谈到动物崇拜的时候曾经发问："动物是作为神的灵魂或另外某种神的寓所或化身而成为崇拜的对象呢，抑或它本身就是神呢？"[1] 这两种情况同样困扰着我们对作为古代族群"姓"或"种"的动物或植物的判断。

公元18世纪，一位名叫约翰·朗格英国人在美洲印第安人那里发现了与中国古代一些"姓""种"具有相似蕴含的称呼，就是人们已经十分熟悉了的"图腾"。"图腾"一词，来源于印第安语，意思为"它的亲属""它的标记"。约翰·朗格在他写的《一个印第安译员兼商人的航海与旅行》里，较为具体地介绍了印第安人的"图腾崇拜"，这种信仰相信人与动物之间存在血缘亲属关系。作者写道：

野蛮人的宗教性的迷信之一就是：他们每个人都有自己的图腾，即自己所钟爱的精灵，他们相信这精灵守护着自己。他们设想图腾采取了这种或那种兽类的形态……

最后概括说："这种'图腾崇拜'，不论多么奇怪，它并不限于野蛮人才有。我们可以从历史上引用许许多多的例证，在那些高于粗野的或无文

---

[1] ［英］爱德华·泰勒：《原始文化》，连树声译，上海文艺出版社1992年版，第674页。

化者的人们头脑中，这一类印象也是何等地强烈。"①

约翰·朗格的书出版以后，引起不少学者的兴趣。其中，法国社会学派创始人爱弥儿·杜尔干（Emile Durkheim, 1858—1917）对图腾崇拜展开了社会学探讨，于1913年出版了《宗教生活的初级形式》一书。书中，杜尔干以澳大利亚土著部落为例，对图腾崇拜现象作了描述。他发现："澳大利亚多数部落都有一种在集体生活中占有主导地位的群体作为部落的基础：这就是氏族。""组成氏族的个人认为自己是由一种亲属关系联系起来的……他们是亲属只因为他们都叫同一个名字。"他进一步指出：

> 氏族的名字也就是一定种的具体事物的名字。氏族认为自己和这些具体事物保持着极特别的关系……特别是亲属关系。用来整体地表示氏族的物种就叫做它的图腾，氏族的图腾也就是它的每个成员的图腾……在极为普遍的情况下，作为图腾的物体属于植物范畴或者动物范畴，但主要属于动物范畴。至于无生物，使用的就少得多。②

如此，与汉文典籍所记载的"姓""种"何其相似！

二 南方民族的葫芦、竹、龙、神犬……

中国南方民族有丰富的动植物崇拜遗存，以及与动植物相关的族源神话，这无论从考古发掘、古籍记载还是活形态流传的资料中，都可以得到证明。

1973年，浙江余姚河姆渡新石器时代遗址开始第一期发掘。人们在属于河姆渡文化早期的第四文化层（据碳14测定约前5000—前4000年）发现石质、骨质、木质三类"蝶形器"共12件，它们器形基本类似，外形似蝴蝶，两翼展开，上端较平，下缘呈圆弧形，正面平整微凸，背面有突脊、凹槽、钻孔等，制作精致。③学者认为，这类动物形象体现了一种

---

① 转引自［英］埃里克·J.夏普：《比较宗教史》，吕大吉、何光沪、徐大建译，上海人民出版社1988年版，第96页。
② ［法］E.杜尔干：《宗教生活的初级形式》，林宗锦、彭守义译，中央民族大学出版社1999年版，第105—107页。
③ 吕大吉、何耀华总主编：《中国各民族原始宗教资料集成·考古卷》，中国社会科学出版社1999年版，第313—314页。

"群"的崇拜形式，或尊奉为氏族祖先，或尊奉为氏族保护神。

1989年，人们又在浙江嘉兴大坟新石器时代遗址发掘出一件人像葫芦陶瓶。学者认为，它可能属于崧泽文化（大体与河姆渡文化晚期后阶段同时，距今约5000年）类型。瓶呈三节葫芦形，上小下大，顶部塑一人头像，人头像的造型为小头长颈，脑后有外凸微上翘的发髻。从塑像的整体造型看，可能为一象征母性的陶偶。①

这些考古发现，揭示了原始先民"群"的崇拜活动的一些情况，其中，人像葫芦陶瓶把葫芦与母体结合起来，可能包含了葫芦孕育人类的寓意。在南方民族活形态神话里，葫芦是最流行的生人的母体，或者寄"精"寄"魂"的载体。这一类神话，有前述佤族神话史诗《葫芦的传说》等。②

南方民族植物生人神话另一个著名的母体或寄"精"寄"魂"的载体是竹。竹生人最著名的神话，是晋代常璩《华阳国志·南中志》、南朝宋范晔《后汉书·南蛮西南夷列传》等汉文典籍里所载的"竹王"。这个神话说，古代有一位女子在一条小溪中洗东西，突然，有一段三节长的竹子流进这位女子的双脚之间，女子把竹子取回来破开，得到一个男孩。男孩长大以后，有才能，有武艺，于是雄踞一方，称为"竹王"，整个氏族也以竹为姓。竹王死后，族人立竹王祠供奉。

这个神话出现了"竹王"一类的称呼，当为氏族社会后期产生，但其中包含的竹孕育人类或寄"精"寄"魂"的内核仍然很明显。同时，人们不仅把竹当作自己氏族首领出生的根源，而且当作自己氏族的象征和保护神（以竹为姓、立竹王祠等），这对于认识古代南方族群与动植物相关的族源神话及其文化有较高的价值。

葫芦神话、竹王神话的核心情节是人类（族类）直接从某种植物母体中生出，南方民族此类神话另一种形式是感生，感生神话最有名的，是九隆神话。

九隆神话分别载于《后汉书·南蛮西南夷列传》《华阳国志·南中志》等典籍。这个神话说，古代，"哀牢夷"有一位妇人在水里捕鱼，突然触

---

① 吕大吉、何耀华总主编：《中国各民族原始宗教资料集成·考古卷》，中国社会科学出版社1999年版，第322页。

② 刘永禔、陈学明整理：《葫芦的传说》，云南民族出版社1980年版。

到一根木头，就怀了孕，生下十个儿子。后来，木头化为一条龙，在最小的孩子背上舔了几下。人们就推最小的孩子为王。

九隆神话是一个有关龙的神话，南方民族普遍流行关于龙的信仰，一些民族还流传相似的与龙相关的感生神话。彝族神话史诗《勒俄特依》说："远古的时候，天上生龙子，居住在地上。地上生龙子，居住在江中。"龙子的后代蒲莫列依因身上被龙鹰滴下三滴血，而怀孕生下彝族祖先英雄支格阿龙。支格阿龙生下后，喝龙乳，吃龙饭，穿龙衣。[1] 这些，都与九隆神话一脉相承。

南方民族此类神话的第三种形式，是交配胎生。这一种形式因为已经涉及两性关系，可能是较晚产生的形态。其中最著名的，是晋代干宝《搜神记》等典籍所记载的盘瓠故事。这个神话说，高辛氏时代，王宫里有一位老妇人耳朵疼，医生为她治病，从她的耳朵里挑出一条很大的虫，就把它放在一个葫芦瓢里，上面再盖一个盘。过了一会，大虫化为一条五色的狗，因为它生于盖盘的瓠中，因名盘瓠。后来，它立了战功，高辛王赐给它少女，它与少女结为夫妻，生六男六女，成为蛮夷的祖先。他们的后代，世称"盘瓠种"。

盘瓠神话影响很广，在苗、瑶、畲等民族中都有流传。盘瓠产生以后，一直是南方一些民族祭坛上的主角，对此汉文典籍多有记载。如晋干宝《搜神记》谓"蛮夷""用糁杂鱼肉，扣槽而号，以祭盘瓠"；唐刘禹锡《蛮子歌》谓连州"莫徭""熏狸掘沙鼠，时节祭盘瓠"，等等。一直到现代，盘瓠还在苗、瑶、畲等民族中普遍受到尊崇。畲族群众把叙述盘瓠神话的《盘瓠歌》作为民族的祖歌、史歌，把神话的主要情节绘成图像，把盘瓠的形象刻成一根头既像龙又似犬的木杖，分别称为"祖图""祖杖"加以珍藏，祭祖时就挂祖图，供祖杖，再唱《盘瓠歌》。[2]

南方民族没有被古籍记载的此类神话更丰富多彩。20 世纪 50 年代初，云南怒江地区的怒族还保留原始的氏族组织残余形式，以及与动植物相关的氏族名称，并流传着名称来历的神话。例如，蜂氏族、虎氏族相传，远古时候，天降群蜂，后来，蜂与蛇交配，生下他们的女始祖茂英充，茂英

---

[1] 冯元蔚译：《勒俄特依》，四川民族出版社 1986 年版，第 47—54 页。
[2] 《中国各民族宗教与神话大词典》编审委员会编：《中国各民族宗教与神话大词典》，学苑出版社 1990 年版，第 537 页。

充长大了，与黄蜂相配，所生后代就是"蜂氏族"（别阿起）；与黑虎相配，所生后代就是"虎氏族"（拉起）。① 现在到这些氏族中去调查，假如问他们是哪个氏族，他们可能回答不出；假如问是不是蜂的后代，他们就会很高兴很自豪地回答："我们就是蜂的后代。"由此可见，这些关于氏族名称的观念还被他们普遍认可。这一地区的傈僳族也保留着某些氏族组织的残余形式，氏族都以自然物为名称，共有 20 个，分别是虎、熊、猴、蛇、羊、鸡、鸟、鱼、鼠、蜂、荞、竹、菌、菜、麻、柚木、犁、船、霜、火等，相关神话也有不少。限于篇幅，不一一列举。

三 动植物祖先的由来：食用、庇荫、感恩、敬畏、实体、灵魂、梦

由此来看，一个族群以某种动植物为"姓"、称"种"或作"图腾"，其中基础的因素就是此种动植物或通过直接孕育、或感应、或与女性始祖交配等形式，产生族群第一代人。此种动植物何以进入族群的"法眼"？相关神话何以形成？

可以先从原始先民"群"的生活形式出发描绘其萌生的大致脉络。

不难判断，远古时代，面对种种严酷的环境、艰难的条件，工具粗糙、技术低下的先民必须以一种"群"的状态才能生存，因而，他们共同居住，以集体的方式从事采集、狩猎等活动。此外，人们住在洞里，歇在树下，与动物比邻而居，同处一个大自然的怀抱。他们这种比任何后来时代都更需要"群"的境况，和比任何后来时代都更具有群体性的生产生活实践，使他们在心理上也充满了对"群"的依附感。当先民"群"的形式进入母系氏族，人们的自我意识逐渐兴起，寻根意识逐渐发展，把自己身边或亲或畏、有特殊感情的动植物与"群"的祖先联系起来也逐渐开始了。

在一个母系氏族里，血缘关系是维系社会组织的重要支柱，是维持氏族内共同生产共同生活的一根纽带，也是联系和区别其他氏族的根据。这样，无论从纵的联系或横的联系，都会启发具有血缘关系的成员追溯一种共同的一脉相承的东西。这种愿望在人们面临更多地依赖自然的情况下，在"神秘互渗""神秘交感"原始思维的主导下，促成了把与氏族有特殊

---

① 吕大吉、何耀华总主编：《中国各民族原始宗教资料集成·怒族等卷》，中国社会科学出版社 1999 年版，第 852 页。

联系的动植物作为氏族名称乃至祖先的"种文化"或"图腾文化"。

这些特殊的联系,首先可能与食用相关。前述《说文》载:"羌,西戎,羊种。"又称:"羊在六畜主给膳。"说明羌或西戎尊羊,一个重要的原因是羊能给人提供维持生存的膳食。

然而,从提供膳食的动植物到被想象成氏族的祖先或与祖先有关,中间经历了哪些环节,我们可以根据南方民族的情况,作一些具体的描述。

先看南方民族几个关于动植物族名、动植物祖先的神话传说。

云南傈僳族《荞氏族的由来》说,古时有一女子,因为吃了荞麦而怀孕,生下的后代就称为荞氏族。①

傈僳族《鸟氏族的传说》讲,古时有一对夫妇,妻子生了小孩,丈夫没有什么好食物给妻子吃,便上山打鸟。但一连两天没能打得一只鸟,他非常伤心。这件事感动了鸟王,从第三天开始,鸟王每天都赐鸟让他猎获。夫妻俩非常高兴。到了满月的这一天,丈夫对妻子说:"我们的孩子是吃鸟肉长大的,以后就让他成鸟氏族吧!"这样,孩子长大了就成了鸟氏族。②

湘西土家族《佘氏婆婆》讲,远古时期,一个部落遭受敌人洗劫,只剩下一个叫佘香香的姑娘。她躲进深山,在一只神鹰的陪伴下开山种地。一天,她梦见两只小鹰闯入怀中而怀孕,生下一男一女。佘香香死后,两人按照天意成了亲,其后代尊佘香香为"佘氏婆婆",尊鹰为"鹰氏公公",世世代代不准打鹰。③

这些传说,叙述了南方一些民族动植物族名、动植物祖先由来的经过,显示了由于先民物质生活、感情状态、神秘观念以及思维方式等方面的原因而导致动植物族名、动植物祖先萌生的各种情形,启发我们从这些方面着眼进行探讨,寻找出蕴含在其中的各种心理因素。

不难想象,在原始采集狩猎时代,人与动植物的关系是很有意思的。首先,人们往往和某种动植物共同生存在某个地区。在这个地区,这种动植物不仅仅是人们的伙伴,还往往是人们食物的重要来源,是维持人们生

---

① 《中国各民族宗教与神话大词典》编审委员会编:《中国各民族宗教与神话大词典》,学苑出版社1990年版,第387页。

② 同上。

③ 《佘氏婆婆》,载曹毅《土家族民间文学》,中央民族大学出版社1999年版,第242—245页。

存的物质基础,这样,人们自然对这种动植物有一种亲近感。特别是当人们在饿得饥肠辘辘的时候,突然得到一只动物(或一棵果树),他们更会充满感激之情。人们对某种动植物由于食用而接近,由于接近而亲切,由于亲切而感恩,由于感恩而罪愆,种种复杂的感情交织在一起。其次,人们往往和某种动植物在某种性质上有相似的地方,但又往往不如这种动植物优越。例如,人有身躯,但不如熊的硕大;人有肢体,但不如狐的灵巧;人有力量,但不如虎的威猛;人有速度,但不如鹿的快捷;人能繁殖,但不如蝴蝶的多卵、葫芦的多籽……人们羡慕、信服,并且常常充满一种对得到动植物特殊力量的渴望。所以,感恩、敬畏,这两点是感情基础。

然而,显而易见,仅仅有感情基础,还不足以让先民把某种动植物想象成自己的种、自己的祖先;从以上传说可以看出,促使这种情形发生的,还有先民另外一种重要的心理因素——魂或精的观念,特别是主宰某种动植物的兽灵(司野兽之神)或植物之灵(司植物之神)的观念。

根据前人的研究,灵魂观念的原始起点是梦。由于人们在睡梦中仿佛进入一个新的天地,于是就产生一种想法:他们的感觉和思维是一种平时寓于身体之中、梦时或死时就离开身体的灵魂的活动。南方一些民族认为,灵魂的体现就是人体投在地上的阴影和映在水中的倒影。如果没有灵魂,阴影从哪来?倒影从哪来?如云南兰坪怒族认为,人有灵魂"腊拢",它就是紧紧跟随人的影子,而且人的灵魂不止一个,有时候不同光源照在人身上会出现几个影子,这就是证明。[1]

于是,人被分解成双重的形态:灵魂、身体。人生魂体相依,人睡或死魂体分离。他们并以此推论周围的事物:因为自己做梦的时候还看见其他自然物,既然做梦是灵魂的活动,那么所遇到的也必定是其他自然物的灵魂,由此而推论"万物也有灵";又从自己的行动受自己的意志支配,而推想万物也有灵魂和意志主宰,等等。

这样,在原始人的心目中,世界万物都被蒙上了一层神秘的色彩,导致了他们一系列独特的观念:在认识事物时,不自觉地在心里呈现现实映像的同时,呈现另一种幻想的灵魂的神秘力量,并把两者融为一体;在实

---

[1] 吕大吉、何耀华总主编:《中国各民族原始宗教资料集成·怒族等卷》,中国社会科学出版社 1999 年版,第 844 页。

践活动中，一些无意识的发现或有意识的做法更可能引发他们对于超自然力量的各种臆测和联想。

在原始采集狩猎时代，人们依靠采集野生植物和猎取野生动物求得生存，但采集和狩猎的收获都是不稳定的和没有把握的。例如，野果不是通年都有，有毒与否也不易分辨，野兽的行踪更是难以掌控……这就使人们产生一种幻想，把采集和狩猎的成功寄托于对象本身。这种依赖感再加上那种把自然视为有人格、有灵魂的实体的想法，使原始先民把对野果、野兽的采集、捕猎和食用等，逐渐看作是对象的善意赏赐，从而产生对植物动物的神秘观念，进而产生"植物之灵"、"兽灵"（不仅仅是某棵具体的植物、某只具体的野兽之灵魂，而是主宰整个某种植物或野兽的超自然力量；一些本身就神奇的自然物例外）等崇拜对象；同时，他们在采集狩猎实践中的一些发现和做法，可能使这一类观念更趋向强化。

例如，直至20世纪50年代，云南怒江地区的怒族还保存着季节性的原始采集、狩猎经济的遗风。怒族开门就是山，出门就是林，野菜野果是他们的一大食物来源，而野蜂蜂仔是他们最爱吃的佳肴。他们采集野蜂蜂仔，一个大难题是在茫茫山林里寻找蜂窝，他们由此发现了"引路"的野蜂。在山花烂漫的时节，人们如果看到一只体形较大的野蜂出来采蜜，就会拔下一根头发，一端拴上一根羽毛，一端拴在野蜂腰上。当野蜂采好花粉后向蜂窝回归，就显露了蜂窝的方位，人们跟踪便能发现蜂窝的所在地。等到夜幕降临，人们再来此烟熏火烧，赶跑野蜂，再割巢、取蜜、获仔。

他们还集体狩猎，并在注意寻找"猎机"的同时，格外重视"领头"的野兽。例如打野牛，在月亮很亮的晚上，野牛都会在领头的野牛的带领下，成群结队地到有卤水的地方去喝卤水。它们喝足了胀饱了，就会跌跌撞撞地沿着原路返回。这时候，便是打野牛的大好时机。猎人们预先埋伏在路旁，等它们经过，老猎人一个暗示，第一号射手就向牛群的最后一头野牛放箭。接着，第二号、第三号射手依次有间隔地向同一头牛放箭，达到预定数便停止。由于猎人使用的是涂了药物的箭，野牛只要被刺破毛细血管，便顷刻毙命；而前面的牛群因为没有受到惊扰，还会按照原来的队形继续前行。到了下个月，还会在领头的野牛的带领下来喝卤水，还可以继续打。

可以想象，南方民族先民这些实践不仅养活了自己，而且建构了他们的心理结构和思维形式。先民的采集狩猎实践使自己获得了生活资料，同时这类主要凭靠偶尔机遇获取成果的实践的"内化",又使他们的思维具有较多的臆测等因素,以及对某种超自然力量的幻想和依赖,从而逐渐产生植物之灵观念、兽灵观念,等等。例如前述怒族所遇到的引路的野蜂、领头的野牛,很难不引起他们对于超自然力量的各种臆测和联想。这种臆测和联想经过长时期的反复、重叠,就会凝结成某种表象、叙事。

例如,怒族就敬重、畏惧领头的野牛,认为领头的野牛是神牛,是体现主宰野兽的超自然力量(或称兽灵)的意旨让人们猎获野牛的物的形式,不能伤害,否则会遭受大难。[①]

这样,当再回过头审视先民与动植物族名、动植物祖先相关的感情基础时,或许会作这样的补充:人们对作为自己食物来源的动植物的亲切感,从根本上说,是对主宰这种动植物的兽灵或植物之灵的亲近感;人们饿得饥肠辘辘时突然得到一只动物(或一棵果树)而产生的感激之情,也是对他们心目中兽灵或植物之灵所给予的恩赐的感激之情。这一切,进一步地上升到灵魂层次,再进一步上升到主宰某种动植物的兽灵或植物之灵的层次。

从实体到灵魂,或许会使后来的人们能够更容易地在想象中把动植物与先民的祖先联系起来。然而,在先民那里,具体引发它们之间联系的,究竟是什么呢?

或许,首先还是与食用有关。例如葫芦,在约公元前5000—前4000年的浙江河姆渡新石器早期文化遗址中,就已经发现葫芦的化石,说明很早以前人们就已经开始采集甚至种植葫芦。葫芦给人们提供大量的食物来源,是人们的主要食品之一,可以想象,先民饥饿时饱食葫芦,获得力气,也许会认为是所食葫芦的灵魂随个体而转移到自己身上,从而产生一种神秘的人与葫芦之间"身体联系、灵魂交往"的模糊观念。这样的观念,潜移默化地影响着他们的思维,影响着葫芦出人神话的产生。

然而,根据南方民族的资料,先民心目中这种灵魂的投入,还有更神秘更隐蔽的途径,那就是与兽灵、植物之灵相关的感生。

南方民族先民在长期的原始采集、狩猎生活中,已经形成了主宰型的兽灵、植物之灵的观念;他们心目中自己与动植物相关的祖先的基质,来源于兽灵、植物之灵施放的精或魂,这些精或魂通过某种方式感应自己女性始祖的母体,从而孕育了自己与动植物相关的祖先。

[①] 陶天麟:《怒族文化史》,云南民族出版社1997年版,第62—63页。

前述土家族《鹰氏公公的传说》里，表现的就是感生的一种形式——梦。

梦是灵魂观念的起点，又是先民心目中灵魂活动的真实经历，如云南贡山独龙族认为，人活着时有灵魂"卜拉"，它是人赖以存活的"生命之魂"，是人的命根。它平时存于人体，人睡了就经常离开人体到处游逛，人在梦中的所见所为就是它在外活动的情景。由此，《鹰氏公公的传说》可能表达这样一类事实：古代某个氏族的妇女在生育之前梦见某种动植物入怀，既然做梦是灵魂的活动，那么梦见某种动植物入怀也就是这种动植物的灵魂入体，生下的后代当然就与这种动植物有血缘关系。这个传说里的神鹰，可理解为主宰型鹰灵的象征；梦中闯入佘氏怀中的小鹰，可理解为它施放的精或魂。这或许是关于动植物祖先神话的由来的一种比较普遍的现象。

同时，感应的方式还有接触、吞食乃至远距离同处等，在这种种情况下，彼此间"也以差不多同样不可思议的方式发出和接受那些在它们之外被感觉的、继续留在它们里面的神秘的力量、能力、性质、作用"（列维-布留尔语）。于是，与动植物相关的做梦感生一类的神话逐渐产生。可能由此生发，其他形式感生的神话叙事也逐渐形成，如前述沙壹触木而生九隆等十个儿子、蒲莫列依身上被龙鹰滴血而生支格阿龙等。

这些与动植物相关的感生神话，是南方民族动植物族名、动植物祖先或动植物生人神话中数量最多、流传最广的一类；在"只知其母，不知其父"的时代，或许还可以说是能自圆其说的正统或主体。然而，随着社会的发展和婚姻的进步，两性关系在生殖中的作用越来越为人们所了解，于是又出现与动植物相关的交配胎生神话。这类神话比较原始的形态，大概是前述怒族的关于图腾来历的一类比较简单的故事，即蜂与蛇（或虎）交配生下的怒族女始祖茂英充分别与蛇、虎、鹿、麂、熊、鼠、鸟婚配，分别繁衍出蛇、虎、鹿、麂、熊、鼠、鸟各氏族。[①] 还有晋代干宝《搜神记》等典籍所记载的盘瓠故事等，是一种赤裸裸的人兽婚的型式。

但是，随着人类文明的进程，流传到现在的这一类神话，大都已经让动物的一方化成人形，由人兽婚过渡到人人婚。如在苗、瑶、畲等民族中

[①] 吕大吉、何耀华总主编：《中国各民族原始宗教资料集成·怒族等卷》，中国社会科学出版社1999年版，第852页。

流传的盘瓠故事,改变最大的是增加了盘瓠在金钟(或蒸笼)里变人形以和公主成亲的情节。又如怒族另一则蛇氏族的故事就讲述:古代,一条巨蛇变成小青虫向一位少女求婚,少女许诺,如果它能变成人,就和它成亲。结果小青虫变成英俊少年,两人结为夫妻,所生子女即为蛇氏族。① 这反映了神话随人类文明进程而产生的"文化堆积"现象。

南方民族这些与动植物相关的族类(人类)起源神话,动植物的一方一般都具有神圣的地位和神奇的力量,说明先民创造这类神话的深层心理动机,并不是要探索什么人类起源的奥秘,而是要阐明自己族类的神圣出身,具体地说,阐明自己族类与这类具有某种神圣意味的动植物的神秘联系,以确立自己族类在自然界和氏族社会中的地位,以及与神秘力量的联系,来获取幻想中的最大的神秘的利益。这或许是原始采集、狩猎时代,先民最大的愿望之一。

第二节 竹王神话与竹崇拜

竹王神话是一则关于竹出人的族源神话,它在《华阳国志》《后汉书》等古籍中都有记载。

一 竹王:大竹破之,得一男儿

竹王神话记载于东晋常璩《华阳国志·南中志》,故事说:

> 有竹王者,兴于遯水。[先是]有一女子浣于水滨。有三节大竹流入女子足间,推之不肯去,闻有儿声。取持归,破之,得一男儿。[养之]。长【养】有才武,遂雄夷【狄】[濮]。氏以竹为姓。捐所破竹于野,成竹林,今竹王祠竹林是也。王与从人尝止大石上,命作羹,从者【曰】[白]无水,王以剑击石,水出,今[竹]王水是也,破石存焉。后渐骄恣,[分侯支党,传数百年]。
>
> ……武帝转拜唐蒙为都尉,开牂柯,以重币喻告诸种侯王,侯王服之。因斩竹王,置牂柯郡,以吴霸为太守……后夷濮阻城,咸怨诉

---

① 吕大吉、何耀华总主编:《中国各民族原始宗教资料集成·怒族等卷》,中国社会科学出版社1999年版,第899—900页。

竹王非血气所生，求立后嗣，霸表封其三子列侯。死，配食父祠，今竹王三郎神是也。

这个神话被《华阳国志》采录以后，不少史籍加以引述，南朝宋范晔《后汉书·南蛮西南夷列传》载：

夜郎者，初有女子浣于遁水，有二节大竹流入足间，闻其中有号声，剖竹视之，得一男儿，归而养之。及长，有才武，自立为夜郎侯，以竹为姓。武帝元鼎六年，平南夷，为牂柯郡，夜郎侯迎降，天子赐其王印绶。后遂杀之。夷僚咸以竹王非血气所生，甚重之，求为立后。牂柯太守吴霸以闻，天子乃封其三子为侯。死，配食其父。今夜郎县有竹王三郎神是也。

这里，范晔加上竹中男儿"及长""自立为夜郎侯"一段话，将其事归于夜郎国，其人附于夜郎侯，并删去"捐所破竹于野，成竹林""王以剑击石，水出"等带浓厚神话色彩的情节，以列入正史。因司马迁《史记》、班固《汉书》在记述夜郎历史时，只字未提竹王的人和事，故有人认为此说缺乏根据；但也可能是作者根据新搜集的材料补充旧史之为，所谓"晚出转精"者。如是，竹王神话就跟古夜郎国联系起来，成为夜郎国的开国神话。

此外，北魏郦道元《水经注》、南朝梁任昉《述异记》等典籍中也都有记述，内容大致未超出《华阳国志》《后汉书》所载。

根据文中所述，竹王神话流传的中心地当为遁水（豚水）流域。关于遁水或豚水，《水经注》曰：

夜郎豚水……东流经谈藁县东，经牂柯郡且兰县，谓之牂柯水。

据此，人们一般认为豚水即今云贵两省境内的北盘江。

另外，文中又提到"夷""濮""僚"等古代民族。《华阳国志》记载，竹王死后，"夷濮阻城，咸怨……"《后汉书》把这里的"夷濮"改为"夷僚"，当基于认为"僚"与"濮"有一定的渊源关系。《水经注》所载竹王神话，先说"遂雄夷濮"，后言"夷僚咸怨"，也把"濮""僚"

归入一个族系。根据民族学的研究，在南方，"夷"一般指氐羌系统；楚西南一带的"濮"后来分别融入氐羌、百越等系统；"僚"为西部越人秦汉至唐宋时的称呼。由此，竹王神话的创作者与流传者当为"夷""濮""僚"等古代民族，分涉氐羌、百濮、百越等系统。

这个神话出现了"竹王"一类的称呼，当为氏族社会后期产生，但其中包含的竹孕育人类或寄"精"寄"魂"的内核仍然很明显。情节直接展示出来的是：水与竹孕育了竹王，由此水与竹进入先民思维构造的神圣世界里。

在中国传统文化中，水被赋予了神秘的功能。《管子·水地》谓，水为"万物之本原"；湖北郭店楚墓竹简中一篇被认定为传本《老子》佚文的《太一生水》也谓："太一生水。水反辅太一，是以成天。天反辅太一，是以成地。"其中的"太一"，从《庄子·天下》谓老子"主之以太一"即以"太一"为核心等分析，似乎与"道"等同；道"其中有精，其精甚真"，与之等同的"太一"自然也"其精甚真"，由"太一"所生之"水"，自然也孕育生命，供养母体。由此，在一种独特语境中，水与竹节的结合具有了神圣的意味。

竹更居于中心地位。人们不仅把竹当作自己氏族首领出生的根源，而且当作自己氏族的象征和保护神（以竹为姓、立竹王祠等），这对于认识古代南方族群与动植物相关的族源神话及其文化有较高的价值。

另外，三节大竹流入女子足间似乎也含"触异物而孕"的暗示，带感生神话的成分，或许此则神话的一个异文是叙述三节大竹寓魂触及感应女子，由女子孕生男儿。否则，如此生动具体的"三节大竹流入女子足间，推之不肯去"无法深入解读。如是，竹王神话原始形态当有多种积淀层次。

二 彝、布依、壮的竹：胎之源、魂之所

竹崇拜当与竹的形状、功效及其在人们生产生活中的作用有关。南方村寨，常见翠竹环绕，郁郁葱葱，形成层层天然屏障。另外，据汉文典籍记载，当时南方不少地方盛产大竹，旧题东方朔撰的《神异经》说：

> 南方荒中有涕竹，长数百丈，围三丈六尺，厚八九寸，可以为船。

唐代段成式《酉阳杂俎》说：

> 棘竹，一名芭竹，节皆有刺，数十茎为丛。南夷种以为城，卒不可攻。或自崩根出，大如酒瓮。

其中虽然有些夸张之言，但南方生长大竹之事当不是虚构。如此大之竹，引发先民对于母体的联想当是自然的。至于两者在人们头脑里具体的联系途径，如前所述，可能还是与精或魂、"神秘互渗"相关。

在南方，竹笋可食，人们还以竹作多用，如以竹为弓，用竹筒导水、酿酒，引竹索为桥等。正因为竹给予人们那么多帮助，故竹崇拜产生并能长期延续下来。

竹王神话的创作者与流传者为"夷""濮""僚"等古代民族。"夷""濮""僚"等古代民族分布的地区，大部至今还居住着与其有渊源关系的彝、仡佬、布依、壮、仫佬等民族，关于竹的神话传说以及竹崇拜风俗在这些民族中仍广泛流传，可以帮助人们深入理解竹王神话及竹崇拜的内涵。

与古代认竹为母体的竹崇拜相联系，他们竹与生人有关的神话传说丰富多彩。例如，20世纪40年代，学者雷金流在滇桂边界彝族地区采录到一个传说大意谓：

> 太古时代，"汉水"水面上浮着一个兰竹筒，流到岸边后爆裂了，从筒里出来一个人名叫阿槎，生下来就会说话……他住在穴里，过着采拾和狩猎的生活。有一天，他拿着木矛到麻达坡去打猎，看见梨树脚下睡着一个形貌似狗的女猕子。起初他有点害怕不敢走过去，后来见她没有什么动作，他的胆儿壮起来了，便慢慢走近她的跟前……就在那郊野丛草间配成夫妻，此后他们的子孙便是"罗罗"。①

此外，布依等民族也有相似的传说，不一一列举。

竹崇拜的风俗也形式多样，涉及生育、丧葬、村寨保护等多个方面。例如：

---

① 雷金流：《滇桂之交白罗罗一瞥》，《旅行杂志》第18卷第6期。

在滇桂交界居住的一些彝族支系，每个村寨都有一块空地，空地中央种着一丛楠竹，其长势象征全村寨族人的兴衰，这块空地彝族称为"种的场"，寓种族繁殖地之意。每年农历四月二十四日，全村寨举行祭竹仪式。届时，族人都来此地拜竹祈求兴旺。他们认为自己与竹有血缘关系，怀孕妇女即将分娩时，其丈夫或兄弟砍下一根约二尺长的楠竹筒，待婴儿生下后，将胎衣放入筒内，筒口塞上芭蕉叶子，送到"种的场"，系在楠竹枝上。[1] 此处，彝族群众称种着楠竹的空地为"种的场"，依"人生而有魂"的原始思维，其楠竹当为寓"种"亦即魂之处所；妇女生下婴儿后将胎衣放入楠竹筒内送回"种的场"，仍表示其"种"亦即魂虽附婴体，但终归竹中，神圣之竹仍为婴儿护佑。

贵州布依族也认为自己民族由竹所生。他们以往在新媳妇怀上第一胎的时候，要举行"改都雅"仪式，由舅家选择两棵高矮相同、竹节一致的金竹（其竹尖留有竹叶，表示生命旺盛），选派两名男性长者送来祝贺，表示舅家送子送孙。巫师"布摩"用此竹弯成拱门形，其上挂红纸人形图案和红绿纸花，图案中纸人互相牵手。摆上糯米饭、猪肉、鸡等祭竹贡品后，布摩诵"谢竹赐子词"。祭毕，将神竹安在孕妇的卧室门口或床头墙上。人们相信经此仪式，孕妇便能顺利分娩。[2] 这里，舅家所送"神竹"亦取其保护作用。

一些地方彝、布依、壮等民族的丧葬也伴随竹崇拜进行。例如：

云南彝族老人死后，有缚山竹做灵位的习俗。人们以红线绿线扎许多山竹做灵位，意为祖先死后，归于山竹。禄劝、武定彝族纳苏支系老人去世后，要带公鸡和祭品到山竹丛前祭献，看哪枝较高的山竹摇动得厉害就砍哪棵的根做祖灵，男九节，女七节，经加红线绿线做成灵牌。

云南昭通地区彝族的丧葬习俗，舅家派人去外甥家奔丧时，要带上一棵有根须的活竹，到后将其立于门边，用枝上的竹叶蘸酒和水，洒在地上为死者祭奠，以让死者灵魂入竹安息。安葬时，舅家来人将立于门前的活竹，扛到墓地植在坟旁，以其蓬勃的神秘力量拱卫墓地，安放死者灵魂。

黔西北的彝族对死者的尸体火葬时，也要将灵魂引入竹制的"灵筒"

---

[1] 雷金流：《滇桂之交白罗罗一瞥》，《旅行杂志》第18卷第6期。
[2] 参见肖万源等主编《中国少数民族哲学史》，安徽人民出版社1992年版，第164—165页。

供奉，意为祖先是由竹内生出的，死后也应当归入竹内去。①

黔西南的布依族也认为，人死之后要回到竹子那里去。他们在亲人死后，要在门前插一棵数丈高的带叶楠竹，作为死者"升天"的道路。神竹底部供酒、大米、鸡鸭等物，由布摩安排孝子跪竹，再带孝子孝媳绕竹"送灵升天"。之后，才到村外祭祖。祭祖时，布摩"请死者灵魂"念曰：

请你从水竹口来，请你从楠竹口来，来享儿孙酒，来吃子孙鱼。②

桂西壮族中，妇女如果婚后不久男人死去，就要进行竹祭或竹卜。即在死者坟头栽上一蔸竹子，待竹子成活转青后，方能另行择偶；如果栽一次不活，便要再栽，直到栽活为止。她们认为只有竹子栽活了，死者灵魂有了归宿，才不会来作祟，自己才可以放心另择新偶。有的已婚妇女不想改嫁，种一次不活也就不再种了。③ 至此，先民心目中竹子的寓魂作用已经相当明显。

竹在一些民族中还被作为村寨保护神。例如：

布依族中有些地方为了防瘟疫而种竹来保寨，相关仪式称为"呆板"。20世纪50年代前，有的村寨若遇突发疾病或有伤寒而久治不愈者，就要举行"呆板"仪式。这种仪式由寨老主持，挖来鲜活的竹子四蔸作为祭祀对象，全寨出钱、出米、买牛、买公鸡来共同祭祀。布摩先生用鸡血淋于竹上，然后带领全寨人将竹栽于四方路口，念祭词称四蔸竹子为"四位老人"，恭请他们守护村寨，不让"疫鬼"侵入。每户家长聚集饮酒，吃剩酒菜只能倒于祭场之中。郁郁葱葱如绿色屏障的竹，通过神圣叙事又具有了神秘的抗"疫鬼"作用。

另外，如果平时哪家老人生病，则要举行"邦郎"仪式"为老人补力"。届时，以公鸡、猪肉、糯米酒酿等祭供四枝金竹，祭后将金竹插于四角房屋以"驱除病鬼"，金竹上挂特制的纸条，称为"沙马"。巫师念祭词唱道：

---

① 吕大吉、何耀华总主编：《中国各民族原始宗教资料集成·彝族等卷》，中国社会科学出版社1999年版，第25页。
② 参见肖万源等主编《中国少数民族哲学史》，安徽人民出版社1992年版，第164—165页。
③ 1987年11月1—8日在广西巴马等地进行田野作业并采访覃承勤等壮族人士时记录。

祭祀此家四房角，插四枝金竹；祭后此家四房角，插四棵楠竹。鬼来你要挡，神来你要保……

至今在一些布依族村寨里，还可以看到住户的内房角插有干燥的竹枝，那就是布依族为老年人健康长寿而举行的仪式的遗留。[1]

壮族地区也有一种种植"生命树"的传统习俗，以求保佑孩子和老人的健康，现今还在广西东兰等地壮家流行。如果孩子饮食不佳，老人体弱多病，家人认为其命单薄，就请老麽公来种竹，以增加其生命活力，求其如竹般生机勃勃。所种之竹多为山竹、棉竹、楠竹。种"生命树"前，先由家人在屋边或路口挖土开窝，选来一棵健壮的嫩竹，摆好酒、肉、米、鸡、猪头肉、红蛋、红糯米饭等祭品，然后请麽公来念唱"命苦命薄，依靠青竹赐给安康长寿"等祭词。念唱之后，家人与老人或小孩及麽公就地吃喝，随后麽公立竹，埋下第一把土，再由一位父母双全的男青年继续培土，最后麽公撒一把米并挂上红布条，意为赠送礼物，即领小孩或老人回家。种竹后，主家要勤护理，包种包活，否则不吉利，要种第二次。

另外，有的人家如果一年中不大顺当或家人爱生病，或牲畜得瘟症，就认为屋基龙脉气亏，就要砍四棵大竹子插在房屋四边，谓之"扶龙"，用竹来恢复龙的元气，使龙护佑全家兴旺发达，六畜兴旺。[2] 由此，竹不但护族之"种"，还护祖地"龙脉"，居功至伟。

这些风俗，形象地展现了与族源相关的竹崇拜的内涵。似乎，这里的竹更多地作为祖魂的寓所，更多地起着神圣神秘的保护作用。

三 竹王神话的流传与竹王"原型"的延续

竹王神话还叙述了竹王由神秘出生到称王直至被斩等传说，曲折地反映了"夷""濮""僚"等民族所走过的社会历程，具有独特的认识价值。例如：

竹王为竹所生，被一"浣于水滨"的女子破竹而得并抚养长大，反映

---

[1] 参见伍义文《论布依族竹图腾》，载贵州省布依学会编《布依学研究——贵州省布依学会成立大会暨第一次学术讨论会论文集》，贵州民族出版社1989年版，第135—144页。

[2] 吕大吉、何耀华总主编：《中国各民族原始宗教资料集成·壮族等卷》，中国社会科学出版社1999年版，第520页。

了"只知其母不知其父"的母系氏族社会状况。

竹王"遂雄夷狄"（应为"夷濮"），标示着他们开始进入父系氏族社会。

竹王有从人，"渐骄恣"，又带阶级社会初期的特征。

竹王"以剑击石"，劈出竹王水，有先民劳动创造的影子。

"夷濮阻城"，表现了少数民族反抗中央王朝封建统治者的斗争……

由此分析，它的雏形当萌于原始社会时期，经过长期补充积累而成。

竹王神话与竹王崇拜风俗流传很广。据当代学者何积全考察，传播圈以贵州为中心，形成一个不规则的圆。一些汉文典籍对此多有记载。例如，清代陈鼎《黔游记》载：

> 竹王祠在杨老驿，去清平县（今贵州凯里清平镇）西三十里，三月香火极盛……黄丝驿（在今福泉县西南三十里）亦有其庙，香火亦盛。

《遵义府志》载：

> 竹王城，《通志》在桐梓县北七十里，实在城北七十里夜郎坝，城积方圆里许，中有狮子碣，古树蓊蔚，人不敢伐。

还载："竹王墓，《通志》在桐梓县南五里……其墓久为民占，道光十九年，知县鹿丕宗复其地之半，立石题'汉竹王古墓'。"

此外，《寰宇记》《南诏野史》以及一些地方志记载，在四川大邑、邛州（今邛崃）、荣州（今荣县），云南通海，广西阳朔、苍梧、三江、凌云，湖南乾州（今吉首乾州镇），湖北施州（今恩施）等地也有竹王庙、竹王祠等。

竹王神话流传的范围可能与"夷""濮""僚"等古代民族活动的地区有关。但竹王作为一个神话传说中的英雄，不但得到"夷""濮""僚"等古代民族及其后代的崇拜，其英名还流传到各地，得到其他民族的崇敬。（也不排除"夷""濮""僚"等古代民族的一部分融合于其他民族，把竹王神话与竹王崇拜带入这些民族。）人们为他修祠建庙，以作纪念，还定期举行祭祀仪式和纪念活动。

历代诗人的诗作展现了这些活动的盛况。例如，唐代薛涛《题竹郎庙》描绘了荣州（今四川荣县）的活动情景：

> 竹郎庙前多古木，夕阳沉沉山更绿，何处江村有笛声，声声尽是迎郎曲。

清代杨文莹《黔阳杂咏》记述了黔南地区"赛竹王"的习俗：

> 务相盘瓠正史详，尺飞鳖令未荒唐，蛮夷大长多雄怪，箫鼓年年赛竹王。

湖南《乾州厅志》记载了苗族"赛竹王"的习俗：

> 竹王庙在州五里雅溪……红苗极崇信尊奉之，每岁于春分前以辰日起巳日止，禁屠沽，忌钓猎，不赤衣，不作乐，献牲后方弛禁……遇有冤怨，必告庙誓神，刺猎血滴酒中，欲以盟心，事无大小，欲血方无反悔，否则官断亦不能治。[1]

《后汉书》载竹王神话为夜郎国开国神话，相关事迹在以夜郎国为背景的后世作品中得到更详细的表现。彝文古籍《益那悲歌》（"益那"为"夜郎"另一种音译）[2]就把竹王神话放在部落发展的历程中叙述，对竹王的来源、弃水的原因等都作了交代。古籍写道：

> 武僰的一支，往水边发展。僰雅夜这人，与恒米祖之女，叫恒米诺斯，在竹林边恋爱了一场。事情发生后，恒米诺斯她就上天去了。僰雅夜本人，孤身留凡尘。
> 满了一年时，在竹林中日有婴儿哭，夜有婴儿啼，声大应苍天。僰雅夜他，使用银斧头，使用金砍刀，循声去伐竹，又迅疾剖开，见一个婴儿在竹筒里面。左眼生日象，右眼长月象。僰雅夜认为，这是

---

[1] 参见何积全《竹王传说初探》，载《贵州古文化研究》，中国民间文艺出版社1989年版。
[2] 阿洛兴德、阿侯布谷译：《益那悲歌》，贵州民族出版社1997年版。

怪异儿,这是怪异子,非传宗之子。于是将竹儿,丢进大河中,就像这样了。

竹儿漂流大河之中,被一位叫毕待鲁阿买的浣女救起,

> 毕待鲁阿买,嫁到阁沓谷姆。有一天毕待鲁阿买到图沓河,一心去洗线,在那浣丝纱,在那洗绸线,就在大河中,把竹儿救起,取名梗雅蒙。

竹儿长大后,成了一位"掌权发号令,威荣很显赫"的首领。

竹王神话对各民族后世文学也产生了广泛的影响。神话里不少"原型"在后世的作品中不断重现。例如:

壮族《莫一大王》叙述,壮族英雄莫一大王率众起义,叫妻子把屋后的竹子种好,等日后派用场。谁知其寡母无意中让官兵进入竹林,官兵破开竹子一看,里面全是未成形的人马。[①] 这个叙事结构就隐藏了一个"竹生人"的型式,反映了竹王神话及竹崇拜风俗的影响深远。

壮族另一个故事《蜜蜂王》叙述,与皇帝斗争的高将军死后尸体埋在地里,上面长出两蔸竹笋。高将军生前交代妻子,日后有人来买竹,就收他九十九元九十九毫九分,少一分不卖,多一分也不要。竹子长大了,一天皇帝出巡到此,所乘坐的轿子两根杠子都断了,要买高家的两根竹子。高妻按照丈夫所说要九十九元九十九毫九分,官家没那么多零钱,就丢下一百元银毫。高妻坚持不卖,高母说,一百元不是比九十九元九十九毫九分多吗?高妻就不再坚持。买官砍刀一动,竹子啪啦一声破裂开来,跳出一个个带弓箭的小兵,高喊"冲上京城杀仇人"。只可惜眼睛未开,只顾乱冲乱撞。这些,都是竹王神话中"竹破得一男儿"原型的延续。[②]

竹王神话作为古代黔地第一篇进入汉文典籍的作品,具有珍贵的历史价值。它在民族文化交流中起了重要的作用,对后世文学也产生了积极的影响,它的魅力永久。

[①] 蓝鸿恩采录、整理:《莫一大王的故事》,载农冠品编注《壮族神话集成》,广西民族出版社2007年版,第432—436页。

[②] 罗珍、李昌荣口述,苏胜兴、韦松英采录、翻译:《蜜蜂王》,载农冠品编注《壮族神话集成》,广西民族出版社2007年版,第444—446页。

第三节　九隆、黎母神话与龙、蛇崇拜

九隆（元隆）神话分别记载于东晋常璩《华阳国志》、南朝宋范晔《后汉书》等典籍。另外，唐代李贤注《后汉书》所载"九隆神话"云："自此以上并见《风俗通》也。"《风俗通》即东汉应劭所撰《风俗通义》，原书三十二卷（包括目录一卷），北宋时大部散佚，今仅存十卷，关于九隆的文字未见于此十卷中，应在十卷外。

又，李贤注还引东汉初年杨终《哀牢传》谓："九隆代代相传，名号不可得而数。至于禁高，乃可记知。"并记录了从禁高起至当时扈粟止的八代人名。《哀牢传》久佚，其是否载有九隆神话无可稽考，但由此说明九隆神话产生和流传的年代可能更早。

一　九隆：妇人触龙化之木而生之子

现存可稽考的汉文典籍中，《华阳国志》是较早记述这个神话的。其书《南中志》载：

> 永昌郡，古哀牢国。哀牢，山名也。其先有一妇人，名曰沙【壶】[壹]，依哀牢山下居，以捕鱼自给。忽于水中触【有】一沉木，遂感而有娠。度十月，产子男十人。后沉木化为龙，出谓沙【壶】[壹]曰："若为我生子，今在乎？"而九子惊走。惟一小子不能去，[倍]龙坐，龙就而舐之。沙【壶】[壹]与言语，以与龙倍坐，因名曰元隆。沙【壶】[壹]将元隆居龙山下，元【龙】[隆]长大，才武。后九兄曰："元隆能与龙言，而黠，有智，天【之】[所]贵也。"共推以为长。时哀牢山下，复有一夫一妇产十女，元隆兄弟妻之。由是始有人民。皆像之：衣后着十尾，臂、胫刻文。元隆死，世世相继；分置小王；往往邑居，散在溪谷；绝域荒外，山川阻深，生民以来，未尝通中国也。南中昆明祖之，故诸葛亮为其国谱也。①

---

① （晋）常璩原著，汪启明、赵静译注，吴迪等校订：《华阳国志译注》，四川大学出版社2007年版，第186—187页。

稍晚一点的《后汉书》的记述略有差异，沙壶作沙壹，元隆作九隆，其书《南蛮西南夷列传》载：

> 哀牢夷者，其先有妇人名沙壹，居于牢山。尝捕鱼水中，触沉木若有感，因怀妊，十月，产子男十人。后沉木化为龙，出水上。沙壹忽闻龙语曰："若为我生子，今悉何在？"九子见龙惊走，独小子不能去，背龙而坐，龙因舐之。其母鸟语，谓背为九，谓坐为隆，因名子曰九隆。及后长大，诸兄以九隆能为父所舐而黠，遂共推以为王。后牢山下有一夫一妇，复生十女子，九隆兄弟皆娶以为妻，后渐相滋长。种人皆刻画其身，象龙文，衣皆著尾。九隆死，世世相继。乃分置小王，往往邑居，散在溪谷。绝域荒外，山川阻深。生人以来，未尝交通中国。

九隆神话当为古代民族与动植物相关的始祖神话，记录较早的《华阳国志》在叙述了这个神话以后说"南中昆明祖之"，则其族属为古代昆明族。

根据汉文典籍有关资料分析，昆明族族源可能有二：一为出自氐羌系统的一支，他们"皆编发，随畜迁徙，毋常处，毋君长……皆氐类也。"（《史记·西南夷列传》）他们大概从新石器时代开始，就陆续从甘、青高原迁入西南，与西南各地土著例如濮等融合为新的群体；或者倒过来说，西南各地的土著例如濮等与南迁的氐羌融合为新的群体。二为在古永昌郡（今滇西保山、永平一带）土生土长的哀牢部落。他们"散在溪谷，绝域荒外，山川阻深"。大约战国中后期，这两支部落联合起来，形成昆明族。故《华阳国志》在记录这个神话时先言哀牢，后言"昆明祖之"。昆明族与以后藏缅语族彝族支的彝、白等各民族，或许还有孟高棉语族的佤、布朗等民族有渊源关系。

此则神话为典型的感生神话，感生的形式是触木，以此怀上"龙胎"。核心情节分为两个层次，第一个层次是：哀牢山下有一名曰沙壹（沙壶）的妇人，尝捕鱼水中，忽触一沈（沉）木若有感，因怀妊，十月，产子男十人。（《后汉书·南蛮西南夷列传》）在这一层次里，中心物为一沉木；或者说，为一以沉木形式出现的植物。

在中国传统文化中，草木一贯象征生机勃发，《黄帝内经》直接把木气盛与生气发连贯起来，以之作为万物繁茂的起点。其书《素问·五常政大论》云：

> 木曰发生。

意谓木气盛，则宣发生气，万物以荣。

如此有能量之木，古代人们幻想其有某种神秘的生殖能力、能孕发"精微之气"当属正常。在南方一些地区，一些民族至今还把某种高大的树木称为某种形式的神树，作为男性的象征来崇拜。如云南红河南岸一些地方的彝族把高大的松树和橡树称为"龙树"，将其视为男根崇拜的象征，每年正月属牛日举行祭祀求子仪式。[1]

另外，由于树木形态多样，人们观察的角度有别，树木在古人的心目中还会作为不同性别的象征，发生不同的作用。在中国古代传说里，一些有腔的树木往往会作为母体的象征，并往往会从中神奇诞生"圣者"。《吕氏春秋·本味》所载商朝初年著名宰相伊尹"生乎空桑"的故事，即为一例。此处以空桑为婴儿的载体，原型当含以树为女性生殖崇拜对象的意味，与九隆神话原型可能以树为男性生殖崇拜对象相互映衬。

然而，如同红河地区彝族把高大的松树和橡树称为"龙树"一样，古人似乎对笼罩上神秘色彩的草木的精魂都要作一番想象。于是，神话进入第二个层次：后沈（沉）木化为龙，出水谓沙壹（沙壶）曰："若为我生子，今悉何在？"并舐小子。及后小子长大，诸兄共推之为王。（《后汉书·南蛮西南夷列传》）这里，中心物转换为龙。

龙为中华文化第一圣物，其始创的初衷可能和古人对雨水的需要有关。殷墟甲骨文中，对于龙的记载都和雨相关。或许可以设想，古人为了雨水的需要，受神秘的与水相关的动物以及和雨相关的雷、电、云等天象的启发，模糊地猜测应该有那么一个具有无比威力的"神物"主宰、操纵着这一切，从而想象出龙这一形象。此或许是龙形象出现的最初动因之一。

如此神奇威武之龙，能发"精微之气"不言而喻。九隆神话感应的方式具有自己的特点。如果作点回顾，在《华阳国志·南中志》所载九隆神

---

[1] 杨甫旺、马粼：《彝族树崇拜与生殖文化》，《云南师范大学学报》2002年第1期。

话以前，汉文古籍里已有"吞卵而孕""践迹而孕""梦感而孕""光（电、虹）照而孕"等方式，依此类推，九隆神话则可归为"触体而孕"。自然，按照中国传统文化的阐释，这些方式都是母体接受"精微之气"的途径。或许，中国传统文化里母体接受"精微之气"，都需要某种形式的"接触"，包括梦中接触、光照接触等，才会有"精微之气"的传送；像九隆神话这样的"触"对方之"体"而感，当为最直接的接触。大概原始先民认为，女性与具有某种神圣的实物亲密接触，就可以感应其发出的"精"或"魂"，以致受孕。此类思维及风俗流传至今。据当代学者宋兆麟考察，"哀牢山地区的彝族，如果妇女多年不育，必去河边拜'龙石'，洗去不洁，然后在'龙石'上坐一下，或者将衣物放在'龙石'上，还有些妇女饮服'龙石'上的水"[①]。

神话还描述，九隆的"种人皆刻画其身，象龙文，衣皆著尾"。此当为与龙认同的手段，以求得龙的保护；同时以一种统一的服饰凝聚族群的意志，增进族人彼此的亲和。此俗在古文字等其他一些资料中也有体现。如"羌"字，从字形看，像一个人头上戴着羊形或羊角等饰物，结合《说文》所谓"羌，西戎，羊种也"，似乎难以否定它们之间的联系。又如"尾"字，《说文》载："尾，微也，从倒毛在尸后。古人或饰系尾，西南夷亦然。"一个"亦然"说明此俗不是孤例。

从神话所表现的"一妇人"依"山下居""以捕鱼自给"等内容来看，其时哀牢部落当处于母系社会时期，以原始的生产方式谋生；也说明神话的原始形态当产生较早。但神话形成以后，因其标示的神圣性而在南方得到持续的传递、改造、延绵。唐代，南诏建立，九隆神话经过一些改造成为蒙氏开国神话；以后，大理国起，九隆神话又转变为段氏开国神话。今保山西郊"易罗池"，又名"九龙池""九隆池"，人们传说是当年九隆的母亲沙壹捕鱼之处；保山市内一古老石洞还发现九隆石雕。[②] 此当为南诏以后的炒作。

这类九隆神话的后续形态，在后期的《记古滇说》《白国因由》等中均有记载，本书开篇有引述；在民间也有流传。《南诏国王的诞生》说，一位叫茉莉嗟的姑娘给一条黄龙生了九个儿子，幼子细奴逻后来成了南诏

---

① 宋兆麟：《生育神与性巫术研究》，文物出版社1990年版。
② 史军超：《九隆石刻初识》，《云南社会科学》1981年第2期。

国王。《大理国王的诞生》与《果子女和段白王》说,一位无嗣的老人有一个果园,果园里有一棵果树结了一个大果子,果子成熟落地出来一位美女,老人加以收养。果子女长大后,嫁与段宝瓒。后来果子女在霞移溪洗澡,脚触一逆流之木,知元祖重光化龙,感而有孕,生段思平弟兄,后段思平做了大理国王。[1] 原始的九隆神话在这里负起了新的功能。

藏缅语族彝语支的彝、白以及壮侗语族的傣等民族,都有活形态的九隆神话流传。

白族口头传承的九隆神话与汉文典籍记载基本情节相同,细节有异。如他们的神话说,九隆的母亲沙壹是白族的始祖,识鸟音兽语。她触木而生的十个儿子藏于十个皮口袋,由母狗舐破才出来。九隆兄弟长大后,由哀牢山迁至苍山洱海之间,被这里的昆明部族和一些氏族拥戴为白王,他们在该地繁衍了"洱河蛮"董、杨、赵、李、段、何、施、洪、严、尹十大姓。此处,九隆神话成为白族的始祖神话。[2]

傣族口头流传的九隆神话《九隆王》与汉文典籍记载内容恰恰相反,他们的神话说:古时的易罗湖有九条毒龙作怪,一位名叫蒙伽独的猎人要为民除害,与这九条毒龙搏斗,不幸遇难。他的九个儿子商议为父报仇,老大自告奋勇出战大败而归,老二到老八七兄弟都胆怯了,只有据说是九条青龙所变的最小的弟弟九隆不怕。他独自背了巨弓,挂上长刀,去为父亲报仇。路上他得到一位白胡子长老的帮助,将九块深红的大岩石烧成石汁,再炼成九支箭。九隆用这九支箭将九条毒龙所变的九根巨木钉在湖底,降服了毒龙,并在龙宫拿了一件宝贝,使遍地长庄稼,到处变翠绿……这个九隆神话与汉文典籍所载情节差别较大,或是哀牢部落或昆明族的后裔融入傣族,带来的九隆神话与傣族先民的神话融合而发生变异;或源于百越族群的其他神话与九隆神话嫁接,而产生新的叙事。[3]

二 中华各族系的龙崇拜

九隆神话是一个有关龙的神话,龙为人们想象中的神物,具有丰富的

---

[1] 转引自张文勋主编《白族文学史》(修订版),云南人民出版社1983年版,第38—39页。
[2] 《九隆神话》,载云南省民间文学集成办公室编《白族神话传说集成》,中国民间文艺出版社1986年版,第65—68页。
[3] 曹格翻译:《九隆王》,载谷德明编《中国少数民族神话选》,西北民族学院研究所印,1983年,第394—396页。

内涵与形态。

1. 龙的原型：自然现象的形象化和动物的灵性化

根据早期汉文典籍中有关的记载，龙的原型似乎与自然现象的形象化和动物的灵性化有关，与云、电、雷、雨及各民族先民心目中有灵性的动物相关联。如，自然现象的形象化，《易》载：

> 云从龙。

《潜夫论·五德志》载：

> 大电绕枢照野，感符宝，生黄帝轩辕，代炎帝氏。其相龙颜。

雷神也常是龙形，雷、龙俱与雨相联。

由此来看，天上云的形状、电的形迹、雷的声音等，可能对龙早期形象的形成都有影响。

又如，动物的灵性化：《易》称龙为"四灵之首"，《说文》称龙为"麟虫之长"，等等。

正因为龙源于自然现象的形象化和动物的灵性化，与变幻无常的自然现象及形态多样的动物相对应，早期的龙似乎无固定的形象。陕西西安半坡村新石器时代遗址彩陶瓶绘龙、河南安阳小屯村殷墟妇好墓玉龙以及其他商代古器龙纹等，都似水泽鱼虫之类。而内蒙古翁牛特旗新石器时代遗址龙形瓶，却是兽头虫身。早期汉文典籍所记载的龙，有像蛇的，如《论衡·讲瑞》说：

> 龙或时似蛇，蛇或时似龙。

《尚书大传·洪范·五行传》郑注：

> 蛇，龙之类也，或曰龙无角者曰蛇。

有像马的，如《周礼·夏官·司马下》称：

马八尺以上为龙。

以后，汉族逐渐形成"角似鹿，头似驼，眼似鬼，项似蛇，腹似蜃，鳞似鱼，爪似鹰，掌似虎，耳似牛"（《尔雅翼》）的龙的标准形象。而一些少数民族却还保留了不少龙的原始形象。

2. 华夏：大昊氏以龙纪，轩辕黄龙体

根据有关史料，古羌人是较早信仰龙的族群。古羌人最初居于西北高原草原，在他们的生活区域，湖泊河汊星罗棋布，既多草地走兽，又多水泽昆虫，具有萌生龙的观念的自然条件。殷墟甲骨文就有"龙来氏羌""戈羌龙"的记载。《山海经·海内经》说：

伯夷父生西岳，西岳生先龙，先龙是始生氏羌。

羌人还相传他们的笛是仿龙声而作的。东汉马融《长笛赋》曰：

近世双笛从羌起，羌人伐竹未及已。龙鸣水中不见己，截竹吹之声相似。

古羌人原来生活在西北，远古、上古时期多次分化、迁徙。其"九州之戎"的一支东进，经历与其他族群诸多融合、演变，创造了夏文化，形成了夏族，即西汉桓宽《盐铁论·国病》所谓"禹出西羌"、《史记·六国年表》所谓"禹兴于西羌"。汉文典籍里，关于夏时神龙出现的传说屡见。例如：

禹南省，方济乎江，黄龙负舟。（《吕氏春秋·恃君览·知分》）
大乐之野，夏后启于此儛九代，乘两龙。（《山海经·海外西经》）
夏德之盛，二龙降之。（《博物志·二》）
及有夏孔甲，扰于有帝。帝赐之乘龙，河、汉各二，各有雌雄。（《左传·昭公二十九年》）

而往前追溯，华夏祖先与龙相关的神话更层出不穷。《左传·昭公十七年》载：

> 大昊氏以龙纪，故为龙师而龙名。

大昊即太昊，亦即伏羲，为华夏以及很大一部分"四夷"最古老的祖先。而伏羲更详细的诞生经过，则见《太平御览》卷七八引《诗含神雾》。其书曰：

> 大迹出雷泽，华胥履之，生宓羲。

华胥即传说中的风兖部落的女首领，居住在华胥山之渚（今甘肃庆阳市与平凉市境内的沿河地带），故称为华胥氏。依此记载，当为年轻的华胥氏姑娘到一个风景特别的雷泽去游玩，偶尔看到了一个巨大的脚印，便好奇地用她的足迹丈量了一下，不知不觉感应受孕，生下一个儿子，取名"宓羲"（伏羲）。

而雷泽出现的巨大的脚印，自然是雷神留下的，这位雷神的形象，《山海经·海内东经》载：

> 雷泽中有雷神，龙身而人头，鼓其腹。

由此，伏羲当为一个"龙身而人头"的"龙种"。

此说历代典籍均有记述。例如，西晋皇甫谧《帝王世纪》载："太昊帝庖牺氏，风姓也，燧人之世有巨人迹出于雷泽，华胥以足履之，有娠，生伏羲于成纪。"

东晋王嘉《拾遗记》载："春皇者，庖牺之别号。所都之国有华胥之州，神母游其上，有青虹绕神母，久而方灭，即觉有娠，历十二年而生庖牺。"

唐代司马贞《补史记·三皇本纪》载："太暭包牺氏，风姓，代燧人氏继天而王。母曰华胥，履大人迹于雷泽，而生庖牺于成纪。蛇身人首，有圣德。"

此外还有许多画像、文字佐证，不一一列举。

轩辕黄帝亦有为龙的说法。《史记·天官书》载：

> 轩辕，黄龙体。

其注曰："人首蛇身，尾交首上。黄龙体。"可见"黄龙体"即为"人首蛇身"，均为龙的形象。《史记·封禅书》与崔豹《古今注》卷下均记黄帝"乘龙上天"之事。《淮南子·天文训》记曰：

> 中央土也，其地黄帝，其佐后土。执绳而治四方，其神为镇星，其兽黄龙。

华夏涉龙话题太多，难以尽述，就此打住。

3. 氐羌：支格阿龙喝龙乳，吃龙饭，穿龙衣，称龙子

古羌人还有一些支系陆续南下，与当地土著例如濮人等融合，逐渐形成"西南夷"和以后的彝、白、纳西等民族，故西南夷和以后的彝、白、纳西等民族普遍流行关于龙的信仰、神话和传说。（不排除当地土著当时也有各种形式的龙的信仰风俗。）《华阳国志·南中志》载，三国时诸葛亮平定南中后，曾为夷作图谱，

> 先画天地、日月、君长、城府，次画神龙、龙生夷，及牛马羊……以赐夷，夷甚重之。

这段文字通过诸葛亮的作为，表现了夷的"龙种"信仰。他们对诸葛亮所作的"龙生夷"的图谱"甚重之"，说明其信仰之虔诚。

彝族史诗更直接表现了龙与民族始祖的诞生、民族的起源的联系。《勒俄特依》说：

> 远古的时候，天上生龙子，居住在地上。地上生龙子，居住在江中……江中生龙子，居住在岩上……岩上生龙子，居住在衫林……山林生龙子，住在鸿雁乡。

龙子的后代蒲莫列衣因身上被龙鹰滴上三滴血，而怀孕生下彝族祖先支格阿龙。关于支格阿龙的传说则说，支格阿龙出生后，不肯吃母乳，不肯同母睡，不肯穿母衣，母亲就把他扔到岩石下。岩下有龙住，支格阿龙懂龙

话，便住下来喝龙乳，吃龙饭，穿龙衣，自称是龙的儿子。① 这些，都与九隆神话一脉相承。纳西族东巴经里的"祭龙经"也记载不少龙的神话。

彝族等民族还有不少崇龙的习俗，许多人的衣服、家具、器皿常以龙纹装饰，尤其是妇女，"无龙不成衣"；许多村寨有龙潭、龙树，大年初一早上要取龙潭水煮汤圆祭祖宗，祭龙树，祭龙潭，等等。云南红河州彝族相传，俄谷和诺谷俩父子龙造天造地造人类，人们感恩世代祭祀，彝文经书记载了祭祀情景：

> 俄谷和诺谷，这俩父子龙。人们不忘恩，人们不忘情，时到今吉日，毕摩握祭品，祭奠父子龙。高山椎栗叶，祭龙务必用。深谷松毛草，祭龙铺松毛。白帛做龙床，麻絮龙披毡，米酒龙海宫，糯荞龙食物，金银龙金钱，猪肉龙菜谱，鸡肉龙菜碟。祭龙来喝酒，祭龙来献饭。②

云南弥勒县自称阿哲颇的彝族，有每年农历二月初二过"祭龙节"的风俗，以村为单位举行祭祀活动。祭前，打理干净祭坛，钻木取火，扎龙门，取洁净水由夫妻健在且儿女齐全的男性长老洗"龙石蛋"和"龙生殖器"，主持人毕摩摆设祭品祭物。祭时，杀猪牲鸡牲祭拜龙神，所有参祭族人成年男子取猪血洒向"龙生殖器"，以示与龙交媾（此"龙"当为雌性）。据说，不行此礼，人丁不会兴旺。接着，主持人毕摩代表龙神取原先准备好的米花洒向人群，以示龙神赐福予族人。最后，祭祀雄龙，念经祈禳，参祭男子驱撵妖魔鬼怪，祭送日月神，安扎寨门，送祖返回。

在整个祭龙过程中，主持人毕摩按活动程序念诵彝文经书，如《取龙经》《洗龙经》《与龙交媾经》《祭物经》《求火经》《杀牲恕罪经》《请天神经》《祛邪经》《迎祖经》《送祖经》等。祭祀龙神后，族人成年女子特别是中年妇女在村中场子上跳葫芦舞。过去，任何男子不准到场观看，否则会被她们戏弄。舞蹈的主要动作是互相擦肩撞屁股，围着大葫芦起舞。跳到高兴时，用棍子互相比试戳对方的下身，以示祈龙子。③

---

① 冯元蔚译：《勒俄特依》，四川民族出版社1986年版，第47—54页。
② 吕大吉、何耀华总主编：《中国各民族原始宗教资料集成·彝族等卷》，中国社会科学出版社1999年版，第281页。
③ 张纯德、龙倮贵、朱琚元：《彝族原始宗教研究》，云南民族出版社2008年版，第57页。

这些，是在龙已经被神话塑造成自己族类的祖先以后，先民力图通过模拟巫术感应族类繁衍的"历史遗留物"，很容易使人们联想起英国人类学家弗雷泽在《金枝》中所描述的内米湖畔森林古俗："内米森林之王与狄安娜的结合目的大概是为了促进大地、动物以及人类的繁衍。因此，人们会很自然地想到，如果每年举行一次这样神圣的婚礼，用神的塑像或由人来扮演婚礼中的新娘和新郎，那么这一目的就会更有把握达到。"

4. 苗蛮：龙形象自然化、多样化

苗瑶语族各民族是保存龙的原始形态较多的民族。如展现在苗族各种民间图案中的龙，多无前爪，无角，以鱼、虾、虫为体，与考古资料、史籍记载中龙的初期形态相似。它们与汉族中后期的龙相比，呈现自然化、多样化的特点。

在苗族民间信仰和神话中，龙主要具有两种性质：一是大自然气象主宰者和福地象征者的性质，能操纵风雨雷电的变幻，能保佑福地宝气。每遇天灾人祸，他们就要举行隆重的"招龙仪式"。二是图腾或祖先的性质。他们最著名的始祖神话盘瓠神话，就有盘瓠化为龙的情节。表现龙这一性质的神话后来演化为大量的龙女故事。

5. 百越：从蛇或鳄到龙

百越系统原始崇拜的对象可能主要是蛇或鳄，而尤以鳄突出。《周书》记载周成王时，瓯人（瓯越）进贡鲇蛇。据考证，"鲇"即"鼍"，《现代汉语词典》解释"鼍"："爬行动物，吻短，体长2米多，背部、尾部有鳞甲。力大，性贪睡，穴居江河岸边……也叫鼍龙或扬子鳄，统称猪婆龙。"由此可见瓯人（瓯越）早就看重鳄鱼了。

在汉文典籍的一些记载中，也谈到越人与龙的关系。《淮南子·原道训》云：

> 九嶷之南，陆事寡而水事众，于是民人劗发文身，以像鳞虫。

高诱注："文其身刻画其体，内墨其中，如蛟龙之状。以入水，蛟龙不害也，故曰以像鳞虫也。"古之"九嶷山南"，当为岭南广大地区，正是古越人所居之域。《汉书·地理志》亦云：

> （粤人）文身断发，以避蛟龙之害。

这里所说的鳞虫、蛟龙，根据当代壮族学者分析，恐怕都实指鳄或蛇。

而鳄，生长于水边，比蛇更具攻击性（蛇一般不触不动），常出没伤人，更为古越人所惧。明代邝露《赤雅》说：

> 忽雷，鳄鱼也，居溪渚中，以尾钩人而食之。

越人的后裔壮族称鳄为"图额"，并视之为水神，是壮族崇拜的"四王"（雷王、图额即鳄、人王布洛陀、林中之王老虎）之一。[①] 后来，大概受华夏民族的影响，龙也进入他们信仰的领域，共称"龙蛇"，所以才出现上述"为蛟龙之状"等记载。

布依族称龙为"勒"，其意有三：一为"彩虹"，二为"大蛇"（或许也与鳄有关），三为"龙"，显露出古越人龙信仰的多层内蕴。

古越人多滨水而居，他们所重的鳄或蛇也大都滨水而栖，故百越系统各民族心目中的龙为水中之物。他们对龙又敬又畏，除上述记载外，还如《说苑·奉使篇》云：

> 彼越……处海垂之际，屏外蕃以为居，而蛟龙又与我争焉。是以剪发纹身，烂然成章，以像龙子者，将避水神也。

《淮南子·泰族篇》许慎注："越人以箴刺皮为龙文，所以为尊荣之。"

他们也有崇龙、祭龙风俗。贵州侗族村寨的鼓楼，大多数都有龙形象的泥塑装饰，有的置于门额上，有的置于顶面屋脊上或正门的瓦面上。古人常以"龙蛇"并称。如《左传·襄公二十一年》载：

> 深山大泽，实生龙蛇。

侗族现实生活也常见龙蛇合一的情况。黎平岩洞成格寨鼓楼顶上装饰的两条"龙"，完全同现实中的蛇形一样。这与古越人"立蛇门者，以象

[①] 农学冠：《岭南神话解读》，广西民族出版社2000年版，第181—182页。

地户也"，"越在己地，其位蛇也"（［东汉］赵晔：《吴越春秋·阖闾内传》）有共同之处。他们在安设祖神"萨玛"神坛时，必须用一根粗大的野葡萄藤绕在砌好的土坛上，以龙蛇的形象示其神灵威力。人们还将蛇看成萨玛的化身，在黎平肇兴、从江洛香、榕江归柳、龙胜平等等侗寨，都有关于萨玛变成蛇的传闻。①

三　黎母神话与蛇崇拜

龙蛇合一在如今百越系统各民族生活中是普遍的现象，这与各民族先民历史上源远流长的蛇文化有关。百越在方位上属于南蛮，东汉许慎撰《说文解字·虫部》"蛮"字条下释：

　　南蛮，蛇种。

就是说，南蛮崇拜蛇图腾，奉蛇为祖先。其时"南蛮"泛指南方各族群，至少应包括百越在内。同书又云：

　　闽，东南越，蛇种。

这就直指越人崇拜蛇图腾了。《山海经·海内经》也有：

　　南方……有神焉，人首蛇身。

同书《大荒南经》还有：

　　南海渚中有神，人面，珥两青蛇，践两赤蛇。

这里，似乎已经涉及百越的一支海南黎族的先民。黎族是保存古越人蛇图腾崇拜遗风较多的一个民族，如他们流传下来的文身习俗，纹样就有蛇纹。其中"美孚黎"支系妇女文身，在脸上及四肢均刺上蚺蛇状的纹

---

① 2009年3月28日至4月4日在广西三江、贵州黎平等地进行田野作业并采访吴浩、吴定国、陆海安等侗族人士时记录。

样，由此被称为"蚺蛇美孚"。他们还流传与蛇相关的生人神话，即黎母神话。《岭南丛述》卷六记载：

> 刘谊平黎记云，故志相传，雷摄一蛇卵在此山中，生一婴，号为黎母。食山果为粮，巢林木为居，岁久，有交趾蛮过海采香，与之结婚，子孙众多，亦开山种粮。

此神话涉及黎族先民古越人两项比较突出的崇拜——蛇图腾崇拜和雷神崇拜，引人注目。古越人蛇图腾崇拜记载不少，但与蛇相关的生人神话罕见，黎族这一则神话具有相当的价值。

在这则神话里，黎母由蛇卵而生，演绎了一个古老的类型。东方太昊、少昊、东夷集团以鸟作为图腾崇拜的基本特征，与之有渊源关系或受其文化熏陶的族群大致上都有始祖直接或间接自卵中生出的神话。南方民族中，苗族、侗族也有卵生神话，这些神话在叙事上与黎母神话相通。

从南方民族这几则神话可以看出，在南方民族卵生神话里，人们的崇拜对象首先还是生卵的那个动物，如苗族的蝴蝶、黎族的蛇。这些动物一般都有某种独特的本事，如蝴蝶能飞、多卵，而蛇更能跃能游、能伸能屈；其次是相关的助手，如苗族孵卵的大鸟、侗族孵卵的龟婆、黎族把卵带到岛上的雷神等。它们在神话里都被赋予神奇的力量；同时，围绕对它们的崇拜，各民族也往往形成相关的风俗、相应的文化。

第四节　盘瓠神话与龙犬、葫芦崇拜

东汉应劭所撰《风俗通义》，据清代卢文弨《群书拾补》云："隋唐志皆三十一卷，录一卷，至宋始作十卷，盖亡其二十一篇矣。"依此说法，此书原为三十一卷（包括目录一卷则三十二卷），至宋时仅存十卷，则肯定有不少散佚，使后人无从窥其全貌，影响对其评价。所幸，其他古籍还记载少许明确标示"并见《风俗通》"的资料，多少能弥补一些遗憾。其中，载于《后汉书》的"盘瓠"神话很有可能属于《风俗通义》散佚的篇章之一。

一　盘瓠：顶虫"置以瓠篱、覆之以盘"乃化之龙犬

盘瓠神话载于南朝宋范晔撰《后汉书·南蛮西南夷列传》，所载如下：

  昔高辛氏有犬戎之寇,帝患其侵暴,而征伐不剋。乃访募天下,有能得犬戎之将吴将军头者,购黄金千镒,邑万家,又妻以少女。时帝有畜狗,其毛五采,名曰盘瓠。下令之后,盘瓠遂衔人头造阙下。群臣怪而诊之,乃吴将军首也。帝大喜,而计盘瓠不可妻之以女,又无封爵之道,议欲有报而未知所宜。女闻之,以为帝皇下令,不可违信,因请行。王不得已,乃以女配盘瓠。

  盘瓠得女,附而走入南山,止石室中。所处险绝,人迹不至。于是女解去衣裳,为仆鉴之结,着独立之衣。帝悲思之,遣使寻求,辄遇风雨震晦,使者不得进。经三年,生子一十二人,六男六女。盘瓠死后,因自相夫妻。织绩木皮,染以草实,好五色衣服,制裁皆有尾形。其母后归,以状白帝,于是使迎致诸子。衣裳斑烂,言语侏离,好入山壑,不乐平旷。帝顺其意,赐以名山广泽,其后滋蔓,号曰"蛮夷"……今长沙武陵蛮是也。

  唐代李贤注云:"以上并见《风俗通》也。"依此,《后汉书》所载文字当也"并见"即同样出现于《风俗通义》。唐时该书尚未散佚,李贤说法当有根据。

  此事宋代罗泌《路史》也有记载,其书《发挥二》称:

  应劭书遂以高辛氏之犬名曰盘瓠,妻帝之女,乃生六男六女,自相夫妻,是为南蛮。

  如是,《风俗通义》记载此则神话,当为不虚。

  应劭个人经历,亦可引以旁证。此则神话流行于"长沙武陵蛮"之中,根据《后汉书·应奉传》等史籍记载,应劭的祖父应彬、父亲应奉都当过武陵太守,应劭少从父游,生活在武陵,当与"武陵蛮"及其传闻有所接触。更兼东汉初期,由于民族压迫加深,武陵山脉以及附近地区民族起义此起彼伏。建武二十三年(47),"武陵蛮"各氏族各部落联合起来反抗汉王朝,与汉王朝派来镇压的军队发生激烈的战斗,使对方一再受挫,连率军的一代名将马援也在阵前染病而死。起义坚持数年,直到建武二十五年(49)才被镇压下去。在战斗中,武陵蛮各氏族各部落为了团结内部，对抗敌人，广泛传播自己族类的族源神话——盘瓠神话，以在盘瓠的旗帜下形成一个整体，这是完全可能的；对文史有浓厚兴趣的应劭注意并记录下这则神话，也是完全可能的。

记录下来的盘瓠神话讲述的是传说中高辛时代的事，但从其中一些提法来看，似乎带有后世添加的东西。前人早已指出，神话中所谓"吴将军""封邑万户"等，均属后世的提法。周朝才有吴姓，周末才有将军之职；三代以前以土分封，自秦汉才以人分封，高辛时代不可能有万户之封……（见唐代杜佑《通典》卷一八七）如是，也为此则神话乃后世的汉时所记录提供了佐证。

继应劭之后，三国时鱼豢的《魏略》也有记述：

> 高辛氏有老妇居王室，得耳疾，挑之，乃得物大如茧，妇人盛瓠中，覆之以盘，俄顷化为犬，其文五色，因名盘瓠。

其后，东晋郭璞在《山海经·海内北经》注中记述：

> 昔盘瓠杀戎王，高辛以美女妻之，不可以训，及浮之会稽东海中，得地三百里封之，生男为狗，生女为美女，是为狗封之国也。

在其《玄中记》中也有内容大致相同的记述。

与郭璞差不多同时代的干宝在《晋记》《搜神记》里也有记述。《晋记》首次把盘瓠故事作为历史资料记载，《搜神记》开始有关于它的详细记述：

> 高辛氏，有老妇人居于王宫，得耳疾历时。医为挑治，出顶虫，大如茧。妇人去后，置以瓠蓠，覆之以盘，俄尔顶虫乃化为犬，其文五色，因名盘瓠，遂畜之。时戎吴强盛，数侵边境。遣将征讨，不能擒胜。乃募天下有能得戎吴将军首者，购金千斤，封邑万户，又赐以少女。后盘瓠衔得一头，将造王阙。王诊视之，即是戎吴……令少女从盘瓠。
>
> 盘瓠将女上南山，草木茂盛，无人行迹。于是女解去衣裳，为仆竖之结，着独立之衣，随盘瓠升山入谷，止于石室之中……盖经三

年，产六男六女。盘瓠死后，自相配偶，因为夫妇。织绩木皮，染以草实，好五色衣服，裁制皆有尾形……衣服褊裢，言语侏僑，饮食蹲踞，好山恶都。王顺其意，赐以名山广泽，号曰"蛮夷"……今即梁、汉、巴、蜀、武陵、长沙、庐江郡夷是也。用糁杂鱼肉，叩槽而号，以祭盘瓠，其俗至今。故世称"赤髀横裙，盘瓠子孙"。

南朝宋人范晔在《后汉书·南蛮西南夷列传》中或照录《风俗通义》所载，或综合诸家所述，加以增删整理记入正史。尽管内容无多少增益，但一经载入正史便产生深远的影响，其后多种著作都有记述。

根据以上及后续材料，可以追溯一下盘瓠神话的来龙去脉。如前所述，最早采录盘瓠神话并把它载入汉文典籍的是东汉人应劭。应劭的祖父应彬、父亲应奉都当过武陵太守，应劭少从父游，生活在武陵，他所记录的盘瓠神话当来自武陵山区民间，即所谓"武陵蛮"中。根据有关史料，武陵蛮主要包括两大部分：一是"楚西南"的百濮，二是"左彭蠡、右洞庭"的三苗。根据考古资料、古籍记载以及民俗现象等分析，盘瓠神话可能是在武陵地区各族远古神犬崇拜、神犬神话以及对历史模糊回忆的基础上产生的，是在汉代民族斗争的形势下大量传播的。

作为一则族源神话，盘瓠神话可能有历史的影子。按照相传为战国时赵国史书的《世本·帝系篇》（清代张澍粹集注本）所言"帝喾高辛氏"，高辛氏即帝喾，为商人始祖，此神话可能反映了苗蛮系统的先民九黎与商人先民之间的关系。而盘瓠的形象，则涉及南方民族又一个比较普遍的动物崇拜——神犬崇拜。这一崇拜源远流长。近年，考古工作者在武陵地区沅水中游一个四千多年前的新石器时代遗址里发掘出一批文物，其中有一座三十多厘米高的"双头连体带器座"的神犬塑像。这种与原型有较大差距并带较大底座的塑像，极有可能是供人祭祀的神器。伴随出土的玉器中有一件玉斧、一件玉环，也极有可能是当时的酋长或大巫表示神权的宝器。这表明，早在新石器时代，武陵地区已产生神犬崇拜。

与此相对应，武陵地区至今还流传着不少神犬神话和神犬崇拜的风俗。例如，苗族《神母狗父》的故事叙述，神犬翼洛到西方取回谷种，得配珈珈公主，后生下肉团出来七男七女繁衍人类；《神母犬父》的故事叙述，神母犬父生下六个儿子，分别姓田、杨、龙、石、麻、吴，他们就是苗族的祖先。洞口瑶族猎户珍藏神犬塑像，出猎时祭祀，猎归后以野物供奉……这样一块具有浓厚的神犬崇拜氛围的土地，再加上远古可能与高辛氏交往甚至联姻的丰富经历及朦胧记忆，产生盘瓠神话是很自然的。

《搜神记》等书所记载的关于"盘瓠种"的衣食住行等习俗，也与如今武陵山区各民族有相似之处。例如，"为仆竖之结"（结婚后椎髻），"织绩木皮"（织麻布），"好五色衣服"，"制裁皆有尾形"（腰巾垂结于后似尾形），"饮食蹲踞"（饮食时屈膝臀部不落地），"糁杂鱼肉"（以米屑杂拌鱼肉腌制成酢鱼酢肉），"赤髀横裙"（裸露股腿，横披短裙）等，也都是武陵山区少数民族的传统习俗。① 这也说明盘瓠神话与武陵山区少数民族的联系。

二　盘瓠族：从武陵蛮到畲、瑶、苗

盘瓠族（尊奉盘瓠始祖、流传盘瓠神话的族群）的后裔除了武陵山区武陵蛮以外，还有哪些？武陵蛮在东汉初年那次起义被镇压以后，何去何从？可以根据历代汉文典籍的记载，寻一寻线索，也理一理盘瓠神话的流变。

东汉时应劭《风俗通义》首先提到的盘瓠部落，似指前述的武陵蛮。他们在那次起义被东汉王朝镇压以后，可能有相当一部分被打散，被分化，迁徙到其他地方，融合于其他族群。

三国时《魏略·西戎传》载，氐人"其种非一，称盘瓠之后"。氐人当时栖息于今陕西、四川一带，所载可能指尧舜时被窜于三危的三苗的一支，也可能指武陵山区武陵蛮一部分西迁与氐人融合的情况。

晋代，郭璞在《山海经·海内北经》注中提出，盘瓠妻高辛氏之女的后裔，"浮之会稽东海中，得地三百里封之"。《晋记》提出，"盘瓠之后"为"武陵、长沙、庐江郡夷"。《搜神记》提出，盘瓠后裔"今即梁、汉、巴、蜀、武陵、长沙、庐江郡夷是也"。会稽，今浙江绍兴一带；庐江郡，今长江以北豫、鄂、皖交界地区；梁、汉，今陕西一带；巴、蜀，今重庆、四川。可见当时"盘瓠之后"分布之广。

自唐宋出现苗、瑶等民族的称谓以后，古籍多把盘瓠看成南方诸族，

---

① 龙炳文搜集，燕宝整理：《神母狗父》，载谷德明编《中国少数民族神话选》，西北民族学院研究所印，1983年，第627—630页；参见林河《"盘瓠神话"访古记》，《民间文艺季刊》1990年第2期。

特别是苗、瑶、畲等民族的共同始祖。唐代樊绰《蛮书》卷十提出：

> 黔、泾、巴、夏四邑苗众……祖乃盘瓠之后。

黔，唐时黔中道，今贵州一带；泾，唐时泾南，今四川泸州西南；巴，今川东、重庆一带；夏，今湖北。宋代朱辅《溪蛮丛笑》叶芬序：

> 五溪之蛮皆盘瓠种也……环四封而居者，今有五：曰苗，曰瑶，曰僚，曰仡伶，曰仡佬。

明代谢肇淛《五杂俎·人部二》载，闽山中"畲人相传皆盘瓠种也"。清初顾炎武《天下郡国利病书·广东》载："瑶本盘瓠种。"清至近现代，瑶、畲等民族和一部分苗族仍保持着盘瓠崇拜的习俗。清代陆次云《峒溪纤志》说他们

> 岁首祭盘瓠，揉鱼肉于木槽，扣槽群号以为礼。

近人刘锡蕃《岭表记蛮》也说，瑶人

> 正朔……负狗环行炉灶三匝……向狗膜拜。

而畲民"与瑶之祀同"。广西、湖南、贵州、云南、浙江、福建等地的瑶族、畲族和一部分苗族至今仍有各种祭祀盘瓠的仪式。

综上所述，汉晋时，盘瓠部落分布于以武陵山区为中心、东至会稽海外西抵巴蜀的广大地域；其后，一部分可能融合于汉族等民族中，另一部分可能发展成一些民族的主体，例如瑶、畲等民族和一部分苗族。盘瓠神话也以韵文、散文等形式，在这些民族中流传下来。

在畲、瑶、苗等民族中，至今还流传着关于盘瓠的神话、史诗。例如：

畲族《盘瓠歌》叙述，当初皇帝高辛王的正宫娘娘刘氏耳朵痛，从中挖出一条金虫，"变作龙麒丈二长"。后来番王作乱，龙麒拆榜领旨平番。他"骑云过海又过山"，到番边服侍番王，乘机咬断番王头。回来后高辛

皇帝让他在金钟里变人样以和公主成亲，但由于"讲定七日变成郎"而"娘娘六日开来睇"，结果他"头像狗来身是人"。他与公主结亲繁衍子孙，后因打猎被山羊抵死。① 畲族民间还把这个神话绘成图像，并刻一根其头既像龙又似犬的木杖，分别称之为"祖图""祖杖"。旧时，他们每隔三年举族大祭一次盘瓠，并在仪式上挂祖图，供祖杖，还唱《盘瓠歌》。

瑶族保留着许多家传的含盘瓠故事的《评皇券牒》（《过山榜》），还有许多口传形态。口传形态大致叙述，评王（或平王）有一只龙犬名叫盘护（或盘瓠），它过海咬死高王（或紫王），并载高王首级而归，得评王许以三公主（或一宫女）为妻；后让金钟盖（或蒸笼蒸）六日，除耳朵（或头）外全身变为人形，与公主成亲生下六男六女。评王赐予十二姓，还念盘护卫国有功，规定对盘护子孙不增派税赋夫役。瑶族祭祀盘瓠的活动一直沿袭不断，最隆重的是阴历十月十六日的盘王节所举行的"还盘王愿"。活动中，人们打鼓，跳舞，唱《盘王大歌》，其中有反映盘瓠事迹的歌段。

苗族一些支系也流传盘瓠神话和《盘王歌》，湘西一些苗族地区还保留有盘瓠碑、盘王庙等。

畲、瑶、苗等民族流传的盘瓠神话，最大的不同就是增加了"金钟盖龙犬，龙犬变人身"的情节，反映了人类文明发展的足迹，即随着生产力水平的不断提高，人们动物崇拜的观念逐渐淡薄，人兽婚式的盘瓠神话也逐渐过渡到人婚式的盘瓠神话。

三 盘瓠内涵：龙、瓠、犬

再来看看盘瓠这一形象的内蕴。

在南方民族几则著名的族源神话里，盘瓠神话主人公诞生的环节是最多的，形象的内涵也是最丰富的。根据上述《魏略》《搜神记》以及畲族《盘瓠歌》等的记载，盘瓠诞生的环节大致如下：

高辛氏老妇得耳疾—挑之乃得物或顶虫大如茧（或一金虫，直接变作龙麒丈二长）—妇人盛瓠中，覆之以盘—俄顷化为犬，其文五色

---

① 兰振河、兰清盛等搜集、整理：《盘瓠歌》，载《太姥民间文艺》，福建省福鼎县文化馆印，1986年。

由此，盘瓠形象的内涵亦具有多层结构，包含多种意味。

盘瓠形象首先含有龙的因素。《魏略》《搜神记》所载盘瓠神话里老妇耳中挑出的"大如茧"之"物"或"顶虫"，在畲、苗等民族的很多口头传说中是龙。敕木山畲族《蓝氏家谱》载，帝喾高辛皇后刘氏有一老妇患耳疾，请医师从中取出一虫，"如异玺，以瓠载之，将盘覆之，须臾化作一龙，身有一百二十个斑点花色，故名盘瓠"。贵州施洞苗族传说，一位祖母患耳疾，掏耳朵掉出一根蜈蚣龙，蜈蚣龙被盖在盘子里七天后变为龙狗盘瓠。古称动物为"虫物"，动物皆可名"虫"。《说文》谓龙为"鳞虫之长"，故此处"物"或"顶虫"与龙也联系得上。另外，苗瑶语族各民族古代有龙的信仰，他们所信奉的龙为原始形态的龙，多无前爪，无角，以鱼、虾、虫等为体，是鱼、虾、虫而为龙者。它们当与盘瓠形象有联系。

在瑶、畲、苗等民族的神话、史诗中，盘瓠的形象都带龙的因素。瑶族《评皇券牒》说盘瓠是"龙犬"，畲族《盘瓠歌》说盘瓠是"龙麒"，都带一个"龙"字。《评皇券牒》说，盘瓠"身有二点虎（色），初生在东海，引在家中养大"。瑶族《盘王歌》说，盘瓠征高王是"腾云驾雾天外去，过海来到高王城"。畲族《盘瓠歌》说，盘瓠平番是"骑云过海又过山"，"七天七夜到番边"。在这些叙述里的盘瓠，从出身到行为，都带有龙的特征。

尚存于一些民族生活中的民俗资料，也说明盘瓠形象带有龙的特征。

在湖南麻阳（属于历史上著名的"五溪蛮"地）苗族居住区，至今共有盘瓠庙二十一座，其中始建于明代、重建于清代的高村乡漫水盘瓠庙，正门横梁上有"盘瓠大王云游四方"木雕。木雕上的盘瓠大王是龙头狗身，虎尾卷毛，脚下是山川云海。当地还有椎牛祭祖的活动，活动中有"接龙"（当地人们称为"接祖神"）仪式。人们唱道："盘瓠大王是我祖"，"子孙诚心来接龙"。然后划两艘昂首翘尾的雄、雌龙舟，以之象征盘瓠大王和高辛氏公主，进行意为请盘瓠大王游江的活动。[①]

广西贺县联东村的瑶族在进行"还盘王愿"的活动时，要请两位师公跳模仿以龙的形象出现的盘瓠的"祭禾兵"舞蹈：飞快趴下去，用口吸水，用手抓谷穗，然后跳起来向天喷水，向四周撒谷穗，以模仿作为龙的

[①] 郭长生：《试述"盘瓠"图腾的龙的因素》，《贵州民族研究》1987年第3期。

盘瓠使当地风调雨顺。①

盘瓠形象含有龙的因素，似乎与盘瓠族群古代居住环境有关。北魏魏收撰的《魏书·蛮传》以追述的口气谈到，"其来自久"的"盘瓠之后"，早年生息繁衍于"江淮之间"，然后"部落滋蔓，布于数州"。瑶族的《评皇券牒》也说，他们的祖先早期的故乡是中国东南沿海会稽山区一带。如此说来，盘瓠族群的一部分在较为远古的时代居住在江淮之间乃至东南沿海地区是有可能的。这些地区靠近江河湖海，产生（原始形态的）龙崇拜是有可能的。这个信奉（原始形态的）龙的部族，或者因迁徙、环境改变等原因又信奉神犬，或者与居住在山区信奉神犬的部落融合而形成龙犬崇拜，作为龙犬形象的盘瓠当为两种崇拜的合体。盘瓠型故事可能隐喻着信奉龙的部落立了战功，转而迁徙、狩猎或与狩猎部落融合又信奉龙犬这样一个深层结构。

其次，盘瓠名字的由来可能又与人使用的容器——盘和瓠有关。《魏略》说盘瓠之名是因老妇从耳中挑出的物"盛瓠中，覆之以盘"化为犬而得的；《搜神记》也说盘瓠之名来自从老妇人耳中挑出的顶虫"置于瓠蓠，覆之以盘"化为犬之情节；畲族《盘瓠歌》等也有类似的记载，所以又带葫芦崇拜的意味，或纪念用瓠壳做盘的创始者之意。

瓠，葫芦，"瓠""葫"同音通用。中国古代很早就开始了采食和使用葫芦的历史。《诗经·小雅·瓠叶》说："幡幡瓠叶，采之烹之。"《周礼·郊特牲》说："天子树瓜华。"郝懿行《尔雅义疏》："是华读为瓠，瓠华古音同也。"汉代王桢《农书》说："瓠小之为瓠勺，大之为盆盎。"在浙江余姚河姆渡文化遗址中发现葫芦，说明最迟至七八千年以前，中国已经栽培葫芦，利用野生葫芦的历史可能更长；在浙江嘉兴大坟新石器时代遗址又出土一件人像葫芦陶瓶，可能为一象征母性的陶偶，说明葫芦进入宗教领域也很早。葫芦与人的关系那么密切，葫芦崇拜的产生是很自然的。

在神话中，龙犬名叫盘瓠，可能更多的是远古葫芦崇拜的遗留。盘覆瓠而孕育盘瓠这一情节，也明显地带有对葫芦的生殖方面象征意义的崇拜，是古代南方民族"人从葫芦出"原始信仰的演化；也有可能是一种仪式的神话化。②

---

① 刘小春：《瑶族盘王舞简述》，《民族艺术》1986年第3期。
② 参见林河《"盘瓠神话"访古记》，《民间文艺季刊》1990年第2期。

再次，盘瓠形象自然也含有犬的因素（但犬种不一定都是盘瓠）。《搜神记》说盘瓠是顶虫所化之犬，《后汉书·南蛮西南夷列传》也说盘瓠是"其毛五色"的狗；畲族《盘瓠歌》说盘瓠是"龙麒"，但他在金钟里变人样因七日期限未到而变成"头像狗来身是人"；瑶族《评皇券牒》（过山榜）也说盘瓠是"龙犬"。在汉文典籍和各民族神话、史诗所叙述的盘瓠上山打猎最后被山羊挤下悬崖而死或被山羊抵死等情节，也带有很明显的猎犬的特点。此外，一些地方信仰盘瓠的族人"向狗膜拜"和不吃狗肉等风俗，也说明了这一点。

盘瓠含有犬的因素，当是信奉盘瓠的这个古族古代居住环境和狩猎生活的产物。《后汉书·南蛮西南夷列传》说"盘瓠得女，负而走入南山"，李贤注认为南山指辰州泸溪县西的"武山"。南朝梁鲍坚《武陵记》说"武山高可万仞"，"山半有盘瓠石窟"。这些记载和注释在一定程度上反映了这个古族或这个古族的一部分居住在山区的历史情况。人们居住在山区，狩猎为主要生存手段之一。狗为人类狩猎的得力助手，又为人畜的守护者，且易繁殖，这可能是某些氏族以狗为"亲属"的主要原因。一直到唐代，这个古族的后裔还有不少从事带犬狩猎的。当时连州（今粤北一带）刺史刘禹锡描述他们的狩猎生活道："张罗依道口，嗾犬上山腰。"

由此，盘瓠形象可以说包蕴了多种信仰成分，可能隐含着盘瓠族群多种历史发展的进程。

四　盘瓠婚姻：契约—考验型圣婚

而盘瓠与公主的婚姻，构成了一个契约—考验型的圣婚形式。如瑶族《盘瓠歌》里，番王作乱，高辛帝张榜为公主招亲，条件是能平番王之乱，这就形成一个契约：双方约定了行动的规则，即完成某项行动给予某种回报，同时也形成一个考验。龙犬盘瓠揭了榜，意味着他愿意成为契约的一方，愿意接受考验。最后，盘瓠咬掉番王的头，完成了约定的任务，经受了考验；而高辛帝在公主的坚决要求下也践了约，因而盘瓠得以跟公主成亲。这样的婚姻，也同样具有神圣的性质。

盘瓠神话流传到后来，内容不断丰富，形象不断完善。历代的人们均用其时的审美理想对盘瓠等人物进行重塑，使其人性更加突出，人格更加鲜明。如盘瓠揭皇榜的"勇"，诛敌酋的"智"，遭悔婚的"哀"，得公主的"乐",以及三公主的诚实、朴素、善良、豁达,均在以后的流传中有更加细腻的描述,从而变得更具魅力。

盘瓠形象是神话里的英雄,也一直是祭坛上的主角,对此汉文典籍多有记载。如晋干宝《搜神记》谓"蛮夷"

> 用糁杂鱼肉,叩槽而号,以祭盘瓠。

唐代刘禹锡《蛮子歌》谓连州"莫徭"

> 熏狸掘沙鼠,时节祭盘瓠。

流传至今的瑶族祭盘瓠仪式,大都以"还盘王愿"的形式进行。其中,又插入一个"渡海还愿"的传说。相传,瑶族先民离开祖居地向外迁徙过一大海,遇大风浪,船不能进。人们就向祖先盘王祈祷,许愿如果船能靠岸,子孙永不忘恩,杀猪祭祀酬谢。祈后,果然风平浪静,船顺利靠岸。以后,人们就定期"还盘王愿""祭盘王""做盘王"。这个传说弥补了盘瓠动植物崇拜功能在新形势下的消退,强化了祭盘王的礼仪。

祭盘王的仪式一般分为族祭和家祭两种,族祭不少地方在夏历十月十六的"盘王节"进行。祭时设祭坛,挂神像,鸣铳炮,摆祭品,"族老"(兼师公、道公身份)带领人们默念盘王。祭后锣鼓喧响,众唱《盘王歌》:"子孙打起黄泥鼓,鼓声咚咚震山岗,鼓声不停歌不断,世代传唱盘瓠王……"然后叙唱盘瓠事迹。在歌唱中,配以舞蹈,舞者有拍母鼓的一女性(象征三公主),摇手帕、鲜花的六少女和拍小鼓的六少男(象征盘瓠后裔六男六女)。第二天开始,"跳盘王"以庆贺丰收为内容,伴以传说故事歌对唱和情歌对唱。各地瑶族还有其他不同的祭祀方式。

20世纪50年代,一些地方的瑶族祭盘王时仍有与性或生殖相关的带巫术性质的表演。在广西全州,族祭的第三夜,两师公戴上面具,上身赤裸,下身只围草叶裙,模拟人狗交配动作进行舞蹈;广西钟山、湖南江永等地瑶族则跳传统的"绊腾舞":两舞者以手足在地上爬行,用一红布条穿过胯下互连在双方裤腰上,表示盘王与三公主交配。双方还以脚掌勾连,边爬边跳边学犬叫。这种舞蹈,一般在深夜跳,跳时只许本族男性观看,不许本族妇女和外族人观看,笼罩着一种庄严、神秘的气氛。这大抵便是盘王节的原始意义所在。①

广西大瑶山瑶族男子年届十五六岁，很多人都要结合"做盘王"举行类似的相当于成年礼的"度戒"仪式。山子瑶度戒的青年要经受十种象征性的考验：从一丈多高的"云台"上翻下（下有藤网），赤脚爬刀梯，踏烧红的砖头，走火堆，赤手伸入煮滚的油锅，睡布满利刺的床，等等。（以后一些地方只剩翻"云台"一种）瑶族在这种成年礼的仪式上要吟诵《盘王歌》，利用歌的神圣性质把当事青年的灵魂引至一个神秘的境界以接受始祖"醮名"，感应始祖神力；同时宣扬民族历史，传授顽强不屈的民族精神，以使青年成年以后继承传统，做一个坚强勇敢的人。②

这样的仪式，还可能与古代一种从"种"或图腾吸收力量的仪礼有关。英国人类学家弗雷泽在《金枝》中对此描述道：

> 图腾崇拜的观点很好地说明了一种宗教仪礼，就我所知，迄今尚无超过它的更好的说明。在许多当未开化的野蛮氏族中，尤其是在奉行图腾制的氏族中，孩子们到了青春期，按习俗都要进行一定的成年礼，其最常见的做法之一就是假装杀死已到青春期的孩子又使他复活。假如说这样是为了将孩子的灵魂转入其图腾，那么，这种礼仪就可以理解了。因为要想把孩子的灵魂召出体外，很自然地就会想到把孩子杀死，或者至少使孩子昏迷如死（原始人把昏迷不醒看得同死亡一样，不能区别），孩子极度昏厥后苏醒过来，可以说是身体肌体的逐渐恢复，然而原始人则解释这是从孩子的图腾身上输入了新的生命。所以这些成年礼的本质，就其假装死亡和复活的现象来看，可以说是人与其图腾交换生命的仪礼。③

山子瑶度戒的青年所经受的十种考验，每一种从某种意义上来说都具有从生到死的象征意义，其原始意味包含重新回到"种"或图腾状态以吸取"精"力当有可能，尤其是其"种"或图腾盘瓠形象具有如此深厚的内

---

① 农学冠：《岭南神话解读》，广西民族出版社2000年版，第117页。
② 1986年7月15—28日在广西金秀、荔浦等地进行田野作业并采访苏胜兴、李文柱、赵进品等瑶族人士时记录。
③ [英] 詹姆斯·乔治·弗雷泽：《金枝》（下），徐育新、汪培基、张泽石译，中国民间文艺出版社1987年版，第977页。

涵，如此神勇的品质。

盘瓠神话还叙述，盘瓠带三公主迁往深山以后，生下六男六女，以狩猎、耕织为生。一天，盘瓠带领儿子们上山打猎不幸被一只狡猾的野山羊触落山崖，摔死在崖底一棵泡桐树旁。三公主和儿子们悲痛万分，他们打死野山羊，剥下羊皮，砍倒泡桐树，两端挖空，做成长鼓，再绷上羊皮，糊上黄泥浆，狠狠地敲，重重地捶，并边敲边舞，边哭边唱，悼念死去的亲人盘瓠。从此，长鼓舞一代一代地传下来了，今天已经成为盘瓠的后代——瑶族的群众性的文娱活动。

长鼓舞舞蹈形式多样，各具特色。广东连南的大长鼓舞，队形多变，十分活跃。击鼓基本姿态为上身稍前倾，半蹲，双膝按节奏颤动，形成身躯的起伏；配合动作有摇鼓提肩、旁吸腿空转、圆圈跳转、大蹦子等，幅度大，有气势。广西金秀的大长鼓舞跳法又不一样，舞前要先用黄泥浆糊鼓面，以校准鼓音，所以又称"黄泥鼓舞"。鼓分公、母，通常一只母鼓配四只公鼓组成舞群。舞时，以母鼓手为轴心，四公鼓手围成外圈，应母鼓鼓点敲打，按顺时针方向跳转。男女歌队手执花巾围成内圈按逆时针方向跳转，且舞且唱反映劳动生活的《黄泥鼓舞》；步伐多为蹲点步，双膝的颤动贯穿始终，动作刚柔相济；或者说，既体现了盘瓠的英武，又体现了三公主的温婉。

有的地方的长鼓舞还形成比较复杂的表演程式。广西贺县、广东连南的《赶羊做鼓长鼓舞》，用了72套长鼓舞蹈动作，形象地描述长鼓的来历。舞蹈从拜鼓开始，接着是盘王出猎、追羊、射羊、被羊触死，到盘王子女打死山羊剥皮做成长鼓、世世代代打着长鼓为盘王雪恨。通过这些动作，完整细致地表现了有关的神话故事。舞蹈由专门的长鼓艺人来跳，有的还要爬到三张搭起的桌子上进行表演，以表现自己的技巧。伴奏以两支唢呐为主，辅以鼓、锣、钹等，气氛热烈活跃。这是一种形体艺术或空间艺术对盘瓠神话的"神圣叙述"。

第五节　廪君神话与虎崇拜

廪君神话可能最早载于秦末汉初的《世本》里，该书在南宋时已佚亡，今存清代诸家的辑本。

一 廪君：死，魂魄世为白虎

此则神话后载入南朝宋范晔撰的《后汉书·南蛮西南夷列传》中，曰：

> 巴郡南郡蛮，本有五姓：巴氏、樊氏、曋氏、相氏、郑氏。皆出于武落钟离山。其山有赤黑两穴。巴氏之子生于赤穴，四姓之子皆生黑穴。未有君长，俱事鬼神，乃共掷剑于石穴，约能中者奉以为君。巴氏子务相乃独中之，众皆叹。又令各乘土船，约能浮者，当以为君。余姓悉沈（沉），唯务相独浮。因共立之，是为廪君。乃乘土船，从夷水至盐阳。盐水有神女，谓廪君曰："此地广大，鱼盐所出，愿留共居。"廪君不许，盐神暮辄来取宿，旦即化为虫，与诸虫群飞，掩蔽日光，天地晦冥。积十余日，廪君思其便，因射杀之，天乃开明。廪君于是乎君于夷城，四姓皆臣之。廪君死，魂魄世为白虎。巴氏以虎饮人血，遂以人祠焉。

这段记载短短两三百字，却具有丰富的内容。它反映了氏族社会人们从穴居野处的蒙昧状态开始觉醒时期的生活，记述了土家族先民巴人（巴郡南郡蛮）的发源地、主要姓氏、穴居生活，以及对新的生存方式的追求和迁徙历程；而作为族源神话，其中最富于意味的是这样一句话："廪君死，魂魄世为白虎。"

在中国古代，魂魄说源远流长。魂，从云，从鬼，"云"指在天空飘荡的气体，"鬼"指死去的人。"云"和"鬼"结合起来，本义当表示"人死后体中回旋升天的阳气"。

古人认为，太极出现、天地分开以后，天气（阳气）下降，地气（阴气）上升，二气相合，乃生人类，即《管子·内业》所谓"凡人之生也，天出其精，地出其形，合此以为人"。其中，阴气化为人的身体，阳气则入主身体，表现为人的精神；人死后，寄于身体的阳气则离体回旋升空，还原为天气，即《列子·天瑞》所谓：

> 精神者，天之分；骨骸者，地之分。属天清而散，属地浊而聚。精神离形，各归其真，故谓之鬼。鬼，归也，归其真宅。

此阳气即为"魂"。故《易·系辞》曰：

> 精气为物，游魂为变。

《说文解字》曰：

> 魂，阳气也。

至于"魄"，古有两义，一为阴气所化之形躯，即《说文解字》所谓"魄，阴气也"；另为魂魄相联，均指性灵，即《左传·昭公二十五年》所谓"心之精爽，是谓魂魄"。今多用后者。

人死后，形躯归土，魂魄则另有新的天地。《礼记·檀弓》曰：

> 骨肉归复于土，命也。若魂气则无不之也。

形躯骨肉，命限所致，死后归于尘土，而"魂气"则无所不往。《左传·昭公七年》记载，春秋时思想家子产对于"魄""魂"等，又有一番看法：

> 人生始化曰魄，既生魄，阳曰魂；用物精多，则魂魄强，是以有精爽，至于神明。

唐代孔颖达《左传正义》释之曰："人禀五常以生，感阴阳以灵……人之生也，始变化为形，形之灵者，名之曰魄也。既生魄矣，魄内自有阳气，气之神者，名之曰魂也。魂魄，神灵之名，本从形气而有。形气既殊，魂魄亦异。附形之灵为魄，附气之神为魂也。附形之灵者，谓初生之时，耳目心识，手足运动，啼呼为声，此则魄之灵也；附气之神者，谓精神性识，渐有所知，此则附气之神也。是魄在于前，而魂在于后，故曰既生魄，阳曰魂。魂魄虽俱是性灵，但魄识少而魂识多。"

依此，则魂魄强者，变成"精爽"，至于"神明"，仍有作为；如是，则廪君魂魄化为白虎，或白虎魂魄化为廪君，均可说通。

廪君形象凝聚着古代巴人带"种"或图腾意味的白虎崇拜,其他汉文典籍对此也有记载。东晋干宝《搜神记》说:

江汉之间有犯人,其先廪君之苗裔也,能化为虎。

唐代樊绰《蛮书》也说:

巴人祭其祖,击鼓而祭,白虎之后也。

在巴人的"流"之一的土家族中,也保存着许多相传跟廪君与白虎有关的遗址和习俗。例如:

汉文典籍所说的巴人发源地武落钟离山,相传在今湖北长阳土家族自治县县城西北八十里,夷水即今清江。今长阳县的白虎垄,相传为廪君死时化为白虎处。清代同治《长阳县志·古迹》载:"巴人廪君化白虎处:白虎陇。旧志谓廪君化白虎处指此,故渔峡口东西村被称为白虎陇。"

对廪君的"人祠"也留下遗俗。相传廪君逝世以后,"魂魄世为白虎",巴氏族"以虎饮人血,遂以人祠焉",传下杀人血祭习俗。传至北魏(其时北魏疆域南至江淮),因朝廷禁止杀人血祭,要求"以酒脯代用"(《北史·韦珍传》),方改为椎牛杀猪,以牛首猪头代人头祭祀祖神(俗称"还牛愿")。但在端上牛首猪头祭祀时,土家族祭司"土老司"仍要用杀猪刀在自己额头上划道血口(俗称"歼头"),将血滴于长串钱纸上,当众悬挂于神堂;祭祀者每人手持一根木棍往神桌上的猪血盆里插,然后相互往额头上画,画起道道血痕(俗称"夹巴画",即"开血口"),象征人头血祭。他们认为只有这样"歼头"和"夹巴画",祭祀才生效应,祖神方能显灵,庇佑人畜兴旺,五谷丰登。① 可能先民认为生虎食人,虎魂嗜好亦当如生虎,故有此举。

二 土家族虎父与喝虎奶长大的女祖

土家族地区还保存不少其他有关虎崇拜的文物、习俗和神话传说。

---

① 《中国各民族宗教与神话大词典》编审委员会编:《中国各民族宗教与神话大词典》,学苑出版社1990年版,第583页。

例如：

湘、鄂土家族地区发现了大量的虎钮錞于，仅湘西就达二十多件。小孩出生满月放脚，要穿绣有虎头的鞋子，摇篮里的盖被上要绣有"猫脚迹"等花纹（土家讳虎而呼虎为猫，"猫脚迹"即虎脚迹），意即靠祖宗白虎来保护小生灵长命百岁。

湘西土家人跳摆手舞时，"梯玛"须披虎皮于队前领舞。一些家庭也设坛祭虎神。永顺土家族传说他们的老祖宗是铜老虎、铁老虎两兄弟。保靖土家族传说他们的老祖宗是飞山虎、过山虎、爬山虎三祖公。湘西土家族共同祀奉的祖先神八部大王，传说也与虎相关联：远古时，酉水河畔的泽碧没有人烟。一只仙鹤含来两颗种子，长出两棵楠木树。树长大后炸裂，出来一男一女。两人奉白虎娘娘旨意结成夫妇，但一直没有儿女。后来女的梦见白虎娘娘送来喜药茶叶，她一连吃了八口，怀孕三年六个月，生下八子一女。他们受"龙哺乳，凤遮荫"（一说喝虎奶）长大，心灵手巧的幺妹当上了皇后娘娘。八兄弟学了很多本事，边关立功，救了皇上。皇上要给八兄弟封官，八兄弟不要，回到泽碧每人建了一个部落，繁衍了后来的土家族。[①] 这里白虎娘娘所送"喜药茶叶"，联系前述廪君死后魂魄化为白虎之说，似有"虎魂"之意。由此，古代巴人及其后裔土家族先民的白虎崇拜，从巴人首领廪君往下延续到了土家族直系祖先八部大王。

土家族还流传着其他一些与虎有关的祖先神话传说，它们当为关于含"种"或图腾意味的虎神话的另外版本或后续作品。与前述廪君死后魂魄化为白虎的情节不同，这些神话传说表现出生，叙述自己族类含白虎形象的父系祖先如何与作为凡人的母系祖先结合，繁衍自己的族类。

鄂西流传的一个故事说，远古有个老阿公，带着孙女芭莓放羊。老阿公精力不济，许愿说谁帮他放羊就招谁做孙女婿。天上白虎神听到了，变成一个标致后生来帮老阿公放羊。老阿公很喜欢他，让孙女与他成亲了。一天，芭莓上坡去送饭，只见羊群不见人。上至山坳，见树脚躺着一只白虎。芭莓吓得晕倒在地，昏迷中仿佛看见白虎在身边绕了三圈就消失了，然后一颗白灿灿的星星飞上了天。他们这才明白，原来是天上白虎神下凡。芭莓生下七男七女，长大后互相婚配，繁衍成土家族田、杨、覃、

[①] 1985年11月5—14日在湘西吉首、永顺等地进行田野作业并采访杨昌鑫、彭继宽、彭南均等土家族人士时记录。

向、彭、王、冉七姓。他们将白虎奉为家祖神，呼公虎为"利巴"，即"虎祖""虎父"之意；号自己为虎族、虎蛮。祭祖时，神龛桌上要放虎皮，结婚祭祖也要将虎皮陈于堂中，表示为虎的后裔。① 这里，原始的虎已经随着历史的发展，上升为天上的白虎神，但虎的内涵未变，尤其是升天之前在女子身边"绕了三圈"仍带"感生"的痕迹，可见其底蕴仍较古朴。

"虎儿娃"故事说，很久以前，虎与人结合生下一个孩子，其脸上呈半人半虎的形象，人们就叫他"虎儿娃"。他上山后，百兽尊他为王，受惊的烈马见了他会站立不动。有一年皇帝的三公主被魔王抢走，皇帝向外张榜，声言谁能救出三公主就将三公主许配于谁。虎儿娃知道后揭了榜。他来到魔王洞，魔王吐出雾气，将大树连根拔掉，可虎儿娃纹丝不动。虎儿娃与魔王搏斗，斩了魔王，救出了三公主。皇帝遵守诺言，将三公主嫁给了虎儿娃，他们所生的孩子就是后来的土家人。② 此处，直接叙述虎与人结合生下一个半人半虎的"虎儿娃"，又形成了动物祖先神话的另外一种型式。

从始祖死后魂魄化为白虎，到含白虎形象的男性与女性结合生育后代，一终一始，首尾呼应，更充分、更完整地展现了古代巴人及其后裔与白虎相关的族源神话。

另外，土家族各地传说中的几位女性祖先，都与虎有联系，而且联系的方式都相同，即或是自己或是儿女是喝虎奶长大的。这似乎印证了功能学派的代表马林诺夫斯基的观点，即图腾之所以涉及动植物是因为食物的需要，是因为动植物在人类中激起的艳羡、恐惧、食欲的复杂感情在原始人的思想当中占据主要地位。

相传，土家族的始祖名叫卵玉，是从蛋里跳出来的一个姑娘。她喝虎奶长大，有神力。当时天地相连，昼夜不分，她用箭射开了天地；当时世上没有人，她吃了八颗桃子和一朵桃花，生下八男一女，世上才有了人烟。因为卵玉是从蛋里跳出来的，所以后来土家族姑娘出嫁前，须用蛋滚脸，据说这样就可以获得生育能力。

土家族另一位始祖土家语称"苡禾娘娘"，相传她上山采茶，嚼了一

---

① 土家族学者杨昌鑫提供。
② 土家族学者彭继宽提供。

把茶叶，然后怀孕生下八个儿子。苡禾娘娘无法抚养，便把他们丢到山上，任其生长。兄弟八人喝虎奶长大，即为土家族崇拜的男性氏族祖先神"八部大王"。

还有一位祖先土家语称"蒙易神婆"，她从小喝虎奶长大，后感白龙怀孕，生下三个儿子。兄弟三人成人后勇猛无比，死后化为三只白虎，被封为白帝天王，又称白虎天王或白虎夷王。蒙易神婆被尊为"天后娘娘"。土家族地区到处都建有白帝天王庙，庙后往往有座小庙祀天后娘娘，据说能保佑不孕者获得子嗣。①

以上三则神话前两则讲述一个故事，即土家族祖先八部大王的出生，只是喝虎奶的主角有异，前者为母亲，后者为八个儿子；后一则当属另一个体系。三则神话均以"喝虎奶"暗示与白虎的血缘关系，此当也是奉此动物为祖或图腾的标志之一。

从以上事例可以看出，土家族对白虎确实怀有很深的感情。然而，比较独特的是，土家族并不是对所有的白虎都一律崇拜，他们把白虎分为"坐堂白虎"和"过堂白虎"两大类，仪式分为祭"坐堂白虎"和赶"过堂白虎"两种。"坐堂白虎"为家神，必须祭之；"过堂白虎"专门兴灾降祸，要驱赶。

相传，过堂白虎原为土王幼妾，因被遗弃，愤而投河自杀，死后变成过堂白虎，残害土王子孙。凡婴儿降生，男孩三天之内，女孩七天之中，须备牲醴请土老司作法驱赶过堂白虎，否则小孩会受残害，如会使小孩睡梦中惊叫哭喊，口吐白沫，浑身痉挛等。法事结束，要在小孩的摇篮内放上锄头、剪刀、柴刀、火钳等物，以镇伏过堂白虎，使小孩健康成长。②

三 廪君酋长兼巫师的形象及相关信仰风俗

另外，《后汉书》等汉文古籍所记载的廪君神话，还记述了古代巴人其时的社会形态、迁徙经历等，展示了更悠长、更广阔的生活画面。从记载可以看出，其时巴人祖先当处于母系氏族社会向父系氏族社会过渡的渔猎时期，"未有君长，俱事鬼神"，人们可以按照部落的利益以某种含神圣

---

① 吕大吉、何耀华总主编：《中国各民族原始宗教资料集成·土家族等卷》，中国社会科学出版社1999年版，第26页。

② 1985年11月5—14日在湘西吉首、永顺等地进行田野作业并采访杨昌鑫、彭继宽、彭南均等土家族人士时记录。

意味的形式选择部落首领。神话比较详细地描述了他们选择首领的方式：先是"共掷剑于石穴，约能中者奉以为君"；"又令各乘土船，约能浮者当以为君"。这是一种以考验形式选择首领的方法。

民俗学的资料表明，处于群体文化状态的早期人类在个体生长历程以及群体社会生活的方方面面，频繁地使用考验以考察个体的能力、资格乃至神性，并逐渐将其仪式化、形式化。这些考验的仪式或形式，有出生被弃以验证是否为"圣婴"，出难题以选择女婿，比技艺以推出首领，等等。考验最基本的程序是"阻碍—克服"。阻碍的具体内容多种多样，有被丢弃、被攻击、被赋予某种凶险艰难的任务等形式，也有斗智、竞技等带游戏性质的方式，还有引诱、挽留等温情脉脉的手段。它们的目的都是一个：阻碍主体达到追求的目标。阻碍就是考验，克服就是证明主体的能力、禀赋、资格的过程。廪君神话里的情节正属于这一类考验形式。

神话塑造了廪君（务相）的英雄形象：他具有神的因素，本领非凡，掷剑独中，乘土船独浮，被推举为首领。以后，他又机智地与盐水女神作斗争，在"天地晦冥"十余日的不利条件下"思其便"射杀之，取得在夷城生息繁衍的权利。在《晋书·李特载记》所载的同一则神话里，还有这么一个细节：

> 廪君乃以青缕遗盐神曰："缨此，即宜之，与汝俱生。弗宜，将去汝。"盐神受而婴之。廪君立砀石之上，望膺有青缕者，跪而射之。中盐神，盐神死。

这一细节更体现出他的智慧。

根据这些描述，廪君当为原始社会酋长兼巫师的形象，掷剑和乘土船当为其巫术行为的神话化，斗盐水女神可能隐喻着廪君之族在迁徙中兼并或打败盐水女神之族的史实。

在鄂西、湘西土家族中，也流传不少关于廪君和盐水女神的传说以及信仰风俗。

根据历代地方志记载，鄂西长阳、巴东、五峰及湘西石门等地土家族尊廪君为"向王天子"。咸丰《长阳县志》云："廪君……世俗相沿，但呼为'向王天子'。"（湖南桑植、慈利、张家界等地"向王天子"另有所指。）土家人认为他对开发清江作出了重要贡献，流传俗谚"向王天子一只角，吹出一条清江河"。他们的宗教圣地向王庙，以白虎神廪君为主要祭祀对象。咸丰《长乐县志·寺观志》载："向王庙在高尖子下，庙供廪君神像。"道光《长阳县志》亦记，供奉廪君的庙宇俗称"向王庙，盖以巴务相之'相'而得名，因土语讹'相'为'向'耳"。

就是在古籍里作为廪君对立面的盐水女神，在土家族民间信仰中也得到尊崇的地位。道光《长阳县志》载："向王旁塑女像，俗称德济娘娘。始乃盐水女神。"在民间传说中廪君与盐水女神之事更蒙上一层脉脉温情。长阳县盐池温泉一带流传的《老祖公与盐水女子成婚》故事说，老祖公（廪君）来到盐池，看见山里裂开一条缝，流出盐水，水上还有一位美貌女子。后来这位女子与老祖公结婚，人丁兴旺，子孙繁衍。[1] 鄂西一带崇拜的女性始祖称"春巴妈帕"，又称巴山老祖婆，据说她就是盐水女神。相传她感虫而孕，生下的孩子浑身是毛，形状似虫能飞，住在清江流域。后来，巴子从武落钟离山出来，春巴妈帕留巴子共居，繁衍后代，即为土家人。但不久巴子嫌弃春巴妈帕，用箭将她射死。后人仍崇敬这位祖婆。长阳一带称她为德济娘娘。[2] 古典神话形象在人们心目中的地位随着时代的进程而发生如此变异，真可谓"天若有情天亦老，人间正道是沧桑"。

四　氐羌族群的虎崇拜

虎崇拜在南方民族中是普遍的现象，相关的神话传说也不少。羌人的祖先无弋爱剑，相传曾得到虎的护佑。据《后汉书·西羌传》载，无弋爱剑曾被秦俘，后逃归，

> 而秦人追之急，藏于岩穴中得免……秦人焚之，有景象如虎，为其蔽火，得以不死……诸羌见爱剑被焚不死，怪其神，共畏事之，推以为豪。河湟间少五谷，多禽兽，以射猎为事，爱剑教之田畜，遂见敬信，庐落种人，依之者日益众。

氐羌系统各民族普遍崇虎。元代李京《云南志略·诸夷风俗》载：

---

[1] 转引自朱炳祥《土家族文化的发生学阐释》，中央民族大学出版社1999年版，第137页。
[2] 吕大吉、何耀华总主编：《中国各民族原始宗教资料集成·土家族等卷》，中国社会科学出版社1999年版，第26页。

> 罗罗即乌蛮也……酋长死，以虎皮裹尸而焚，其骨葬于山中……人死往往化为虎也。自顺元、曲靖、乌蒙、乌撒，皆此类也。

罗罗即彝族旧称。彝族群众多奉虎为祖先，为保护神，还流传一些因虎生人的传说。古时滇南临安府纳楼茶甸（今云南建水县官厅镇，纳楼意为黑虎）副长官司普率之子普向化，传说就是因母亲夜梦一只老虎偎依身旁，而怀孕生下的。① 白族的他称（其他民族对白族的称呼）有60多种，带"虎"意的达22种，如"腊子""腊扒"等，直译即虎人。他们也流传不少老虎化身为人与女子结婚繁衍白族某个支系的神话。

氐羌系统各民族民间信仰风俗多以虎为保护神，有的并延及虎状的自然物。云南双柏县东达易门、西通大理下关的顺山脊梁一线山，有形如凹腰葫芦的山，当地彝族群众称之为"老虎山"；村前山脚下有一石母虎，他们称之为"开路虎"；村南"叫魂梁子"上的石虎，他们称之为"守魂虎"。村后山腰上的那只巨大的石公虎，他们称之为"接脉虎"。据传村里不会生孩子的妇女，只要在村前山下那一只多仔的石母虎前许个愿，就不愁生小孩。若想生男孩的父母就去山后路口向石公虎烧烧香，敬敬酒，然后摸一摸石公虎的生殖器就会生儿子。如果有哪一家的小孩精神不好，好生病，被认为丢了魂，父母只要背上这个孩子，拿一个鸡蛋，去"叫魂梁子"上对着"守魂虎"磕头烧香招魂，并回家煮鸡蛋让孩子吃，病就不医不治而愈。按该村老者说法：虽这里山穷地少，但始终有四只石虎守山脉，坐镇山脉，从东远眺此山，形如威武的老虎。他们在此居住了五百多年，谁也不相信这个地方能养活如今160户600多人，正是依仗了那四只石老虎的保佑和庇护。② 此处，似虎的山石同时具有守魂、接脉、催生、庇护的作用，展现出保护神的巨大威力。

上述竹王、九隆、盘瓠、廪君等族源神话，除了丰富的叙事，还表现了与"种"或图腾相关的种种现象：社会结构，如竹王神话的"氏以竹为姓"；思想基础，如廪君神话的"廪君死，魂魄世为白虎"；风俗，如九隆神话、盘瓠神话里分别模仿龙、龙犬的服饰、纹饰等。这些记载，出现于两千多年以前，对于认识此类文化具有珍贵的价值。

---

① 张纯德、龙倮贵、朱琚元：《彝族原始宗教研究》，云南民族出版社2008年版，第42页。
② 同上书，第45页。

结　语
目的与形式　功能与超越

天地悠悠，岁月悠悠。从上古到近现代，南方民族创世神话萌生、传承多少年，至今还未失去耀眼的光辉。它的萌生、传承，有太多值得探讨的东西。

一　神圣叙事：目的的追求

美国加州大学教授阿兰·邓迪斯（Alan Dundes，1934—2005）曾把神话归结为"关于世界和人怎样产生并成为今天这个样子的神圣的叙事性解释"[1]，人们将其简化成"神圣叙事"。中国南方民族创世神话及其仪式、风俗，从时间和空间为"神圣叙事"说提供了丰富的资料。

南方民族创世神话诞生于中国南方广袤的天地。汉文典籍记载中的南方民族栖息环境及文化，常常具有某种奇特的氛围、神秘的色彩。东晋常璩《华阳国志·南中志》里古哀牢元隆的后代，"往往邑居，散在溪谷，绝域荒外，山川阻深"。他们以始祖即化为沉木的龙为旗帜凝聚族群，"皆像之：衣后着十尾，臂、胫刻文"。南朝宋范晔《后汉书》里的盘瓠得女附而走入南山，"所处险绝，人迹不至"。他们的后代仿效盘瓠，"织绩木皮，染以草实，好五色衣服，制裁皆有尾形"……正是这样的环境，这样的需要，产生并流传下经久不衰的活形态元隆（九隆）神话、盘瓠神话，以及无比丰赡、无比瑰丽的其他神话。它们具有自己的性质和特点，并开启了中国南方文学富于想象、富于浪漫的特色。正如 20 世纪 20 年代学者

---

[1] ［美］阿兰·邓迪斯编：《西方神话学读本》，朝戈金等译，广西师范大学出版社 2006 年版，第 1 页。

胡适在《白话文学史·故事诗的起来》里所言：

> 古代的中国民族是一种朴实而不富于想象力的民族……后来中国文化的疆域渐渐扩大了，南方民族的文学渐渐变成了中国文学的一部分……疆域越往南，文学越带有神话的分子与想象的能力。①

南方民族文学成为中国文学一道亮丽的风景线。

南方民族神话萌生于一种独特的文化土壤中。公元19世纪，恩格斯在谈到德国格林童话的时候，曾经说过这样一段话：

> 只有认识了北德意志的草原之后，我才真正了解了格林兄弟的《童话》。

他设想，在一个暴风雨的夜晚，一个人骑着马在北德意志的草原奔驰，远处水潭映着惨淡的月光，磷火在坟地燃烧，暴风雨越下越大，于是他觉得整个大地都摇晃起来，了解了为什么在这个地方产生格林童话。他写道：

> 所有这些童话几乎都带有这样的印记：它们是在夜幕降临、人的生活开始消失、人民的想象力所创造的可怕的无形东西在白天也为之胆寒的寂寞荒凉地方的上空疾驰而过的环境中产生出来的。②

参照恩格斯这段话，人们可以从自然环境的角度理解为什么"越往南，文学越带有神话的分子与想象的能力"，为什么南方民族较早时期叙事形态更多地弥漫着神秘气氛。的确，与中原地区大河平原相比，南方地区山高林密，云遮雾障，更兼洞奇石怪，江河源远流长，易造成神秘感，易启发人想象，从而逐渐孕育了南方民族富于神秘色彩的传统文化。同时，各民族所处的不同的自然环境，还决定他们从事不同的生产实践，以

---

① 胡适：《白话文学史》，上海新月书店1928年版；参见苑利主编《二十世纪中国民俗学经典·史诗歌谣卷》，社会科学文献出版社2002年版，第95—96页。
② 《马克思恩格斯论艺术》（四），人民文学出版社1966年版，第389—390页。

及与生产相关的神秘活动，生发了各种形式的"神圣叙事"。

例如，氐羌、百濮、苗蛮等系统的先民不少居住在山区，"星居占泉眼，火种开山脊"（唐代刘禹锡《莫徭歌》），以"刀耕火种"的形式谋生。这种生产方式一直延续到20世纪50年代彝族、纳西族、佤族、瑶族等民族。他们经营农业的主要手段是"放火烧山"，先伐木割草，砍下的草木晒干后放火焚烧，烧出来的草木灰用作肥料，土地稍稍平整后就挖坑点种或遍地撒种。这种耕作方式收成对天时的依赖性、偶然性催生出天神、谷神的形象及其祭祀仪式，并演绎出创世主体依靠异常艰辛的劳作开辟天地的叙事。

又如，云南西北怒江大峡谷地带，谷底和山巅相差三千多米，从谷底到山巅形成了从亚热带到温带、寒温带的多层气候。这种自然环境为各种气候的动物繁衍、植物生长提供了良好的条件，也为各民族动植物崇拜以及相关的神话提供了丰富的土壤。峡谷半山腰的台地上，是怒族、傈僳族等民族先民传统的家园，季节性的采集、狩猎曾经是他们重要的生产方式。怒族采摘野菜野果，最爱吃的佳肴是野蜂蜂仔。他们采集野蜂蜂仔，一个传统的方法是寻找"引路"的野蜂，通过种种的方式让"引路"的野蜂带领人们找到蜂窝的所在地，再来此烟熏火烧，取蜜获仔。可以想象，在那"万物有灵"的时代，可能是出于对野蜂的精灵的感恩、负疚或认同，以及对引路野蜂的神秘感，孕育了怒族蜂氏族等的族源神话。

相对于大自然的弱势地位，南方民族先民早期大多以"群"的形式共同生产，共同生活，逐渐形成了群体文化特质。群体成员尊崇共同的图腾、共同的始祖、共同的发祥地和归宿地、共同的文化传统，并以各种形式凝聚族群的意志。这些，都为族群传统文化包括活形态创世神话等的长期流传、延伸提供了重要的人文环境、群众基础。

由于自然、社会等种种原因，一直到20世纪50年代，南方民族地区始终巫风长盛。祭司、巫师始终居于重要的地位，自然精灵崇拜、祖先精灵崇拜遗风普遍流行。天神更在人们心目中具有崇高的地位，得到各种方式的供奉。例如，西盟佤族每个村寨的附近都设有"鬼林"，有的鬼林还盖有小草房，用来安置天神（鬼）或最大的神（鬼）木依吉。每个村寨还设木鼓房，里面放两个木鼓，用来与木依吉联系。他们认为，木鼓能通神，"一击木鼓，木依吉就听到了，就来享受供奉了"。后来，木鼓又被他们视为木依吉等神住的寓所，成为祭祀活动的中心。①

与崇拜相结合的是各种仪式，仪式的目的就是祭神（或鬼）、咒鬼——祭祀所崇拜的神（或鬼），诅咒所憎恨的鬼。仪式多种多样，例如，据纳西族东巴经记载，纳西族传统的祈福、禳鬼和丧葬三种性质的仪式就达29种。在仪式上，最重要的组成部分就是语言形态——祭词、咒语；其中，叙述神或鬼的来源和事迹的部分就是关于神的叙事，祭天等仪式关于神的叙事即可以归为创世神话。

南方民族的群体文化特质、神巫文化特质，引领着他们的风俗民情。此外，与自然、经济、社会等多种因素相联系，南方少数民族古代除了傣族、彝族、纳西族等几个民族有历史比较悠久的各种形式的民族文字以外，其他民族大都没有自己民族传统的文字；他们传达什么信息、接受什么经验，乃至交流感情、继承文化等，大都依靠声音、形体特别是歌谣来进行，从而形成了南方少数民族发达的歌、舞、乐的传统，口传文化的特质。南方民族群体文化特质、神巫文化特质、口传文化特质结合起来，形成了他们两类很有特色的传统群体性活动：集体祭祀，集体歌舞。和这相关联的是，许多民族都有传统的祭司、巫师和歌手群体，以及他们独立的传承制度，这些群体著名的如彝族的毕摩、纳西族的东巴、傣族的章哈（也译作"赞哈"）等。这些都与神话的演述有关，前者是神话演述的场合，后者是神话演述的主体。

南方民族萌生于山地农耕文化、群体文化、神巫文化、口传文化土壤上的创世神话，天、地、创世主体、人、万物整合而一。原初气态水态"混沌"对立两极相摩相推，运动变化，生成了天地的雏形，也生成了创世主体，生成了人；创世主体造天让天更高，日月正常运行，造地让地更厚，万物正常生长，造出了秩序自然，秩序社会；人类自身也经受一次又一次体质、道德的考验，进化繁衍……创世主体创世的过程，凝聚了中华民族共有的美好品格、奋斗精神，彰显了民族脚踏实地、积极进取的人生态度，又展示了超越意识、丰富的想象力。

---

① 1986年春、2006年夏先后在云南西盟佤族自治县进行田野作业并采访隋嘎等佤族人士时记录；又见李子贤《论佤族神话——兼论活形态神话的特征》，《思想战线》1987年第6期；李莲《不朽的神木，凝固的传说——佤族木鼓的象征与功能》，赵泽洪《对佤族猎头习俗的历史认识与释读》，罗承松《木鼓·人头·牛尾巴——佤族的旱作巫术》，均载《首届中国佤族文化学术研讨会论文提要》，思茅·西盟，2006年。

南方民族创世神话,具有丰富的形象系统、叙事结构,以及与祭仪、巫术相结合的活的形态,具有广阔厚实的外延和内涵。它的形态还随着时代的进程而发展,永葆活力,永葆兴旺!

不妨回溯一下本书所描述的与创世神话传播相关的种种仪式,以及仪式上人们唱诵创世神话的种种形态。

例如,《诗经·生民》等篇章记述,周人始祖后稷开启了祭天或祭祀"上帝"的制度,祭祀时,

> 卬盛于豆,于豆于登;其香始升。上帝居歆,胡臭亶时。后稷肇祀,庶无罪悔,以迄于今。

周人将祭品盛于"豆""登"等木制、瓦制容器之中,在浓烈的香气里敬候上帝的安享。他们认为自从后稷肇祀以来,基本上没有发生获罪于天、遗憾于心的事,直到今日。

周已远去,周人祭天仪式或许只留存在古籍里,或许还闪现在后世历代的相似活动中,而原属氐羌系统的纳西族的祭天仪式实实在在地传承下来。元代李京《云南志略》记载,纳西族先民麽些人

> 正月十五登山祭天,极严洁,男女动百数,各执其手,团旋歌舞以为乐。

其歌其舞,没有细述,大约为颂天、颂祖,以及描述天助人生的情景。

时光流逝,到了近现代,纳西族祭天仪式不断延续,不断发展,形成更具程式、更为繁盛的活动。时间在正月初一至十五这段,或四五天,或七八天;仪式上由东巴念诵的《祭天古歌》,形成包括生献牺牲、传诵人类繁衍、放生、迎取长生不老药、祭雷神电神、熟献牺牲、招迎家神、点抹圣油、招迎富神、驱送天鬼等内容的鸿篇巨制。其中第一篇《蒙增·崇搬绍》(生献牺牲篇·人类繁衍篇)叙述:

> 在天上的吉星出得最亮的时刻,在地上的绿草长得最美的时刻,由蓝天(天神)造化人类的种蛋,由大地(地神)把这人类的种蛋孵

化。大地给这个种蛋以温热，这种蛋渐渐发生变幻。它先是变成一个气团，这气团又幻化成三滴露珠……第三滴神露洒到大海里，相继出现亨施亨热、亨热拉热、拉热美热……查热丽恩（从忍利恩）。

接着叙述查热丽恩（从忍利恩）上天经受考验娶回仙女，重返人间创业，为求子、求话祭天……描绘出一段完整的人类起源、繁衍的情景。此当为整篇古歌的基础，以后部分，当来源于人们出于与时俱进的感情的需要而作的增添。①

苗蛮系统也有类似习俗。晋代干宝《搜神记》叙述，"盘瓠蛮"的始祖盘瓠去世以后，盘瓠的子孙世世代代追念盘瓠，

用糁杂鱼肉，叩槽而号，以祭盘瓠，其俗至今。

其俗发展到近现代，增添了不少内容、形式。福建宁德县七都、八都等地的畲族，在每隔三年举行一次的迎接祖宗牌位的活动中，要唱《盘瓠歌》，要跳"龙头舞"。《盘瓠歌》开头加入了关于盘古的叙事；"龙头舞"分三个舞段：第一段"日月舞"，表现盘古开天地、日月照人间；第二段"龙头舞"，表现畲族祖先龙麒盘瓠帮助高辛帝平息外患，被招为驸马；第三段"龙抢珠"，表现畲族人民的欢乐。②

广西贺州开山乡安河等地一些瑶族在"还盘王愿"祭祀仪式上，师公、歌手要演唱叙述始祖盘瓠身世和民族历史的长鼓歌，表演长达72套动作的"长鼓舞"。歌词叙述，始祖"龙犬"盘瓠在外敌入侵之际，挺身而出，征战"海外"，咬死敌酋，立下大功。归来后与三公主成亲，携妻进山定居，繁衍子孙。后在打猎时不幸被山羊抵死。72套长鼓舞包括盘王出猎、追羊、野羊反壁、上壁、盘王射羊、野羊跳壁、装死、盘王身亡、盘王子孙追羊、打死野羊、捆羊、抬羊、杀羊、剥皮、扎鼓、鸣鼓追念盘王等内容，生动形象地表现了盘王与三公主繁衍子孙后打猎、遇难、子孙

---

① 和开祥读经，李之春记音，戈阿干翻译、注释：《祭天古歌》，云南民间文学集成办公室编，中国民间文艺出版社1988年版。

② 兰振河、兰清盛等搜集、整理：《盘瓠歌》，载《太姥民间文艺》，福建省福鼎县文化馆印，1986年。

复仇等"历史"。①

在独特的文化生态中孕育和生长的南方民族创世神话,在不同的场合吟诵蕴含不同的意味,具有不同的神秘功能。

它可以在新年伊始吟诵。前述氐羌系统的阿昌族在每年农历正月的"窝罗节"上祭祀民族创世始祖遮帕麻和遮米麻,并请"活袍"(祭司)吟诵民族神话古歌《遮帕麻和遮米麻》。他们在窝罗场的中心矗立两块分别描绘太阳、月亮的牌坊,牌坊之下分别画上天公遮帕麻和地母遮米麻,表示两人造出太阳月亮,以及太阳月亮正常运转;两牌坊顶端中间高高耸立一把巨大的弓箭,表示遮帕麻用箭射落魔王腊訇所造的不正常运转的假太阳,让自己所造的太阳重新照耀大地。古歌《遮帕麻和遮米麻》叙述,天公遮帕麻和地母遮米麻诞生以后,织天造地,捏金沙为日,捏银沙为月,从而创建了秩序空间;他俩又让日月正常升降,从而创建了秩序时间。遮帕麻还与造不正常运转的假太阳的魔王腊訇几次相斗,射下魔王所造的"牢牢钉在天幕上"的假太阳,让自己"升起还要降"的太阳重新居于天上。阿昌族窝罗节唱诵这些神话,毫无疑问是想借助创世始祖的神威,借助创世神话的神圣叙事,以感应天运,维系宇宙正常的空间秩序和时间秩序,维系日月正常运转,让新的一年天运吉祥,阳光充沛均匀,不涝不旱。②

同属氐羌系统的云南澜沧拉祜族过农历正月的"拉祜年"时,寨子里要举行盛大的"跳歌活动"祭祀、唱诵天神和始祖厄莎。活动之前,场中央放一张竹篾编成的桌子,桌上用箩筐装满稻谷、玉米、荞麦等种子;然后,祭司唱诵神话古歌《牡帕密帕》,叙述厄莎用手汗脚汗造天地、用左眼右眼做日月并给大地带来万物的种子等功绩。接着,全寨男女老少围着桌子跳舞唱歌。"跳歌"结束以后,每家再从场中央的桌子上抓一把种子,拿回去拌在自家的种子里一起播种。很明显,拉祜族新春伊始这样祭祀和唱诵,也是欲借创造秩序宇宙从而也主宰自然的厄莎的神威,借助创世神话的神圣叙事,感应新的一年天地正常运行,风调雨顺;同时,促进与民生相关的"自然进程",让祭过厄莎的庄稼种子如当年厄莎带来的神奇种

---

① 刘小春:《瑶族盘王舞简述》,《民族艺术》1986年第3期。
② 攸延春:《阿昌族文学简史》,云南民族出版社1995年版,第53—54页。

子,播下以后生机勃发。①

它也可以在人生某个关键时刻吟诵。广西大瑶山瑶族男子年届十五六岁,很多人都要结合"做盘王"举行相当于成年礼的"度戒"仪式,仪式上首先吟唱《盘王歌》,回顾始祖带领儿女练功、定下成丁仪式的经历:相传始祖盘瓠立功后不愿居宫,带着三公主迁往深山,生儿育女,务农狩猎。为了更好地生存下去,他带领儿女练功,练就一身高超本领,并定下了成丁仪式考验的规矩。吟唱完毕,参加度戒的青年要模仿祖先,经受十种象征性的考验:从一丈多高的"云台"上翻下(下有藤网),赤脚爬刀梯,踏烧红的砖头,走火堆,赤手伸入煮滚的油锅,睡布满利刺的床,等等。瑶族在这种成年礼的仪式上吟唱《盘王歌》,以利用歌的神圣性质把当事青年的灵魂引至一个神秘的境界以接受始祖"醮名",感应始祖神力;同时宣扬民族历史,维系民族秩序,传授顽强不屈的民族精神。经过这种仪式,青年才能以成人的身份参与社会活动,才能唱情歌,谈恋爱,找对象。②

二 艺术形态:形式的升华

实用目的构成了上述神话形态的核心。但是,黑格尔有一句名言:

> 手段是一个比外在合目的性的有限目的更高的东西。③

事实正是如此,作为手段而产生的神话形态,似乎比人们创造神话的有限目的具有更强的生命力。人们在进行这些带实用目的和巫术性质的唱诵神话活动的同时,也在不断地构建着自己的审美心理结构、艺术心理,不断地造就着作为审美艺术形态的神话。

也许,下面一个傣族的传说具有某种象征意义。相传,古时候,傣族

---

① 1986年8月12—17日在云南澜沧拉祜族自治县进行田野作业并采访李扎约、扎克、李维新等拉祜族人士时记录;又见雷波、刘劲荣主编《拉祜族文化大观》,云南民族出版社1999年版,第53页。

② 1986年7月15—28日在广西金秀、荔浦等地进行田野作业并采访苏胜兴、李文柱、赵进品等瑶族人士时记录。

③ [德]黑格尔:《逻辑学》下卷,杨一之译,商务印书馆1976年版,第438页。

祖先桑木底盖傣族第一座竹楼,到最后只缺两根柱子,他就把一个土围子里的两棵树砍了,可没想到,激怒了土围子里两条毒蛇——吾沙拉两夫妇。桑木底盖好房子后,吾沙拉两夫妇就爬进去各缠住一根柱子。新房落成,大家来庆贺,遇到这种情况大为扫兴。于是,桑木底请头人、巫师来念咒语,想把它们赶走,毒蛇不理不睬。最后,桑木底请歌手章哈来演唱,有效果了,当章哈演唱到精彩处和高潮时,人群不断爆发出"水——水——水——"(就是汉语"好好好"的意思)的欢呼声,毒蛇吓得心惊胆战,急忙逃走了。从此,新房落成后,人们就请章哈来唱歌。[①] 这个传说象征性地显示,神话的唱诵已经开始从祭坛转到歌场,唱诵的主体已经开始从祭司、巫师转到歌手,神话也已经开始从带实用目的和巫术性质的形态转向审美艺术形态。

其实,20世纪50年代还流传在中国南方大地的少数民族神话,不少已经是在娱乐场合演唱。白族神话《创世纪》以"打歌"的形式演唱,"打歌"在白语中是游戏、娱乐、玩耍的意思,流行于云南洱源县西山等地,形式是每逢节日盛会或劳动之余,男女老少围着篝火边舞边唱。唱时,歌手分为问与答两方,各推一歌头为领唱。歌者分别随歌头齐唱,边唱边围篝火踏步起舞。每人手里还端一杯酒或茶,唱一段喝一口。[②]

彝族神话《阿细的先基》(阿细人的歌),传统的表现形式是对唱,有时在山野里唱,更多在"公房"(男女青年聚会和谈情说爱的地方)里唱。彝族阿细支系青年男女之间谈情说爱,大多通过对唱的形式进行。对唱"先基"特别是里面的神话,是他们测验对方知识、挑选对象的重要形式。至于对唱中的气氛和情趣,开头就完全表达出来。男方:

爱唱的小姑娘呃!今天是个好日子,我们碰巧遇在一起了……我心头这样想:想要和你说,想要和你唱。

女方:

---

① 岩诺:《漫谈"赞哈"》,载《山茶》编辑部编《傣族文学讨论会论文集》,中国民间文艺出版社(云南)1982年版,第447—452页。
② 李缵绪:《白族文学史略》,中国民间文艺出版社(云南)1984年版,第4—7页。

> 会唱的哥哥呃！……我生得笨啊！要说好话也老实困难。我要来跟你学，我哪里唱得不合，哥哥你要告诉我。①

完全是一种青年男女相会相聚时嬉戏的口吻。

这一切是怎么发生的呢？

黑格尔在他那句名言"手段是一个比外在合目的性的有限目的更高的东西"后还说了这么一段话：

> 犁是比由犁所造成的、作为目的的、直接的享受更尊贵些。工具保存下来，而直接的享受则会消逝并忘却。②

黑格尔这段话阐明了一个深刻的道理，就是，人类社会实践的手段，人类创造成果的形式，在本质上具有一种超越其目的的功能。简单地说就是，形式可以超越目的。黑格尔举的是犁，依其言，人们最早发明犁的具体目的，可能是为了犁具体的一块田，这块田犁完了以后这个目的会消逝并很快忘却，但犁这个形式留下来了；而且更重要的是，凝聚在里面的人类创造性能力或许还有更强烈的生发作用，即激发了人们朦胧的审美情感和创造欲望，这种情感和欲望会激励他们继续创造，把工具的质量推向新的水平。

神话也有类似的情况。人们为着某种实用目的而创造的神话形式，本质上也具有一种超越其目的的功能。人们早期的带祭祀和巫术性质的神话唱诵活动，是一种观念意识的物态化活动。奠定它们的"物态"基础的，是人们的各种创造性的实践活动。例如，最早的舞蹈可能是原始人在狩猎时，为了接近对象而模仿动物的动作；最早的叙事诗可能是原始人讲述的劳动的过程，一旦万物有灵观念、巫术礼仪这两条原始文化纽带产生以后，这些都被蒙上神秘的色彩，演变成取悦兽灵的舞蹈、颂扬始祖的唱词或者巫术的动作和语言。早期很可能是"全民皆巫"，人们在进行这些带实用目的和巫术性质的活动时，每个成员都既是实际劳动者，又是演员、

---

① 云南省民族民间文学红河调查队搜集翻译整理：《阿细的先基》，云南人民出版社1978年版，第1—5页。

② ［德］黑格尔：《逻辑学》下卷，杨一之译，商务印书馆1976年版，第438页。

"巫师"。他们一方面虔诚地跳着娱神舞，唱着颂神歌，或者做着巫术动作；另一方面又会由于自己的创造（例如舞蹈所体现的劳动动作、歌词所表现的劳动事迹）和幻觉的真实（例如幻觉中猎物的捕获、谷物的丰收），而产生一种愉快的情感和欣赏的心理。久而久之，这种愉快的情感和欣赏的心理，就会发展演变成审美的情感和艺术的心理，这种神话演唱形态也会发展演变成艺术的形态。

于是可以看到，南方民族流传到今天的各种创世神话演唱形态，固然还有很大一部分停留在较早的功能阶段，但也有不少无疑已经更多地渗进演唱者审美的情感。这类演唱神话的活动最本质的特点在于：一不是为了通神，如呼唤祖先的神灵来帮助自己实现某种目的；二不是为了律己，如阐述"祖训""神示"来申明某种习惯法，而主要是一种无拘无束、无欲无求的娱己的活动，或者是一种以歌颂神的形式出现的、对"人"的自我欣赏并在欣赏中交流"人"的感情的活动。

实际上，在南方许多民族那里，随着时代的推移，神话的演述会或先或后逐渐地同时在"圣"与"俗"两种领域进行，在两种领域发展。例如：

一些民族产生了有明确的职能分工的祭司、巫师与歌手。如云南西双版纳的傣族，原始狩猎时期统管一切的是氏族首领"盘巴"；随后盘巴的祭祀职能由新出现的"摩赞"担负；再后摩赞的职能又一分为二：或专管祭祀活动或专管唱歌活动，专管祭祀活动者演变为"波摩"，相当于祭司；专管唱歌活动者演变为"章哈"（赞哈）——专职歌手。章哈从摩赞的母体里脱胎以后，他们的神话演唱等活动开始从祭坛走向更广阔的社会生活。[①]

一些民族同时具有内容相同神话的不同演唱场合。如黔东南苗族既有"鼓社祭"祭坛上击鼓吟唱神话古歌的仪式，又有"走客"筵席上把酒对唱神话古歌的活动。后者具有比赛的性质，赢了，说明知识丰富，水平高超，很快名扬各地，受人尊敬；输了，往往感到脸上无光。这样的文化环境给这类神话形态的生存发展提供了良好的条件。

一些民族还有内容相同神话的不同形式的文本。如四川大凉山记载彝族神话史诗《勒俄特依》（即"古代历史"）内容的有"毕摩"和民间歌

---

① 岩峰、王松、刀保尧：《傣族文学史》，云南民族出版社1995年版，第224—225页。

手两种形式的彝文版本,毕摩的是"毕摩特依",即"祭祀书";民间歌手的是"卓卓特依",即"百姓书"。两者内容互有交叉,使用却界限分明。毕摩只唱"毕摩特依",歌手只唱"卓卓特依"。①

在后一种"俗"的领域如庆典、婚礼、节日、农闲等各种场合,各民族不同称呼的歌手演唱对唱神话古歌,常常在痛饮狂欢中放纵宣泄,尽情歌颂原始的生命力,尽情赞美原始的人性,仿佛要抛弃一切世俗杂念,解除一切身心束缚,复归原始自然。

这种现象,在傣族、苗族等民族中表现得最典型。例如,西双版纳傣家人在新房落成后,大家一起来祝贺,边喝酒吃肉,边听章哈唱贺新房的歌,完全是一种欣赏。传统的《贺新房》长歌里就有不少神话。例如唱到傣族高脚竹楼为什么是这种形状时,长歌讲述,傣族祖先桑木底设计了81种架构都不合心意,后来天神帕雅英派出一只金色的凤凰飞落到桑木底身旁,凤凰双脚踏地低下头垂下凤尾微微张开翅膀,桑木底得到启示,就按照凤凰的形状设计出了高脚竹楼样式的新房。②

而在黔东南苗族那里,创世神话除了成为歌手演唱的题材之外,更成为他们对歌赛歌的热点。他们对歌赛歌的《苗族古歌》,包含了天地开辟、人类起源等一系列内容,堪称苗族神话集成。他们对歌赛歌,多在节日、走客和农闲这三种场合进行,其中以走客喝酒时对歌的规模最大,情绪最高。走客时,主客双方都要准备好歌手;唱歌时,堂屋里摆长形大条桌,桌子上面摆满各种菜肴和杯盘,桌子底下放着和水缸一样大的酒罐,主客双方的歌手分坐两旁,一方唱,一方答。一方唱出一段以后,一方答不出,就要罚酒。其余的人,"八层人坐,十层人站",拥挤得水泄不通,气氛非常热烈。歌手在这些场合赛歌,赛的除了出口成章的能力以外,便是渊博的知识,而苗族最古老的知识就是创世神话,创世神话在这里得到最淋漓尽致的展现。③

---

① 沙马拉毅:《论彝族毕摩文学》,《贵州民族研究》2003年第1期。
② 岩峰、王松、刀保尧:《傣族文学史》,云南民族出版社1995年版,第342—343页。
③ 唐春芳:《苗族古歌》,载《民间文学资料》第四集,中国作家协会贵阳分会筹委会编印,1958年,第1—18页。

参考文献

一 古籍、论著

《尚书》
《周易》
《国语》
《吕氏春秋》
《山海经》
《老子》
《列子》
《庄子》
《管子》
《世本》
《黄帝内经》
《淮南子》
（西汉）董仲舒：《春秋繁露》
（西汉）司马迁：《史记》
（东汉）班固：《汉书》
（东汉）王充：《论衡》
（东汉）王符：《潜夫论》
（东汉）应劭：《风俗通义》
（三国吴）徐整：《三五历纪》
（晋）干宝：《搜神记》
（晋）常璩：《华阳国志》
（晋）王嘉：《拾遗记》

（南朝宋）范晔：《后汉书》
（南朝梁）任昉：《述异记》
（唐）杜佑：《通典》
（唐）樊绰：《蛮书》
（元）张道宗：《纪古滇说集》
（明）邝露：《赤雅》
王钟翰主编：《中国民族史》，中国社会科学出版社1994年版。
张碧波、董国尧主编：《中国古代北方民族文化史·民族文化卷》，黑龙江人民出版社1993年版。
徐旭生：《中国古史的传说时代》，科学出版社1960年版。
肖万源、伍雄武等主编：《中国少数民族哲学史》，安徽人民出版社1992年版。
马学良、梁庭望、张公瑾主编：《中国少数民族文学史》，中央民族学院出版社1992年版。
马学良、梁庭望、李云忠主编：《中国少数民族文学比较研究》，中央民族大学出版社1997年版。
吕大吉、何耀华总主编：《中国各民族原始宗教资料集成》，中国社会科学出版社1999年版。
《中国各民族宗教与神话大词典》编审委员会编：《中国各民族宗教与神话大词典》，学苑出版社1990年版。
《闻一多全集》第一卷，生活·读书·新知三联书店1982年版。
芮逸夫：《中国民族及其文化论稿》，台北艺文出版社1972年版。
李零：《长沙子弹库战国楚帛书研究》，中华书局1985年版；
饶宗颐、曾宪通：《楚地出土文献三种研究》，中华书局1993年版。
王小盾：《原始信仰和中国古神》，上海古籍出版社1989年版。
徐嘉瑞：《大理古代文化史》，云南人民出版社2005年版。
农学冠：《岭南神话解读》，广西民族出版社2000年版。
陈棣生主编：《狮岭盘古文化》，岭南美术出版社2008年版。
李明主编，林忠亮、王康编著：《羌族文学史》，四川民族出版社1994年版。
张纯德、龙倮贵、朱琚元：《彝族原始宗教研究》，云南民族出版社2008年版。

李云峰、李子贤、杨甫旺主编:《"梅葛"的文化学解读》,云南大学出版社 2007 年版。

李缵绪:《白族文学史略》,中国民间文艺出版社(云南)1984 年版。

史军超主编:《哈尼族文化大观》,云南民族出版社 1999 年版。

斯陆益主编:《傈僳族文化大观》,云南民族出版社 1999 年版。

雷波、刘劲荣主编:《拉祜族文化大观》,云南民族出版社 1999 年版。

攸延春:《阿昌族文学简史》,云南民族出版社 1995 年版。

杨照辉:《普米族文学简史》,云南民族出版社 1996 年版。

陶天麟:《怒族文化史》,云南民族出版社 1997 年版。

黄光成:《德昂族文学简史》,云南民族出版社 2002 年版。

杜玉亭:《基诺族文学简史》,云南民族出版社 1996 年版。

彭继宽、姚纪彭主编:《土家族文学史》,湖南文艺出版社 1989 年版。

朱炳祥:《土家族文化的发生学阐释》,中央民族大学出版社 1999 年版。

《首届中国佤族文化学术研讨会论文提要》,思茅·西盟,2006 年。

《中国佤族"司岗里"与传统文化学术研讨会论文集》,云南出版集团·云南人民出版社 2009 年版。

王国祥:《布朗族文学简史》,云南民族出版社 1995 年版。

桑耀华主编:《德昂族文化大观》,云南民族出版社 1999 年版。

吴荣臻、吴曙光主编:《苗族通史》,民族出版社 2007 年版。

吴一文、覃东平:《苗族古歌与苗族历史文化研究》,贵州民族出版社 2000 年版。

岩峰、王松、刀保尧:《傣族文学史》,云南民族出版社 1995 年版。

张人位、邓敏文等主编:《侗族文学史》,贵州民族出版社 1988 年版。

《马克思恩格斯论艺术》(四),人民文学出版社 1966 年版。

[意] 维柯:《新科学》,朱光潜译,人民文学出版社 1986 年版。

[德] 黑格尔:《美学》第二卷,朱光潜译,商务印书馆 1981 年版。

[法] 丹纳:《艺术哲学》,傅雷译,人民文学出版社 1963 年版。

[英] 爱德华·泰勒:《原始文化》,连树声译,上海文艺出版社 1992 年版。

[英] 詹姆斯·乔治·弗雷泽:《金枝》,徐育新、汪培基、张泽石译,中国民间文艺出版社 1987 年版。

[法] E. 杜尔干:《宗教生活的初级形式》,林宗锦、彭守义译,中央民族

大学出版社1999年版。

[法] 列维-布留尔:《原始思维》,丁由译,商务印书馆1981年版。

[英] 马林诺夫斯基:《巫术科学宗教与神话》,李安宅译,中国民间文艺出版社1986年版。

[英] 马林诺夫斯基:《文化论》,费孝通等译,中国民间文艺出版社1987年版。

[法] 列维-斯特劳斯:《结构人类学》,谢维扬、俞孟宣合译,上海译文出版社1995年版。

[法] 列维-斯特劳斯:《神话学:生食和熟食》,周昌忠译,台北时报文化出版企业有限公司1992年版。

[英] 埃里克·J.夏普:《比较宗教学史》,吕大吉、何光沪、徐大建译,上海人民出版社1988年版。

[美] 阿兰·邓迪斯编:《西方神话学读本》,朝戈金等译,广西师范大学出版社2006年版。

叶舒宪编选:《结构主义神话学》(增订版),陕西师范大学出版总社有限公司2011年版。

二 作品

羌族

《木姐珠与燃比娃》,载《中国歌谣集成·四川卷》下册,中国ISBN中心,2004年,第1013—1027页。

《羌戈大战的传说》,载《羌族民间故事》第二集,四川茂县文化馆编印,1982年。

《燃比娃取火》,载《羌族民间故事》第三集,四川茂县文化馆编印,1982年。

彝族

巴胡母木、俄施觉哈、方赫、邹志诚整理翻译:《勒俄特依》,载四川省民间文艺研究会编《大凉山彝族民间长诗选》,四川人民出版社1960年版。

《凉山彝族奴隶社会》编写组编:《勒俄特衣》,载《凉山彝文资料选译》

第一集，西南民族学院印，1978年。

冯元蔚译：《勒俄特依》，四川民族出版社1986年版。

马海木呷、岭光电、罗家修翻译：《古侯》（公史篇），四川省民委彝文工作组印，1980年。

云南省民族民间文学楚雄调查队搜集、翻译、整理：《梅葛》，云南人民出版社1959年版。

郭有宗、罗正贵等演唱，郭有宗、自万清翻译，杨甫旺记录：《梅葛》，载李云峰、李子贤、杨甫旺主编《"梅葛"的文化学解读》，云南大学出版社2007年版。

云南民族民间文学楚雄、红河调查队，施学生翻译，郭思九、陶学良整理：《查姆》，云南人民出版社1981年版。

云南省民族民间文学红河调查队搜集、翻译、整理：《阿细的先基》，云南人民出版社1978年版。

王子尧口译，张坦、刘援朝、韩川江记录，张坦、刘援朝整理：《天地祖先歌》，载阮居平编《贵州民间长诗》，贵州人民出版社1997年版。

李八一昆、白祖文等搜集、翻译，孔昀、李宝庆整理：《尼苏夺节》，云南民族出版社1985年版。

贵州省民族研究所、毕节地区彝文翻译组翻译：《西南彝志选》，贵州人民出版社1982年版。

罗国义、陈英翻译：《宇宙人文论》，民族出版社1984年版。

岭福祥翻译：《之子宜乍》，转引自马国伟《试论毕摩经〈之子宜乍〉及其学术价值》，载戴庆厦主编《中国彝学》第二辑，民族出版社2003年版。

阿洛兴德、阿侯布谷译：《益那悲歌》，贵州民族出版社1997年版。

白族

《九隆神话》，载云南省民间文学集成办公室编《白族神话传说集成》，中国民间文艺出版社1986年版。

哈尼族

朱小和演唱，史军超、杨叔孔采录，卢朝贵翻译，史军超整理、注释：《窝果策尼果》，载西双版纳傣族自治州民族事务委员会编《哈尼族古歌》，云南民族出版社1992年版。

刘辉豪、白章富搜集、整理：《奥色密色》，《山茶》1980年第3期。

阿蒂演唱，阿嘎翻译，阿流记录、整理：《天地人鬼》，载西双版纳州勐海县民族事务委员会编《西双版纳哈尼族歌谣》，云南少年儿童出版社1989年版。

朱小和讲述，芦朝贵、杨笛、直心整理：《天、地、人的传说》，载谷德明编《中国少数民族神话选》，西北民族学院研究所印，1983年。

朱小和演唱，史军超、卢朝贵、段贶乐、杨叔孔翻译：《哈尼阿培聪坡坡》，云南民族出版社1986年版。

朱小和讲述，李永万翻译，红芒、芳芳整理：《英雄玛麦》，载谷德明编《中国少数民族神话选》，西北民族学院研究所印，1983年。

拉祜族

扎莫等唱，李娜儿、李玉琼等译，刘辉豪整理：《牡帕密帕》，云南人民出版社1979年版。

扎约记录：《牡帕密帕》，载澜沧县文化局编《拉祜族民间诗歌集成》（拉祜文、汉文对照），云南民族出版社1989年版。

扎祝演唱，扎约记录：《扎努扎别》，载《拉祜民间诗歌集成》，云南民族出版社1989年版。

杨老三等唱，樊晋波等搜集，韩延等整理：《创世歌》，载红河州文联、民委合编《红河》总第九期，1984年。

纳西族

云南省民族民间文学丽江调查队搜集、翻译、整理：《创世纪》，云南人民出版社1978年版。

和芳讲述，周汝诚翻译：《崇搬图》，云南省丽江县文化馆印，1963年。

和芳读经，和志武翻译、整理：《崇邦统》（人类迁徙记），载吕大吉、何耀华总主编《中国各民族原始宗教资料集成·纳西族等卷》，中国社会科学出版社1999年版。

和开祥释读，李例芬译：《人类的起源》，载《纳西东巴古籍经典译注全集》第53卷，云南人民出版社2001年版。

和正才讲述，李即善译：《懂述战争》，丽江文化馆印，1963年。

和牛恒读经，和志武翻译、整理：《东埃术埃》，载吕大吉、何耀华总主编《中国各民族原始宗教资料集成·纳西族等卷》，中国社会科学出版社1999年版。

和正才讲述，李即善、周汝诚译：《碧庖卦松》，丽江县文化馆印，1964年。

和开祥读经，李之春记音，戈阿干翻译、注释：《祭天古歌》，云南民间文学集成办公室编，中国民间文艺出版社1988年版。

景颇族

沙万福唱，肖家成译：《勒包斋娃》，民族出版社1992年版。

贡退干演唱，李向前整理，李向前、石锐、晨宏翻译：《目瑙斋瓦》，德宏民族出版社1991年版。

阿昌族

赵安贤唱，杨叶生译，兰克、杨智辉整理：《遮帕麻和遮米麻》，云南人民出版社1983年版。

赵安贤等讲述，杨智辉、兰克整理：《遮帕麻和遮米麻》，载《阿昌族民间文学资料》第1辑，梁河县文化馆编印，1982年。

怒族

木玉璋记录整理：《怒族猎神歌》，载陶天麟《怒族文化史》，云南民族出版社1997年版。

赛阿局讲述，光付益翻译，吴广甲记录，陈荣祥整理：《腊普和亚妞》，载谷德明编《中国少数民族神话选》，西北民族学院研究所印，1983年。

独龙族

肖色·顶、孔美金、卜松、鲁腊·顶讲述，孟国才、张联华、和诠等翻译，李子贤、张文臣、李承明等记录，李子贤整理：《嘎美嘎莎造人》，载谷德明编《中国少数民族神话选》，西北民族学院研究所印，1983年。

肖色·顶等讲述，孟国才等翻译，李子贤等记录，李子贤整理：《彭根朋上天娶媳妇》，载谷德明编《中国少数民族神话选》，西北民族学院研究所印，1983 年。

基诺族

巴卡老四等讲述，杜玉亭整理：《阿嫫小贝》，载吕大吉、何耀华总主编《中国各民族原始宗教资料集成·基诺族等卷》，中国社会科学出版社1999年版。

白腊赛、白腊东讲述，白忠明、策白翻译，赵鲁云整理：《玛黑、玛妞和葫芦里的人》，载谷德明编《中国少数民族神话选》，西北民族学院研究所印，1983 年。

土家族

《佘氏婆婆》，载曹毅《土家族民间文学》，中央民族大学出版社 1999年版。

佤族

艾扫讲述，邱锷锋、聂锡珍等记录、翻译、整理：《司岗里》，载《佤族社会历史调查》（二），云南人民出版社 1983 年版。

隋嘎、岩扫、岩瑞口述，艾狄、张开达搜集、整理：《西岗里》，载尚仲豪、郭思九、刘永祺编《佤族民间故事选》，上海文艺出版社 1989年版。

陈老四唱，陈卫国译，郭思九记录：《西岗里》，载中共沧源县委宣传部、云南省民族民间文艺沧源调查队合编《沧源县佤族民间长诗选》，1960 年。

刘永祺、陈学明整理：《葫芦的传说》，云南民族出版社 1980 年版。

潘春辉整理：《我们是怎样生存到现在的》，载谷德明编《中国少数民族神话选》，西北民族学院研究所印，1983 年。

布朗族

朱嘉禄整理：《顾米亚》，载谷德明编《中国少数民族神话选》，西北民族学院研究所印，1983 年。

德昂族

陈志鹏整理：《达古达楞格莱标》，《山茶》1981年第2期。

苗族

贵州民间文学组整理，田兵编选：《苗族古歌》，贵州人民出版社1979年版。

马学良、今旦译注：《苗族史诗》，中国民间文艺出版社1983年版。

燕宝整理、译注：《苗族古歌》，贵州民族出版社1993年版。

故秦等演唱、唐春芳搜集、整理：《开天辟地》，载中国作家协会贵州分会筹委会编印《民间文学资料》第四集，1958年。

王嘎秋、王你秋等演唱，王秀盈搜集：《焚巾曲》，载《民间文学资料》第四十八集，中国民研会贵州分会、贵州民族学院编印，1982年。

龙炳文搜集，燕宝整理：《神母狗父》，载谷德明编《中国少数民族神话选》，西北民族学院研究所印，1983年。

瑶族

莎红整理：《密洛陀》，广西人民出版社1981年版。

潘泉脉、蒙冠雄、蓝克宽搜集、翻译、整理：《密洛陀》，载《广西瑶族社会历史调查》第七册，广西民族出版社1986年版。

蒙冠雄、蒙海清、蒙松毅搜集、翻译、整理：《密洛陀》，广西民族出版社1999年版。

蓝怀昌、蓝书京、蒙通顺搜集、翻译、整理：《密洛陀》，中国民间文艺出版社1988年版。

郑德宏、李本高整理、译释：《盘王大歌》，岳麓书社1988年版。

黄书光、谢明学搜集、整理：《射太阳》，载谷德明编《中国少数民族神话选》，西北民族学院研究所印，1983年。

畲族

蓝石女、钟伟琪、项次欣口述，唐宗龙记录：《桐油火和天洪》，载陶立璠、赵桂芳、吴肃民、朱桂元编《中国少数民族神话汇编·洪水篇》，中央民族学院少数民族古籍整理出版规划领导小组办公室印，1984年。

兰振河、兰清盛等搜集、整理：《盘瓠歌》，载《太姥民间文艺》，福建省福鼎县文化馆印，1986年。

傣族
岩温扁翻译：《巴塔麻嘎捧尚罗》，云南人民出版社1989年版。

岩温扁、岩林译：《傣族古歌谣》，中国民间文艺出版社（云南）1981年版。

曹格翻译：《九隆王》，载谷德明编《中国少数民族神话选》，西北民族学院研究所印，1983年。

布依族
王燕、春甫、班告爷讲述：《力戛撑天》，载谷德明编《中国少数民族神话选》，西北民族学院研究所印，1983年。

汛河搜集、整理：《赛胡细妹造人烟》，载贵州社会科学院文学研究所、黔南布依族苗族自治州文艺研究室编《布依族古歌叙事歌选》，贵州人民出版社1982年版。

杨正荣、祝登雍唱，岑玉清翻译、整理：《造万物》，载贵州社会科学院文学研究所、黔南布依族苗族自治州文艺研究室编《布依族古歌叙事歌选》，贵州人民出版社1982年版。

罗朝发讲述：《公鸡请太阳》，载谷德明编《中国少数民族神话选》，西北民族学院研究所印，1983年。

《捉旱精》，载毛星主编《中国少数民族文学》（中），湖南人民出版社1983年版。

侗族
吴显才、吴金松等口述，吴生贤等搜集，杨国仁整理：《侗族祖先哪里来》，载黔东南苗族侗族自治州文艺研究室、贵州民间文艺研究会编《侗族祖先哪里来》，贵州人民出版社1981年版。

水族
闵恩伯讲述，魏绪文整理：《谷神》，载谷德明编《中国少数民族神话选》，西北民族学院研究所印，1983年。

仫佬族
《阿利捉风》，载毛星主编《中国少数民族文学》（中），湖南人民出版社1983年版。

壮族
覃奶口述，蓝鸿恩采录、翻译：《姆洛甲出世》，载农冠品编注《壮族神话集成》，广西民族出版社2007年版。

周朝珍口述，何承文采录、翻译：《布洛陀》，载农冠品编注《壮族神话集成》，广西民族出版社2007年版。

覃承勤搜集、翻译、整理：《布洛陀》，手稿。

莎红、蓝鸿恩等翻译、整理：《布伯》，广西人民出版社1959年版。

蓝鸿恩搜集、整理：《卜伯的故事》，载陶立璠、赵桂芳、吴肃民、朱桂元编《中国少数民族神话汇编·洪水篇》，中央民族学院少数民族古籍整理出版规划领导小组办公室印，1984年。

蓝鸿恩整理：《卜伯》，载农冠品编注《壮族神话集成》，广西民族出版社2007年版。

蓝鸿恩采录、整理：《莫一大王的故事》，载农冠品编注《壮族神话集成》，广西民族出版社2007年版。

仫佬族
包启宽、潘代球等讲述，包玉堂、谢运源、潘琦搜集、整理：《伏羲兄妹的传说》，载陶立璠、赵桂芳、吴肃民、朱桂元编《中国少数民族神话汇编·洪水篇》，中央民族学院少数民族古籍整理出版规划领导小组办公室印，1984年。

黎族
马文光等讲述，陈葆真等记录，陈葆真等整理：《螃蟹精》，载陶立璠、赵桂芳、吴肃民、朱桂元编《中国少数民族神话汇编·洪水篇》，中央民族学院少数民族古籍整理出版规划领导小组办公室印，1984年。

后　　记

　　记得是在粤北瑶乡的一次聚会上，我在发言中赞扬了瑶族文化，特别赞扬了瑶家的美酒：醉心，醉人。到了晚上，热情的瑶族同胞一桌一桌轮流来敬酒。那一晚，只有琼浆，只有馨香，仿佛进入了一个无比美妙的境界。同桌还有一位中央民族大学的资深教授，一位中南民族大学的美女老师，也陶醉了，沉酣了。

　　我常常是在这样一种境界里领悟到南方民族创世神话的真谛的。我领悟了什么是"逍遥游"，什么是"上下求索"，它足以把你带进一个色彩缤纷的神话世界。我跋涉在南方的大地上，与各民族同胞同歌同舞，同欢同乐。在很多同胞那里，我深深感到，神话对于他们来说，就像空气、阳光，就像身边的事一样，既神圣，又平常。我惊奇，我探问，终于明白：在他们一辈又一辈的集体意识中，中华文化特别是南方民族传统文化深深扎下了根，没有断裂，延绵不绝，神话才如此贴近生活。我向"盘王"发愿，以后我要写神话，就从中华文化特别是南方民族传统文化的根寻起，把神话写得就像身边的事，就像民族生命的一部分！

　　感谢领导，感谢邢莉、林继富、乔晓光、高有鹏、王光荣、黄桂秋、覃德清、袁鼎生、黄晓娟、张廷兴、李志清、刀承华、李瑛、段炳昌、王卫东、李子贤、杜巍、刘冰清、张斌、黄涛、吕立汉、王作新、罗义华、黄柏权诸君，让我不只在中国社会科学院研究生院，还在多所高校以讲课或讲座的形式讲授神话学。写跟说是完全不同的两种体验，我可以从同学的反应中知道自己讲的是不是像身边的事一样。我以此来要求我的讲课，也以此来检测这部书稿。